本书出版得到
东方历史研究出版基金
广东省社会科学院出版基金
资 助

东方历史学术文库

近代江南城镇化水平新探
——史料、方法与视角

A NEW RESEARCH ON THE URBANIZATION
LEVEL OF MODERN JIANGNAN:
Historical Data, Methods, and Perspectives

江伟涛 ◇ 著

社会科学文献出版社
SOCIAL SCIENCES ACADEMIC PRESS (CHINA)

《东方历史学术文库》
改版弁言

从 1998 年起，文库改由社会科学文献出版社出版。

设立文库的初衷，"出版前言"都讲了，这是历史记录，改版后仍保留，这也表明改版并不改变初衷，而且要不断改进，做得更好。

1994 年，面对学术著作出书难，由于中国社会科学出版社的毅然支持，文库得以顺利面世，迄 1997 年，已出版专著 25 部。1998 年，当资助文库的东方历史研究出版基金面临调息困难时，社会科学文献出版社又慨然接过接力棒，并于当年又出了改版后专著 6 部。5 年草创，文库在史学园地立了起来，应征书稿逐年增多，质量总体在提高，读者面日益扩大，听到了肯定的声音，这些得来不易，是要诚挚感谢大家的；而需要格外关注的是，我们的工作还有许多缺点、不足和遗憾，必须认真不断加以改进。

如何改进？把这几年想的集中到一点，就是要全力以赴出精品。

文库创立伊始就定下资助出版的专著，无例外要作者提供完成的书稿，由专家推荐，采取匿名审稿，经编委初审、评委终审并无记名投票通过，从制度上保证选优原则；评委们对专家推荐的书稿，是既充分尊重又认真评选，主张"宁肯少些，但要好些"；前后两家出版社也都希望出的是一套好书。这些证明，从主观上大家都要求出精品。从客观来说，有限的资助只能用在刀刃上；而读者对文库的要求更是在不断提高，这些也要求非出精品不可。总之，只有出精品才能永葆文库的活力。

出精品，作者提供好书稿是基础。如"出版前言"所指出的，开辟研究的新领域、采用科学的研究新方法、提出新的学术见解，持之有故，言之成理，达到或基本达到这些条件的，都是好书。当然，取法乎上，希望"上不封顶"；自然，也要合格有"底"，初步设想相当于经过进一步研究、修改的优秀博士论文的水平，是合格的"底"。有了好书稿、合格的书稿，还需推荐专家和评委的慧眼，推荐和评审都要出以推进学术的公心，以公平竞争为准则。最后，还要精心做好编辑、校对、设计、印装等每一道工序，不然也会功亏一篑。

5周岁，在文库成长路上，还只是起步阶段，前面的路还长，需要的是有足够耐力的远行者。

《东方历史学术文库》编辑委员会

1998 年 9 月

《东方历史学术文库》
出版前言

　　在当前改革大潮中，我国经济发展迅猛，人民生活有较大提高，思想观念随之逐步改变，全国热气腾腾，呈现出一派勃勃生机，举国公认，世界瞩目。社会主义市场经济在发展而尚待完善的过程中，不可避免地也会产生一定的负面效应，那就是在社会各个角落弥漫着"利之所在，虽千仞之山，无所不上；深渊之下，无所不入"的浊流。出版界也难遗世而独立、不受影响，突出表现为迎合市民心理的读物汗牛充栋，而高品位的学术著作，由于印数少、赔本多，则寥若晨星。尚无一定知名度的中青年学者，往往求出书而无门，感受尤深。这种情况虽然不会永远如此，但已使莘莘学子扼腕叹息。

　　历史科学的责任，是研究过去，总结经验，探索规律，指导现实。我国历来有重视历史的传统，中华民族立于世界之林数千年者，与此关系匪浅。中国是东方大国，探索东方社会本身的发展规律，能更加直接为当前建设有中国特色的社会主义所借鉴。

　　新中国成立以来，国家对历史学科十分关心，但限于财力尚未充裕，资助项目难以面面俱到。我们是一群有志于东方史研究的中青年学人，有鉴于此，几年前自筹资金设立了一个民间研究机构，现为中国史学会东方历史研究中心。创业伊始，主要是切磋研究。但感到自己研究能力毕竟有限，于是决定利用自筹资金设立"东方历史研究出版基金"，资助有关东方历史的优秀研究成果出版。凡入选的著作，均以《东方历史学术文库》作为丛书的总名。

我们这一举措，得到了老一辈史学家的鼓励、中青年同行的关注。胡绳同志为基金题词，在京的多位著名史学专家慨然应邀组成学术评审委员会，复蒙中国社会科学出版社允承出版，全国不少中青年学者纷纷应征，投赐稿件。来稿不乏佳作——或是开辟了新的研究领域；或在深度和广度上超过同类著作；或采用了新的研究方法；或提出了新的学术见解，皆持之有故，言之成理。百花齐放，绚丽多彩。这些给了我们巨大的鼓舞，也增强了我们办好此事的信心。

资助出版每年评选一次。凡提出申请的著作，首先需专家书面推荐，再经编辑委员会初审筛选，最后由学术评审委员会评审论证，投票通过。但由于基金为数有限，目前每年仅能资助若干种著作的出版，致使有些佳著不能入选，这是一大遗憾，也是我们歉疚的。

大厦之成，非一木能擎。史学的繁荣，出版的困难，远非我们这点绵薄之力能解决其万一。我们此举，意在抛砖引玉，期望海内外企业界，或给予我们财务支持，使我们得以扩大资助的数量；或另创学术著作基金，为共同繁荣历史学而努力。

《东方历史学术文库》编辑委员会

1994 年 9 月

目　录

图表目录

序　一

曹树基

前几天，伟涛来信，说他的著作已经改定，即将送出版社，问我曾经答应过的序言，是不是写好了。这些日子，我在香港中文大学访问，正在撰写一篇有关清末民初山东城市人口的论文。面对玻璃窗外的一片大海，我的思绪逐渐展开。

我想起在七八年前，伟涛与一群复旦大学历史地理研究中心的同学，穿越大上海，从五角场来到闵行，每周一次，听我的"中国人口史"课程。他话不多，性格内向，青涩，略带些腼腆。似乎坚持了两个学期，是不是还听了其他的课程，我不记得。直到2013年，他来信说，要跟着我做两年博士后研究，并寄来他的博士论文。这时，我才知道，他居然选了一个民国城市史的研究课题，还做得很不错。

我用"居然"这个词，是因为我深知这一领域面临的问题与困难。其实，细心的读者可以从本书的"绪论"中感受到这一点。我很好奇，作者如何突破资料与方法上的瓶颈，取得超越前人的进步。正如他所说，包括我在内的他的"前人"主要利用地方志中的记载来从事本项研究，虽有人开始利用地方档案，却未深入。所以，在他之前，欲估计一个地区的城市化水平，如果不采用先验的模型建构，就只能进行个案的实证分析，或将个案分析与模型建构结合起来，舍此别无他途。

伟涛在江苏、浙江两地的档案馆查到一批民国时的城镇人口调查资料，又将1953年人口普查资料拓展至乡镇一级，再辅以其他相关资料。这样一来，伟涛称："据此所得出的1950年代初期江南的城镇化水平亦是目前为止最为确切的。"不过，作者要解决的还是民国时期江南的城镇化水平问题。1953年的数据虽有参考作用，但由于经历过大的战争与社会变革，1950年代的城镇化水平并不代表民国时期的城镇化水平。根据几个县的资料所得出的民国时期城镇化水平，仍然属于个案研究，距离作者的目标还差得很远。

于是，伟涛将目光投注于民国实测地形图。聚落作为重要的人文地物，与山川河流等自然地物一起构成地图呈现的要素。他选取一批五万分之一与十万分之一的地图，采用GIS技术作为读图手段，包括校正定位、提取聚落信息、获取城镇面积等，建立起一个包括城镇名称、面积、地形、交通等诸多信息在内的数据库，再结合其他调查资料和档案资料，以及有限的城镇人口资料，就可以建立城镇面积、交通等信息与人口之间的数据关联，从而求得江南所有城市的人口数量，进而求得民国时期江南的城市化水平。

无论从哪一方面看，这都是一项重要的研究，或可称为革命性的研究。要知道，民国时期的五万分之一或十万分之一的实测地图，基本覆盖全国。也就是说，伟涛从江南取得的经验，可以推广到全国。正是基于这一理由，他在上海交通大学工作的两年里，有一半时间是在台湾中研院GIS研究中心度过的。在他修改博士论文期间，对数千幅民国实测地图进行过精准配位的上海交通大学民国地图平台正式上线了。我们希望这项研究能够推广，并能带来民国城市研究以及相关研究的新气象。

除了实测地形图之外，还有没有开辟近代城市史研究新资料与新方法的可能性？这让我想起自己刚刚完成的一项研究。在"中国数字方志库"中，我发现1919年出版的林修竹所撰《山东各县乡土调查录》，有1910年代各县人口、市镇、商号的记载。商号主要分布于县城与市镇，一定的商号服务于一定的人口。采用数据库方法，可以建立山东各县人口与商号之间的关系，进而建立山东各县人口与县城人口的关系。而1924年白眉初等人撰写的各省商业资料，以及其他各种资料，则可对研究结果进行检验与修正。简言之，采用数据库与量化模型的方法，可以克服伟涛所称"毛估估"与"二次估算"的研究弊端，为大范围的近代城市史研究提供新的手段及可能。

于是，我又一次陷入"居然"的感慨。近些年来，各种大型资料库和计算软件相继推出，手指一动，甚过百日奔波；软件轻点，强于皓首穷经。只要用心，中国近代城市人口史资料依然有进一步挖掘的广阔空间，研究方法也有种种拓展的可能性。谁知未来还会有多少令我激动的惊喜呢？

面对大海，春暖花开。这既是我阅读本书后的愉悦心情，也是我对伟涛博士学术人生的祝福。

2017 年 2 月

序　二

满志敏

　　江南研究向为相关人文社会学科的研究热点所在，具体到历史时期江南的城镇化水平研究上，主要涉及城市史与市镇史两个专题，但这两方面的研究均已十分成熟，成果丰富自不必言，相关的学术综述、述评等亦不在少数。总体而言，城市史的研究以国内及欧美学界的研究较为丰富，并且均有从"上"到"下"、从物质到文化的研究视角转向。在城镇化的研究中，涉及人口、经济、土地等诸多方面，然而若要落实到城镇化水平上，则基本上是以人口指标来衡量，因而历史时期江南的城镇化水平研究首先是城镇人口的研究，由于资料的限制，这些研究不得不采取种种变通方法来估算市镇人口。近代以来，涉及广泛的各种社会调查资料纷纷涌现，相对于明清方志等资料模糊、简略的记载，这批调查资料可谓弥足珍贵。但是由于当时的调查、统计制度以及调查目的等不尽相同，这些调查数据与当代学者研究预期的标准尚存在一定的差距，往往要经过必要的转换或者估算。总体而言，以往研究呈现出三个十分鲜明的特点：其一，研究时段基本集中于明清时期，民国及其后时期的研究十分少见；其二，研究区域基本上是以某一县域的个案研究为主，更大区域的"整体性"研究十分欠缺，个案研究的县域分布也极不平衡,吴江、吴县、常熟、吴兴等县域受到较多的关注,其他县域则少有研究者问津;其三,关于江南城镇化水平的研究结论从6%到40%不等,分歧明显。究其原因,主要存在资料开发、概念认识等困境。

针对这种情况,作者将目光从明清转移至资料丰富的民国时期及中华人民共和国初期,在摆脱资料限制的情况下,对以往研究所使用的"城镇"标准进行重新界定,在此基础上分别对1930年代与1950年代初期江南的城镇化水平进行探讨。同时,为正确认识所谓城镇化水平的实质,对于传统时期的城市,尤其是中小城市性质的研究必不可少,因而这也成为作者的重点讨论问题之一,对此,作者的切入点为城市形态。在此思路下,全书除绪论、结论外,分四章展开,每一章将围绕一种核心资料集中探讨一个问题:从句容地籍图开始,扩展到江南5县的人口调查,再到以十万分之一地形图为基础的研究,最后是用1953年统计资料所概括的人口数据。

本书中,地籍图和地形图资料的分析工作,都是全新的研究,这对填补以往的研究空缺有很重要的作用。地籍图整理和计算的工作量很大,需要非常细的计算,才能得到结果。而地形图资料也是前人研究中不具备的。在大比例尺地形图中,通常会对城镇符号做不同的分类,这个分类的基础就是城镇本身的大小,也就是说这类地形图利用聚落符号对城镇大小做了分类,它的基础就是地形图调查时的真实记录,尽管分类比较粗,但仍是比较独到的记录。其他两章是基于人口数据的估算,虽然前人已有一些研究,但本书在发掘角度和资料来源方面都有新的见解和看法,这也是作者的用力之处。

总之,本书的研究中处处体现着创新的意识。读完整部书稿后,由衷地为作者的进步感到高兴,因为一个能够进行独立研究的年轻学者已经出现,希望他以后更进一步,取得更大的成绩。

2017年2月

绪　论

一　江南城镇化水平研究现状

城镇化（urbanization）一般指以农业为主的乡村社会向以非农产业为主的城镇社会转变的历史过程，城镇化水平能够直接反映区域内城镇发展状况，一般也可作为区域经济发展水平的一个衡量标准。西方中国研究学界较早将这一概念用于传统时期中国经济发展状况的研究，中国史学界也多有应用，在江南市镇研究中体现得较为明显。近年来，随着"中国经济奇迹"的出现，学者们试图从历史上寻找解释这种经济奇迹的钥匙，城镇化水平又重新作为了解传统经济状况的切入点，江南地区仍然是学者关注的重点区域。

江南研究向为相关人文社会学科的研究热点所在，其研究成果蔚为大观，有成为一门专门学问的趋势，[①] 几乎每一专题均有大量的研究论著，历史学领域亦不例外，研究深度也已经深入到各种具体的、微观的问题上，要对其总体上进行学术史综述显然不是笔者

---

① 近年来有"江南学"的提法，华东师范大学思勉人文高等研究院下即专设"江南学研究中心"，由王家范及胡晓明两位先生担任主任，并招收"江南学"专业研究生。

能力所及。具体到历史时期江南的城镇化水平研究，主要涉及城市史与市镇史两个专题，但这两方面的研究均已十分成熟，成果丰富自不必言，相关的学术综述、述评等亦不在少数。① 总体而言，城市史的研究以国内及欧美学界的研究较为丰富，并且均有从"上"到"下"、从物质到文化的研究视角转向；市镇史的研究则以国内及日本学界的研究为主，欧美学界除自 20 世纪六七十年代施坚雅

----

① 国内城市史的研究自改革开放以来异军突起，成果颇丰，综述、述评类的文章亦颇多，有一般性综述的文章，如何一民《中国近代城市史研究述评》（《中华文化论坛》2000 年第 1 期，第 62～70 页）、熊月之、张生《中国城市史研究综述（1986～2006）》（《史林》2008 年第 1 期，第 21～35 页）；有从不同角度进行专门总结的，如蔡云辉《近十年来关于"近代中国衰落城市"研究综述》（《史学理论研究》2003 年第 2 期，第 130～137 页）；有从理论高度进行总结探索的，如毛曦《城市史学与中国古代城市研究》（《史学理论研究》2006 年第 2 期，第 71～81 页）、梁元生《城市史研究的三条进路——以上海、香港、新加坡为例》（《史林》2007 年第 2 期，第 132～136 页）。近年来国际学术交流日益频繁，以中文发表的海外中国城市史研究综述亦不少，如水羽信男《日本的中国近代城市史研究》（《历史研究》2004 年第 6 期，第 166～171 页）、卢汉超《美国的中国城市史研究》[《清华大学学报》（哲学社会科学版）2008 年第 1 期，第 115～126 页]。此外，王笛的《大众文化研究与近代中国社会——对近年美国有关研究的述评》（《历史研究》1999 年第 5 期，第 174～186 页）和《新文化史、微观史和大众文化史——西方有关成果及其对中国史研究的影响》（《近代史研究》2009 年第 1 期，第 126～140 页）两篇文章，虽然不是城市史研究综述，但其中亦涉及不少城市史论著。在上海史研究方面，更是出版了《海外上海学》（熊月之、周武主编，上海古籍出版社，2004），该书对海外上海史研究的现状进行了综述，并分析了其发展趋势，对上海史研究方面的专家及名著进行评价，将涉及上海史研究的论著整理成目录。而相反的情况亦存在，如刘海岩在以英文发表的 1980 年以来中国城市史研究综述中，向美国学术界介绍了中国国内的中国城市史研究状况，并对中美城市史研究现状进行对比 [见 Liu Haiyan and Kristin Stapleton, "Chinese Urban History: State of the Field", *China Information* 20 (2006): 391－427]。在数量上，市镇史的研究综述并不算多，但所见几篇均相当独到精彩，如刘石吉《明清市镇发展与资本主义萌芽——综合讨论与相关著作之评介》，《社会科学家》1988 年第 4 期，第 35～43 页；范毅军《明清江南市场聚落史研究的回顾与展望》，（台北）《新史学》第 9 卷第 3 期，1998 年 9 月，第 87～134 页；任放《二十世纪明清市镇经济研究》，《历史研究》2001 年第 5 期，第 168～182 页；吴滔《明清江南市镇与农村关系史研究概说》，《中国农史》2005 年第 2 期，第 78～88 页。由于相关综述性文章很多，尤其是城市史方面，上述列举难免挂一漏万。

（G. William Skinner）[①] 在其一系列以后被称为"施坚雅模式"的研究中对市镇有所涉及外，之后的研究涉及市镇的仅饶济凡（Gilbert Rozman）将"施坚雅模式"运用到清代中国与德川时期日本的城市网络比较中，[②] 专门就市镇本身所做的研究则基本没有，尽管如此，施氏所创的"施坚雅模式"却对国内及日本学界随后的市镇史研究影响巨大。[③] 在此笔者不再赘述，仅对与本书直接相关的江南城镇化水平研究做一番述评。

在城镇化的研究中，可以有人口、经济、土地等诸多视角，然而若要落实到城镇化水平上，则基本上是以人口指标来衡量，因而历史时期江南的城镇化水平研究首先是城镇人口的研究，由于江南发达的市镇经济备受瞩目，这一研究往往又首先从市镇人口的研究着手，而后在此基础上计算城镇化水平。由于资料的限制，这些研究不得不采取种种变通方法来估算市镇人口。较早涉及此项研究的台湾学者刘石吉曾指出："在近世中国历史上，市镇的形成既与商业的机能息息相关，今日我们所具备的知识与史料又不允许我们去估计每个市镇的贸易数值，是以如何从有限的资料中旁敲侧击，以估计市镇人口的大略，再配合文字的描述，则似乎是惟一可用以衡量市镇兴衰消长的办法。"[④] 此后关于明清江南市镇及城镇化水平的研究，基本上都遵循刘氏的这一路径。近代以来，涉及广泛的各种社会调查资料纷纷涌现，相对于明清方志等资料模糊、简略的记载，这批调查资料可谓弥足珍贵。但由于当时的调查、统计制度以及调

---

① 主要为施坚雅的两本著作，一本为由施氏三篇论文组成的《中国农村的市场和社会结构》（史建云、徐秀丽译，中国社会科学出版社，1998），三篇论文分别于1964～1965 年以 "Marketing and Social Structure in Rural China" 为题发表于 *Journal of Asian Studies* 上；另一本为施氏主编的论文集《中华帝国晚期的城市》（叶光庭等译，中华书局，2000），英文版于 1977 年由斯坦福大学出版社出版。

② Gilbert Rozman, *Urban Networks in Ch'ing China and Tokugawa Japan* (Princeton University Press, 1973).

③ 范毅军：《明清江南市场聚落史研究的回顾与展望》，（台北）《新史学》第 9 卷第 3 期，1998 年 9 月，第 104 页。

④ 刘石吉：《明清时代江南市镇研究》，中国社会科学出版社，1987，第 128 页。

查目的等不尽相同，这些调查数据与当代学者研究预期的标准尚存在一定的差距，往往要经过必要的转换或者估算。

在市镇人口估算基础上的江南地区城镇化水平研究中，饶济凡将中国分为六大区域，并估计 19 世纪中叶各区域的城镇化水平在 5.6% 至 7.1% 之间，江南所处中东部 (East-central China) 地区的城镇化水平为 6%，其中浙江省和江苏省分别为 6% 和 7%。[①] 施坚雅估计 19 世纪 40 年代和 90 年代中国九大区域的城镇化水平分别在 4% 至 7.4% 之间与 4.5% 至 10.6% 之间，长江下游地区城镇化水平是各区域中最高的，1843 年为 7.4%，1893 年为 10.6%。[②] 刘石吉则认为以上两位学者大大低估了江南地区的城镇化水平，他估计清初吴江县的城镇化水平达到 35%，而常熟和昭文两县的城镇化水平，在清末有 19.6%，在民初也有 11.6%，均高于饶氏和施氏的估计。[③] 吴建华以太湖流域府州县志中的市民、乡民记载研究杭州、湖州两府各县的城镇化水平，指出各县极不平衡的发展状况，乾隆年间湖州府城镇化水平平均为 6.7%，雍正年间杭州府平均为 10.4%。[④] 曹树基在其明清两卷的人口史研究著作中，均辟有专门章节对城市人口进行研究，在清代卷中，其认为在乾隆四十一年 (1776)，江苏省的城市化水平为 13.6%，浙江省为 10%，其关于江苏省的城市人口讨论尤为细致，以分府形式进行，据此，江南地区的苏、松、常、镇、宁五府及太仓州的城市化水平为 16.3%，最高为江宁府，达 26.1%，至清末，由于经历了太平天国战事，江、浙两省的总人口均有所减少，城市人口则无太大变化，故城市化水平较清代中期稍

---

①　Gilbert Rozman, *Urban Networks in Ch'ing China and Tokugawa Japan*, pp. 219, 272.

②　施坚雅：《十九世纪中国的地区城镇化》，载施坚雅主编《中华帝国晚期的城市》，第 264 页。

③　刘石吉：《明清时代江南市镇研究》，第 136 ~ 137 页。

④　见吴建华《明清太湖流域的市镇密度及其人口结构变动》，《城市史研究》1996 年 Z1 期。吴氏于文中并未归纳总结，以上城镇化水平数字为王卫平在《明清江南地区的城市化及其局限》(《学术月刊》1999 年第 12 期，第 72 ~ 73 页) 一文中的引用总结。

高，分别为 14.2% 与 13.7%。^① 李伯重在综合辨析前人研究的基础上，提出清代中期整个江南地区的城镇化水平应该在 10% ~ 35%，具体则应以许新吾所估计的 1860 年松江府非农业人口比例 15% 为除苏州、杭州、南京三大城市外的江南地区城镇化水平，而其估计三大城市的人口占 1850 年江南人口的 7% 左右，故整个江南地区的城镇化水平应该在 20% 左右。明代后期这一数字则为 15%。^② 随后李氏又有两篇长文对明清江南的苏州地区与华、娄地区的城镇化水平进行讨论：在关于苏州地区的研究中，他以除去苏州、杭州、南京三个大城市后整个江南地区的城镇化水平为下限，以吴江县城镇化水平为上限来估计苏州地区吴县、长洲、元和三个县的城镇化水平，其认为，苏州地区的城镇化水平在明代后期是 9% ~ 11%，在清代中期是 15% ~ 35%；^③ 而在关于华、娄地区的研究中，其进一步指出以往研究均低估了江南地区的城镇化水平，在其关注的华、娄地区，19 世纪初的城镇化水平曾达到 40%，而后自 19 世纪中期开始有所下降，至 20 世纪中期，此地区的城镇化水平也有 20%，他据此认为以往研究均低估了江南地区的城镇化水平。^④

晚清民国时期涌现出许多调查资料，其中也存在可用于江南城镇化水平研究的调查数据，然而到目前为止，关注者仅有陈晓燕与游欢孙两位学者：陈晓燕利用民国的调查资料，把江南地区分为中心地带的嘉兴型和边缘地带的鄞县型，这两个类型的地区在 20 世纪 30 年代的城镇化水平分别为 24.4% 和 7.8%，平均下来，整个江南

① 曹树基：《中国人口史》第 5 卷，复旦大学出版社，2001，第 757、762、808、811 页。五府一州的数字为笔者据该书所估算的乾隆四十一年相应府州城市人口及总人口整理计算。
② 李伯重：《江南的早期工业化（1550 ~ 1850）》，社会科学文献出版社，2000，第 391 ~ 417 页。
③ 李伯重：《工业发展与城市变化：明中叶至清中叶的苏州》，载氏著《多视角看江南经济史（1250 ~ 1850）》，三联书店，2003，第 411 ~ 413 页。
④ 李伯重：《19 世纪初期华亭 - 娄县地区的城市化水平》，《中国经济史研究》2008 年第 2 期，第 31 页。

地区的城镇化水平在 15% 左右。① 游欢孙和曹树荃在关于吴江县的研究中，利用藏于吴江市档案馆和苏州市档案馆的民国吴江县改划乡镇区域调查资料及 1953 年人口普查时吴江县的集镇户口统计资料，认为吴江县 1934 年的城镇化水平为 16.5%，1953 年为15.69%。② 而游欢孙在以吴兴县为例的关于近代江南市镇人口的研究中，认为1950 年代初期，清代湖州、嘉兴、苏州三府区域内的城镇化水平分别为 11.2%、14.3%、24.2%，并认为这个城镇化水平是明中叶以来江南蚕桑区历经明清鼎革、太平天国战争与抗日战争后的一个最终发展结果。③

二　江南城镇化水平研究的困境所在

从以上叙述中可以看到，以往研究呈现出三个十分鲜明的特点：其一，研究时段基本集中于明清时期，民国及其后时期的研究十分少见；其二，研究区域基本上是以某一县域的个案研究为主，更大区域的"整体性"研究十分欠缺，个案研究的县域分布也极不平衡，吴江、吴县、常熟、吴兴等县域受到较多的关注，其他县域则少有研究者问津；其三，江南城镇化水平的研究结论从 6% 至 40% 不等，分歧明显。究其原因，主要在以下几个方面。

（一）资料开发不足

这一研究现状由可资利用的资料状况所决定，尤其是明清时期，研究者往往不得不"从有限的资料中旁敲侧击，以估计市镇人口的大略"，④ 近代以来，虽然涌现出许多调查资料，然而其与研究所要求的标准还存在不小的差距，往往需要经过学者必要的转换或估算。

---

① 陈晓燕：《近代江南市镇人口与城镇化水平变迁》，《浙江学刊》1996 年第 3 期，第 114～115 页。
② 游欢孙、曹树基：《清中叶以来的江南市镇人口——以吴江县为例》，《中国经济史研究》2006 年第 3 期，第 126、129 页。
③ 游欢孙：《近代江南的市镇人口——以吴兴县为例》，《中国农史》2007 年第 4 期，第 123 页。
④ 刘石吉：《明清时代江南市镇研究》，第 128 页。

如李伯重以食盐销售量来估算清代松江府城的人口，以户均口数和市镇等级估算市镇人口；[①] 施坚雅、饶济凡和曹树基以构建城市体系的方式来估算城镇人口；[②] 陈晓燕以市镇人口与商业店铺 26∶1 的"人店比"来估算嘉兴市镇人口等。[③]

施坚雅与饶济凡的研究均以地方志资料为主，施氏所构建的城市等级尚依赖于其他或系统（如清末邮政资料）或零星（如近代西方人的中国游记）的资料，刘石吉、曹树基等学者所依据的亦是地方志资料，但比施氏和饶氏所用的更为丰富，李伯重的研究则是以方志、文集等文献资料结合对前人研究成果的综合辨析。陈晓燕、游欢孙则开始利用近代调查资料，游氏同时还利用了档案资料，然而此类研究极少，调查与档案资料的挖掘都还不够深入。

由于涉及数量问题，城镇化水平研究对资料精度的要求近乎苛刻，而以方志为代表的传统文献资料虽然较为系统，但大多数方志对于市镇人口等方面的记载并不具体，甚至是语焉不详，难以完全支持这一研究，故而以方志资料为基础的研究如果不满足于像施坚雅那样以先验性的理论来构建城市等级体系，并进而大略估算各等级城市的人口，从而获得一个很粗略的城镇化水平，就只能采取个案式的实证研究了。民国以后的调查资料虽然数量众多，专门针对县以下的市镇调查却不多见，仅有的同样也只能支持少数个案研究。1953 年的人口普查档案系统性较好，而且已有研究者开始接触，但是发掘程度尚远远不够。

---

① 李伯重：《19 世纪初期华亭－娄县地区的城市化水平》，《中国经济史研究》2008 年第 2 期，第 30 页。此外，陈国栋以清中叶江宁府城平时的存粮数量来估算府城人口的做法与此类似（见陈国栋《清中叶民食札记二条》，（台北）《食货月刊》第 13 卷第 3、4 期合刊，1983 年 7 月，第 138 ~ 141 页）。

② 施坚雅：《十九世纪中国的地区城市化》，载施坚雅主编《中华帝国晚期的城市》，第 242 ~ 297 页，Gilbert Rozman, *Urban Networks in Ch'ing China and Tokugawa Japan*；曹树基：《中国人口史》第 5 卷。

③ 陈晓燕：《近代江南市镇人口与城镇化水平变迁》，《浙江学刊》1996 年第 3 期，第 113 ~ 118 页。

因此，在没有较为系统的新资料被发掘的情况下，江南城镇化水平的研究将不太可能获得较大的突破，此为一大困境。

（二）与城镇概念相关的误区

相关研究的研究结论分歧巨大，一方面由于早期施坚雅、饶济凡等的研究以"巨区"（长江下游地区）或省（浙江省、江苏省）为单位，而自刘石吉开始的研究多以个案为主，个案间结论的差异本属正常，然而大多研究结论有"泛化"的倾向，以个案代表江南，分歧巨大也就不难理解；① 另一方面则是由于不同的研究对"城镇"概念的界定有所不同。

1. 政区因素影响下的市镇内涵

以往研究关于"城镇"的界定基本源自官方统计中的"人口规模"和"居民职业"两项指标，具体操作时则默认市镇满足非农业人口居多的"居民职业"标准，而仅以人口规模作为城镇标准，但又有500人、1500人、2000人以及模糊人口规模等分歧。正如下文将要指出的，从本质上看，各研究虽然在"人口规模"这一指标的具体标准使用上各不相同，然而在处理方式上却具有极高的一致性，即均采用"人口规模"和"居民职业"两个指标来界定"城镇"，并在"居民职业"这一指标上达成共识，以之作为市镇符合城镇标准的默认前提，但是在"人口规模"这个指标上却陷入无休止的具体数字纠缠。

事实上，传统文献中的"市"或"镇"与"乡"、"村"等称谓在本质上并无太大的区别，可能仅仅是不同区域范围的指代性称呼，在使用上较为随意。如果市镇仅仅是作为研究的空间范围并不会存在问题，而如果要将市镇作为一种指标来衡量市镇经济、城镇化水平等，如台湾学者范毅军所言，必须充分考虑市镇的规模及其空间范围，这样，史料中"所环""所聚"数千家或数万家就极有可能

---

① 如刘石吉用吴江县与常熟、昭文两县的结论来反驳饶济凡江浙两省的结论及施坚雅长江下游地区的结论；李伯重以松江县城镇化水平的变化趋势来代替整个江南地区城镇化水平的变化趋势；陈晓燕以嘉兴县和鄞县所得结论直接代表整个江南地区（陈氏界定的"江南"区域更为广阔）。

指的是镇区及其邻近村落的居民总数。[①] 这实际上就提出了史料中所言某某镇具有多少人口，是指其镇区本身具有这些人口，抑或是指现代行政单位意义上此镇所包含区域的人口这样一个问题。吴滔关于明清江南基层区划演变与市镇变迁的研究也指出，在明清时期，市镇并没有固定的标准，仅指一般意义的商业聚落，也没有明确的区域界限，文献中的相关记载往往包括一些周边农村地区的信息，即所谓的"镇区"，但是这个"镇区"也是模糊的，[②] 也许某份资料包含了甲、乙、丙、丁四村的信息，而在另一份资料中可能就不完全是了。游欢孙基于此点，以吴兴县为例，具体论证了传统史料中"烟火万家"的说法只是一种一般性的文字描述，或者是指市镇与周边乡村的人口总数，进而指出清末民国地方自治时期的"市镇"，实际上是自治意义上的行政区划单位，这样的"市镇"人口，只是一种自治人口，而不是真正的市镇人口。[③] 随后他对江南的商业市镇与行政区划的关系进行了专门研究，在梳理清末至抗战前江南县以下行政区划演变历史过程的基础上，指出在这一过程中，江南的商业市镇完成了政区实体化的过程。[④]

按照游氏的研究，近代以来江南县以下乡镇区划演变的历史过程可归纳为三个阶段：第一阶段为清末宣统年间至 1927 年南京国民政府成立，其时按照宣统时颁布的《厅州县自治章程》，府厅州县治城厢为"城"，其余地方则以区域人口是否满五万为标准划分乡镇；第二阶段为 1927 年南京国民政府成立后至 1934 年改划自治区域前，其时按照国民政府颁布的《县组织法》，以百户为标准划分乡镇；第

①　范毅军：《明清江南市场聚落史研究的回顾与展望》，（台北）《新史学》第 9 卷第 3 期，1998 年 9 月，第 111 页。

②　吴滔：《明清江南基层区划的传统与市镇变迁——以苏州地区为中心的考察》，《历史研究》2006 年第 5 期，第 61～65 页。

③　游欢孙：《近代江南的市镇人口——以吴兴县为例》，《中国农史》2007 年第 4 期，第 124 页。

④　游欢孙：《地方自治与近代江南县以下行政区划的演变——兼论商业市镇的政区实体化》，《中国历史地理论丛》2011 年第 2 期，第 52 页。

三阶段为 1934 年改划自治区域至 1939 年新县制的施行，这一时期，由于之前百户标准过低，影响到各县的行政效率，到 1934 年江南地区各县的乡镇格局发生了一次扩、并调整。也就是说，到了民国时期，"镇"不但有了人口的最低界限，区域界限也相对明确起来，其除了仍保有商业的功能外，还具有政区的功能，已经成为正式的行政区划。与明清时期的市镇相比，其内涵已发生了很大的变化，一个"镇"，在明清时，也许只是一个单位，但到清末民国时期，却被分成两三个甚至是更多的单位，当然，相反的情况也同样存在。而这给市镇的界定带来极大的困难。这一点是以往研究没有注意到的，可以预见，若城镇的标准仍然仅聚焦于人口规模上，民国以来乡镇区划中的"镇"几乎可以全部满足城镇的标准，正是基于此点认识，已有研究者含蓄地指出以往研究可能过于高估江南的城镇化水平。①

2. 饶济凡与施坚雅的城镇界定

要理解如此一以贯之的"城镇"界定标准，必须回到施坚雅与饶济凡最初的研究。施坚雅发表于 1960 年代的三篇奠定"施坚雅模式"的论文仅针对农村市场，尚未直接涉及城镇化水平，直到 1977 年出版的《中华帝国晚期的城市》（英文版），施坚雅才正式对 1840 年代和 1890 年代中国九大区域的城镇化水平进行专门讨论。然而早在 1973 年，饶济凡在其关于中日城市网络的比较研究中即已借鉴施氏对中心地的处理方式，将清末中国与德川末期日本的所有中心地分为七个等级，第六和第七两级就是施坚雅所说的中间市场（市镇）和标准市场（市镇），人口均在 3000 人以下。在估计两国各区域城镇化水平时，饶氏深知并非所有中心地均为城镇，其指出，聚落间的城镇化程度（degree of urbanism）各不相

---

① 范毅军：《传统市镇与区域发展——明清太湖以东地区为例，1551～1861》，台北：联经出版公司，2005，第 208 页；吴滔：《清代江南市镇与农村关系的空间透视——以苏州地区为中心》，上海古籍出版社，2010，第 271 页。

同，因此，在对城市（city）进行界定时，必须将那些与其他所谓的"城镇"（urban）在连续性（continuum）上差距不大的地方排除，这些地方显而易见地指向两个人口均在 3000 人以下的最低等级中心地。在具体处理时，虽然其认为最低的第七级中心地很难确定其城镇或农村属性，但无论是从人口规模（1000 人以下）上看，还是从商店数量（较少）上看，这些中心地都更接近于农村，所以第七级中心地全部剔除在城镇化水平的计算之外，需要注意的是，第六级中心地虽然作为饶氏界定的最低等级城镇，但在城镇化水平的计算中，他仍谨慎地仅将一半的人口计入，以防止对城镇化水平的过高估计。[①]

对此，施坚雅在 1977 年的研究中也很清楚，在估算 1893 年九大区域的城镇化水平时，其认为城镇中心地的定义有包罗万象的味道，故而按照人口和职能形成既具有排他性又具有广泛性的 5 种城镇中心地划分标准，分别计算每种标准下的城镇化水平：（1）人口超过 4000 人的中心地；（2）所有高级治所、中心市镇或城市低级治所、城市非行政中心；（3）人口超过 2000 人的中心地；（4）高级治所、人口 1000 人以上且是中心市镇的低级治所、人口 2000 人以上且是中间市镇或标准市镇的低级治所、人口 2000 人以上且是中心市镇的非行政中心、人口 4000 人以上且是中间市镇或标准市镇的非行政中心；（5）除开人口 2000 人以下的那些非行政中间市镇和标准市镇外的所有中心地。其认为第三和第四种标准比较合适，而在估算 1843 年的城镇化水平时实际是按照第三种标准 "2000 人以上的中

---

① 参见 Gilbert Rozman, *Urban Networks in Ch'ing China and Tokugawa Japan*, pp. 99 - 100。此处需要说明的是，以往研究对饶济凡所采用的城镇标准多有误解，李伯重认为其标准为 500 人（李伯重：《工业发展与城市变化：明中叶至清中叶的苏州》，载氏著《多视角看江南经济史（1250～1850）》，第 385 页），赵冈认为其所使用标准太低，应剔除第七等级中心地（赵冈：《中国城市发展史论集》，新星出版社，2006，第 156～159 页），而实际上，饶氏在计算城镇化水平时并未计入第七等级中心地，第六等级中心地的人口在 500～3000 人，但其仅将一半的人口计入城镇人口中，故而严格来说，其标准不能算 500 人。

心地"。①

在之后的研究中，曹树基认为清代大批人口只有 100~300 户的市、镇，由于其居民主要是农民，因此不能算是城镇，其也认为可以以 1955 年国务院所规定的 2000 人的标准来划分清代的城镇。② 赵冈所采用的标准与曹氏相同，亦是以 2000 人为标准。③ 刘石吉虽然没有给出城镇的人口标准，但其认为饶济凡和施坚雅大大低估了中国的城镇化水平，而在其列举的市镇户数表中，包含了许多 100~300 户的市、镇，显然他认为 2000 人的标准过高。④ 李伯重则从对城市最普遍的理解出发，在具体的人口规模上不主张采用明确的指标，而是提出了城市人口只要比农村多就可以的模糊指标。⑤

在对晚清以后江南城镇化水平的研究中，陈晓燕遵循施坚雅关于中心地的划分思路，以 1500 人为标准将嘉兴县与鄞县的市镇分为中间市镇与基层市镇（即标准市镇），并将中间市镇作为城镇处理进行该两县的城镇化水平计算。⑥ 游欢孙和曹树基在对吴江县市镇人口的研究中认为陈晓燕所使用的 1500 人标准并不适用于吴江县，⑦ 但并未给出一个具体标准，在游欢孙对 1950 年代初期嘉兴专区的城镇化水平研究中，因是按照当时的统计资料，实际所采用的是当时国务院所规定的 2000 人标准。⑧

可以看到，施氏与饶氏在其自身研究中均对城镇的界定标准有较

① 施坚雅：《十九世纪中国的地区城市化》，载施坚雅主编《中华帝国晚期的城市》，第 256~260、263~264 页。其中城镇中心地的 5 种标准见原文第 260 页表 3 的说明。
② 曹树基：《中国移民史》第 6 卷，福建人民出版社，1997，第 586~588 页。
③ 赵冈：《中国城市发展史论集》，第 156~159 页。
④ 刘石吉：《明清时代江南市镇研究》，第 136、138~139 页。
⑤ 李伯重：《工业发展与城市变化：明中叶至清中叶的苏州》，载氏著《多视角看江南经济史（1250~1850）》，第 387~391 页。
⑥ 陈晓燕：《近代江南市镇人口与城镇化水平变迁》，《浙江学刊》1996 年第 3 期，第 113~114 页。
⑦ 游欢孙、曹树基：《清中叶以来的江南市镇人口——以吴江县为例》，《中国经济史研究》2006 年第 3 期，第 126 页。
⑧ 游欢孙：《近代江南的市镇人口——以吴兴县为例》，《中国农史》2007 年第 4 期，第 121 页。

为清醒的认识，但在资料的限制下不得不进行一些折中处理，他们采取的补救措施是在计算城镇化水平时尽量以较为严格的标准来界定城镇（或剔除中心地），加之两人所划的区域范围均较大（饶氏于六大区域下还以省为单位进行估计，施氏则直接以大区域如长江下游地区等进行总体估计），城镇化水平计算结果偏低也就在所难免。作为最初的研究，施氏与饶氏对"城镇"界定的处理方法对随后的研究者多有启发，然而众多研究在借鉴时均只注意到他们在计算城镇化水平时所采用的具体人口规模（结果），大多并未留意到他们关于城镇界定标准的认识和讨论（过程），将"城镇"的界定这一相对复杂的问题简单化，从而走向无休止的具体人口规模数字的纠缠。

三　走出困境的可能性

在近来颇受瞩目的江南经济史研究中，城镇化水平往往被研究者作为衡量传统时期江南地区发展水平的一个重要指标，然而由于上述研究困境的存在使得这一问题一直未能得到较为完满的解决，因而在试图对传统时期江南的经济发展水平进行评价的研究中，涉及此问题时，或流于泛泛的描述性叙述（谨慎），或直接以上述问题丛生的研究所得出的结论作为传统时期江南经济发展水平的重要证据（乐观）。一般性描述的谨慎处理方法除了无法得到确切答案之外或尚可接受，而言之凿凿的乐观处理方法，其结论是否可信则需要暂时先打上一个问号。

如罗威廉（William T. Rowe）认为清代中期的江南在城市化水平方面与同时期意大利北部及欧洲低地地区十分类似，然而其论述却是："在清中期，我们应该意识到江南不仅仅只是在广大的乡村腹地中存在着两个或三个主要城市，而可以认为这一地区已经是一个'城市区域'，是一个城市化很广泛的地区。"① 其作为一种一般性叙

---

① 罗威廉：《导言：长江下游的城市与区域》，载林达·约翰逊（Linda Cooke Johnson）主编《帝国晚期的江南城市》，成一农译，上海人民出版社，2005，第15页。

述也未尝不可，但是若作为一个结论，就让人无法接受了。而且，同时期（即 18 世纪中期）意大利北部地区的城镇化水平为 14.2%，而欧洲低地地区为 24.7%，低地地区的主体尼德兰（荷兰与比利时）的城镇化水平达 30.5%，[①] 虽然当时整个意大利的城镇化水平在欧洲属于比较高的行列（实际上意大利北部、中部、南部的城镇化水平差不多），但与低地地区的尼德兰相比，还是有一定的差距，两者并不在同一水平上，罗氏此处如此类比，显然是无法确定清代中期江南的城镇化水平，所以直接与欧洲两个城镇化水平较高的地区进行比较。

再如李伯重在其关于 1820 年代华、娄地区的 GDP 研究中，直接将 19 世纪初期华、娄地区的城镇化水平与同时期的尼德兰进行比较，得出当时华、娄地区已经不是一个农业社会，而与尼德兰一样，均属于城市区域的结论。[②] 如果说用整个江南地区与尼德兰进行比较尚具合理性的话，那么直接用一个县（民初华亭县与娄县即合并成松江县）的城镇化水平与两个国家（1830 年前的尼德兰包括荷兰和比利时）的城镇化水平进行比较，无论如何都难以让人完全接受；另外，李氏所比较的尼德兰 35% 的城镇化水平，是就 2500 人以上的城镇人口而言，[③] 而李氏所统计的是 100 户（其按户均 4.5 口计，即 450 人）以上的市镇。这些技术性问题是比较的前提，也是城镇化水平研究的前提，在未解决这些问题前，其所得结论尚待验证，[④] 如果贸然进行全球视野下的比较，所涉问题同时存在于比较的双方，其初衷虽好，但在一方的基础尚不是特别牢靠的情况下，比较结论

①　Jan de Vries, *European Urbanization*, 1500 - 1800（London：Routledge，2007），p. 39.

②　李伯重：《中国的早期近代经济——1820 年代华亭 - 娄县地区 GDP 研究》，中华书局，2010，第 271～272 页。

③　Jan de Vries, "The Population and Economy of the Preindustrial Netherlands," *Journal of Interdisciplinary History*, Vol. 15, No. 4（Spring 1985），p. 662.

④　此外，其具体的估算还需要进一步考察，如关于松江府城的人口估算，关于市镇居民以外的人口及其家属的估算，等等。

是否可信尚存疑问。

　　因而，历史时期江南城镇化水平研究亟待走出困境，以获得更加可靠的研究结论，这样才有可能获得江南地区经济发展水平的正确评价，在全球视野下的比较研究中，也才有可能获得江南以及中国的实际位置。笔者认为，以下几个方面或许能成为走出困境的突破口。

（一）城镇概念的重新界定

　　一般而言，城镇包括城和镇，但具体的、统一的、明确的定义至今没有形成。在官方的统计中，一般是以人口规模和居民职业来界定城镇的，居民职业具体指非农业人口居多，但具体比例并不固定，如我国 1955 年时规定非农业人口占 50% 以上，但到了 1963 年又规定必须占到 70% 以上。[①] 人口规模则从最小的 500 人到数万人不等，对此联合国推荐以 2000 人作为国际性的标准。我国 1955 年所采用的标准正是联合国推荐的 2000 人。各国不但采用各自不同的标准，而且在一国之内，其所采用的标准也是前后不同的，中国就是一个很好的例子。[②]

　　官方统计所采用的这两个指标，具有明确、易操作的特点，因此也多被学者用于界定中国历史时期的城镇，尤其是被用来判断明清时期的市镇是否属于城镇。这无疑是正确的，但对于居民职业这一标准来说，由于文献资料中都是模糊、不确定的描述，如"商业繁荣"或"民多以经商为生"等，因此研究者对于明清时期江南市镇人口中非农业人口是否居多，基本采取默认态度，并未做详细的讨论。[③] 而对于人口规模这一标准，如前文所述，学者们有很大的分

---

①　张善余：《人口地理学概论》，华东师范大学出版社，2004，第 330~331 页。
②　侯杨方：《中国人口史》第 6 卷，复旦大学出版社，2001，第 474 页。
③　针对刘石吉实际以 500 人为城镇标准而计算出吴江、常熟、昭文的城镇化水平，吴建华敏锐地指出："居住在市镇上的人并不都属于不从事农业的户口。"因而其在讨论这一问题时，是依靠赋税资料中的全县市民丁口比例，以求得研究区域大致的城镇化程度，而未给出具体的城镇化水平数字。参见吴建华《明清太湖流域的市镇密度及其人口结构变动》，《城市史研究》1996 年 Z1 期，第 16~24 页。

歧。综观这些学者的研究可以发现，他们首先默认居民职业一项为无须证明的事实，即市镇中居民职业以非农业为主（50%以上），然后设定一个自己认为合理的人口数字作为标准，人口在这一数字以上的市镇就是城镇，以下则为非城镇。

李伯重是最早注意到这个问题的学者，他根据对城镇的最普遍理解，以农村作为参照，在人口规模这一指标上提出了极具启发性的宽泛的人口标准，即以"模糊性"的人口规模标准来代替"明确"的人口规模标准，[①] 然而对于江南所有市、镇均满足非农业人口居多这一以往研究的默认前提，李氏选择的是继续沿用而非质疑，因此对于这个问题，他并未进行太多的论述。如果这个默认前提成立的话，那么以往对城镇的界定标准在逻辑上并没问题，但问题是是否所有市镇的居民职业都是以非农业为主。这是我们极有必要讨论的。因为就这两个指标而言，城镇的本质应该首先是以非农业为主，其次才是人口规模。那么市镇人口是否以非农业为主才是城镇化水平研究的重点，是需要加以慎重考虑以及详细讨论的。[②] 而如果看到城市是相对农村而言，从而采用宽泛的人口规模标准的话，那么市镇可以默认满足的应该是人口规模标准。

因此就人口规模这一标准而言，笔者以为不能只从城镇的层面进行考察。城镇本来就是相对于农村而言的，城镇之区别于农村，主要有两点：其一，其居民的职业以非农业为主，而农村居民则以

---

① 李伯重：《工业发展与城市变化：明中叶至清中叶的苏州》，载氏著《多视角看江南经济史（1250～1850）》，第 387～391 页；《19 世纪初期华亭－娄县地区的城市化水平》，《中国经济史研究》2008 年第 2 期。

② 路伟东在关于清末民初西北地区城市化水平的研究中表示，讨论 1955 年以前的非农业人口比例困难太大，基本没有可行性，故对其研究对象，即城市的界定为所有县级以上治所及所有人口规模在 1000 人以上的聚落（路伟东：《清末民初西北地区的城市与城市化水平——一项基于 6920 个聚落户口数据的研究》，载《历史地理》第 32 辑，上海人民出版社，2015，第 155 页）。路氏此论过于绝对，对非农业人口的讨论困难巨大没错，然而并非全无可行性。问题的关键在于，若仅仅讨论人口规模与行政等级，而不讨论非农业人口，所得城市化水平的结论与实际情况将会出现较大偏差。对此的详细分析请参见本书第二章。

农业为主；其二，城镇聚集了较农村多的人口。至于到底要多多少，笔者以为不必太过于纠缠具体的数字，大可采取较为宽泛的标准，即李伯重所说的对城镇最普遍的理解。[①] 那么城镇人口规模标准的确定，就应该以同一时期、同一地区的农村为参照坐标。下面我们来看一下民国时期农村的人口规模：1930 年李景汉在定县 453 个村的调查显示，平均每村 847 人；1933 年，行政院农村复兴委员会在江苏、浙江、河南、陕西的调查显示，四省平均每村 250 人，其中江苏调查 4 县 28 村，平均每村 173 人，浙江调查 4 县 31 村，平均每村 201 人，河南调查 3 县 15 村，平均每村 441 人，陕西调查 3 县 13 村，平均每村 312 人；1934 年陈翰笙在广东的调查显示，152 村，平均每村 903 人；1935 年乔启明在江宁县秣陵镇的调查显示，4 乡 96 村，平均每村 208 人。[②] 从中我们可以看出，江浙地区每个村的人口规模较小，也就 200 人左右。如果以江浙地区农村的人口规模为参照的话，那么江南地区大批人口 100 ~ 300 户的市镇就不应该被排除在城市之外，当然，这些市镇还必须满足非农业人口居多这一标准。

　　这样，问题的重心就转向了如何确定一个地区的人口是以非农业为主。在对现当代城市化的研究中，如若采用以城镇人口所占比例来衡量城镇化水平的方法，[③] 那么其所使用资料的最直接来源无疑就是民政部门的户籍资料。现代的户籍制度，使得研究者可以很容易获得某一地区全体居民所从事的职业情况，农与非农一目了然。很显然，现当代研究的学者们所要考虑的问题并不是资料的获取，而是如何界定大批离开了原户籍地，来到城市里打工的流动人口，以及诸如此类的新问题。对于历史时期城镇化水平的研究者而言，

① 李伯重：《工业发展与城市变化：明中叶至清中叶的苏州》，载氏著《多视角看江南经济史（1250 ~ 1850）》，第 387 ~ 391 页。

② 以上 4 份调查均转引自乔启明《中国农村社会经济学》，《民国丛书》第四编（13），上海书店出版社，1992 年影印本，第 16 ~ 18 页。按，秣陵镇在部分文献资料中也记为"秣陵关"。

③ 我们暂且不论这种做法在现当代研究中是否可取，至少在研究历史时期的城镇化水平时，这仍是最可取的方法。

我们所面临的显然更多的是资料问题。

综上，本书对城镇的界定为：以非农业为主（50% 以上）的聚落即为城镇。在进行城镇界定时，笔者并不强调具体的人口规模，因为本书所要处理的更多是有一定人口规模标准的、作为"政区"的镇。但必须指出的是，笔者认同城镇应该具有一个人口规模标准，然而鉴于学界在此问题的争论中尚难达成一致意见，为避免陷入无休止的数字纠缠，在计算城镇化水平时，笔者将采取一种开放的态度，同时对几种人口规模标准下的城镇进行计算，得出若干种人口规模标准下的城镇化水平。

（二）城镇化水平等概念的适用性问题

近年来对历史时期江南的城镇化水平研究用力最深的学者当为李伯重。2000 年在其关于江南早期工业化的研究中即已对江南地区的城镇化水平有初步估计，认为明代后期与清代后期整个江南地区的城镇化水平分别为 15% 与 20% 左右。[①] 2001～2002 年，李氏更是在《清史研究》上分三期连载其关于苏州地区城镇化水平的研究，开创性地提出了界定"城镇"的模糊性宽泛人口规模标准，并认为在这一标准下，苏州地区的所有市镇均为城镇，其城镇化水平区间在明代后期为 9%～11%，清代中期为 15%～35%。[②] 2008 年其在关于松江地区的研究中进一步指出以往研究对江南的城镇化水平均有所低估，19 世纪初期华、娄地区的城镇化水平一度达到 40%，而后虽然受太平天国运动的影响而有所下降，但是在 20 世纪中期仍有 20%。[③] 李氏的这些研究，是在语焉不详的传统文献记载中进行计量化处理的有益尝试，然而其关于城镇的界定标准，虽然采用宽泛的人口规模标准能够摆脱在这项标准上的具体数字纠缠，但由于仍然

①　李伯重：《江南的早期工业化（1550～1850）》，第 391～417 页。

②　李伯重：《工业发展与城市变化：明中叶至清中叶的苏州》，载氏著《多视角看江南经济史（1250～1850）》，第 411～413 页。

③　李伯重：《19 世纪初期华亭 - 娄县地区的城市化水平》，《中国经济史研究》2008 年第 2 期，第 31 页。

默认市镇的居民职业均以非农业为主这一前提，使得其城镇标准大大降低，江南所有市镇在实质上均被其界定为城镇，所得城镇化水平远远高于以往研究结论，从而引发了一些学者的质疑。

2006 年王家范在对当时的明清江南研究进行回顾与展望时指出，明清地方志对乡市集镇的记载往往缺乏严格界定，除个别规模较大的市镇外，"市"与"镇"的称呼在江南地区十分随意，普遍存在"市""镇"不分的现象，本地人见怪不怪，如果对此实际情况没有清醒的认识，贸然使用源自西方的城镇化等相关概念进行所谓的城镇化水平研究，一不小心就有对江南历史真实进行"整容"与"变性"的嫌疑。① 针对李氏事实上将江南的所有市镇均作为城镇的处理方式，冯贤亮根据传统文献仔细梳理了明清时人关于市镇、城郭、乡村的认知，指出在时人眼里，市镇与城郭的界限十分明确，即使是像乌青、南浔这样在经济上超越县城甚至府城的商业巨镇，也未被当作与府城、县城地位相同的城市，大量的中小市镇更是被视为与普通村落无异的乡村地区，将这些市镇界定为城镇并不符合历史实际，任何缺乏对原始资料深入解读的宏大叙事都无法得出正确的理论认识。②

以上讨论，从宏观层面看是一个老生常谈的问题，即源自西方的理论概念在中国研究中的适用性问题，许多学者都曾撰文发表看法。③ 近年来，致力于反欧洲中心主义的众多研究对此也多有讨论。④ 笔者

① 王家范：《明清江南研究的期待与检讨》，《学术月刊》2006 年第 6 期，第 149 ~ 152 页。
② 冯贤亮：《史料与史学：明清江南研究的几个面向》，《学术月刊》2008 年第 1 期，第 137 ~ 138 页。
③ 相关论著甚多，黄宗智、李伯重等学者都有相关讨论，具体不一一列举。
④ 对此，近来夏明方有系列文章从学术史与理论的高度对相关研究进行了总结：《老问题与新方法：与时俱进的明清江南经济研究》（《天津社会科学》2005 年第 5 期，第 116 ~ 123 页）、《十八世纪中国的"现代性建构"——"中国中心观"主导下的清史研究反思》（《史林》2006 年第 6 期，第 116 ~ 142 页）、《一部没有"近代"的中国近代史——从"柯文三论"看"中国中心观"的内在逻辑及其困境》（《近代史研究》2007 年第 1 期，第 1 ~ 20 页）、《真假亚当·斯密——从"没有分工的市场"看近世中国乡村经济的变迁》（《近代史研究》2012 年第 5 期，第 77 ~ 98 页）。

认同理论概念只是一种"参考",同时"要让中国的经验有一个申诉的权利"的观点,[1] 即对源自西方的理论概念无论是生搬硬套还是全盘否定均不可取。从微观层面看,实际上涉及江南市镇史研究的一个基本问题,即市镇的城市或乡村属性问题。诚如冯氏所言,在明清时人眼中,市镇很明确的是属于乡村地区,然而也不能否认,确实有一些市镇的居民是以从事工商等非农职业为主,且其人口规模远大于乡村。李氏将所有江南市镇不加分辨地界定为城镇固然存在偏颇之处,但若以此完全否定市镇的城市属性,是否有走向另一个极端的倾向?

这里实际上揭示的本质问题是以往研究在界定城镇时以市镇居民的非农职业为默认前提,再剔除人口规模较小市镇的做法存在很大缺陷。结合上文关于政区因素影响市镇内涵的叙述,在界定城镇时的首要问题应该是具体考察市镇居民是否以非农职业为主,人口规模反倒是其次。只有如此,才能做到对传统文献资料记载的批判式使用,避免照搬城镇化相关理论概念所带来的"整容"与"变性"之嫌。

(三) 资料与视角

在涉及数字的史学研究中,由于中国传统史料一般不重视数字的记载,更由于这些研究对史料精度的要求太高,研究者往往需要借助后代的记载来推敲前代的情况,如何炳棣关于中国人口和土地数字的研究,[2] 曹树基关于明清人口史的研究,[3] 李伯重关于1820年代华、娄地区GDP的研究,等等。[4] 在城镇化水平的研究中亦是如此,如施坚雅参考清末民初的邮政及交通资料、1953年人口普查资料来构建1893年的城市体系,并在1893年的基础上估算1843年的

① 曹锦清:《如何研究中国》,上海人民出版社,2010,第6、14页。
② 何炳棣:《明初以降人口及其相关问题:1368~1953》,葛剑雄译,三联书店,2000。
③ 曹树基:《中国人口史》第4、5卷,复旦大学出版社,2000、2001。
④ 李伯重:《中国的早期近代经济——1820年代华亭-娄县地区GDP研究》。

城镇化水平。① 这种研究路径自有其可取之处，然而其问题亦显而易见：由于研究者的重心放在前代，对于后代的资料并未花太大的精力去辨析，而且既然后代的资料能够支持前代的研究，那么先研究清楚后代的具体情况在步骤上是否更加可取？正如王家范所呼吁的，在史料已经制约江南研究进一步深化的情况下，将目光放至明清之外的民国甚至是共和国初期，只有在资料方面取得较大突破才有可能打开江南研究的新局面。②

1. 直接数据的获得：调查与档案资料

在将政区因素纳入考量范围并厘清城镇的基本概念后，利用人口调查资料进行城镇化水平研究的困境也就迎刃而解。民国时期的资料十分丰富，近年来各种资料集、资料汇编陆续整理出版，各种电子资源、数据库相继推出，都极大地便利了研究者对资料的获取及利用，因而这些民国资料也就成为本书获取新资料的突破口。然而需要指出的是，由于城镇化水平研究对资料近乎苛刻的要求，即使是在这些海量的资料中也难以找到可以系统利用的调查资料，仅有少数资料能够支持个案研究。具体而言，本书首先需要的资料为民国时期以县为单位的涉及人口的调查资料，当然，如果有直接针对县域内所有市镇的调查资料，那就完美了，退而求其次，只要其统计口径为调查前后的乡镇区划，调查内容具体涉及人口数量与居民职业。这是本书所能直接使用资料的最低要求，到目前为止，笔者仅找到符合此条件的 5 份调查资料，即江宁、句容、吴江、平湖、桐乡等 5 县出自不同目的于 1930 年代（桐乡除外）进行的与人口相关的调查所留下来的资料。这 5 份资料也就成为本书推进江南城镇化水平研究的突破口。

其次为档案资料。本书所利用的档案资料为 1953 年人口普查时

① 施坚雅：《十九世纪中国的地区城市化》，载施坚雅主编《中华帝国晚期的城市》，第 242～297 页。

② 王家范：《明清江南研究的期待与检讨》，《学术月刊》2006 年第 6 期，第 148～152 页。

江南各县的"乡镇"级资料以及 1951～1952 年各县的"建区设镇"调查资料。1953 年的人口普查资料并不稀见,以往学者已多有利用,像何炳棣、曹树基在其人口史的研究中均有大量利用,然而其所利用的为通常所见到的省县级资料,为国家统计局根据各省上报的数据汇编整理而成的资料,并不能满足本书的要求。本书所使用的乃是藏于江苏省档案馆、上海市档案馆、湖州市档案馆的各县最原始的普查资料,按照 1953 年时的乡镇区划进行统计。当然,由于第一次人口普查的普查项目很简单,并未涉及居民职业情况,如果仅仅只是一份乡镇级的普查资料,同样无法使用。因此,与之配套使用的档案,在苏南为"建区设镇"时各县对本县市镇的调查资料,在浙北为浙江省据人口普查资料所整理成的各县城镇人口资料。利用这些档案资料,经过一定的辨析之后,可以对 1950 年代初期江南的城镇进行界定,进而对其城镇化水平进行研究。这可以说是本书所依据的最为系统与最为集中的直接数据,据此所得出的 1950 年代初期江南的城镇化水平亦是目前为止最为确切的。

2. 走出困境的关键:两种地图资料的利用

最后则为民国时期的地图资料。以往关于地图的研究均集中于地图本身,即所谓的"地图学史",关注点更多是在地图的知识来源及其所反映的知识传播等制度、文化层面以及制图、测绘、精确性等技术层面,且所涉以古地图居多,[1] 将地图作为一种研究资料进行相关问题的研究尚不多见。近年来随着 GIS(Geographical Information System)技术在人文社会科学领域的应用,学界(主要是历史地理学界)对地图资料的重视程度越来越高,对相关地图资料的收集整

---

① 相关研究有陈正祥《中国地图学史》,香港:商务印书馆,1979;余定国《中国地图学史》,姜道章译,北京大学出版社,2006;《中国测绘史》编辑委员会编《中国测绘史》(3 卷),测绘出版社,2002;廖克、喻沧《中国近现代地图学史》,山东教育出版社,2008;喻沧、廖克编著《中国地图学史》,测绘出版社,2010。前两种著作侧重地图本身及文化层面,后三种著作侧重于制度与技术层面。

理工作也在进行。具体而言，本书所使用到的民国地图主要有两种，其一为地籍图，其二为地形图。以下着重阐述这两种资料在城镇化水平研究中所能起到的作用以及本书的设想。

如上所述，句容等 5 个县的调查资料对本书尤为可贵，然而资料的覆盖面毕竟有限，其仅仅只能支撑若干个案研究，对于"民国江南地区城镇化水平"这样一个议题，其所起到的作用只是杯水车薪。因此，要解决这样一个中观区域的问题，只能另寻途径。

审视既有的研究思路，所谓的城镇化水平就是城镇人口与总人口之比，最为直接的数据当为各个城镇的人口数据与各种尺度的总人口数据（具体到本书主要指县的总人口以及整个江南地区的总人口），其中的难点在于城镇的界定，要判断某一聚落是否为城镇，这一聚落的人口总数和从事非农职业的人口数量两者缺一不可。将行政区划的因素考虑进来，则问题转换为如何判断某一乡镇是否为城镇，以及伴随而来的，由于县以下行政区划调整所造成的影响，对此，本书有专门章节讨论。

在这一思路的基础上，稍微转换一下视角：如果能够依据一批系统性的资料整理出一份江南地区系统的城镇名录，在对这批资料进行研究的基础上，对几种资料来源的相同城镇进行比对分析，以确定这个城镇名录的可靠性，那么也许能够绕开城镇的界定这一关键步骤，直接获得民国时期江南地区的所有城镇，然后以已有的城镇人口资料为基础，通过某种方法，也许可以估算出那些没有人口资料的城镇的人口数量，然后以这种估算的方式来研究民国时期江南城镇化水平。同时由于有 1953 年人口普查资料作为参照，亦可就此判断估算结果的可靠性。

因此，问题的关键在于能够整理出系统的城镇名录资料。据此，或许可以将目光聚焦于目前在学界尚未引起足够重视的民国时期实测地形图资料。在地图中，聚落居住地为重要的人文地物，其与山川河流等自然地物一起构成地图所要呈现的主要内容，居住地又分城镇聚落与农村聚落，其界定标准在同一系列的地图中是统一的，可以据此提取出其中的城镇聚落信息。地图的比例尺有大小之分，一般而言在同样大小的图廓内，比例尺越大，其所能表示的地理范围越小，但信息承载量越大。符合此项研究实际需要的地图，其比例尺应该足够大，太小会因为承载的信息不够详细而遗漏某些城镇聚落，但也不是越大越好，太大则表示同一区域的图幅需要成倍增加，从而使得工作量倍增，同时因资料丢失所造成的资料不完整的风险也会加大。因此民国实测地形图资料无疑是最佳选择。地形图属较大比例尺地图，具有统一性（如统一的比例尺、符号标注系统、投影等）、详尽性（大比例尺缘故）、精确性（包括点位、长度、面积、轮廓形状精确等）等特点。[①] 现今保存较多且较为系统的民国地形图主要有十万分之一和五万分之一两种比例尺，均能符合以上要求。具体而言，本书所使用的是十万分之一地形图，至于具体选用这批图的原因及对其的研究评估，将在第三章展开。

另外一种地图资料为比例尺更大的城市地籍图。由于其比例尺达 1∶500，加之该资料的完整性并不是特别好，在资料的获取上也比较困难，因而本书无法大规模使用，仅使用句容县城完整的 34 幅地籍图，以下简述该资料在本书中所能解决的问题。

在讨论城镇化水平等概念的适用性时，王家范与冯贤亮关于江南市镇农村属性的论述提醒笔者：既然明清时期的市镇与西方所谓的城市有如此大的不同，那么那些以往确定无疑地认为是城市的府州县城，其情况又将如何？其与西方的城市是否完全一样？换言之，这些府州县城亦是本书所确定的城镇，这一点即使是王氏与冯氏也未否认；但同时本书所确定的城镇也包括一部分符合"城镇标准"的市镇，由于有严格界定，故其数量明显少于李伯重的界定，同时由于将其纳入城镇的考察范围，故又与王氏及冯氏的界定相悖。在这种情况下，本书最终所得到的城镇化水平，其"城镇"会是以一种怎样的形态存在？我们应该以一种什么形式来审视这一

---

① 向传璧主编《地形图应用学》，高等教育出版社，1992，第 12～13 页。

结论呢?

这实际上就触及江南传统城市的性质,即西方概念中所谓的江南城镇、城镇化以及城镇化水平,到底是一种怎样的实态情况。在此意义上的审视才符合笔者所谓的正确对待西方理论概念的做法。晚清民国时期以上海为代表的大城市的性质似已无须多言,近来有学者以"第二次城市革命"来形容,① 然而广大中小城市(以县城为主)的性质如何则还需要讨论。由于地籍图详细至以地块的形式来表现城市的土地利用状况,使得我们有条件对传统中小城市的城市形态进行最详细的解读,从这一视角出发或可揭示传统中小城市的某些性质,既可作为对本书城镇化水平结论的审视,又可充分理解"城镇"这一本书最基础的概念。正是基于此点考虑,本书开篇即对此展开讨论。

以上调查、档案及地图三种资料构成了本书的基本核心资料,关于这三种资料的研究评估将在相应章节中展开。此外在各章节中还零星使用到许多其他资料,如明清方志,其他民国调查统计资料②及相关的规章制度,当代江浙两省新修的省志、县志、乡镇志及地名录、人口志、测绘志等新方志资料,其中新方志资料亦为本书大量参考的资料,此不一一列举,具体于各章节及参考文献中列出。

(四)区域范围、方法及其他

1. "江南"区域范围界定

作为一项区域研究,照例应对所研究的区域进行一番界定。江

---

① 吴松弟:《二十世纪之初的中国城市革命及其性质》,(澳门)《南国学术》2014年第 3 期。该文从市制的兴起、产业转向、地方自治等方面进行论述。

② 本书对于民国的调查统计资料多有涉及,但并未全部体现在参考文献中,如由南京图书馆整理出版的《二十世纪三十年代国情调查报告》(凤凰出版社,2012)即未出现在本书的参考文献中,该套资料为 1930 年代国民党中央政治学校各专业学生(地政专业除外)的实习或考察报告 [另本书使用到的萧铮主编《民国二十年代中国大陆土地问题资料》(台北:成文出版社有限公司,1977)为该校地政学院学生的实习报告与学位论文],对了解 1930 年代的中国国情很有帮助,但由于多为叙述性文字报告,并不符合本书对资料的苛刻要求。

南向为学界研究的热点区域，然而至今却未有一个为各方认可的明确范围界定，不同的江南研究有不同的区域范围界定，也有学者对历史上"江南"的地域范围进行了梳理，[①] 相对而言，李伯重从明清社会经济史研究的角度出发所做的"八府一州"（即苏、松、常、镇、宁、杭、嘉、湖八府及太仓一州）的界定影响较大，不少学者在研究中直接采用李氏的这一区域界定。谢湜在其博士学位论文研究中，基于其研究时段为 11～16 世纪的考虑，认为无论是从概念演变本身，还是从人们对其范围的认识角度，历史上的"江南"都是多变的，因而任何对江南地区的范围界定主要取决于具体的研究专题，并进而指出将"江南"视为一个变动的区域，视为一个时空连续体，从而也就放弃了对江南地区进行具体的区域界定。[②] 这一处理方法对于较长时段的历时性分析而言无疑具有参考价值，然而考虑到本书从某种意义上说属于一种相对静态式的研究，"江南"的区域变动并不需要笔者多虑，因而本书对江南的区域范围界定基本参照李伯重的"八府一州"，然而在具体操作上又稍有区别，即按照研究资料的情况，以中华人民共和国成立初期苏南行政公署所辖的镇江、苏州、松江三个专区所辖范围，浙江省的嘉兴专区所辖范围以及省辖杭州市、杭县、新登县、富阳县，上海市辖区范围为江南的区域范围，具体则是原属江宁府的六合县、江浦县，常州府的靖江县以及松江府的崇明县不在本书的"江南"区域内，借用范毅军的说法，这一界定姑且称之为工作性界定（working definition）吧。[③]

---

① 主要有周振鹤《释江南》，载氏著《随无涯之旅》，三联书店，1996，第 324～334 页；徐茂明《江南的历史内涵与区域变迁》，《史林》2002 年第 3 期；李伯重《简论"江南地区"的界定》，《中国社会经济史研究》1991 年第 1 期，随后李氏在《江南的早期工业化（1550～1850）》及《多视角看江南经济史（1250～1850）》中有所修订。

② 谢湜：《高乡与低乡：11～16 世纪太湖以东的区域结构变迁》，博士学位论文，复旦大学历史地理研究中心，2009，第 9、15 页。

③ 范毅军：《明中叶以来江南市镇的成长趋势与扩张性质》，《中央研究院历史语言研究所集刊》第 73 本第 3 分册，2002 年 9 月，第 444 页。

2. 方法

本书将地图作为走出江南城镇化水平研究困境的关键资料，如此一来，如何解读地图资料就成为关键，GIS 技术无疑是最佳的读图工具。近年来，在人文社科领域，这一技术的运用日趋普遍，历史地理学界是较早将其引入相关研究的学科，2000 年满志敏的《光绪三年北方大旱的气候背景》[①] 一文即已将 GIS 技术与历史文献相结合，其"文献爬梳→数据提取→空间模型建立→分析"的工作方法，为其后研究中使用 GIS 方法提供了一整套思路。利用 GIS 软件来处理民国的地形图资料，将其校正定位、提取居住地信息、获取城镇居住地面积，这一工作虽然繁复无味，然而一旦完成，利用所得到的城镇名录及每个城镇的面积数据，结合其他调查资料，就可以较为直接地来估算每个城镇的人口。这样，在引入 GIS 技术和地形图资料后，转换视角的思路也就具有了很强的可操作性。

另外，虽然本书已经极大地扩展了资料的使用范围，而且也获得了一定的突破，然而不可避免的是，在某些时候仍不得不进行必要的城市人口估算，对历史时期人口的估计并无定法，研究者只能根据自己掌握的资料情况，灵活地采用不同的方法进行估算。例如，施坚雅和曹树基通过构建全国或区域的城市等级模式来估算城市人口；李伯重以食盐销售量来估算松江府城的人口规模，以市镇等级和户均人口来估算松江县市镇人口。[②] 必须承认，无论采用何种方法，估算均存在巨大的风险，研究者必须对此存在清醒的认识，并采取相应的应对措施。对施氏和曹氏而言，其风险在于传统社会的城市行政等级是否一定与人口规模具有对应关系，这种对应关系的程度如何，是否具有区域差异；而李氏的风险在于，严格说来，其应该使用每年食盐实际消费量，而不是每年销售量，以及如何确定

[①] 满志敏：《光绪三年北方大旱的气候背景》，《复旦学报》（社会科学版）2000 年第 6 期。

[②] 李伯重：《19 世纪初期华亭 - 娄县地区的城市化水平》，《中国经济史研究》2008 年第 2 期。

这些消费量中有多少是日常生活消费，有多少是生产性消费。这些问题若无法解决，估算的基础就不那么牢靠，从而也就可能对最终的估算造成灾难性后果。

针对这种情况，笔者采用一种统计学里获取间接统计资料的方法，即统计估算，力图做到以下几点以最大化地确保估算的合理性：首先是估算的资料基础，力求每一步的估算都必须有坚实的依据，不做任何没有依据的"毛估估"，坚决不使用二次估算；其次是估算的前提，对于所使用的估算方法，必须充分认识到其风险所在，并通过一定的措施进行风险防范，尽最大努力降低估算的误差，将估算的过程完全呈现给读者；最后是在有条件的地方，对所估算的结果进行检验，以评估其误差程度，当然这一点并不是每处估算都能做到。

四 本书的框架结构

简言之，本书将目光从明清转移至资料丰富的民国时期及中华人民共和国成立初期，在摆脱资料限制的情况下，对以往研究所使用的"城镇"标准进行重新界定，对以往默认的前提进行重点讨论，而以往纠缠不清的具体人口规模则暂时成为默认前提，在此基础上分别对1930年代与1950年代初期江南的城镇化水平进行探讨。同时，为正确认识本书所谓的城镇化水平的实质，对于传统时期的城市，尤其是中小城市性质的研究必不可少，因而这也成为本书的重点讨论问题之一，对此，笔者的切入点为城市形态。在此思路下，本书的篇章结构安排除绪论、结论外，拟分四章展开，每一章将围绕一种核心资料集中探讨一个问题，同时由于大多数资料目前学界尚较少关注，故每一章均专辟一节对所使用资料从制度与技术层面进行研究与评估，[①] 以下对这四章的思路分别进行阐述。

---

① 第四章除外，所使用的档案资料将在各节中分别介绍。

李伯重将江南的所有市镇均界定为城镇,[①] 王家范与冯贤亮对此提出质疑,认为明清时期的市镇与城市有着本质区别,在时人眼里,市镇与乡村并无太大区别。[②] 在此基础上,本书第一章从土地利用的角度(地理学)对江南一座普通县城进行城市形态的具体考察,以此窥探传统时期中小城市的某些性质,在王氏与冯氏的基础上进一步指出,即使是明清时人所认同的城市,以今天的眼光来看,其形态特征与今天普遍认为的城市还是有一定的差距。在这一点上,笔者比王氏和冯氏走得更远,然而笔者并不认为因此就必须放弃城镇化水平及其相关概念的使用,问题的关键在于在使用这些概念的过程中,必须对所研究对象的真实情况以及所得出的结论有清醒的认识。基于此点,本书开篇即对此展开讨论,以此确定后续研究的基调,同时也提醒读者对此问题进行关注,从而不至对本书的最终结论产生误解。

游欢孙指出,晚清至民国时期的江南商业市镇有一个"政区实体化"的过程,[③] 这一研究结论提醒笔者在使用民国调查资料时必须考虑行政区划的因素。本书第二章立足于此,将行政区划纳入城镇化水平研究的范畴,指出直接根据江南县域人口调查资料进行城镇化水平研究,所得结论为一种"政区化"的城镇化水平,而笔者的任务就是"去政区化"。由于各县的调查发生于不同时间,而期间各县的乡镇区划又发生了调整,因而在这一章的"去政区化"尝试中,笔者分两步进行,一为直接剔除"政区化"影响,即根据调查资料即本书所确定的"城镇"标准直接进行;在这一步的基础上,对那些发生过乡镇区划调整的县进行第二步的"去政区化"。在这一过程

---

① 李伯重:《工业发展与城市变化:明中叶至清中叶的苏州》,载氏著《多视角看江南经济史(1250～1850)》,第 377～446 页;《19 世纪初期华亭 – 娄县地区的城市化水平》,《中国经济史研究》2008 年第 2 期。

② 王家范:《明清江南研究的期待与检讨》,《学术月刊》2006 年第 6 期;冯贤亮:《史料与史学:明清江南研究的几个面向》,《学术月刊》2008 年第 1 期。

③ 游欢孙:《地方自治与近代江南县以下行政区划的演变——兼论商业市镇的政区实体化》,《中国历史地理论丛》2011 年第 2 期。

中，同时将剔除"政区化"影响后的城镇化水平与未剔除前进行比较，向读者展示"政区化"城镇化水平的偏差程度。

由于调查资料的不完整性，对于民国时期江南的城镇化水平，笔者不得不另辟蹊径，绕过"城镇"的界定这一难点，直接以民国十万分之一地形图中实态标注的居住地为城镇，在此基础上对民国时期江南的城镇化水平进行研究，此即第三章的内容。本章的难点在于确定每个城镇的人口数量，具体而言，笔者将从十万分之一地形图中提取的城镇按能否找到人口资料分为两类，在能找到人口资料的城镇中，将上海等10个大城市提取出来进行单独分析，而未能找到任何人口资料的城镇人口数量只能依赖于估算，笔者是以人口密度和该城镇的面积进行估算。毋庸讳言，此种估算必存在巨大风险，估算的结果必不十分准确，研究者必须对此有清醒的认识，而单单给出一个估算结果并无太大的意义，关键是将整个估算过程展现出来。基于这个认识，笔者采取完全透明的处理方法，将估算的方法、该方法可能存在的问题、笔者防范这些风险所采取的措施、这些措施有何不足、数据的处理过程、最终估算结果的评估等完全展现给读者。

在讨论完民国时期江南的城镇化水平后，第四章将目光转向1950年代初期，利用1953年人口普查时所留下的最原始的档案资料，分别对当时分属于三个政区的江南各市县的城镇化水平进行研究，即上海市所辖区域，苏南的镇江、苏州、松江三个专区，浙北的嘉兴专区及浙江省直辖的杭州、杭县、新登、富阳等市县。如果说关于民国时期江南城镇化水平的结论尚是建立在某些估算的基础上，其结论不够坚实的话，那么关于1953年江南城镇化水平的结论则是建立在最为坚实的资料基础之上的，因而其结论的可信度大大提高，两相比较，关于结论似乎已不需要笔者多说什么。当然，这是本书最后所要进行的讨论。

第一章
江南传统中小城市的性质
——以民国句容县城城市形态为中心

2008 年暑期，笔者在江苏省句容市档案局查阅档案时，发现该局藏有大量民国时期实测地籍图，总量有 500 多幅，其中部分图幅已经破损严重，比例尺有 1∶500 和 1∶2000 两种，大多数图幅所标注的测绘时间为 1937 年，县城华阳镇的 34 幅地籍图的比例尺均为 1∶500，测绘时间则标注为 1948 年。本章将利用这 34 幅华阳镇地籍图，从土地利用的角度对句容县城的城市形态进行考察，以此揭示传统中小城市的实态特征，并帮助我们进一步认识传统城市的性质。笔者并不奢望以此个案考察能够完全揭示传统中小城市的性质，然而正如成一农在其关于中国古代城市形态的研究中，以"陌生的中国古代城市"作为引子所揭示的那样，虽然目前的相关研究众多，但我们实际上对于中国古代城市的实态仍是陌生的，[①] 这种情况极大地影响我们对传统城市性质的认识，因而本章的研究即以此为切入点，通过考察城市形态的方式来认识传统城市的性质。同时笔者在梳理民国时期的地籍制度时，发现这一领域在当前学界几乎是空白，[②] 因而本

---

① 成一农：《古代城市形态研究方法新探》，社会科学文献出版社，2009，第 1 ~ 3 页。

② 刘一民于 2011 年出版的《国民政府地籍整理——以抗战时期四川为中心的研究》（上海三联书店，2011）为笔者目前所见唯一的专著，该书从制度层面对抗战时期国民政府在四川所推行的地籍整理进行了全面梳理，但未涉及地籍图。

章第一节将首先对民国时期的地籍整理以及地籍图本身进行研究，以此作为对地籍图的评估。

第一节　民国时期的地籍图及其评估

作为传统的农业国家，中国历朝历代的税收绝大多数来源于土地，所以历朝均有土地陈报或清丈之举，而编成的图籍则作为征收田赋的凭证。但朝代更替时的战火，又极易毁去这些图籍，故新王朝建立后，大多有规模或大或小的土地陈报或土地清丈之举，以重新明确地籍。即使是在一朝之内，也由于人有生死，地有转移，地籍图册不可能无限期沿用，故大抵需要每数十年重新进行陈报或清丈。当然，这种修订性质的陈报或清丈只需地方自己完成即可，不一定要由中央政府主持。如清代江苏省武进县，大约每数十年进行一次土地清丈或陈报。[①]

太平天国运动以后，东南诸省的地籍图册大多遭到毁坏，一些省县虽然有组织过重新清丈，然而中经波折，完成者极少。至民国初期，全国大多数省份地籍混乱，土地纠纷不断，大大影响了国民政府的田赋征收，故当时就有整理田赋的计划。而要整理田赋，必先整理土地（地籍），而整理土地（地籍）又不外乎治标与治本二法，治标的方法有陈报、查报等，而以土地陈报为代表；治本的方法，则是进行土地测量，即地籍测量。由于整理土地（地籍）是一项十分浩大的工程，尤其是治本的地籍测量（以及伴随其后的地籍登记），不可能在短期之内完成，故在此之前，自民初始，就有各类或以知晓当时全国大致的土地数字为目的，或以增加田赋征收为目的的临时性举措，如调查、查报、陈报等，由此形成了一些全国或区域的土地数字。

民国以前的册载土地数字，自梁方仲和何炳棣两位先生的开拓

---

① 万国鼎：《历代地籍整理考》，载《万国鼎文集》，中国农业科学技术出版社，2005，第248～271页。

性研究后，其性质为"纳税亩"的结论已被普遍接受。民国时期的土地数字与之前的土地数字间既有联系，又有区别。对此，何炳棣在其研究中有所涉及，[①] 此外则较少见到有相关研究，[②] 直到最近赵赟、付辉、黄云勇等在他们的学位论文中对此问题进行了专门的讨论。[③] 这些研究虽然对保存下来的民国时期各项土地数字的评价不尽相同，但他们的着眼点都放在"全国耕地"上，这就忽略了民国时期的一项十分重要而且也更有意义的，但由于各种原因而最终未能完成的工作，即地籍整理。

　地籍整理包括地籍测量和土地登记两部分，其中江苏宝山、昆山两县的地籍测量早在清末光绪三十二年（1906）即已采用现代科学方法完成，土地登记稍晚，始于1922年的不动产登记。以后则时断时续，[④] 之后较大规模的实行当在民国十八年（1929）浙江进行土地陈报之后，但直到1949年国民党退往台湾时仍未完成。对于地籍测量及其所形成的数据，目前并未见有直接的研究，[⑤] 仅有少数研究中部分使用了一些测量数据，或对此稍有提及，如何炳棣在其研究中使用了当时江西12县和湖北数县的航空测量数据与卜凯的调查

---

① 主要是何炳棣的相关论著，即《明初以降人口及其相关问题：1368～1953》、《南宋至今土地数字的考释和评价》（《中国社会科学》1985年第2、3期）及《中国古今土地数字的考释和评价》（中国社会科学出版社，1988）。

② 相关研究主要有吴承明《中国近代农业生产力的考察》，《中国经济史研究》1989年第2期；章有义《近代中国人口和耕地的再估计》，《中国经济史研究》1991年第1期。此外，还有些散见于近代经济史、农业史的论著中。

③ 分别是赵赟《苏皖地区土地利用及其驱动力机制（1500～1937）》，博士学位论文，复旦大学历史地理研究中心，2005；付辉《明以来河南土地利用变化与人文机制研究》，博士学位论文，复旦大学历史地理研究中心，2008；黄云勇《转型时期的民国土地统计》，硕士学位论文，复旦大学历史地理研究中心，2006。

④ 诸葛平：《地籍整理》，行政院新闻局，1948。

⑤ 2008年12月7日，在复旦大学历史地理研究中心召开的"江南生态环境史研讨会"上，侯杨方、车群做了题为《民国江苏省青浦县两个村镇地籍图及其土地利用》的报告，他们对青浦县两个村镇保存下来的两幅1:1000的地籍图进行了GPS实测定位，以之为底图在MapInfo中绘制，然后用MapInfo计算每个地块的面积，并与地籍图上相应地块所标注的面积进行对比，发现误差很小，且呈正态分布，从而证明当时地籍测量的准确。相关研究尚未公开发表。

估计数字进行对比,① 但除此之外,他并未进行进一步的研究。吴承明在其文章中提到了当时的测量和航空测绘,但他的评价却仅仅是"只能证明原报告严重失实而已",② 而对其成果未加以理会。黄云勇虽然提到了土地测量,也指出由于采用了现代测量手段,可以得到真实的土地数字,但他同时又指出这项工作的完成情况微不足道,③ 而没有进行详细的研究介绍。有鉴于此,本节拟对当时地籍测量的施行情况进行初步研究,并通过对其完成情况及其成果地籍图的分析,对这一工作的实际执行效果进行评估。

一　国民政府时期的地籍测量

南京国民政府于 1927 年成立后,为了解决地籍混乱、土地纠纷频发的问题,从而利于土地行政,便于田赋征收,开始着手土地整理。国民政府乃至各地方政府虽然认识到非测量不能解决中国的地籍混乱问题,然而又往往迫于财力、物力、人力及时间不足的实际情况,不得不采取只能治标的陈报方法。故当时陈报与测量并存,一些省份在试行土地陈报后,鉴于成效不明显,方才进行地籍测量。以下就国民政府时期的地籍测量情况进行研究。

(一) 地籍测量制度的完善

1. 地籍法规的颁布

1929 年,行政院即颁布《各省市办理地政业务程序大纲》,以

---

① 何炳棣:《明初以降人口及其相关问题:1368～1953》,第 153～155 页。另外,需要说明的是,根据下文,湖北省并没有哪个县进行过航空测量,何炳棣在引用时出现偏差,其引用数字(《湖北省一年来土地行政推行概况报告书》,《地政月刊》第 4 卷第 4、5 期合刊,1936 年)是指湖北这几个县土地清丈中已丈面积和未丈面积的总和,而未丈面积是根据湖北陆地测量局五万分之一地形图推算,航空测量只是该报告最后提及将要筹办。另外吴承明在《中国近代农业生产力的考察》(《中国经济史研究》1989 年第 2 期)一文中说"1934 年开办航空测绘,亦限于江西、湖北部分地区",可能是受何氏的影响。
② 吴承明:《中国近代农业生产力的考察》,《中国经济史研究》1989 年第 2 期。
③ 黄云勇:《转型时期的民国土地统计》,硕士学位论文,复旦大学历史地理研究中心,2008,第 23～26 页。

规范当时各省市系统混乱、各自为政的地籍整理业务。1930 年《土地法》正式颁布，1935 年《土地法施行法草案》公布，虽然这两个法案的正式实行要到 1936 年，但由于有了一个中央规范文本的参照，各省市可以根据各自的实际情况制定相应的规章，因此，《土地法》及《土地法施行法草案》的颁布使得当时各省市混乱的地籍业务得以正常开展。同年《各省市地政施行程序大纲》公布，与《土地法》及《土地法施行法草案》同时施行。其主要内容包括总则、地政机关设立程序、土地测量施行程序、土地登记施行程序、土地使用施行程序、土地税施行程序、土地征收施行程序及附则 8 章，乃是为施行《土地法》而订立。自此，各省市地政机构的设置、地籍测量的程序方法等渐趋一致。1942 年，国民政府又根据实行情况对《土地法》进行了修正。1943 年，为了适应大后方地籍整理业务的开展，国民政府又颁布《战时地籍整理条例》。至 1944 年，又依据实行地籍测量以来的经验教训，由行政院发布《地籍测量实施规则》，规定地籍测量实施之程序、测绘之方法、应用之测量仪器、应达到之精度，以及绘制地图之种类与图纸之纸质、规格、应用线号、符号及注记事项等。而各种实施细则，则由地方根据实际情形制定，经中央核准后实行。

　　2. 地政机构的成立

　　1914 年 1 月，北洋政府成立全国经界筹备处，蔡锷任委员长。次年，全国经界局正式成立，分总务与清丈两处，开始举办京兆区及河南等省土地清丈，成立学校，训练人才，制定了《经界法规草案》，并已经应用现代科学测量方法。后因袁世凯称帝，蔡锷远走云南，加之业务多受阻滞，1916 年即被裁撤，其业务划归内务部办理。南京国民政府成立后，中央地政机构经历了一个"步步高升"的过程，先是 1927 年于内政部设土地司，主管全国土地行政；1936 年更名地政司，仍隶属于内政部；1942 年 6 月，撤销地政司，成立地政署，改隶行政院；1947 年，升地政署为地政部，下设地籍司，专管地籍整理之推行，并拟设中央土地测量队，办理全国航空测量。这样一个过程，也显示了国民政府对土地行政重视程度的逐步提升。

至于地方地政机构，民国初年，各省市并无正式地政机关，仅有因垦荒及清赋而设立的机构。省地政机构的设置，以1926年广东省土地厅为最早，1927年南京国民政府成立后，浙江省先设土地厅，1928年江苏省成立土地整理委员会，后改为土地局。同年，江西省亦成立土地局。随后其他各省市亦陆续设置，但当时系统纷歧，组织混乱，名称不一。1936年以后，由于《土地法》及其施行法明令施行，各省市《地政施行程序》先后颁布，地政机构方才逐渐划一。如江苏省，1928年设土地整理处，后改为土地整理委员会；1930年5月，改设江苏省土地局，隶民政厅；1933年，改直隶于省府；1936年4月，更名为地政局；抗战爆发后，事业停顿，至1945年12月才恢复。

县级地政机构则分业务机构与行政机构两种，前者为办理地籍整理时临时设置的，业务完成后即撤销；后者为地籍整理完成后的县于县政府内设立的机构，管理日常土地行政事务。如江苏省无锡县，1927年南京国民政府成立后，其土地整理业务由县财政科主持，1930年江苏省土地局成立后，无锡县随即成立土地局筹备处，由县长兼任筹备员，经过一系列的筹备和地籍整理前期准备工作，至1934年7月，按照江苏省土地局的组织正式成立无锡县土地局。而在筹备期间，无锡县已经按照省局的安排，成立图根组、清丈队等业务机构，进行先期的测设县图根点、导线测量、分户测量及调绘计算等业务。在县土地局成立以后，省局鉴于无锡工商业发达，城市地价高昂，成立了无锡城市地价申报办事处，试办地价申报。之后，随着土地整理工作的继续进行，图根组、清丈队等业务机构或撤销，或并入土地局，1935年2月，城市地价申报办事处亦撤销，所有未了事务，均由土地局继续办理。①

---

① 阮荫槐：《无锡之土地整理（上）》，载萧铮主编《民国二十年代中国大陆土地问题资料》第35辑，第17505～17510页。

3. 专业人才的培养

国民政府定都南京以后，1931 年间于参谋本部设立中央及各省市陆地测量学校，以培育测量人才，[①] 主要是为满足当时陆地测量的需要，军事色彩浓厚。1932 年于中央政治学校设立的地政学院，则是完全为地政需要而设立，至 1940 年因战事恶化而停办。据创办人萧铮所言，地政学院所招学生为大学毕业生，第一年完成基本的学科研究训练，然后派往重要地区实习调查三个月，返院时需提交实习报告，并在各教授的指导下，以实习所获得的资料做研究论文，一年后才能毕业，分派往各省市工作，九年间参与调查的学员共计 168 人，完成研究论文 166 篇。[②] 这批实习报告及研究论文即是萧铮主编的《民国二十年代中国大陆土地问题资料》，1977 年由台北成文出版社有限公司与美国中文资料中心合作出版。此外，1933 年同济大学工学院设立的测量系，也培养了许多高级测量人才。[③]

以上机构所培养的均为高级测量或地政人才，为适应土地行政不同层次的需要，1939 年又于中央政治学校设立地政专修科，以培育中级地政人员为目的。即使如此，各省市仍多感中级地政人员不敷需要，地政署又设立地政人员训练所，训练中级地政人员，共办理四期，参加培训者共 204 人，均分派各省工作。1946 年国民党进行军队整编时，所有复员转业军官有志愿从事地政者，均入中央地政训练班训练，共 153 人。[④]

至于初级地政人员，则由各省市地政机关按照内政部于 1935 年颁布的《各省市训练初级地政人员办法大纲》进行训练。各省市成立地政机构后，大多先后设立训练机关，分地政、三角清丈等各班，按照实际需要进行分别训练。据诸葛平的初步统计，各省市共培训

---

① 诸葛平：《地籍整理》，第 30 ~ 31 页。
② 萧铮：《"民国二十年代中国大陆土地问题资料"总序》，载萧铮主编《民国二十年代中国大陆土地问题资料》，第 2 页。
③ 诸葛平：《地籍整理》，第 30 ~ 31 页。
④ 诸葛平：《地籍整理》，第 31 页。

初级地政人员 10967 人。[①] 如 1936 年成都、华阳两县为先行试办四川省简易清丈试验区，以国文、珠算、笔算、求积法、简单绘图法五个科目为考试内容招考清丈助理（外业人员），共录取正式、备选各 20 名，进行一个月的实地训练后分派各组工作，又招考校对、审核、计算等内业人员 50 名，在各股室实习一个月后任用。而四川省地政局亦于 1937 年开办四川省土地清丈速成训练所，学员由各县考送或报送，计有 420 余人。内业有党义、土地法规概要、测量学、绘图术、测图术、地籍编查法述要、面积计算法、土地法经济、农业经济、土地税概要、土地价值调查、川省田赋概述、珠算、公牍、中国田制史、民法物权等 16 个科目；外业则有平板测量实习、量田实习 2 个实地练习科目。[②]

4. 地籍测量的程序

地籍测量，按《土地法》[③] 和 《地籍测量实施规则》[④] 的规定，包括三角测量、图根测量、户地测量、计算面积、制图等五个程序。根据时人的解释，地籍整理为整理土地的先决问题，目的在求面积与经界以及田地位置的准确，因此必须采用科学的方法，否则结果不准，测了等于没测。而当时的科学方法就是采用精确的三角测量，先以少数大三角点控制全部区域，再在大三角范围之内，以若干三角点控制部分区域，依次配置图根点，然后再实施户地测量，这样

---

① 诸葛平：《地籍整理》，第 31 ~ 32 页。需要注意的是，据诸葛平所言，此数据来源于 1947 年 9 月各省市工作报告及 1947 年 6 月地政统计提要。然而细考各省市培训的初级地政人员人数，可以发现各省市的统计口径并不一致，统计时间亦有早晚区别，加之缺少若干省份的数据，因此，这一数据并不是最终数字。

② 康捷生：《成都、华阳地籍整理之研究》，载萧铮主编《民国二十年代中国大陆土地问题资料》第 31 辑，第 15401 ~ 15405 页。

③ 本书引用的关于《土地法》的内容均来自黄振钺编著《土地政策与土地法》（中国土地经济学社，1949）下篇《现行土地法诠释》。

④ 本书引用的关于《地籍测量实施规则》的内容主要来自孟光宇编《地政法规》（大东书局，1947）、萧铮主编《地政大辞典》（台北：中国地政研究所，1985）第 12 篇《土地法规及地政机构》及诸葛平在《地籍整理》、《地籍测量》（地政部地政研究委员会，1948）中的转引。

就能确保精确了。① 关于这五个程序，诸葛平在其《地籍整理》中有比较详细的解释，现转述如下。

三角测量，其目的在于选定适当的三角点，并求出其经纬度、方位角以及高程，为以后地籍测量的依据，是测量的基础。常以各点间的距离远近而分为大三角与小三角。大三角测量因具有一般性，为省时省事，一般由各相关机构商定共同办理或者由省办理；小三角测量的边长一般在 10 公里以内，当时的地籍测量以县为单位，所谓三角测量一般指的就是小三角测量。

图根测量，指的是交会点测量与导线测量，因三角点分布过于稀疏，不能满足户地测量的需要，所以必须选测若干交会点或导线点于三角点的空隙中，供户地测量用。

户地测量，指以平板根据三角点、图根点，在实地一一描绘经界，制成地籍原图；或以空中摄像片，根据三角点控制点，纠正误差，进行户地经界的测量，最后同样制成地籍原图。也就是说，户地测量有两种方式，一种是纯人工进行，称人工测量；另一种是通过航空摄影，再辅以人工纠正，称航空测量。

计算面积，于地籍原图上用求积仪测算或用几何方法计算出面积，因是据科学仪器测算或据科学方法计算，所得面积相当可靠。

制图，根据地籍原图缩绘或模绘，一般形成四种图，即地籍公布图，用以举办土地登记；户地图，颁发民间以明示产权；一览图，用以编造图册并查考地籍；总图，除为表明全县地形及土地整理情况外，一县之行政军事工程交通建设等均可适用。②

在 20 世纪 50 年代以前，大地测量在进行地面控制测量方面，所采用的都是经典的三角测量方法。③ 根据上面的描述，我们知道当时国民政府所采用的正是这种经典的三角测量方法，而当时所采用

① 黄振钺编著《土地政策与土地法》。
② 梅光复：《平湖县之绘制测图》，《地政月刊》第 4 卷第 11 期，1936 年。
③ 姬玉华主编《测量学》，哈尔滨工业大学出版社，2004。

的仪器，早期亦大多是从国外购入的。可见当时所采用之方法与仪器均是当时最先进的，其测量结果也应该是最精确的，即使在今天看来，其误差也不至于无法接受。

5. 人工测量与航空测量

如前所述，人工测量与航空测量是户地测量的两种手段，两者并不是对立的。它们都必须以户地测量前的两个程序，即三角测量与图根测量为根据，而这两个程序都是由人工完成的。当时对户地测量的这两种手段进行比较，都是以此为前提的。想来当时航测作为最新的科学方法刚刚由国外传入中国，应用尚不普及，其优势也未完全显现，所以时人对于航测与人测孰优孰劣意见并不统一，在1936年4月地政学会召开的第三届年会上，还专门就此问题进行了讨论，[①] 各人都从时间、费用、精确、效用四个方面对航测与人测进行了对比，但结果大相径庭，认为航测优者有之，认为人测优者有之，当然也有采取中庸之道的，认为两者应该相互结合，以航测之迅速补人测缓慢之短，以人测之周到补航测不够细致之不足。但从讨论中可以看出，当时的国民政府似乎是要把航测推广到全国，进行全国规模的航空测量，因此会议最后形成四项决议：（1）航空测量可应用为地籍整理之方法，但应由中央地政机关统筹办理，庶更易得优良之效果；（2）举办航空测量，应以大三角测量为基础，裨能完成全国全省总图；（3）航空测量须以完成地籍图为业务之最后目标，以便接办土地登记，完成地籍整理工作；（4）办理人工测量已有成效，或自然环境适宜于人工测量之区域，应举办人工测量。

但由于不久后全面抗战爆发，航测之事归于沉寂，抗战胜利后也没再提上日程，一直到1948年，全国完成航测的仍只有战前完成的江西南昌等21县，江苏无锡、南京，浙江平湖几个地方。此外，福建完成了土地陈报航空照片图，但这仅仅是利用了航空摄影，全

---

① 　曹谟等：《航空测量与人工测量问题》，《地政月刊》第4卷第4、5期合刊，1936年。

无三角点和控制点来纠正,① 不能算是严格意义的地籍测量。当然航测没能获得很好应用,除了战争的因素外,费用也是一个原因。与人工测量相比,航空测量中平均每亩所需经费要低许多,但是航空测量需购买整套装备,其初始投入较大,当时全国也就只有参谋本部陆地测量总局拥有装备可以进行航空测量,如果要大规模展开航测的话,其人力、物力明显不足。鉴于此,上述地政学会关于航测与人测讨论的第一项决议,以及《土地法》第四十六条均规定举办航空测量,要由中央地政机关统筹办理。

(二) 地籍测量的实施

任何制度在实际的操作过程中,都难免会因各种各样的原因而有所损益。因此,对地籍测量的实际执行效果进行评估就十分有必要。民国时期的地籍测量,以往论者均以其完成的情况微不足道为由,对此略而不谈。事实上,如果不对这一时期的地籍测量工作做系统梳理,我们很难对其进行准确评估。因此,笔者既把其完成情况当作评估其执行效果的一个重要方面,又要以此初步揭示当时全国各省市有哪些地方进行了地籍测量,从而为下一步资料的收集提供线索。

1. 抗战前的完成情况

国民政府定都南京后,各省市随即开始进行地籍测量。但各省市工作的展开时间不一,大致可以 1930 年国民政府公布《土地法》为界,之前进行测量的省份很少,也不成规模,而且举办的程序不一,多各自为政;《土地法》和《土地法施行法》等颁布之后,进行地籍测量的省份逐渐增多,规模也有所扩大,办理程序渐趋一致。② 一些省份还制订了地籍测量的详细计划,如江西省,其在试办南昌航测完成后,就将省内其余 80 个县分为三个区,分三期进行整理,计划 8 年完成;③ 湖北省则请地政学院的专家制定了完成土地整

---

① 《参谋本部陆地测量总局土地测量报告书》,《地政月刊》第 3 卷第 3 期,1935 年。
② 诸葛平:《地籍整理》,第 41 页。
③ 万国鼎:《抗战前航空测量之回顾与检讨 (中)》,《地政通讯》第 3 卷第 2 期,1948 年。

理的四年计划大纲。① 当然，这些都因抗战的爆发而中断。在抗战爆发以前，各省市的地籍测量工作还是取得了很大的成绩。（见表 1 - 1 - 1）

　　表 1 - 1 - 1 所反映的是截至 1935 年 3 月的情况，还无法完全展示抗战前各省市地籍测量完成的情况，笔者仅查到 1935 ~ 1937 年全国地籍测量的完成情况（见表 1 - 1 - 2），但可以看出个大概。

　　2. 抗战期间及战后的完成情况

　　抗战期间，办理地籍测量的省份转移到后方，主要是办理城市和城镇的地籍整理，而对农地的测量，则以征收田赋为目的，采取简易清丈的方法，测量程序过于简单，② 这使得农地测量成果大打折扣。如四川省，于 1936 年制订了全省清丈总计划，拟对成都、重庆等 15 个重要城市采取正式的三角测量，而农地则试行简易清丈。③ 因此，这一时期的成果主要集中于市地地籍测量。据诸葛平《地籍整理》的记载，1939 年国民政府内政部曾督促后方各省市办理重要城市土地测量，到 1942 年 6 月共办理 134 个县及 58 个城市。1942 年 6 月地政署成立，开始在后方办理各省市城镇的地籍整理，到 1943 年底，大多数面积在 500 亩以上的城镇都办理完毕。

　　抗战胜利以后，后方各省市则仍按原计划办理，光复各省市，尚未办理地籍整理的，则开始办理，已办理者，若地籍图册于战火中散失，则进行补办地籍整理，工作重点转为地籍的补测及重新进行土地登记。如江苏省句容县，1946 年开始补办地籍整理，至 1948 年，共办理地籍补测 5 万余亩。④ 1942 ~ 1946 年各省市地籍测量完成情况见表 1 - 1 - 3。

---

① 高信等：《湖北省完成土地整理工作四年计划大纲》，《地政月刊》第 4 卷第 10 期，1936 年。

② 康捷生：《成都、华阳地籍整理之研究》，载萧铮主编《民国二十年代中国大陆土地问题资料》第 31 辑，第 15532、15537 ~ 15542 页。

③ 康捷生：《成都、华阳地籍整理之研究》，载萧铮主编《民国二十年代中国大陆土地问题资料》第 31 辑，第 15349 ~ 15350 页。

④ 《句容市土地志》编纂委员会编著《句容市土地志》，江苏人民出版社，1990，第 134 页。

表1－1－1　各省市土地测量已完成面积比较（截至1935年3月）

省市	大三角测量	小三角测量	图积测量	户地测量
江苏省	东西干线自南京至松江海岸止,于1934年6月测设完毕,完成65点	已完成镇江等14县,共计3642点,其他正在测设各县已完成点未计入	尚无精确统计	共完成镇江等12县8172839亩
浙江省	完成全省五大干系,为杭嘉湖系三角网,杭甬金台系,杭金衢系,衢温台系三角索	已完成杭州等7市县6266800亩,绍兴等11县局部完成8630000亩	杭州市,杭县全部完成,其余绍兴等13县已完成3615275亩	杭州等4市县已全部完成,海宁等13县完成2059527亩
安徽省	未测	选测133点	完成2812点	完成八都湖户地测图106631亩,安庆城厢5952.928亩,芜湖街市7360.576亩,大通街市1258.152亩,怀宁第一区淘口洲30000余亩
江西省	未测	南昌县城内三角网未点,补点共计1949点	南昌市区域内10875亩	南昌市区内10875亩;南昌县田亩测量2602000余亩,内实有田150余万亩
河南省	未测	162点,1400市方里	经纬导线点1448点,交会点62点,平板导线点11600余点,共1400方里	
湖北省	汉口市测成大三角点25点,约1645方里	汉口市小三角点91点,约485方里;樊口镇138点,约40万亩	汉口市多角图根3734点,约485方里;樊口镇1667点,约18万亩	汉口全部完成,樊口镇完成123480亩,武昌,汉阳两县完成72万余亩

续表

省市	大三角测量	小三角测量	图根测量	户地测量
湖南省	未测	天文三角测量，第一区已完成，现推测到鄜阳阳一带		常德45万余亩，汉寿37万余亩，沅江50余万亩
云南省	未测			完成2736234亩
福建省		福州781方里，厦门900方里	同前	同前
广西省	未测	56点，4235方里	邕宁完成20834方里	邕宁仅举办田亩面积测量228万余亩，南宁户地测量面积尚未统计
甘肃省	未测	已测成小三角图根网一个，共30点	多角图根44个，共570余点	
南京市	已选定7点，因仪器、经费关系中止，已完成477.854方里	完成四面62点，约320公里	完成8607点，300方公里	城内185方里，各洲地225方里
上海市	未测	527公里	390方公里	约380方公里
北平市	未测	城区15点，250平方华里	城区350点，60平方华里	
青岛市	未测	5230公顷	6000公顷	2400公顷

注：（1）笔者对原表进行了一些文字上的改动。

（2）从表中可以看出两个问题：一是一些省市统计的数字为约数；二是统计的单位不统一，有亩、方里、平方华里、公顷等几种，应该是因为当时各省市的地籍整理大多看地进行之中，有些已完成测量及上报，这也表明这份资料不是内政部的最终统计资料。

资料来源：据内政部报告《一年来中国土地行政之进度》，《地政月刊》第3卷第3期，1935年。

表 1 - 1 - 2　1935 ~ 1937 年全国地籍测量完成情况

单位：市亩

年份	小三角点	图根点	测量面积
1935	16774	703523	23073710
1936	14772	490020	40370909
1937	1064	10503	6872113

资料来源：诸葛平《地籍整理》，第 71、72 页。

表 1 - 1 - 3　1942 ~ 1946 年各省市地籍测量完成情况

单位：市亩

省市	城区	场镇	县	农地	小三角点	图根点	测量面积
江苏	11	0	0	0	0	294	249096
浙江	35	24	3	0	1273	34553	1606688
安徽	15	7	0	1	16	4923	45496
江西	76	11	0	19	4372	212902	7693236
湖北	18	5	0	0	107	4470	182680
湖南	68	328	0	2	1387	55835	3794082
四川	112	108	8	16	1443	141679	6590601
西康	7	2	0	1	33	5705	221091
河南	2	6	0	0	9	1715	16427
陕西	62	27	3	7	878	99873	11517290
甘肃	42	17	0	4	589	50856	7400058
福建	37	53	0	2	930	13965	1375661
广东	64	50	4	4	13757	240382	7394672
广西	60	68	0	1	317	20728	277142
云南	20	12	0	1	73	6651	151619
贵州	38	42	0	0	127	11161	766169
绥远	8	4	0	6	1063	8890	14314109
宁夏	9	4	0	2	29	4269	220073
上海	1	0	0	0	0	6219	10984
北平	1	0	0	0	0	73	8899
天津	1	0	0	0	177	9083	70433
青岛	1	0	0	0	0	0	2058
重庆	1	0	0	0	132	9857	344432
总计	689	768	18	66	26712	944083	64252996

资料来源：诸葛平《地籍整理》，第 73 ~ 75 页。

相较于土地陈报，地籍整理虽然复杂，而且费时、费力、费钱，但从上面的论述中，我们看到国民政府一直在不遗余力地进行，即使是在战争中也是如此。但是由于各种原因，最终国民政府还是没能完成这项巨大而又有意义的工作，到1948年6月，全国完成测量面积233179868亩，仅占全国土地面积的3.27%（见表1-1-4）。这也是这项成果现在没有得到重视的原因所在。

表1-1-4　1948年6月全国地籍测量完成情况

省市	总测量面积（市亩）	占全省(市)比例	省市	总测量面积（市亩）	占全省(市)比例
江苏	20979532	0.1291	广东	17679274	0.0537
浙江	26444535	0.1718	广西	3299297	0.0101
安徽	17113948	0.0811	云南	2167880	0.0035
江西	38230679	0.1473	贵州	1173842	0.0046
湖北	12119305	0.0434	热河	15061	0.0001
湖南	12969744	0.0422	绥远	17482709	0.0352
四川	12458665	0.0274	宁夏	4883007	0.0139
西康	580206	0.0009	南京	313821	0.2685
河北	15000	0.0001	上海	429735	0.3208
山东	81013	0.0004	北平	378778	0.3572
山西	21000	0.0001	天津	205747	0.7414
河南	3617445	0.0146	青岛	116024	0.1032
陕西	18021084	0.0639	重庆	441464	0.9810
甘肃	18923943	0.0322	广州	177103	0.5465
福建	2840027	0.0160	总计	233179868	0.0327

资料来源：《统计月报》第133、134期合刊，1948年，第21页。

二　地籍图分析：以1948年补测句容县城地籍原图为例

地籍测量的结果最终要落实在地籍图的绘制上，因此，对民国政府地籍测量进行评估，就需要对地籍图的质量进行分析。如上所述，笔者在江苏省句容市档案局发现的民国句容县地籍原图500余幅，尽管大多数图存在程度不等的破损，但从其中所透露出的信息，仍可分析民国时期地籍测量的实施状况。笔者即以保存较为完好的、本书所使用的 1948 年补测的句容县城地籍图为例，对地籍图中的各要素进行分析，借以具体评估国民政府地籍测量的成果及其中存在的问题和相应的处理方法。

（一）地籍图所包含的信息

地籍图为地图的一种，其所包含的要素较为简单，仅仅绘制户地、道路、河流及行政区的境界，其余事物均以文字表示，为一种仅具平面位置的平面图，是所有地图中外表最简单的一种，它的重点在户地的界址与面积，所以其内容多以文字表达。[①] 地籍图中所包含的信息要素，据 1944 年颁布的《地籍测量实施规则》的规定及诸葛平《地籍测量》的介绍，主要有如下几种。

1. 图廓

即地籍图的边界线，分内外两种，内图廓才是真正的边界线，外图廓不过是一种装饰而已。内图廓用红线描画，长度规定为纵 40 厘米、横 50 厘米。每一幅所包含的面积视比例尺而定，比例尺如果为一千分之一，则面积为 300 亩，若增大为五百分之一或减小为两千分之一，则面积相应减小为 75 亩或增大为 1200 亩。

2. 比例尺

地籍图所用的比例尺，一般视土地价格的高低及丘块大小而定。地价高或丘块小的地方，用大比例尺，以便在图上能精确量出其面积，或把形状充分表现出来。反之则用小比例尺，以节省开支。据《地籍测量实施规则》的规定，地籍图常用的比例尺有五百分之一、一千分之一、两千分之一、四千分之一、五千分之一、一万分之一等 6 种，并且规定"特殊繁盛或荒僻地方得酌量增减之"。

3. 图名、图号及接合表

图名即地籍图的标题，一般以图内显著的地名为图名；图号由罗马和阿拉伯数字组成，罗马数字表示该幅图所在的象限，阿拉伯

---

① 诸葛平：《地籍测量》，第 5 页。

数字表示其行列；接合表表示本幅图与邻接图幅的关系位置，由接合表可看出一幅图四周是哪些图幅，便于检出拼接。

4. 地目

表示某一号地的种类，一般用一个字表示，地籍测量之初没有统一规定，用字较多，且没有统一标准。自从《地籍测量实施规则》颁布以后，统一规定为9个字，即9种土地类型，如果仍觉不够，也可酌情增加。9个字分别是：

宅：房屋及其附属的庭院、园圃，一切基地均属之。

田：一切种植农作物的水旱田地、菜园、苗圃均属之。

林：林地、林山均属之。

矿：矿山、矿地均属之。

水：一切沟渠、河流、池塘、湖海等均属之。

道：铁道、公路、街道、街巷及村道小径等均属之。

荒：荒芜未经利用，及已垦复荒之土地均属之。

沙：沙漠、沙地均属之。

杂：其他不属于上述地目的土地。

5. 地号

即丘块的编号，用来区别丘块，并做标记的。在地籍图上常和地目注记在一起。分暂编地号与正式地号两种，均用阿拉伯数字表示。暂编地号是测图时，预防将来编正式地号时有遗漏而按宗编列，每幅图均自为起讫。正式地号则是测量完成后，以乡镇为单位重新编列，如果号数过多，则将乡镇依自然境界分成若干段落，以每个段落为单位重新编列，每一单位自为起讫。在地籍图中若将两种地号并列，常将暂编地号用括号括起，以示区别。若某一号地跨在两幅图以上时，则以面积较大的一块为主体，用黑色注记，其余部分，虽然注记同号，但用红色。

6. 面积

通常按宗测算，但若一宗地跨幅时，则是每幅分开测算，并把每部分的面积用红色字体注记在该部分内，最后把各部分面积相加得到总面积，用黑色字体注记在主体部分。

（二）句容县城地籍原图信息的提取与分析

1. 句容县城地籍图所包含的信息要素

由图 1 - 1 - 1 所反映的信息来看，其与《地籍测量实施规则》的规定基本相符。在图的左侧有测量时间及相关工作人员的信息，测量时间或者制图时间在民国三十七年，即 1948 年。相关工作人员则属于句容县户地测量分队第一组，后有测量员、绘算员、检查员等的姓名。左上角有接合表，中间的黑色部分即为本幅图的位置，四周则记有与之相邻的图幅的图号。根据这个信息，可以把句容县城的这 34 幅地籍图的相对位置找出，做简单的拼接。正上方则为图名，华阳镇即为句容县城所在地。正下方为比例尺，这 34 幅地籍图的比例尺全部是 1∶500，为《地籍测量实施规则》指定的 6 种比例尺中最大的一种，一般而言，对于城市地方，所使用的比例尺均为

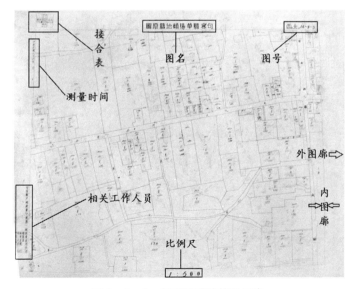

图 1 - 1 - 1　句容县城地籍图示意

1∶500。右上角为图号，可以看出，其与上文第三点关于图号的描述不同，所有34幅图的图号都是以西1北2开头，而非罗马数字，后面的阿拉伯数字则为3-2-1~25-3-3，从中我们看不出命名规则。查《地籍测量实施规则》并无关于图号的明确规定，上述第三点应是诸葛平根据当时其他地区的地籍图情况而做出的描述。不过这一点并不影响我们对地籍图的使用。

图1-1-2是两个完整地块的情况，从图中可以看出一个完整地块所包含的全部信息，即正式地号、暂编地号、地目、面积。此外，在其他的一些图中，每一号地还有业主的姓名，但是这些图所占比例很少，使得我们无法获取全部地块的业主信息。在《地籍测量实施规则》中并无需要注记业主信息的规定，但在关于户地平板测量（即人工测量）的规定中，有一项程序为地籍调查，调查信息登记在专门的地籍调查簿内，包括业主和佃户的姓名、住址、土地坐落与四至、地目、地价、使用状况等项目，每一号地测量完成后会立即编列

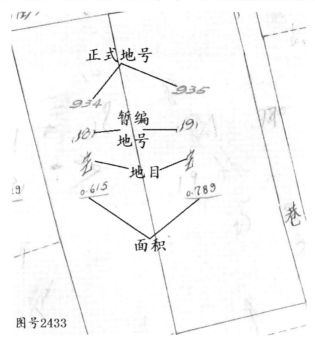

图1-1-2　地籍图中完整地块的信息

暂编地号，并把暂编地号登记进地籍调查簿内相应的位置。所以这种情况可能是记录员在记录信息时，正好手头有相关的业主资料，于是顺便记入地籍图中。不过这种情况具有一定的普遍性，在笔者所见的其他地区的若干幅地籍图中，也有一些包含有业主信息。

　　图 1 - 1 - 3 是一号地被图廓分割成两部分的情况。一般来说，面积较大的部分所在的图幅为其主体部分，在主体部分中（图 1 - 1 - 3 上半部），其信息除包括一个完整地块所包含的全部信息外，还有本部分地块的面积，即图 1 - 1 - 3 中的 0.323（红色字体），0.556（黑色字体）为总面积。而在非主体部分（图 1 - 1 - 3 下半部），信息十分简单，只有本部分地块的面积、主体部分所在图号及暂编地号三项信息。知道了黑色字体的数字与红色字体的数字之间的关系后，在遇到有看不清某部分地块面积的时候，即可根据它们的这种关系进行推算。少数情况还有一号地跨三幅图的，其信息标注与跨两幅图的情况基本一样。

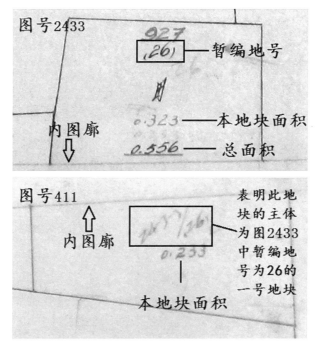

图 1 - 1 - 3　地块跨幅情况

2. 句容县城地籍原图中存在的问题及处理方法

以上所述乃是句容县地籍图中正常情况下某一地号所反映的信息，但并不是所有地号的情况均属正常，这其中还是存在着一些问题，归纳下来主要有地目问题、地号问题及虚线框问题等三类。以下来分析这三类问题的具体情况及处理方法。

（1）地目问题

按《地籍测量实施规则》的规定，地籍图中地目主要有宅、田、林、矿、水、道、荒、沙、杂9种类型，同时又规定："各地遇有必要时得按当地特殊情形酌量增加之。"① 在句容县城的这些地籍图中，地目所使用的类型除宅、田、水、荒、杂5种在规定之内，另还使用基、旱、地、塘、坟、墓、水沟、井、路、沟、操场、池、巷、山、土圩、碉堡以及佛教的"卍"字符等若干种，用字繁多，并不符合《地籍测量实施规则》的规定，因此有必要对相关的类型进行合并。首先，按照《地籍测量实施规则》的规定，"基"应合并到"宅"中，"旱""地"应合并到"田"中，"塘""水沟""沟""池""井"应合并到"水"中，"坟""墓"应合并到"杂"中，"巷""路"应标注为"道"（道路、街巷等在句容地籍图中绝大多数未标注出来，因此此项基本可忽略）。另外像"碉堡"、表寺院的"卍"字符等均应合并到"宅"中，但由于其较为特殊，可以以附注的形式表示出来，而像"土圩""操场""山"则因其特殊性，且都只出现过一次，可单独标注。

另外，在地目问题中还有一类地目缺失的情况，即在一号地中，其信息有正式与暂编地号、面积，唯独缺少地目信息。碰到这种情况的时候，就只能根据这一号地四周地块的地目情况来判断其地目类型了。下面通过截图来了解这种情况。

从图1-1-4中的"地目缺失情况一"可以看出，1076与1077两号地的地目缺失，根据其所处中大街的环境，且其四周地块的地目均为"宅"，那么据此可判断这两号地的地目也应该为"宅"。

---

① 《地籍测量实施规则》第92条。

"地目缺失情况二"的情况稍微复杂些。可以看到，1441号地的地目缺失，而其四周的1442、1443、1444、1446号地的地目均为"宅"，但是1440号地的地目却是"田"，而且从图上看，1441号地处于1440号地之中，这两号地的关系似乎更为密切。但是我们也可看到1441号地很小，面积只有0.022亩，其地目为"宅"的可能性应更大一些。由此可看出，对于这种地目缺失的情况，我们的判断依据是其所处的环境及其相邻地块的地目信息，该方法适用于大多数情况，但不可否认，这种判断并无法做到100%正确，因此误差在所难免。

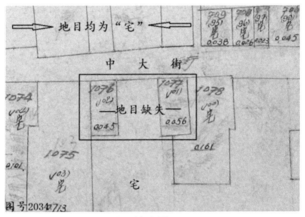

地目缺失情况一

地目缺失情况二

图1-1-4　地目缺失情况

（2）地号问题

首先是正式地号缺失问题。这又分两种情况，其一为地籍图上根本没有这些地号的信息，计有 284、285、304~306、550~559 以及 1429 共 16 个地号。其中前 15 个为无迹可寻，完全缺失，1429 号则是被并入 1430 号之中，故在图上将其划去。遇到这种情况，只能继续让这些地号空缺。其二为地籍图上某些地块的地号缺失，在这种情况下，我们尚可将缺失的地号补齐。

图 1-1-5 为图号 2434 中的正式地号缺失情况。从图中我们只能看到右侧的 1020 这一地号，其暂编地号为 33，暂编地号 34、37~45 的正式地号缺失。图中左侧笔者标注的部分乃一跨图地块，由其主体所在的图号 2433（此处原图上的表示模糊，但可通过该图左上角的接合表确定其所跨图幅）中可查到其正式地号为 1009，由此可知这些缺失正式地号的地块是按由左至右的顺序排列的，所以可以确定 1010~1019 这几个正式地号的位置。当然在句容县城地籍图中，正式地号的排列并不是完全按照这一规律的，用这种方式确定缺失的正式地号的位置并不绝对准确，但这种情况并不多，目前所见仅图 1-1-5 一例。尽管如此，如果要把地号与业主联系起来进行相关分析，则必须注意这一问题。

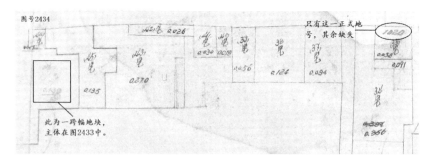

图 1-1-5　正式地号缺失情况

其次是子地号问题，正式地号与暂编地号均存在这个问题。从图 1-1-6"子地号（正式）情况"可以看到，在正式地号的子地号中，没有暂编地号与地目信息。诸葛平在其《地籍测量》中曾提到地号是按宗编列的，而"宗"指土地因业主地目相同，丘块相连，地价相近而拼成一块编号。一宗或几宗地，以后如果有分割或合并时，可以另编子号或将某一地号取消。所以这些子正式地号的暂编地号和地目与母正式地号是一样的。因此在处理时可将子正式地号的信息合并到母正式地号中。而"子地号（暂编）情况"比较难解释，估计与图正式的情况一样，表示子暂编地号的土地是从母暂编地号中分出来的。

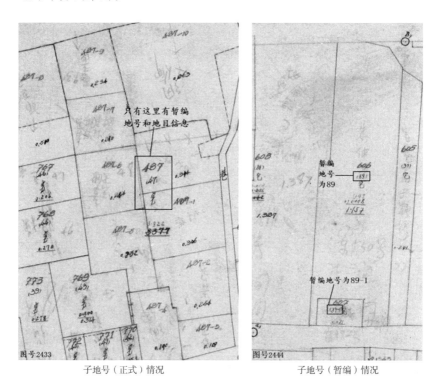

子地号（正式）情况　　　　　　　子地号（暂编）情况

图 1 - 1 - 6　子地号情况

（3）虚线框问题

如图 1 - 1 - 7 所示，在有些地块中画有虚线方框，如果是要表示这是一个独立地块的话，那么应该使用实线，而且也应该有地号、地目、面积等相关信息的标注。但是在所有虚线框中，均无这些信息。因此，笔者推测虚线框应该另有所指。查《地籍测量实施规则》及诸葛平的《地籍测量》，均无相关的规定或介绍。对此，笔者将地籍图中含有虚线框的地块全部找出，发现一共有77个地块含有虚线框，而在这77个地块中，地目为"田"的有16个，为"杂"的有1个，其余60个均为"宅"（包括"基"）。因此，笔者初步判断虚线框可能表示此处是一建筑物。

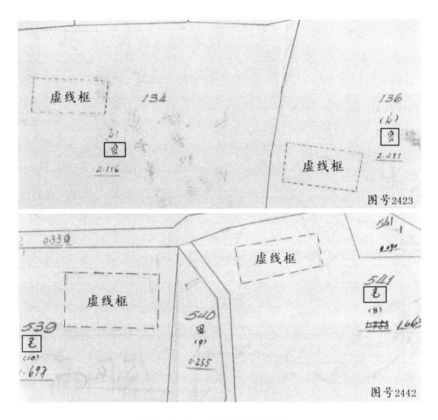

图 1 - 1 - 7　地块中的虚线框一

另外，由图 1 - 1 - 8 可以看到，1713、1714、1715 三个地块内均有虚线框，而且这三个地块的地目最初写的都是"田"，后又被划去，在旁边改为"宅"。这似乎支持了笔者的判断，即虚线框所指的可能是一座房子。因为我们知道，在农村地区，一些农民的田地离村子较远，他们往往会在自己的田地里盖上一座简易的房屋，或称棚子，可以把农具放在里面，农活间隙也可有一个休息喝水的地方。那么又如何解释地目为"宅"的地块内也有虚线框呢？按《地籍测量实施规则》的规定，"宅"是指房屋及其附属的庭院、园圃，那么这个问题应该就不难理解了，虚线框指的是房屋，其他地方则是其庭院或园圃。

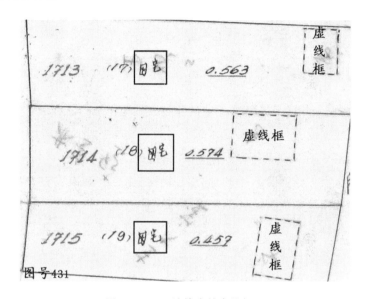

图 1 – 1 – 8　地块中的虚线框二

通过以上句容县城地籍图的分析可以看到，由于地籍原图是地籍测量留下来的最原始的图纸，[①] 经过计算面积、标注上相关的地块信息后，一些图面显得比较脏乱，而且也多多少少存在一些问题，然而这些问题基本上与面积无关，也可以通过不同的方式解决。由此可见地籍测量及其所留下来的地籍图资料的可靠性。

---

① 其经过计算面积后，会依据此原图绘制成若干种图。具体见本书关于地籍测量程序的介绍。

　　通过上文的分析，我们可以看到，虽然直至国民党迁台前，地籍测量所完成的量实在有限，但自南京国民政府成立以后，作为治本之法的地籍测量便逐渐作为国民政府土地行政的重心，只是迫于客观情形而不得不有所变通，于是治标的土地陈报便作为一种过渡手段出现，在探索中，国民政府也为地籍测量的实施逐渐制定出一套制度，对测量的程序做出了严格的规定，并且注重相应的人才培养，引进并试点进行了当时最先进的航空测量，甚至计划开展全国性的航测，即使在抗战中，也仍在大后方继续探索。这一系列的制度均是地籍测量做到测量精确、误差较小的保证。

　　而任何制度的制定与执行都是两个完全不同层面的问题。中国之大，以至各地有各自不同的情况，在执行这些规定时，必然不可能100%执行，正如本章第二节对句容县城地籍图的分析所显示的那样，其或多或少与制度规定存在不一致的地方。当时学者即已指出地籍测量中所存在的问题：在地籍测量中，大三角测量十分重要，但当时从大三角测量入手的地方仅江苏、浙江、湖南三省，而且湖南的测量不尽如人意，江苏虽然测了，但没派上用场，各县自测小三角点时都是自设原点，而浙江所采用的投影法与内政部、陆地测量总局所采用的又不一致；在各县的测量中，虽然都叫小三角点，但实际只是图根点。在户地测量方面，湖南、广西、云南三省侧重于田赋测量而不是全部土地测量；河南、安徽则规则简略，尚在试办期间；湖北则是进行简易土地清丈，不能看作地籍测量；浙江则因人事、经费的问题，许多县的测量时断时续；江苏成绩虽然明显，但为追求早日完成，测法也就追求便捷；等等。[①] 这些都会不同程度地导致地籍测量出现误差，但在当时的技术手段下，这些基本上都是限度以内的误差，而地籍图上这种与制度规定的不一致也并不是影响测量精度的因素，我们在使用这些资料时均可通过不同的手段予以解决。

---

① 万国鼎：《各省土地测丈评议》，《地政月刊》第2卷第9期，1934年。

第二节　句容县城形态及其所见
传统中小城市的实质

在关于中国城市史的诸多研究中，虽然直接以"城市形态"[①]为题的并不多，然而在大量以中国传统城市为研究对象的论著中，都或多或少涉及"城市形态"的内容。[②] 对于此问题的相关研究，成一农已经进行了详细到位的述评，[③] 本书以此为基础，并对成文写作时因尚未发表而未被列入其综述中的重要成果进行简单述评，[④] 以作为本书写作的切入点。

以往学界关于传统时期城市形态的研究状况，基本上可以用成一农的一段话来概括："总体来看，当前中国古代地方城市形态的研究在整体上形成了一个死循环。即第一（引者注：即个案城市形态）、第二（引者注：即类型、区域以及断代城市形态）层次的研究基本以综合研究为指导，提不出新的观点，由此最高层次的综合研

①　所谓"城市形态"，其含义有狭义和广义之分。狭义的"城市形态"指"城市实体所表现出来的具体的空间物质形态"，而广义的"城市形态"不仅仅是城市各组成部分有形的表现，也不只是指城市用地在空间上呈现的几何形状，"而是一种复杂的经济、文化现象和社会过程，是在特定的地理环境和一定的社会经济发展阶段中，人类各种活动与自然因素相互作用的综合结果；是人们通过各种方式去认识、感知并反映城市整体的意象总体"。参见郑莘、林琳《1990 年以来国内城市形态研究述评》，《城市规划》2002 年第 7 期。

②　成一农：《中国古代地方城市形态研究现状评述》，《中国史研究》2010 年第 1 期。

③　具体见成一农的相关论著，即专著《古代城市形态研究方法新探》和论文《中国古代地方城市形态研究现状评述》（《中国史研究》2010 年第 1 期）、《中国古代地方城市形态研究方法新探》[《上海师范大学学报》（哲学社会科学版）2010 年第 1 期]。

④　主要是鲁西奇关于古代汉水流域城市形态的研究。成一农的《古代城市形态研究方法新探》一书于 2009 年出版，写作当在 2009 年以前，而鲁西奇的文章虽然大多在 2009 年以前完成，但大多收录在各种论文集里，有两篇论文于 2009 年公开发表，其著作《城墙内外：古代汉水流域城市的形态与空间结构》（中华书局，2011）则于 2011 年出版。

究也难以归纳出新的认识，反过来这又局限了第一、第二层次的研究。因此，在最近十几年来，关于中国古代城市形态的论著数量急剧增加，但在综合研究中很难看到新颖的观点，在个案和类型、区域、断代研究中也难以发现新的切入点，大部分研究似乎都在遵循以往的观点和研究思路。"①

为了摆脱这一困境，成一农提出要素研究法，即按照城市形态的各个要素进行专门的研究，在其最新的著作中，即按照此研究方法对中国古代城市的城墙、庙学制度、规模等级等进行了专题研究。② 而鲁西奇则沿用传统的研究方法，以汉水流域的治所城市为对象，对其城市形态进行研究，并与以往关于传统城市形态的观点进行有益的对话，提出许多有益的新观点。鲁氏将以往关于传统城市形态的观点进行提炼，把其中关于中国传统城市特征的观点归纳为"城墙内的城市"，并提出两点质疑：（1）在中国历史时期，"是否在大部分时间里，大部分治所城市均筑有城垣，而且这些城垣确实在发挥作用？在不同的历史阶段，筑有城垣的治所城市是否占据全部治所城市的大多数？"（2）在这些筑有城垣的治所城市中，"是否全部或大部分城区均由城墙所包围？"③

对于第一点，成氏曾梳理过宋、元、明前中期的城墙政策，在这项研究中，其指出，在此期间，有许多地方城市长期处于城垣颓圮甚至是无城墙的状态。④ 在其最新的著作中，成氏对中国古代地方城市的筑城进行了全面梳理，进一步指出，在相当长的一段时间内，城墙并不是传统城市必不可少的组成部分，即使是在那些广泛修筑

① 成一农：《中国古代地方城市形态研究现状评述》，《中国史研究》2010 年第 1 期。
② 成一农：《古代城市形态研究方法新探》。
③ 鲁西奇：《城墙内外：古代汉水流域城市的形态与空间结构》，第 282 页。
④ 成一农：《宋、元以及明代前中期城市城墙政策的演变及其原因》，载中村圭尔、辛德勇主编《中日古代城市研究》，中国社会科学出版社，2004，第 145～183 页。

城墙的历史时期，也存在一些没有城墙的地方城市。[①] 鲁西奇在关于汉水流域治所城市的研究中，把超过一半的州（郡）县治所筑有城墙，且在制度上获得经常性维修的时期称为"筑城时代"，这一时期有 1500 年；其他时期则称为"非筑城时代"，这一时期有 600 年。随后，其明确提出：以"城墙内的城市"来概括中国古代治所城市的特征，至少是不完全准确的。[②]

对于第二点，章生道（Sen-Dou Chang）指出，到晚唐时期城市管理开始放松，南宋时城市化有了进展，这导致了许多城市城门口附郭的发展。到了 19 世纪，很多在明代或明代以前筑城的城市，容纳不了当时日益增多的城市人口，有城墙的城市几乎没有不在城门外（至少是一处）发展附郭的，不少城市的城郊建成区还超过了城内建成区。[③] 章英华考察明清至民国北京、南京、上海、天津等 4 座城市的扩张模式，指出自 16 世纪以来，北京与南京两座城市由于城区规模庞大，未发展出城外街区，从而保持相当的稳定性，而上海与天津两座城市则在城内空地尚未完全利用的情况下即已突破了城墙，发展出相当大的城外街区。[④] 鲁氏则指出从汉代开始即已经有许多城市在城下形成了居住街区，以后附郭街区的发展逐渐趋于普遍。然后又以汉水流域的治所城市为例，具体考察了明清时期筑有城墙的治所城市的附郭街区的发展情况，其认为，在汉水下游地区的 12 座治所城市中，均存在着规模不等的城外街区，其中有 6 座城市的城外街区在人口和面积上要大于或至少等于城内；而在汉水上游的 15 座治所城市中，只有 1 座没有发展出城外街区，其他至迟到明代

---

① 成一农：《古代城市形态研究方法新探》，第 245 页。
② 鲁西奇、马剑：《城墙内的城市？——中国古代治所城市形态的再认识》，《中国社会经济史研究》2009 年第 2 期。
③ 章生道：《城治的形态与结构研究》，载施坚雅主编《中华帝国晚期的城市》，第 103 页。
④ 章英华：《明清以迄民国中国城市的扩张模式——以北京、南京、上海、天津为例》，（台北）《汉学研究》第 3 卷第 2 期，1985 年 12 月，第 558、560 页。

后期都已形成规模不等的城外街区。① 基于这些实证研究，其认为，即使是在所谓"筑城时代"，城墙也没有完全限制城市的发展特别是城市街区的扩展，"城墙内的城市"并不能涵盖大部分城市的形态与功能特征。② 而在解释城外街区发展的原因时，鲁氏则比章氏提出的商业发展、人口增加更进一步，认为这是一种"原始的趋向"，是城市发展的必然。鲁氏还认为，城区自发形成了功能分野，城内主要是行政、文教与士绅住宅区，城外则是商业、手工业与普通民众聚居区。③

与此相关的另外一个问题是城墙所包围的城市其内部的空间结构如何。斯波义信基于南宋都城杭州的研究认为，城市自身功能的分化必然导致其内部空间的划分，从而形成中心区与边缘区、富民区与贫民区、居民区与工商区等。④ 而鲁氏的研究则声称在使用此分析工具对中国古代地方城市的空间结构进行分析时，遭遇极大的困难，因为在大多数城市中，这种功能区划并不明显，或者根本就不存在。因此，城市的内部区划，主要由国家利用权力从外部对城市空间进行强制分划而来，而不是城市据其自身发展需求自然发展或演化的结果。⑤

综上，鲁氏以这两个问题为切入点，对汉水流域的治所城市进行实证研究，从而对"城墙内的城市"的观点提出了挑战。依笔者看来，第一个问题现在已基本上没有继续讨论的必要了，鲁氏和成

---

① 鲁西奇：《城墙内外：古代汉水流域城市的形态与空间结构》，第 288~292、359、410 页。

② 鲁西奇、马剑：《城墙内的城市？——中国古代治所城市形态的再认识》，《中国社会经济史研究》2009 年第 2 期。

③ 鲁西奇、马剑：《城墙内的城市？——中国古代治所城市形态的再认识》，《中国社会经济史研究》2009 年第 2 期。

④ 斯波义信：《宋代江南经济史研究》，方健、何忠礼译，江苏人民出版社，2001，第 351 页。

⑤ 鲁西奇：《城墙内外：古代汉水流域城市的形态与空间结构》，第 447~448 页；同样见鲁西奇、马剑《空间与权力：中国古代城市形态与空间结构的政治文化内涵》，《江汉论坛》2009 年第 4 期。

氏的研究已经基本解决了此问题。而第二点，由于涉及的问题比较多，许多地方值得继续讨论。例如，关于城内与城外功能的分野，鲁氏的归纳实际上是基于那些城外街区已经发展到相当规模的治所城市所做出的，那么对于那些城外街区不发达或者是没有城外街区的城市，这一归纳显然不能成立。再如，对于城市内部是否具有功能分区这一问题，鲁氏的这项研究实际上并没有解决，虽然其认为对于大多数城市而言，这种功能分区是不明显或者是不存在的，但他同时认为城市内部具有明显的军政区和士绅聚居区，在多数城市中也存在富人区和贫民区的划分，只是无法肯定商业区是否存在。[①]换言之，其反对的并不是斯波义信提出的这些功能分区是否存在的问题，而是反对这些功能分区是自然形成的观点。这就显得有些前后矛盾。

斯波义信曾指出，在中国城市史研究中，常以长安、洛阳、北京等重要都城的模式千篇一律地概括中国城市的全部，这极大地影响了中国城市史的进一步深入研究。[②]自其之后，情况稍有改观，然而研究对象仍集中于历史时期政治、经济、文化发达的大城市，对于地方性城市的研究仍然不足。[③]鲁西奇的研究在某种程度上摆脱了这一桎梏，把研究的对象集中于汉水流域的地方城市，然而其研究是属于"区域性"的第二层次的研究，对个体城市的分析仍稍显不足。尤其是在对城市内部空间结构的研究上，这一问题体现得尤为突出：由于对数据精度的要求比较高，包括斯波义信在内的许多学者的研究，实际上均只能集中在资料丰富的都城上，因而关于传统时期城市的内部空间结构，我们所得的印象仍然来自于北京、杭州等大都城。鲁西奇的研究以汉水流域大量的中小城市为考察对象，

---

① 鲁西奇：《城墙内外：古代汉水流域城市的形态与空间结构》，第 364～365 页。

② 斯波义信：《宋代江南经济史研究》，第 350 页。

③ 美国学者高蓓蓓（Piper Pae Gaubatz）曾指出，历史时期中国的城市模型主要是根据东部地区的大城市抽象提出，对于西部城市则缺乏分析。见 Piper Pae Gaubatz, *Beyond the Great Wall——Urban Form and Transformation on the Chinese Frontiers* (Stanford: Stanford University Press, 1996), p. 5。其实不仅仅是西部及边疆地区的城市，就是东部发达地区的中小城市，其相关研究亦十分欠缺。

然而由于所用数据的限制，亦无法就某一具体城市的城市形态进行详细考察，因而虽然其提出了不少有益观点，但我们对于传统时期中小城市内部空间结构的认识仍然是模糊的。而成一农的要素研究法颇有新意，然而在其完成所有重要要素的研究，并进行综合之前，这种做法在客观上必然导致城市形态研究的割裂，使得我们只能破碎、片面地认识某一城市的城市形态，而无法获得完整的城市形态认识。

因此，以某一有高精度数据支撑的个体中小城市作为考察对象，对其城市形态进行详细研究，以揭示传统时期中小城市内部空间结构的某些特点十分有必要。然而在这里，研究者面临一个困境，即在明清及以前的传统时期，个体中小城市的一般性数据都极少，高精度数据更是无从谈起，只有到了晚清甚至是民国时期，随着现代测绘技术的引进，大比例尺地图的出现才改变了这种境况，据此对某一中小城市的城市形态进行研究才成为可能，然而其结论是否能代表传统时期该城市的城市形态，却是每个研究者无法回避的问题。笔者以为，对此必须具体分析：牟复礼（Frederick W. Mote）关于南京城以及迈克尔·马默（Michael Marmé）关于苏州城的城市形态研究表明，这两个大城市，从宋代一直到1940年代，其城市形态并无根本性变化，在长时期内保持稳定。[①] 如果说大城市城市形态的稳定性是由于其规模较大，局部的变化对于整体并不会构成根本性的影响，那么对中小城市而言，还必须考虑另外两个因素，即是否拆城以及是否有现代工厂等现代化因素的影响，因为拆城被周锡瑞（Joseph W. Esherick）认为是中国近代城市空间"从根本上重构"这一过程的开端，[②] 而现代化因素也可能会给中小城市的城市形态带来

---

① 罗威廉：《导言：长江下游的城市与区域》；迈克尔·马默：《人间天堂：苏州的崛起，1127～1550》。分别见林达·约翰逊主编《帝国晚期的江南城市》，第2～3页、第47页。

② 周锡瑞：《华北城市的近代化——对近年来国外研究的思考》，孟宪科译，载天津社会科学院历史研究所、天津市城市科学研究会编《城市史研究》第21辑，天津社会科学院出版社，2002，第2页。

较大的影响，如果这一中小城市同时受到这两个因素的影响，或者受到其中任何一个因素的影响，其将不再是纯粹意义上的传统城市，因而我们也就不能以其改变后的城市形态来反映传统时期该城市的城市形态了。

本节所聚焦的句容县城，其在 1949 年以前从未主动拆城，虽然不能说该县城没有受到任何现代化因素的影响，但县城内没有现代工厂等可能造成较明显影响的因素却可以肯定，因而句容县城符合笔者的以上考虑。以下将以地籍图数据为支撑，从土地利用的角度切入，把关注的焦点集中于：在城墙所包围的句容县城内的土地利用结构如何；县城内部是否能看到如斯波义信所说的各种明确的功能分区；该县城是否具有城外街区，其发展程度如何。在此基础上，本书对传统中小城市的城市形态特征进行有益的探讨，以帮助我们对传统城市的实质有进一步的认识。

一　方法及相关说明

（一）处理方法

具体的处理方法如下。首先，提取数据、配准并电子化地籍图。将 34 幅地籍图中的信息提取出来，在 Excel 中建立初始数据库。以 1981 年句容城镇地名图①为参照，将县城总图与现代句容市区普通地图进行反复比对，在 GIS 软件中进行配准，以 9 个控制点进行几何校正，将之电子化，并按图中的表示绘出每幅地籍图的界线范围，以之为基本分析单位。

其次，确定土地利用分类。前述《地籍测量实施规则》对地籍图地目的规定为宅、田、林、矿、水、道、荒、沙、杂 9 类，而句容县城地籍图的地目远不止这 9 类，对此，先按照 9 类的标准将其

---

① 据句容县地名委员会编《江苏省句容县地名录》（内部资料，1983）中附图。由于当时句容城镇总面积仅 1.3 平方公里，与 1948 年相比其城市空间扩展尚不明显，除城墙已被拆除外，城内尚有许多道路、街巷未变，可以进行参照。

归并，① 然而仍有像城墙、土圩、操场、山等类型无法归并，则以单列的形式列出，则句容县城的地目类型有田、水、宅、碉堡、城墙、操场、土圩、道、井、荒、杂、山 12 类；由于民国时期并没有专门的土地利用分类系统，因此还有必要将这些地目与现代的土地利用分类对应起来，考虑到不可能完全一一对应，合理的措施应该是把这 12 类地目作为二级分类，在其上确定一个更高一级的分类。笔者采取的是以《中华人民共和国土地管理法》中确定的农用地、建设用地、未利用地的 3 种土地用途分类作为一级土地利用分类。这样，句容县城地籍图所包含的所有地目类型，恰好都可以纳入这个分类系统中。宅、碉堡、城墙、操场、土圩、道可归并入建设用地；田属农用地；荒、杂、山可归并入未利用地；水包括井、塘、水沟等项，其中井应属交通水利用地，归并入建设用地中，而其他项，根据地籍图来判断，应该属于农田水利用地或养殖水面，归并入农用地中。

最后，将初始数据库以图幅为单位，按照确定的土地利用分类进行重新整理，导入 GIS 软件中进行相关的分析。以现在的标准来看，这样的处理方式显然会存在不小的误差，但是考虑到所使用的是超大比例尺的地籍图，以及所研究时段等因素，笔者以为这个误差在可以接受的范围之内，而且对于本书的研究结论不会产生实质性的影响。

（二）研究区域

本书所研究的句容县城是指民国时期江苏省句容县县城。在 1929 年以前，句容县城并无别称，1929 年江苏省颁布《县组织法》及《乡镇自治试行法》后，句容便将县城以东西大街为界分为两镇，北为崇明镇，南为华阳镇，这一格局在 1934 年江苏省《整理自治区

---

① 按照《地籍测量实施规则》的规定，"基"应合并到"宅"中，"旱""地"应合并到"田"中，"塘""水沟""沟""池""井"应合并到"水"中，"坟""墓"应合并到"杂"中，"巷""路"应标注为"道"（道路、街巷等在句容地籍图中绝大多数均未标注出来，因此此项基本可忽略）。另外像"碉堡"、表寺院的"卍"字符等均应合并到"宅"中，但由于其较为特殊，可以以附注的形式表现。

域办法》颁布后仍沿用。1946 年，句容据江苏省《乡镇区域整理办法》进行行政区划调整时，才将县城所在的崇明、华阳两镇合并为一镇，称为华阳镇。① 无论行政区划和名称如何改变，民国时期的句容县城一直完整保留着明代修建的城墙。据 1948 年的资料，城墙所包围的华阳镇总面积约 1.14 平方公里（1713.899 市亩），② 而本书所研究的就是这一区域，即相当于今句容市区内东、西、南、北大街所达到的地理范围。

（三）其他说明

另外，本书在行文过程中，城市形态、城市内部空间结构、城市功能分区等概念交相使用，城市形态在开篇的注中已有交代，而功能分区似乎并不需要进行特别解释，因此这里主要对城市内部空间结构的概念进行简单交代。

所谓城市内部空间结构，又称城市内部结构，亦有学者称之为城市空间或城市空间结构。③ 这一概念来自西方，其定义基本上由西方学者所下，冯健在总结几位西方学者的定义后，概括出城市内部空间结构的基本要素为包括了人以及人所从事的经济活动和社会活动在空间上的表现；而其基本特征是它作为一种综合性的空间形式而存在。最后他总结道：城市内部空间结构是在一定的经济、社会背景和基本发展动力下，综合了人口变化、经济职能的分布变化以及社会空间类型等要素而形成的复合性城市地域形式。④ 在历史城市地理领域，则有学者认为历史时期城市内部空间组织的研究内容应包括：历史时期城镇的形态（包括城廓外形、中轴线、街道布局、城市建筑风格等）、内部功能分区、经济结构与布局、社会空间结构（如人口的年龄结构、知识结构、职业结构、民族构成等）和居民生

---

① 句容县地方志编撰委员会编著《句容县志》，江苏人民出版社，1994，第 58 ~ 59 页。
② 1948 年句容县城地籍图数据。
③ 冯健、周一星：《中国城市内部空间结构研究进展与展望》，《地理科学进展》2003 年第 3 期。
④ 冯健：《西方城市内部空间结构研究及其启示》，《城市规划》2005 年第 8 期。

活方式的发展演变及其区域差异特征等。① 本书所谓的城市内部空间结构主要指城市内部功能分化和各种活动所造成的土地利用内在差异而构成的一种地域结构。具体而言，城市内部存在不同的功能分区，它们之间互相组合，共同构成整个城市的结构。②

二　句容县城的土地利用结构及分析

表 1 - 2 - 1 是句容县城各土地利用类型面积及其所占比例的情况，因操场、土圩、碉堡、井这 4 个土地利用类型的面积均很小，故计算比例时将之合并为一项，即该表中的"其他"。从表 1 - 2 - 1 中可以看出，句容县城内各类土地利用类型中，宅的面积为 808.072 亩，占到整个句容县城总面积的 47.15%，为句容县城最主要的土地利用形式。其次为田，面积为 594.783 亩，所占比例则达到 34.70%。这两种土地利用类型合计占总面积的 81.85%，其他的土地利用类型所占比均在 5% 以下。可以看到，经过合并后，3 个一级土地利用类型的情况为：建设用地有 958.050 亩，占总面积的 55.9%，为主要土地利用形式；其次为农用地，面积有 660.895 亩，比例为 38.56%；未利用地最少，仅占不到 6%，面积为 94.958 亩。③

表 1 – 2 – 1　句容县城各土地利用类型面积及其所占比例

一级分类	建设用地				农用地		未利用地		
二级分类	宅	道	城墙	其他	田	水	杂	荒	山
面积（亩）	808.072	75.160	65.122	9.696	594.783	66.112	42.985	42.419	9.554
	958.050				660.895		94.958		
比例	0.4715	0.0439	0.0380	0.0057	0.3470	0.0386	0.0251	0.0248	0.0056
	0.5590				0.3856		0.0554		

资料来源：根据句容县城地籍图提取的信息进行计算整理。

---

① 严艳、吴宏岐：《历史城市地理学的理论体系与研究内容》，《陕西师范大学学报》（哲学社会科学版）2003 年第 3 期。
② 武进：《中国城市形态：结构、特征及其演变》，江苏科学技术出版社，1990，第 113 页。
③ 因四舍五入，全书中个别数据计算结果会有出入。

我们看到，句容县城存在大量的农用地：如果单以农田论，则句容县城内农田占总面积比例为 34.70%，水体占 3.86%，而未利用地的比例也有 5.54%，农用地与未利用地的比例达到 44.10%。农田如此高比例存在的情况并非句容县城独有，在一些外国人所写的中国游记中，我们亦可看到类似的记载，虽然并不像句容如此精确，然而城市中存在农田的情况确实无疑。如 1921 年日本文学家芥川龙之介游历南京城时记载：

> 到达南京的那天下午，我与一个叫什么名字的中国人一起，为了先看看南京城内，与往常一样，我们成了人力车上的客人。夕阳余辉照耀下的这座城市，在夹杂着洋房的一排排房屋后面，时而看得见种了小麦和蚕豆的田地，时而又有养着白鹅的池塘。且在比较宽阔的马路上，行人不多，稀稀落落。问带路的中国人，他说，南京城内五分之三是农田和荒地。[1]

像南京这样的大都市，在 1921 年时，夹杂着洋房的房屋后面还分布着许多农田和池塘，当然五分之三这样的比例尚可怀疑，但 1920 年代的南京城内拥有许多农业用地这一点毫无疑义。这种情况在 1934 年姚佐元关于南京城内农家的调查研究中也有所体现：

> 南京城内的耕地，渐为新兴商业与民居建筑所侵占。从前种蔬菜的地方，现在却有些不见蔬菜，但见高楼大厦树立着。将来路线联络，交通便利，一定还有许多耕地需要被私人和团体收买。[2]

---

[1] 芥川龙之介：《中国游记》，陈生保、张青平译，十月文艺出版社，2006，第 153～154 页。

[2] 姚佐元：《南京城内农家之分析研究》，载李文海主编《民国时期社会调查丛编·乡村社会卷》，福建教育出版社，2005，第 263～279 页。

姚氏的调查对象为居住于南京城北鼓楼附近的农家，以上所引内容为其在研究的结论部分对南京城内农家前途的展望。1930年代的南京正处在城市扩展的过程中，城内已经有部分耕地的土地利用形式转变为商业用地或居民居住用地，但同时也还存在着许多尚未转变利用形式的农业用地。由此可以窥见，在更早之前的时期内，南京城内拥有比较可观的农业用地。正如章生道所认为的，在许多中国的传统城市内，都留有大量的农用地及水体，而且城市越大，留有农用地和水体的面积也就越大，这种情况是设计者有意而为之，主要是考虑城市未来的发展，因此，如果一个城市被规划得很大，而其商业又未得到很好的发展，则城内必然留有大片可以用于农业的土地。[①] 如此看来的话，拥有一定比例的农用地应该是中国传统城市的一个普遍现象。

从表1-2-1中可见，以宅为代表的建设用地为句容县城主要的土地利用形式，而以田为代表的农用地亦占有相当比例，此两者构成了句容县城最主要的土地利用方式。那么在句容县城这座江南的中小城市里，宅和田之间的关系如何，两者的分布状况又有何特点，我们同样可以用从地籍图中所获得的信息加以研究。

表1-2-2反映的是句容县城地籍图各图幅宅、田所占比例及宅田比的情况。

表1-2-2　句容县城地籍图各图幅宅、田所占比例及宅田比

编号	图号	总面积(市亩)	宅(市亩)	田(市亩)	宅田比	宅比	田比
1	1934	5.971	1.497	0.787	1.902160	0.250712	0.131804
2	2411	16.987	0	11.158	0	0	0.656855
3	2412	73.594	37.058	27.050	1.369982	0.503546	0.367557
4	2421	31.141	1.515	19.767	0.076643	0.048650	0.634758
5	2324	0.827	0	0.163	0	0	0.197098

---

① 章生道：《城治的形态与结构研究》，载施坚雅主编《中华帝国晚期的城市》，第103页。

编号	图号	总面积（市亩）	宅（市亩）	田（市亩）	宅田比	宅比	田比
6	2413	63.126	31.732	12.439	2.551009	0.502677	0.197050
7	2414	74.303	42.557	18.772	2.267047	0.572749	0.252641
8	2423	75.010	17.491	46.787	0.373843	0.233182	0.623744
9	2424	39.111	2.045	23.416	0.087333	0.052287	0.598706
10	2342	27.340	0	20.883	0	0	0.763826
11	2431	74.641	37.373	26.859	1.391452	0.500703	0.359842
12	2432	74.877	55.209	9.340	5.911028	0.737329	0.124738
13	2441	74.375	60.273	7.796	7.731272	0.810393	0.104820
14	2442	73.294	31.434	23.373	1.344885	0.428875	0.318894
15	2531	16.584	1.921	5.916	0.324713	0.115835	0.356729
16	2343	10.556	0.495	5.011	0.098783	0.046893	0.474706
17	2344	77.281	29.906	31.978	0.935205	0.386977	0.413789
18	2433	76.436	53.472	13.032	4.103131	0.699566	0.170496
19	2434	74.086	64.968	3.328	19.521630	0.876927	0.044921
20	2443	73.798	67.665	1.082	62.536970	0.916895	0.014662
21	2444	75.910	67.005	3.009	22.268200	0.882690	0.039639
22	2533	30.933	19.451	1.744	11.153100	0.628811	0.056380
23	321	3.382	0	1.031	0	0	0.304849
24	322	42.128	3.631	29.854	0.121625	0.086190	0.708650
25	411	72.580	34.206	29.151	1.173407	0.471287	0.401640
26	412	72.576	41.634	20.601	2.020970	0.573661	0.283854
27	421	72.295	52.257	12.132	4.307369	0.722830	0.167812
28	422	62.681	17.331	32.502	0.533229	0.276495	0.518530
29	511	10.149	0	5.721	0	0	0.563701
30	413	64.336	7.324	39.203	0.186822	0.113840	0.609348
31	414	75.069	18.544	49.895	0.371660	0.247026	0.664655
32	423	36.286	3.786	22.546	0.167923	0.104338	0.621342
33	431	33.511	6.158	17.626	0.349370	0.183761	0.525977
34	432	28.725	0.134	20.831	0.006433	0.004665	0.725187

注：宅田比指宅的面积与田的面积之比，宅比指宅的面积与总面积之比，田比指田的面积与总面积之比。

资料来源：根据句容县城地籍图提取的信息进行计算整理。

通过宅比与田比，可以知道每幅地籍图中宅与田各自所占比例，而通过宅田比则可以清楚地知道每幅地籍图中宅和田之间的数量关系。以这三个指标参数为基础，通过 GIS 软件生成专题地图，则句容县城内宅与田的分布态势一目了然。

图 1 - 2 - 1 是根据宅田比生成的范围值（Ranges）专题图，按照表 1 - 2 - 2 "宅田比"数值的大小及分布情况，以尽可能平均分布为原则，即每个范围所包括的图幅尽可能平均，取 8 个范围值，其范围如图 1 - 2 - 1 的图例所示，宅田比大于 1 的图幅有 16 幅，较为均匀地分布在 4 个范围值内，而小于 1 的 18 幅分布在另外 4 个范围值内，其中有 10 幅小于 0.125，由于标识作用有限，已不需要为这 10 幅增加范围值，故将其全部设定在 1 个范围值内。颜色越深表示宅田比越大，宅越占优势，此幅地籍图的土地利用形式是以宅为主，反之则表示以田为主。从此幅图可以看出，宅主要分布在县城的中部地区，而在周围，越靠近城墙，田所占比例越高，并最终占据主导地位。

如图 1 - 2 - 1 所示，"宅田比"可以清晰地反映宅和田在句容县城内的分布态势：句容县城内的农业用地，呈半连续状态分布于四周靠近城墙的区域；而宅则主要分布于县城中心，尤以东大街、中大街一带最为密集。然而这种分布的总体趋势并无法说明城市内部的空间结构，无论是用"建设用地"或"宅"均显得过于笼统。因此，还必须对"宅"这一土地利用分类进行细化讨论。"宅"在地籍图中虽然没有标明细目，但其明显包括居民住宅、政府机构、学校、寺庙、商店等建筑用地。下文将在此基础上，结合档案、调查及方志数据，对"宅"这一土地利用类型进行具体分析，虽然无法做到绝对量化，但仍然希望能够通过这种分析来进行大致的功能分区，进而对句容县城的内部空间结构进行研究。此外，根据"宅比""田比"生成的范围值专题图也显示同样的结果，此处从略（句容县城的城市形态图，即图 1 - 2 - 3，即是根据"田比"生成的范围值专题图，并叠加城墙、街道、建筑、水体等图层后形成，从中可以看到，其结果与图 1 - 2 - 1 并无本质区别）。

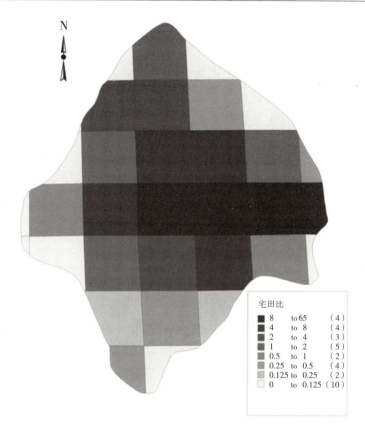

宅田比
■ 8	to 65	（4）
4	to 8	（4）
2	to 4	（3）
1	to 2	（5）
0.5	to 1	（2）
0.25	to 0.5	（4）
0.125	to 0.25	（2）
□ 0	to 0.125	（10）

图 1 - 2 - 1　句容县城宅 - 田分布态势

三　句容县城内部空间结构

（一）政府机构、教育机构、宗教建筑的分布

如前文所述，在句容县城地籍图中，对于政府机构、学校等地号，其并无专门的标记，而对于宗教建筑，仅在部分地号中用佛教的"卍"字符标示，但在县城全图中，对这些建筑都有名称标记。因此笔者根据县城全图标记的位置，在各幅地籍图中把相应的地号信息找出。其中，句容县城政府等公共建筑用地共计 103.807 亩，有县政府、参议会、警察局、司法处、省农民银行、县银行、公医院、电信局、邮局 9 处，其分布如图 1 - 2 - 2 所示，大致集中在县

城中心偏西北方向。其中占地面积最大的是县政府及参议会。

根据地籍图提取的资料，县城内共有 5 所学校，即 2 所中学、2 所小学及 1 所县立师范，共占地 19.455 亩。2 所小学中，一所为白路庙小学，另一所为延寿庵小学，在图上并未发现其附近有相应的庙或庵，可能其所处位置即为该庙（庵），后改建为学校。2 所中学中，一所为方济中学，位于城北天主堂旁边，从其名称上判断，应该是教会学校。从图 1-2-2 可以看出，5 所学校的分布并不集中。

图例

······· 城墙

———— 主干道

——— 普通街巷

■ 政府机构

■ 教育机构

▨ 宗教建筑

图 1-2-2 句容县城各类机构建筑的分布

县城内共有大大小小的宗教建筑 21 处，合计占地 82.1 亩。其中以夫子庙（20.031 亩）及天主堂（17.963 亩）占地最多。另外除城北的天主堂和东大街上的耶稣堂，其他的宗教建筑基本为佛教或道教寺庙。从图1-2-2可以看出，这些宗教建筑散布在县城内四处，如果以占地面积计，东西大街的西南侧也许可以算是一个相对集中的地带。

斯波义信指出："据经验观察，众所周知，中国城市两大核心之一的官绅区，通常占据着东西轴线北侧的中心部分，名实相副显示其行政功能中枢性的衙门就配置在这里。同时，象征文化中枢性的礼部贡院、学宫、书院，与此相关附设的书店、香烛店、文具店、官置互助机构、豪华住宅、古董店、舶来品专卖店等也集中在附近一带。"[1] 以图1-2-2这三类建筑的分布情况来看，东西大街西北侧和西南侧的这一块区域，也许可以算是斯波氏所谓的"官绅区"。但事实上，句容县城并没有明显表现出这一集中分布趋势。

（二）工商业与居民住宅分布

根据地籍图提取的资料，句容县城共有"宅"808.072亩，除去以上所述政府机构、教育机构、宗教建筑205.362亩，其余的602.71亩则是工商业用地与居民住宅用地。以下具体探讨这两种类型用地的分布情况。

商业情况，据《乾隆句容县志》的记载，句容县城内有大市及米市两个市场，大市在县前大街，米市在城隍庙东，[2] 即民国时期的米市街（现为建设路）。太平天国战争时，太平军与清军曾先后四次争夺句容县城，使之遭到严重破坏，至民初仍未恢复。

> 该县自洪杨乱后，元气至今未复，金融停滞，既无钱庄，
> 而典当于前清末年又一律闭歇，重以交通不便，市面逐日益

---

[1] 斯波义信：《宋代江南经济史研究》，第323页。
[2] （清）曹袭先纂修《乾隆句容县志》，光绪二十六年影印本，江苏古籍出版社，1991，卷1下《舆地志·市镇》。

衰败。①

至于工业，除天王寺的茶爝剪刀及西乡的麦秸草帽辫外，县城并无工业可言。② 到南京国民政府成立后，句容县城的工商业有所恢复，据1929年的调查描述：

> 句容城内之面积不大，商街仅县署左右二段较为可观，其街居东西二门之中。现为商店所居者约长三里余，其余则财（彩）帛巷一街，亦可名为商市。其街势与县署所在街成相交十字形，俗名十字街，现有商店之处约长一里余。③

而且城内也有了两个肉制品工厂，一名源发祥，位于南门内；一名周益兴，位于在北门内。④ 抗战期间，句容遭日军侵占8年，又一次遭到严重破坏。

至于1948年句容县城的工商业情况，大致可以由1946年的两份档案资料窥探一二。当年句容县商会筹备召开会员代表大会，制定了《句容县商会暂行章程》，其中第八条规定：

> 凡在本城之各业同业公会及不满五家之商店均应为本会会员。⑤

这说明当时商会会员名册所载会员名单基本包括了县城内的所有商店。具体的商店数量与分布见表1-2-3，11个行业中共有商店157

---

① 江苏省长公署第四科编《江苏省实业视察报告书》，商务印书馆，1919，第279页。
② 江苏省长公署第四科编《江苏省实业视察报告书》，第267页。
③ 《句容县之近岁概况》，《工商半月刊》第1卷第5号，1929年，第22页。
④ 《句容县之近岁概况》，第23页。
⑤ 句容县政府民政科编《本县关于成立句容县商会以及同业公会情况报告、章程、名册》（1946年2月），江苏省句容市档案局藏，档案号：1003/2/71。

家，其中有 18 家位于城外，其余 139 家均位于城内。除"剑塘"1 家及"北洋门"8 家无法确定在城内的具体位置外，其他基本位于县城的主干道上，尤以东西大街最为密集。这一分布格局与 1929 年《句容县之近岁概况》所述基本符合，变化不大。而彩帛巷上只有 1 家商店，并不能称得上"商市"，与 1929 年相比，变化较大。

因此，连接东、西两城门的东西大街是当时句容县城内商业最为繁荣的地方，可称为商业区，其他街道，像北大街、南大街、彩帛巷等则零星分布着一些商店，称不上商业区。

而居民住宅的分布，并未见有直接的史料记载，不过从 20 世纪 90 年代新修的《句容县志》中可以窥探一二：

表 1 - 2 - 3　1946 年句容县城各业商店数量

业别	东大街①	中大街	西大街②	东门城外	北大街	北洋门	南大街③	剑塘	彩帛巷	合计
茶菜业	3	5	1	8	0	0	1	0	0	18
绸布业	2	9	1	0	1	0	0	0	0	13
豆腐业	6	3	2	0	1	0	1	0	1	14
广货业	2	8	0	0	1	0	0	0	0	11
锅磁业	3	3	0	0	0	0	0	0	0	6
国药业	1	4	3	0	0	0	0	0	0	8
粮食业	1	0	1	9	0	8	4	1	0	24
五洋业	2	18	1	0	0	0	1	0	0	22
鲜肉业	3	4	3	0	0	0	0	0	0	10
烟茶业	3	4	3	0	1	0	0	0	0	11
杂货业	8	9	4	1	3	0	0	0	0	25
总计	34	63④	19	18	6⑤	8	7	1	1	157

注：①包括一家位置标明"东门内"，及一家标明"城内东门"。
②包括一家位置标明"西门内"。
③包括四家位置标明"南门桥"。
④其中有两家既经营豆腐业又经营杂货业，两家既经营广货业又经营五洋业。
⑤其中有一家既经营豆腐业又经营杂货业。
资料来源：句容县政府民政科编《本县关于成立句容县商会以及同业公会情况报告、章程、名册》（1946 年 2 月），江苏省句容市档案局藏，档案号：1003/2/71；句容县政府民政科编《本县关于组织粮食业同业公会和平抑粮价的办法、布告、通知、名册》（1945 年 12 月），江苏省句容市档案局藏，档案号：1003/2/124。

县城居民历来集中在东西大街两侧，尤以中街较为稠密。民居平面布局多为小型庭院风格，临街多为店面，后进为食宿之所，平房居多，少数楼房。进间以天井相隔，两边多为厢房或花台。屋后有小庭院、灶房、水井、柴房、粪缸、灰堆，有的人家辟有花圃、菜园，栽有树木。整体布局，错落有致。后街小巷也有小型宅院，多为两进，中有小院，也有一些3～5间独立住房和各种披房。①

而从图1-2-1也可以看出，东西大街两侧正是宅分布最多的地方。从图1-2-2的街巷布局也可看出，东西大街两侧，尤其是中大街和东大街两侧，其街巷最为密集，从一个侧面表明此处是民居密布的居民住宅区。

关于中国传统城市内部是否存在一个集中的中心商业区，章生道和杨庆堃（C. K. Yang）认为中国传统城市内的商店和市场很分散，并不存在类似西方城市的中心商业区。② 斯波义信在对南宋杭州城的研究中认为这种经济区作为中国城市的两大核心之一而存在。③ 鲁西奇在关于汉水流域治所城市的研究中认为，虽然无法找到确证证明城内商业区的存在，但从某些街巷名称可以推测某些城市内也许存在商业街区。④ 从本书的研究来看，如果从宽泛的角度来理解商业区的话，那么句容县城是存在这样的街区的，即中大街与东大街，如果再往前推的话，在清代，也许彩帛巷和米市街也算。但是应该同时看到，这些作为商业区的地方，同时也是民居密布的居民住宅区，如果以现代的角度来看，那么这种商业、民居无法截然区分开

---

① 句容县地方志编撰委员会编著《句容县志》，第487页。
② 转引自施坚雅《导言：清代中国的城市社会结构》，载施坚雅主编《中华帝国晚期的城市》，第623～662页。
③ 斯波义信：《宋代江南经济史研究》，第312～374页。
④ 鲁西奇：《城墙内外：古代汉水流域城市的形态与空间结构》，第365页。

的地方，还能称之为商业区么？[①]

从以上论述可知，当时的句容县城无法按现在的标准划出严格的功能分区：农业用地分布于县城四周；政府、学校、寺庙等建筑呈较为零散的状态分布于城内，虽然有一个相对集中的地带或可称为官绅区，但并不明显；商业区与居民住宅区更是无法完全区分开，许多商店本身就是居民住宅，商业最为繁荣的地带也是民居分布最密集的地带。

（三）城外街区

章生道认为晚唐以后商业的发展和人口的增加使得许多城市发展出城外街区，[②] 鲁西奇则认为城外街区是城市发展的必然，汉代时已有城市发展出城外街区，以后日趋普遍。[③] 那么在句容县城，应该也具有这些学者所说的城外街区。然而奇怪的是，在地籍图中，笔者并未发现有城外街区的存在。

查明代《弘治句容县志》可以发现有这样的记载："义台街在南门外，即旌表孝子张常洵之处"，"观街在南门外，西通青元观"，"刘匠巷在南门外"，"竹巷在东林教坊"，而"东林教坊在县治南门外"。[④] 可知当时的句容县城，在南门外发展出有两街两巷的规模不

---

① 对于这种商业区与住宅区无法截然分开的情况是否仍然算是商业区，笔者认为仍可继续讨论。而如果在名称上用"商业带"取代"商业区"的话，那么就不会出现这种商业区与居民区难以区分的情况。这一点是邹怡博士的建议，在其关于海宁县硖石镇的研究中，硖石镇镇区内各产业及商业的分布亦是呈带状。见邹怡《民国市镇的区位条件与空间结构——以浙江海宁硖石镇为例》（上、下），《历史地理》第 21、22 辑，上海人民出版社，2006、2007，第 145～171、31～57页。无论怎么说，句容县城存在一个商业相对集中的地带是没有疑问的，只是这样一个地带如果要称作"商业区"的话，必须进行必要的界定，把这种商业区与居民区无法截然分开的现象视为传统城市商业区的一个特征；否则的话，就只能视为一个"商业带"。

② 章生道：《城治的形态与结构研究》，载施坚雅主编《中华帝国晚期的城市》，第108 页。

③ 鲁西奇、马剑：《城墙内的城市？——中国古代治所城市形态的再认识》，《中国社会经济史研究》2009 年第 2 期。

④ （明）程文纂修：《句容县志》，《天一阁藏明代方志选刊》，上海书店出版社，卷1，《街巷》，第 6～7 页。

大的城外街区。到清代乾隆年间，情况有所变化。据当时县志所载，上述明代的义台街、观街、刘匠巷、竹巷仍然存在，然其位置，除竹巷外，却由明代的"南门外"改为"南门"。青元观的位置也由原来的"南门外"改为"南门内"。[①] 此外则未见有其他位于城门外的街巷的记载，而光绪年间的县志则没有此项内容的记载。可见这一时期明代南门外的街区已经被囊括进城墙内，而新的城外街区还没有发展起来。至于具体的发展过程，则可从关于句容县城城墙修筑的记载中获得：

> 嘉靖三十三年，令樊垣因倭警始筑砖城，周七里一千三百一十丈有奇，高二丈有六，雉堞二千有奇，警舍二十有四，敌楼一，城外浚池蓄水，设关六，门四，小南门一。[②]

可知，明嘉靖年间的倭乱是促成句容县城修筑砖墙的原因，既然防护是首要的，那么当时城外发展出的街区自然也是保护对象，将其纳入城墙以内也就理所当然。对比弘治时期与乾隆时期的两部县志，还可以发现，在此时被囊括进城墙内的地方并不只南门外的街区，还包括了西门外的一些地区。最直接的证据是，在弘治志中，葛仙庵位于"西门外"，而在乾隆志中，则位于"西门内"。那么可以推测，也许砖墙修筑时西门外也存在一个规模不大的街区。这也是句容县城城墙的最终形态，此后均是在此基础上的修葺维护。

到民国年间，如表1-2-3所示，在东门外有18家商店，其中8家经营茶菜业，9家经营粮食业，1家经营杂货业。可见当时东门外形成了一个小型市场，这除了与当时东大街一片是繁荣的商业街区与居民住宅区，使得东门成为出入最频繁的城门有关外，应该与1931年建成通车，且经过东门外的京杭公路（南京至杭州）有关。

---

① （清）曹袭先纂修《乾隆句容县志》，卷1下《舆地志·街坊路巷》。
② （清）曹袭先纂修《乾隆句容县志》，卷2《建置志·城池》。

查县城东邻下甸乡地籍图，可发现县城东门外这片区域，确实形成了一小片街区。从图上判断，这一小片街区主要由商店组成，居民住宅区尚未形成。

行文至此，对于句容县城的城市形态，我们大抵有了较为清晰的认识，如图 1 - 2 - 3 所示，我们亦能据此总结出句容县城的城市形态特征：（1）1948 年句容县城的土地利用结构以建设用地为主，其占到总面积的 55.90%；农业用地居次，比例为 38.56%；未利用地最少，比例只有 5.54%。而这其中又以宅和田为最主要的土地利用形式，宅所占比例为 47.15%，田所占比例为 34.70%，两者之和占到总面积的 81.85%。（2）宅和田的分布也具有一定的规律性，大体可以以中大街和东大街为中心，离这个中心越近，宅的分布越

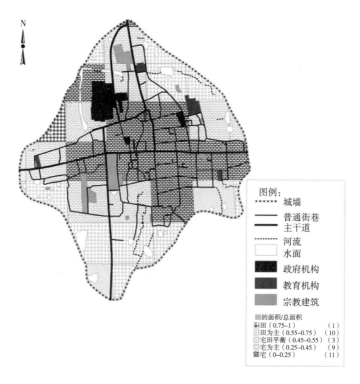

图 1 - 2 - 3　句容县城的城市形态

密集，离这个中心越远，越靠近城墙，宅的分布越稀疏，田所占的比例越大。（3）在宅这一土地利用形式中，政府机构、教育机构、宗教建筑等的分布比较分散，未出现集中于某一区域而形成一个功能区的情况；商店基本集中在东西大街上，尤以中大街和东大街最为密集，可称为商业街区，但是居民住宅与商店无法完全分开，商店最密集的中大街和东大街两侧，街巷密布，同时也是民居最为密集的地方。因此很难说当时的句容县城存在一个现代的严格意义上的功能分区。

本节的研究属于成一农所谓的第一层次的个案研究，我们从中得出的具体城市形态结论，只代表句容县城，无法代表其所属区域的治所城市，更无法代表全国的地方性城市。然而从这一个案出发，通过与已有的研究结论比较，或可提炼出中国传统中小城市的某些形态特征，从而对进一步认识其性质会有所裨益。

关于中国传统城市功能分区的有无，前文已多有涉及。鲁西奇一方面认为在许多地方城市中难以找到斯波义信所言的明确功能分区，另一方面又认为这种功能分区并不是自然形成的，而是国家制度性的强制划分。① 结合本书所研究的句容县城内官绅区实际存在而又不甚明显以及商业区与居民住宅区难以区分的事实来看，这种看似矛盾的观点恰好说明了：国家对城市内部空间的制度性划分确实存在，② 只是这种划分完成以后，能否形成一个明显的、真正的功能分区，则要看城市的发展。对代表政府威严的官绅建筑，国家有严格规定，故在绝大多数的治所城市都能看到这种痕迹；而像市场、商店、普通居民住宅等，国家规定不甚严格或者没有硬性规定，并不是每个城市都能发展出明显的功能分区。因此，在某些城市，发展出了明显的官绅区、文化宗教区、商业区以及居民住宅区等，如

---

① 鲁西奇：《城墙内外：古代汉水流域城市的形态与空间结构》，第 364～365、447～448 页。

② 主要是治所型城市，对于商业市镇，应无制度性规定。

斯波义信所看到的杭州及其他都城、大城市；而在另一些城市，则只能看出某些痕迹，如鲁西奇所研究的汉水流域的大多数中小治所城市。如果从这个角度理解的话，那么句容县城内商业区与居民住宅区难以完全区分也许是大多数中小城市的普遍现象，只是由于数据限制而未被注意。

另外，本节的研究也第一次量化证实了章生道关于中国传统城市内存在大量农用地的感性认识。自章氏提出这个观点以来，由于数据的限制，无论是质疑或是采信，均未见有直接相关的研究。虽然我们从地方志中可以看到许多关于城内"空地""隙地"的记载，在西方来华人士所写的游记中也可见到关于城内农业用地的记载，但是其都没有用确切的数据加以说明。而本书所使用的地籍图数据，其详细至城内的每一地块，这就使得问题的解决成为可能。总面积1713.899 亩的句容县城内有农田 594.783 亩，占总面积的 34.70%，如果再加上未利用地和水体的面积，则非建设用地所占比例达到44.10%。其呈半连续状态分布于四周靠近城墙的区域，数量虽多，但仍没有形成一个严格意义的农业区。虽然已经有了章生道的警告在前，但面对这样一组数据，我们仍然会大吃一惊。由图 1 - 2 - 1可以直观看出，城墙内南门附近区域分布的农田最多，结合上述有关句容县城城外街区的论述，也许可以做出以下推测：嘉靖三十三年（1554）为防倭寇而修筑砖墙时，不止将当时南门外的街区囊括进城墙内，还把大量的农田也一并囊括在内，其目的也许如章生道所言，乃是考虑万一城市被围时的粮食自给问题。[1] 而后，南门这一片区域并没有延续之前的发展势头，因而这一带的农田一直存在，这也就成为县城内农田面积比例过大的一个原因。尽管我们现在还无法确定这样高比例的农用地只是句容县城的特例，还是在所有传

---

[1]　章生道：《城治的形态与结构研究》，载施坚雅主编《中华帝国晚期的城市》，第103 页。

统中小城市中普遍存在，① 但无论怎么说，这个事实都提示着我们，以往对于传统中小城市的认识也许仍存在着诸多问题。

句容县城自嘉靖三十三年为抵御倭寇的侵扰而筑起砖墙，从而将城外街区囊括进城墙后，其发展均在城墙以内，直到民国年间才于东门城外形成新的、规模不大的城外街区，而在晚清民国时期的拆城高潮中，句容并未进行过拆城，只是在战乱年代遭受到破坏，直到1954年才由于发展交通的需要开始有计划地拆毁城墙，② 从而开始了其城市空间"从根本上重构"的过程。③ 而且当时的县城内并不存在任何现代工厂，其受到"现代化"因素的影响并不大。可见，句容县城的形态自1554年修筑砖墙发生过一次较大的变化后，在1554～1954年这段时间内，其城内的空间格局或多或少会发生一些改变，然而这种变化并不是根本性的，其城市形态与牟复礼、迈克尔·马默所关注的南京城及苏州城一样，长期保持稳定。另外还需要说明的是，句容虽然处于宁镇丘陵地带，其城市形态必然受到所处区域地理环境的影响，但在某些形态特征上，如城内拥有一定比例的农业用地、不甚明显的功能分区，商业区与居民区无法截然分开等，或可作为传统中小城市城市形态的典型代表。

本章小结

关于江南市镇的城镇或乡村属性问题，学界向有不同观点。李

---

① 江南地区的中小城市的城墙基本上都是在嘉靖年间为抵御倭寇的骚扰而修筑起来的，而且大多数城市修筑的砖墙范围比原来有所扩大。参见冯贤亮《明清江南地区的环境变动与社会控制》，上海人民出版社，2002，第287～327。如果以上关于句容县城的推断不至过谬，那么这极有可能是江南的普遍情况，当然，这并不表明这些城市内部均拥有像句容县城这样多的农用地。

② 江苏省地方志编纂委员会编《江苏省志·城乡建设志》，江苏人民出版社，2008，第133页。

③ 周锡瑞：《华北城市的近代化——对近年来国外研究的思考》，载天津社会科学院历史研究所、天津市城市科学研究会编《城市史研究》第21辑，第2页。

伯重认为江南的所有市镇均为城镇，[1] 王家范与冯贤亮则认为明清时期的市镇与城镇有着本质区别，在时人眼里，市镇与乡村并无太大区别。[2] 这是江南城镇化水平研究无法回避的问题。本书开篇对地籍测量进行制度史层面的梳理，而后以地籍图资料为基础，以句容县城为个案考察江南传统中小城市的城市形态，这一看似与全书主题无关的章节，笔者所要展现与回答的是，在句容这一非典型江南传统治所城市里，其具有怎样的形态特征，这些形态特征对我们认识江南传统中小城市的性质具有什么样的帮助。

城内拥有一定比例的农业用地这一点或许可以作为我们理解传统中小城市的切入点，如本书第二章将要揭示的，在句容城区总人口中，非农业人口比例达 90% 以上，而从本章的研究结论看，其城内拥有高达 38.56% 的农用地，再加上功能分区不明显，商业区与居民区无法截然分开等，传统时期的句容县城与现代意义的城市有很大不同，我们很难将传统时期的句容县城当作现代严格意义上的城市，而在第三章我们还将看到，在民国十万分之一地形图中，与句容县城拥有类似形态特征的城市并不在少数。单就这一点而言，如果按照王家范与冯贤亮的思路，我们或可得出传统时期的中国，只有开埠以后的上海勉强可称城市，其他如南京、北京、苏州等城市是否能被称为"城市"还需要进一步考察，普通的府州县城恐怕连城市的一点边都沾不上，而对韦伯的"中国无城市"这一论断我们也就不难理解，以往所谓中国的城镇化或城镇化水平就应归入"伪问题"的行列。当然，笔者并不认为上述论断能够成立，相信两位学者也不会认同上述观点，笔者以为，城镇化水平等相关概念并不

---

[1] 李伯重：《工业发展与城市变化：明中叶至清中叶的苏州》，载氏著《多视角看江南经济史（1250～1850）》，第 377～446 页；《19 世纪初期华亭-娄县地区的城市化水平》，《中国经济史研究》2008 年第 2 期。

[2] 王家范：《明清江南研究的期待与检讨》，《学术月刊》2006 年第 6 期，第 149～152 页；冯贤亮：《史料与史学：明清江南研究的几个面向》，《学术月刊》2008 年第 1 期，第 137～138 页。

失为一种解释传统时期江南经济发展现象的途径，只是我们在使用这样一套解释框架时，对于传统时期的城市必须要有清醒的认识，既要看到这套概念的解释力，又要看到其与中国实际的偏差，只有如此方能避免王家范先生所说的对西方概念的"消化不良"，从而使得研究有"变性"之嫌，[①] 所得结论才能令人信服。此即本章的目的所在，下文的章节将在这一基调下分别考察江南城镇化水平的具体问题。

---

① 　王家范：《明清江南研究的期待与检讨》，《学术月刊》2006 年第 6 期，第 149～152 页。

第二章

民国江南县域尺度的城镇化水平

——基于句容等 5 县人口调查资料的研究

第一节　民国江南县域人口调查资料及其评估

本章所使用的资料为民国时期句容、江宁、吴江、平湖、桐乡 5 县的人口调查资料，这些资料的调查时间各不相同，句容与江宁在 1933 年，吴江在 1934 年，平湖在 1936 年，桐乡则在抗战胜利后的 1946 年，但其均有一个共同特点，即调查和统计的口径均为调查时点该县的乡镇，且调查内容不但包括常规的各乡镇人口数量，还包括男女人口、年龄分布、教育婚姻状况等，最为可贵的是均有关于居民职业的调查，虽然详细程度各县有所不同，但对本书的城镇化水平研究弥足珍贵。在使用这些资料之前，有必要对这些调查的背景及过程进行了解，以确定该调查在制度层面是否得到确实保障，在操作层面是否得到确实执行，笔者也将利用几份公认的较为可靠的数据资料对其最终调查结果进行粗略评估，以确定其结果的可靠程度。

在这 5 份调查资料中，1934 年吴江县因改划自治区域所进行的调查的调查结果刊于 1935 年 7 月出版的《吴江县政》（第 2 卷第 2、3 期合刊）上，但该资料对于调查方法、过程等并无详细说明，仅见江苏省民政厅在发往各县的整理自治区域训令中称："先行填具划并后各乡镇间邻户口数目，暨划并情形一览表二份，呈厅初核后……"①吴江县将其乡镇划并情况及其间邻户口以《江苏省吴江县改划乡镇区域调查表》为题载于该资料的"调查"栏目中。对吴江县的这份资料，游欢孙在其研究中有充分的利用，②其评估认为，该调查结果在总体上有所低估，但幅度并不大，其人口数据基本可信。③因此，本章对吴江县的这份资料不再赘述，仅对其他 4 县的人口调查资料进行逐一介绍及评估。

一　《试办句容县人口农业总调查》

该资料由 1933 年的调查资料整理而成，这次调查由时任立法院统计处农业统计科科长张心一先生主持，1934 年该资料由参谋本部国防设计委员会印行。调查时间在 1934 年江苏省颁布《江苏省各县整理自治区域办法》之前，因此，该资料反映的是 1927～1933 年句容县 144 乡镇的情况，包括每个乡镇详尽的人口（包括户数、人口数、年龄分布、男子职业、教育、婚姻）和农业（包括农户、熟地、农产品产量等）数据。

在前言中作者提到，此次调查尤为注重试验方法，故对调查统

---

① 《整理自治区域报告》，《吴江县政》第 2 卷第 2、3 期合刊，1935 年 7 月，"报告"第 1 页。
② 游欢孙以下 6 项研究或利用到这份资料或以之为核心资料：《民国吴江县市镇的工商业结构——兼论"专业市镇"与"非专业市镇"的差别》（《中国农史》2005 年第 3 期，第 90～102 页）、《清中叶以来的江南市镇人口——以吴江县为例》（与曹树基合写，《中国经济史研究》2006 年第 3 期，第 124～134 页）、《近代江南的市镇人口——以吴兴县为例》（《中国农史》2007 年第 4 期，第 114～124 页）、《近代吴江自治区域的划分——兼论"区域江南"与"江南区域研究"》（《学术月刊》2008 年第 2 期，第 140～149 页）、《地方志叙事"小传统"与明清以来江南市镇数量的增长——兼论 1929 年与 1934 年的"商业镇"与"自治镇"》（《学术月刊》2009 年第 10 期，第 146～154 页）、《地方自治与近代江南县以下行政区划的演变——兼论商业市镇的政区实体化》（《中国历史地理论丛》2011 年第 2 期，第 44～52 页）。
③ 游欢孙、曹树基：《清中叶以来的江南市镇人口——以吴江县为例》，《中国经济史研究》2006 年第 3 期，第 126 页。

计的手续进行了不厌其烦的详细叙述。这就为我们充分理解这次调查的方法和经过，进而评估调查的准确性提供了可能。根据资料第一部分《调查统计的方法及经过》的记载，此次调查的原则为：（1）须能得到关于调查事项的确切数字；（2）须能在人力和财力平常的地方完成；（3）须能在指定区域内普遍清查。具体方法则是逐户清查和按村估计，其中的人口调查和农场调查均是逐户清查，农场调查副表和农村经济社会概况则是按村估计。本书所依赖的数据主要来自逐户清查。

我们知道，在一项调查之中，进行具体工作的调查人员是十分关键的，他们的素质高低往往决定了调查质量的好坏。张心一先生显然十分清楚，他把调查人员的选择和训练列为调查准备工作中两个重要的环节（共有三个重要的环节，第三个重要环节为调查区域的划分）。经过慎重考虑后，调查组决定以句容县现有正、副乡镇长和监察委员中的识字者为调查员，各乡小学校长为监察员，分三批对他们进行为期两整天的培训。监察员的职责是在其监察的区域内，随意对几家已调查过的人家进行重新调查，看结果与调查员的是否相同，以此断定调查员的工作质量。此外，在调查进行的过程中，调查组还派专业的人员到各调查区进行巡察，目的在于督促及纠正调查员和监察员的工作，并解决调查中出现的各类问题。其已经发现的问题有：（1）调查员捏造事实；（2）调查员不完全明白调查表上的问题；（3）民众对调查目的持怀疑态度，认为是要抽丁加税。最终，这些问题得到及时解决，这为调查的质量提供了保证。

在调查结束后，调查组还向每位调查员发了关于调查意见的问卷，共得到 58 位调查员的意见反馈，关于人口的调查表，58 位调查员均认为正确率在 70% 以上，其中 37 位认为 100% 正确，15 位认为90% 正确。对这份调查表中的问题，有 20 位认为"年龄"一项最难获得准确的数据，原因为：妇女怕有人觊觎，壮男怕被军队拉去当兵，男小孩怕人知道生辰而受陷害。24 位认为毫无困难。对于农场调查一表，43 位认为只有 70%～80% 的准确率，只有 8 位认为有

90% 以上的正确率，困难主要在田地及收获数量上，因"农民平时所受之痛苦太深，故时刻唯恐再逼令认捐纳税"。

最后，调查组也根据调查过程中的抽查、巡察情况及对调查数据本身的分析，对此次调查的准确性做了评估。对于人口数量，他们认为本次调查的结果比较可靠，句容县的实际人口数肯定比调查的结果多，但不会超过 5%。对于熟地面积，他们认为调查所得数据偏小，估计偏小 15% 左右，后来又组织人员仔细复查了 400 余家，发现仅偏小 9%。

其调查结果为全县总人口 279455 人，其中普通户口为 56524 户 278421 人，[①] 其中男性人口 149111 人，女性人口 129309 人，户均 4.9 人，普通户口性别比与出生婴儿性别比均为 115。[②] 1935 年江苏省举行全省保甲户口调查时，句容县总人口为 315643 人，[③] 1953 年人口普查时该县人口为 335547 人，在此期间句容县的县境虽偶有调整，但调整范围均较小，故不考虑其县境的变化，据此，句容县 1933 年人口数应该在 30 万人左右，则该县此次人口调查得出的人口数量偏低，但误差尚不算大。

总体而言，句容的这次调查是由学者主持和指导的，而且主要目的在于试验方法，调查的准备比较充分，对于调查中的各种困难也有思想准备，能及时发现并纠正问题，这些都为调查的准确性提供了保证，而且最后的复查也显示调查结果好于预期。虽然从其最终得出的结果来看，句容人口数量可能有所偏低，但误差尚在可接受范围，故此资料可以使用。

---

① 另外 1034 人为居住于公共场所人口。

② 实际上很难用户均人口与性别比判断人口数据的可靠程度，虽然一般认为性别比（男性人口与女性人口之比）在 103 至 107 之间较为合理（见乔晓春《建国前中国人口性别结构分析》，《南方人口》1995 年第 2 期，第 12、16 页），但据民国时期的调查资料，全国性数据的这一比例往往远高于此数，区域性数据亦在 110 左右（见侯杨方《中国人口史》第 6 卷，第 282~340 页），故句容县此性别比虽或偏高，但在可接受范围内。

③ 该数据亦较为准确，详见第三章的分析。

二　《江宁自治实验县二十二年户口调查报告》

该资料由江宁自治实验县县政府编印，1935年1月出版，调查时间在1933年底，与句容县一样，在1934年江苏省颁布《江苏省各县整理自治区域办法》之前。因此，资料反映的是1927～1933年该县295个乡镇的情况。与句容及平湖两县的调查内容包括人口与土地不同，江宁县进行的是纯粹的人口调查，其调查内容为每个乡镇详尽的户数、男女人口、年龄分布、职业分类（包括男女）、教育情况、婚姻状况等。该资料的各区户口统计分总户口、常住人口、现住人口，而在各乡镇的统计中则仅针对普通常住人口。

该调查是在江宁县被确定为自治实验县的背景下进行的。该资料专辟一章对江宁县以往的户口调查进行回顾，据其所言，1928年国民政府进行全国人口普查时，江宁县进行过一次人口调查，至1929年调查完竣，虽然获得了全县人口总数，但由于其间人事变动，致使调查时间过长，且调查人员未经训练，统计亦无事先周详的规定，故其结果不可信；1930年办理清乡时，曾兼办户口调查，但由于事先未进行取得人民谅解的宣传工作，加之与确保治安的清乡工作同时举办，人民误会颇深，调查毫无结果（该书第一章第1～2页）。1933年2月，江宁县被确定为自治实验县后，即拟重新举办人口调查，至完成财政及公安整理后，于8月份开始筹办（该书《弁言》），江宁自治实验县县政府对此次调查十分重视，充分吸取以往人口调查的经验教训，进行了十分周详的准备工作：编造概算书（即预算）；编制各种调查、登记表册，计户口调查表、人口调查表、公共场所调查表等6种表册；以日期越短越好为原则确定5日为调查期限，并先于10月1日至5日进行试验区的调查，其余地区则于11月1日至5日进行；以百户为标准划分全县为1104个调查区，每一调查区由一个调查员负责，于5日内完成调查，以乡镇为单位划定295个监察区，以监察各调查区的调查是否正确；为方便划分调查区及调查，对全县进行临时的门牌编装；以各乡镇小学教师及有学力者充任调查员，以各乡镇长充任监察员，以各区区长及其助理、警察局局长及县保卫训练所毕业生充任训练员，对各监察员及调查员进行专门训练；采用布告宣示及派专人赴各乡镇进行宣传的方式向民众讲解此次调查的目的及意义。①

在经过这一系列充分的准备后，1933 年 10 月 1 日至 5 日，先行对确定好的试验区进行人口调查，发现效果尚属理想，遂于 11 月 1 日开始进行全县的调查。在调查过程中，亦采取相应措施保证调查效果：为防止遗漏或重复调查，每调查完一户，即于该户门上贴一"查讫单"；监察员则于贴有"查讫单"的住户中进行抽查，以检验调查员的调查是否精确；该项调查主办者及前来实习的中央政治学校统计专业学生，亦于调查日起分赴各调查区进行巡查，在监督调查员及监察员的同时，随时随地答复调查员及居民的疑问（该书第二章第 47 ~ 49 页）。

在此种准备充分、措施得当的情形下，该县人口调查工作亦如期完成，按照其制定的计划大纲，以 4 ~ 5 个月的时间进行调查表格的统计工作，最后以 2 ~ 3 个月的时间完成调查报告书。在调查完成后，江宁县亦开始举办经常性的人事登记，于各警察局抽调 42 名干练学警进行训练，后分赴各局所，专任户口抽查工作。

据此次调查，江宁县共有总人口 579766 人，其中常住人口 576984 人，内有普通户 117204 户 559359 人（该县乡镇详细的人口资料即为此部分），其余为公共场所人口，共 17625 人，普通常住人口中男性 302216 人，女性 257143 人，户均 4.8 人，性别比 118。由于该县与南京市之间在民国及新中国成立初期的区域调整较为频繁，调整范围也较大，故无法利用 1935 年数据和 1953 年人口普查数据与之对比。但从上述调查情况来看，此次调查即使有所低估，误差也在可以接受的范围。

---

① 江宁自治实验县县政府编印《江宁县政概况》，1934，"民政"第 18 ~ 24 页；江宁自治实验县县政府编印《江宁自治实验县二十二年户口调查报告》，1935，第二章。

三　《平湖之土地经济》

该资料由中央政治学校地政学院与平湖县政府编印，1937 年 1 月出版，此次调查的时间为 1936 年 4 月，是以 1934 年平湖进行乡镇扩、并调整以后的乡镇为单位进行的全县土地经济调查，反映的是 1934~1937 年平湖县 43 个乡镇的情况，其内容包括人民、土地利用与农产、地权分配、租佃制度、地价、田赋、农业经营、农村金融、农民生活状况等方面，其中本书主要利用的资料为人民（各乡镇户数、农户数、人口数、农业人口数、各业从业户数等）和土地利用与农产（各乡镇土地面积、耕地面积等）两项。

在此有必要对平湖此次调查的背景进行交代。据时任中央政治学校地政学院院长的萧铮为此书所写的序言，1935 年，中央政治学校地政学院与浙江省政府达成约定，以平湖作为地政实验县，以地政学院研究员任县长，目标为进行地籍整理，并逐渐实现国民政府的土地政策。为此，地政学院派研究员汪浩任县长，伍受真为县长秘书，民政、财政、地政三科科长及乍浦、新仓、新埭三区区长均由地政学院的毕业生①担任，其他主要部门的负责人亦是由受过高等教育的人才担任，如教育科科长、会计主任均毕业于中央政治学校相关专业，建设科科长则是浙江大学农学院毕业。同时，地政学院亦为汪浩的县长工作制订了三期中心工作计划，其中第二期为完成地籍整理，举行土地经济调查。1936 年 3 月，县长开始进行第二期的中心工作，先是历时 8 个月，陆续完成地籍整理的航空测量、调绘、制图、计算、登记等工作，同时于 4 月份开始进行土地经济调查，调查采用全县普查的形式进行，历时 4 个月，调查资料汇总到地政学院后，在地政学院研究员的指导下由专人进行整理工作，又

---

①　地政学院的学生是从受过高等教育的大学毕业生中招收的，故其毕业生学历相当于现在的硕士毕业生（据萧铮主编《民国二十年代中国大陆土地问题资料》，总序第 2 页）。

经 2 个月而成《平湖之土地经济》。

实际的调查工作由地政学院的蒋廉、魏树东研究员到平湖主持指导。调查员则由各乡镇推送候选人，然后通过严格的考试筛选，录取条件为至少受过中等教育、办事努力、态度和蔼可亲，尤其强调刻苦耐劳。最终录取 49 人，并进行为期 2 周的培训，向他们讲授与土地问题相关的知识，并强调调查的意义、方法、注意事项等。培训结束后，又安排全体调查员与正在集中受训的各乡镇保长会面，一来先进行必要的沟通并联络感情，以确保随后的调查工作顺利进行；二来先让调查员以保长为调查实习对象，借以考察调查员调查及填报表格的能力，若有问题能够及时指出纠正。经过这些步骤后，方才开始进行调查工作，全县 43 个乡镇，每个乡镇原则上派 1 名调查员，较大的乡镇则派 2 名调查员。

在调查开始之前，亦进行必要的宣传工作。首先，由县政府印发布告及告民众书，由各乡镇长及保长晓谕民众。其次，举行全县保长训练班，县长于训练班上向各保长强调土地经济调查的重要意义。而各调查员在抵达各乡镇后，除张贴标语、散发传单外，还要会同乡镇保甲长召开讲演会，向全体民众解释调查的真意。而调查进行时，调查员先由保甲长陪同到调查户家中，再次解释清楚可能存在的误会，然后才开始调查。

在调查的管理工作上，亦进行得井然有序。在调查员培训期间，即已制定好工作手册，调查员需要每天记日记，每旬上交工作旬报。此外，各区每两周召开一次调查工作检查会议，就调查过程中出现的问题进行讨论。县长秘书、各科科长、各区区署长为督察员，分区督察及指导工作。在调查期间，县政府先后两次动员重要工作人员 40 余人，分赴各乡镇进行总抽查。

在这种准备充分、管理得当、监督及时的情况下，调查工作有条不紊地进行着，随着调查员工作的日趋娴熟，调查工作亦于 6 月底全部完成。调查表格则陆续送达地政学院进行整理，在整理过程中，遇到有填报不详或不清的情况，亦会将表格退回复查。在种种措施的保证下，此项调查资料的可信度是相当高的。其调查的结果为全县总户数 54622 户，总人口 247996 人，其中男性人口 128293 人，女性人口 119703 人，户均 4.5 人，性别比 107，这一比例较句容县更为合理，但从其 1935 年保甲户口数据 278823 人，及 1953 年人口普查数据 261361 人来看，此人口总数可能仍有所低估，但误差亦不大。

当然，这份调查资料也不是十全十美，如关于土地面积与耕地面积的数据就存在一定的问题。按照此资料的表三和表三十七，徐号、东泗、赵新三乡的耕地面积比土地面积还大，而新仓镇在扣除耕地面积后，竟然只剩 259.5 亩土地，这对于一个人口超过 7000 人的镇来说，显然不可能。按资料的交代，其土地面积的数据乃是据浙江省陆军测量局所测十万分之一地图计算，即使考虑进测量与计算时的误差，应不至于偏离实际太多，故其土地面积数据应是可靠的。而耕地面积数据乃是此次调查所得，所使用的面积为旧制亩（按 1 亩 = 0.9276 旧制亩），如果根据折亩比例重新计算的话，则上述 4 乡镇土地面积与耕地面积的问题会更严重。由此可见此次调查的耕地数据有一定的问题。但这并不影响其他调查数据的可信度，因为耕地数量问题涉及许多方面，相当复杂，不靠测量根本无法完全弄清楚。而当时平湖的地籍测量也在同步进行，这次的调查结果，最终是要与地籍测量的成果相结合的，而各类土地面积也是要以地籍测量的结果为准。有鉴于此，本书在使用耕地面积数据时，仅将其列出以供参考，而不将其作为判断的依据。

四 《桐乡年鉴（民国三十五年）》

与句容等 4 县的人口调查均在抗战前不同，《桐乡年鉴（民国三十五年）》所载的人口调查资料完成于抗战胜利之后，由桐乡县政府编印，1947 年出版，调查时间在 1946 年 4 月。由于抗战胜利后江南各县的乡镇区划调整较为频繁，故在桐乡县的人口调查中，调查时该县划为 28 乡镇，但调查完毕进行户口总校正后，其区划已经调整为 16 乡镇，故该份资料按照 28 乡镇区划统计的仅有未经校正过的各乡镇男女人口数，而详细的年龄分布、职业类别、婚姻及教育状况等则是按照 16 乡镇区划进行统计。

1945 年 9 月间，桐乡县曾举办户口调查，1946 年初范文治出任桐乡县县长后，认为该调查未按浙江省相关的法令规定办理，加之册籍不全，在准确性上存在问题，故他在上任之后即积极准备重新进行户口调查，于县政府及各乡镇公所设置专门的户籍人员（县民政科户政股、乡镇公所民政股），置办户籍柜，准备同时举办静态之户口调查及动态的异动登记。按照浙江省当年的规定，以 4 月 1 日为标准时间，制定调查计划表，于 3 月 20 日召集 28 乡镇户籍干事、助理户籍外勤事务员、调查督察员举行为期 2 天的户政讲习会，讲解有关户政法令及调查进行事项与方法；又于 3 月 26 日、27 日分别举行乡镇户政讲习会，对象为调查员及保长。考虑到 1945 年 9 月曾举行过户口调查，故规定调查员调查时以原调查表为根据，进行复查，依照新表式分别更正补充。

调查结束后，在进行户口异动登记的同时，又按《浙江省三十五年度举行全省户口总校正办法》进行户口校正，同时制定《桐乡县三十五年度编整保甲校正户口须知》，并举办讲习会。规定：校正时，遇有内容更正部分，需由校正人员负责盖章，并用红色字更正。校正结束后，即召集各乡镇户籍干事集中于县政府，以校正后的户口调查册为依据，采用当时最新的条纸统计法进行统计，由于其间涉及乡镇区划调整，故统计时按照最新的 16 乡镇格局进行统计。

经校正后，全县 16 乡镇共有 35761 户 145914 人，其中男性人口 80431 人，女性人口 65483 人，户均 4.1 人，性别比 123。1953 年人口普查时，其人口为 159255 人，其时桐乡县境略有调整，7 个行政村被划归海宁县，而原属吴兴县的乌镇则与青镇合并为乌镇，划归桐乡县管辖。① 这一区域调整幅度并不大，基本可以忽略。据此，则

---

① 桐乡市《桐乡县志》编纂委员会编《桐乡县志》，上海书店出版社，1996，第 52 页。

1946 年桐乡县调查所得出的人口数或有低估，但总体来说还算可靠。

从以上对 5 份调查资料的分析来看，江南这 5 次县域人口调查的精确程度虽然不能与 1953 年人口普查相比，但从调查准备工作及调查过程来看，除吴江县无相关说明外，其余 4 县的调查均准备充分，调查过程中亦采取种种措施以保证质量，调查完成后亦有进行相应的抽查复查，因此从总体上说，这几次调查的质量都是较高的。从其调查结果与 1935 年保甲户口及 1953 年人口普查数据的对比来看，这些调查虽然或有低估，但其误差均不算大，因而这些资料可以使用。

第二节　"政区化"城镇化水平
与"去政区化"的尝试

在以往关于江南市镇的研究中，由于研究目标十分明确，即史料中的"市"或"镇"，"市镇"在大多数的研究中是作为研究的区域范围，在这种情况下，对市镇是否做一番界定并无太多实际意义，也不会引发歧义。然而，一旦想以市镇作为一个衡量诸如经济发展水平、城镇化水平等的指标来进行研究时，这种界定就必不可少，而且其界定是否科学合理将直接决定研究结论是否可靠。正如笔者在绪论中所言，传统文献中的"市"或"镇"与"乡"、"村"等称谓在本质上并无区别，可能仅指代不同的区域范围。因此，此时若仍不加分辨地以文献的记载为准来确定市镇，尤其是在城镇化水平研究中，直接以市镇等同于城镇，而后以某一确定的人口数量来剔除某些规模过小的市镇，就会出现不小的偏差。

范毅军曾指出，文献资料中关于江南某些市镇"所环""所聚"数千家或数万家极有可能指的是镇区及其邻近村落的居民总数，因而必须将市镇的规模及其空间范围作为考虑的基本因素。[1] 这实际上

---

[1]　范毅军：《明清江南市场聚落史研究的回顾与展望》，（台北）《新史学》第 9 卷第 3 期，1998 年 9 月，第 111 页。

就提出了史料中所言某某镇具有多少人口，是指其镇区本身具有这些人口，抑或是指现代行政单位意义上此镇所包含区域的人口这样一个问题。游欢孙以吴兴县传统公认的乌青、南浔、双林 3 个巨镇为例，具体论证了传统史料中"烟火万家"的说法只是一种一般性的文字描述，或者是指市镇与周边乡村的人口总数，进而指出清末民国地方自治时期的"市镇"，实际上是自治意义上的行政区划单位，这样的"市镇"人口，只是一种自治人口，而不是真正的市镇人口。① 随后他进一步对江南的商业市镇与行政区划的关系进行研究，指出从清末至民国，在江南县以下行政区划演变中，江南的商业市镇完成了政区实体化的过程。② 按照游氏的研究，这一历史过程可归纳为三个阶段：第一阶段为清末宣统年间至 1927 年南京国民政府成立，其时按照宣统时颁布的《厅州县自治章程》，府厅州县治城厢为"城"，其余地方则以区域人口是否满五万标准划分乡镇；第二阶段为 1927 年南京国民政府成立后至 1934 年改划自治区域前，其时按照国民政府颁布的《县组织法》，以百户为标准划分乡镇；第三阶段为 1934 年改划自治区域至 1939 年新县制的施行，这一时期，由于之前百户标准过低，影响到各县的行政效率，故而到 1934 年江南地区各县的乡镇格局发生了一次以扩、并为主的调整。

如果说明清时期历史文献中所记载的"市""镇"既未有行政区划之名，也未有行政区划之实，这种情况下史料中的市镇既可能是仅指其镇区本身，也可能是包括了其周边农村在内，那么在"镇"已经演变为正式行政区划的民国时期，史料中的市镇显然更多的是指行政区划意义上的市镇了。民国时期的乡镇区划主要以人口规模来确定，1927~1934 年的百户标准尚低，但是 1934 年江南各县在改

---

① 游欢孙：《近代江南的市镇人口——以吴兴县为例》，《中国农史》2007 年第 4 期，第 124 页。
② 游欢孙：《地方自治与近代江南县以下行政区划的演变——兼论商业市镇的政区实体化》，《中国历史地理论丛》2011 年第 2 期，第 52 页。

划自治区域后，乡镇的规模均有不同程度的扩大，在这种情况下，若仍不考虑城镇的居民职业标准（即非农业人口比例大于50%），只以人口数量来剔除那些规模过小的市镇，就会发现，所有镇的人口规模均符合标准，并不需要做任何剔除。以这种方式得出来的城镇化水平，笔者称之为"政区化城镇化水平"，而本节的任务，就是要以详细考察乡镇的非农业人口比例是否超过50%来确定其是否为城镇，以剔除这种"政区化"的影响，求得接近于真实的城镇化水平。

从逻辑上说，政区化城镇化水平会造成两种完全相反的影响：一方面，其所认定的城镇，大多数包括镇区与周围农村地区在内，其人口数量亦是指这一区域的人口数量，但在计算城镇化水平中，将其全部作为城镇人口计算，从而使得计算出的城镇化水平有所高估；另一方面，某些未被认定为城镇的乡，其亦存在符合城镇标准的可能性（就传统时期江南甚至是全国的实际情况而言，这种可能性极小，但并非完全不可能），如果存在这样的乡，则所得到的城镇化水平会有所低估。下文将利用上一节所评估的5种县域人口调查资料对政区化城镇化水平进行研究，并进行去政区化的尝试，以期获得更接近于真实的城镇化水平，并考察政区化城镇化水平偏离实际的程度。

一　句容县

1933年句容县的人口调查资料的统计口径为当年该县的9区144乡镇，其中有27镇、117乡，将27个镇按照人口分成3组，整理成表2-2-1。

根据表2-2-1，则宽泛的人口标准（李伯重使用的标准，此外刘石吉等学者所使用的500人标准也列入此标准）、1500人以上标准（陈晓燕使用的标准）、2000人以上标准（施坚雅、饶济凡、赵冈、曹树基等学者使用的标准）对应的城镇人口数分别为56026人、

表 2 - 2 - 1　句容县的镇及其人口

1500 人以下的镇		1500 ~ 2000 人的镇		2000 人以上的镇	
乡镇名	人口	乡镇名	人口	乡镇名	人口
常盈镇	631	葛村镇	1533	白兔镇	2148
郭庄镇	956	东阳镇	1702	陈武镇	2242
三岔镇	958	玉阜镇	1763	下蜀镇	2283
土桥镇	982	青山镇	1883	龙潭镇	2342
天王镇	1197			桥头镇	2525
王庄镇	1235			新塘镇	2669
仓头镇	1237			东昌镇	2671
营防镇	1245			行香镇	3135
夏王镇	1381			润西镇	3481
东海镇	1425			崇明镇	3496
高阳镇	1473			华阳镇	3973
				古隍镇	5111
公共人口	140	公共人口	21	公共人口	188
合计	12860	合计	6902	合计	36264

资料来源：根据《乡镇户口总表》（载张心一等《试办句容县人口农业总调查》，参谋本部国防设计委员会印行，1934，第 105 ~ 107 页）整理。

43166 人、36264 人，当年该县全县甲、乙两项人口共 278421 人，加上全县公共人口 1034 人，总人口为 279455 人，因此，它们对应的政区化城镇化水平分别为 20%、15.4%、13%。此即为句容县的政区化城镇化水平，规模过小市镇的人口数量剔除越少，其标准越宽松，所得政区化城镇化水平越高，反之则越低。

按照本书对城镇的界定，人口规模这一标准是相对的，且对行政区划意义上的镇来说，其人口基本上可以默认满足这一标准，只是到了讨论镇区规模时，这一标准才能起实质性的作用。因此，在本节关于政区化城镇化水平的讨论中，对于人口规模这一标准可暂按不表，而仅从居民职业这一标准进行去政区化的讨论即可。

根据句容县人口调查资料中各乡镇的总户数和农户数计算各乡镇农户占总户数的比例，结果显示，在 144 个乡镇中，农户比例在

50%以下的有华阳镇、崇明镇、北墅乡、天王镇、郭庄镇、葛村镇、土桥镇、三岔镇、东阳镇、龙潭镇、下蜀镇11个乡镇（具体见表2-2-2"比例1"）。当然，用农户比例来反映农业人口也许不够直接也不够精确，因为在农户中并非人人务农，而在非农户中，也不是没有从事或兼从事农业生产的人。因此，笔者另根据这11个乡镇的男子年龄和男子职业的数据，计算出每个乡镇从事农业生产的男子（包括专务农和兼他业两项）[①]占该乡镇男子劳动力（15～59岁）的比例，发现在以上11个乡镇中，只有北墅乡和葛村镇超过50%，分别达到77%和78%，其他9个镇都符合标准，即农业人口低于50%，而且与农户比例也相当契合（具体见表2-2-2"比例2"）。不过，北墅乡和葛村镇的农户比例分别只有47%和44%，但农业人口比例却分别达到77%和78%，相差近1倍，这里显然存在问题，因此笔者不敢贸然下结论判断其是否属于城镇。

为了进一步说明问题，笔者又计算了各乡镇的人均熟地面积，如果一个聚落是以非农业为主，那么其拥有的耕地数量相对较少，平均到每个人身上的熟地面积应该比以农业为主的聚落小许多。北墅乡这项数据为1.97市亩，葛村镇为1.95市亩。[②]这两个数字虽然在全县144个乡镇中不算大，但是就这11个乡镇来说却是最大的，比其他9个镇中最大的三岔镇大了近0.5市亩（具体见表2-2-2"人均熟地"）。而且在除此11个乡镇外的其余133个乡镇中，人均熟地面积在2市亩以下的还有5个乡镇。这5个乡镇无论是从农户比

---

①　据游欢孙和曹树基的研究，江南市镇周边农村出现的这种农民兼业现象，其实质是"乡村工业化"而非"人口城市化"，其对人口城市化水平的提高作用有限。（游欢孙、曹树基：《清中叶以来的江南市镇人口——以吴江县为例》，《中国经济史研究》2006年第3期）本书把兼业人口全部算作农业人口，计算出的句容城市化水平的结果也仅比把兼业人口全部算作非农业人口低估1个百分点。因此这对最终的结论并不会有大的影响。

②　关于熟地面积的调查，当时只是询问农户，并未实地测量，这份资料中关于熟地面积的数字，均是调查组根据各乡镇不同的折亩率折算过的。

表 2 - 2 - 2　华阳等 11 个乡镇农户比例、农业人口

比例与人均熟地面积

乡镇名	户数	农户	比例1	职业人口	农业人口	比例2	总人口	熟地面积	人均熟地面积
华阳镇	874	43	0.05	1160	57	0.05	3973	240	0.06
崇明镇	788	57	0.07	1000	69	0.07	3496	283	0.08
北墅乡	278	131	0.47	375	290	0.77	1363	2690	1.97
天王镇	285	66	0.23	384	68	0.18	1197	770	0.64
郭庄镇	223	70	0.31	289	103	0.36	956	883	0.92
葛村镇	321	142	0.44	496	389	0.78	1533	2990	1.95
土桥镇	206	65	0.32	314	98	0.31	982	804	0.82
三岔镇	229	83	0.36	298	147	0.49	958	1403	1.46
东阳镇	360	123	0.34	513	112	0.22	1702	896	0.53
龙潭镇	595	49	0.08	793	60	0.08	2342	314	0.13
下蜀镇	507	161	0.32	669	205	0.31	2283	1148	0.50

注：1. 职业人口与农业人口均仅指男子，职业人口指资料中 15～59 岁的男子；农业人口指资料中职业为"专务农"和"兼他业"的男子。

2. 熟地面积与人均熟地面积单位均为"市亩"，原书作者已进行过折亩计算。

3. 调查中人口部分分甲项户主之家属，乙项非家属无家可归同居者，丙项暂时客居者，以及居住在公共场所的人口四项。由于丙项之暂时客居者并不属于句容人口，故资料统计中未将其计入，只统计其他三项。而这其中，公共场所人口的调查只有人口数字，并无其他类似甲、乙两项的细致调查，故表 2 - 2 - 1 和表 2 - 2 - 2 笔者统计的只是甲、乙两项的人口数据。公共场所人口，按调查的定义，是指无随带家属且长期居住在政府机关、学校、寺庙、工厂等公共场所的人口。他们应该算非农业人口，但这部分人口并不多（句容全县甲、乙两项人口 278421 人，而公共人口只有 1034 人），因此这里即使不计入这些人口，也不会对结果有影响，特别是对于北墅乡和葛村镇两个有争议的地方，因为这两个乡镇的公共人口数量均为 0。在本书计算当时句容县的城市化水平时，才把这部分人口计入。

资料来源：根据《乡镇户口总表》、《乡镇人口之职业及教育统计表》、《乡镇男子年龄分配表》、《乡镇农户地权分配表》和《乡镇熟地分类统计表》（载张心一等《试办句容县人口农业总调查》，第 105～107、111～113、114～116、130～132、133～135 页）等 5 个表格整理计算。

例还是从农业人口比例来看，都明显不符合城镇的标准（具体见表 2 - 2 - 3）。显然，作为一项参考指标，根据人均熟地面积，把北墅乡和葛村镇归入城镇范畴并不能令人信服。

综上，笔者认为，当时句容县的华阳镇、崇明镇、天王镇、郭庄镇、土桥镇、三岔镇、东阳镇、龙潭镇、下蜀镇 9 个镇属于城镇，

表 2 - 2 - 3　其他人均熟地面积在 2 市亩以下的乡镇情况

乡镇名	户数	农户	比例1	职业人口	农业人口	比例2	总人口	熟地面积	人均熟地面积
白兔镇	489	410	0.84	650	561	0.86	2148	3998	1.86
万寿乡	470	310	0.66	754	668	0.89	2604	5153	1.98
凤潭乡	330	227	0.69	481	318	0.66	1522	2437	1.60
仓头镇	273	176	0.64	390	236	0.61	1237	1569	1.27
枕江乡	568	521	0.92	799	848	1.06	2886	5077	1.76

注：1. 职业人口与农业人口均仅指男子，职业人口指资料中 15～59 岁的男子；农业人口指资料中职业为"专务农"和"兼他业"的男子。

2. 熟地面积与人均熟地面积单位均为"市亩"，原书作者已进行过折亩计算。

3. 枕江乡农业人口比例大于 1，即出现了男子农业人口数大于男子劳动力数的情况，在全县 144 个乡镇中，出现这种情况的乡镇并不在少数。这可能是因为在从事农业生产的男子中，有部分是 15 岁以下或 60 岁以上的，这部分人并不在我们所定义的劳动力的范畴之内。当然也可能是因为资料的准确性问题，这也印证了调查员所说的"年龄"一项数据最难获得。

资料来源：同表 2 - 2 - 2。

其他乡镇均是以农业为主的农村地区。这 9 个镇的甲、乙两项人口共 17889 人，加上 179 人的公共人口，共计 18068 人，全县总人口为 279455 人，对应的城镇化水平为 6.5%。这一结果即为去政区化后的城镇化水平，应该更能如实反映当时句容县的城镇化水平。

上文无论采取哪种人口规模标准得出的政区化城镇化水平与这一结果相比，均要高出不少，即使是其中标准最为严格的 2000 人标准，其 13% 的结论亦比去政区化后的结论高出 1 倍。此处需要特别说明的是，陈晓燕对 20 世纪 30 年代嘉兴县城镇化水平的估计为 24.4%，鄞县为 7.8%。据此，其把江南地区分为属嘉兴类型的中心地带（包括苏、松、杭、嘉、湖）和属鄞县类型的边缘地带（包括宁绍平原，以及苏州以北的宁、镇、常）。① 句容县所处的宁镇丘陵地带，正是陈氏所划分的江南边缘地带，那么其城镇化水平，应与陈氏估计的鄞县城镇化水平 7.8% 相差不远，而此处去政区化后，句容县的城镇化水平为 6.5%，看似支持了陈的结论。但实际上如果按照

① 陈晓燕：《近代江南市镇人口与城市化水平变迁》，《浙江学刊》1996 年第 3 期。

陈氏的估算标准，即以 1500 人以上的镇为城镇来计算的话，那么句容县的城镇化水平为 15.4%，约是陈氏所估计的鄞县城镇化水平的 2 倍。

二　平湖县

《平湖之土地经济》中各项资料乃是以 1934 年乡镇扩、并后的 43 乡镇（9 镇 34 乡）为统计口径，其总人口为 247996 人。据光绪《嘉兴府志》记载，其时平湖的商业市镇数量亦为 9 个，分别为白沙湾镇、广陈镇、乍浦镇、新埭镇、芦沥市、新仓镇、青莲寺镇、钱家埭、徐家埭。[①] 该县大大小小的市镇肯定不止此数，据《平湖之土地经济》的描述，平湖"各乡市镇甚多"，[②] 1931 年建设委员会经济调查所对平湖县大小市镇的商业情况进行调查时发现，平湖拥有两家商店以上的市镇共有 31 个，其中绝大多数市镇商店仅一二十家，超过百家的市镇仅 4 个，另外仅有 1 家商店的市镇有 19 个。[③] 这其中除了部分是晚近兴起之外，大部分的小市镇存在的时间应该很长。在晚清民国商业市镇政区实体化的过程中，这些大大小小的市镇，必定绝大多数湮没于各乡之中，只有少数规模较大的市镇能够保持"镇"的地位。很显然，那些湮没于各乡的小市镇基本上不可能会是本书所界定的"城镇"，只有具有一定规模的市镇才有这种可能。

根据资料中各乡镇的总户数、农户数、总人口数及农业人口数，可以直接计算出每个乡镇的农户比例和农业人口比例，其中永丰、当湖、启元、乍浦、新埭 5 镇的这两项数据均在 50% 以下，而东湖与新仓两镇略高于 50%（具体见表 2 - 2 - 4），其他乡镇的这两项数据都在 70% 以上，不存在有某个乡镇其中一项数据低于 50%，而另一项数据高于 50% 的矛盾情况。

---

①　光绪《嘉兴府志》卷 4《市镇》，收入《中国方志丛书·华中地方》第 53 号，台北：成文出版社有限公司，1970 年影印本，第 139~140 页。

②　国民党中央政治学校地政学院与平湖县政府编印《平湖之土地经济》，1937，第 16 页。

③　建设委员会经济调查所统计课编《中国经济志·浙江省嘉兴、平湖》，载殷梦霞、李强选编《民国经济志八种》第 1 册，国家图书馆出版社，2009，第 451~453 页。其所列 31 个市镇中，商店最少者有 2 家，另"其他小镇"有商店共 19 家。

表 2 - 2 - 4　永丰等 7 镇的农户比例及农业人口比例

乡镇名	总户数	农户数	农户比例	总人口	农业人口	农业人口比例
永丰镇	1868	7	0.004	8022	22	0.003
当湖镇	915	0	0	3735	0	0
启元镇	1307	241	0.184	5517	1092	0.198
乍浦镇	2755	1258	0.457	12180	5847	0.480
新埭镇	873	272	0.312	3491	1309	0.375
东湖镇	1504	770	0.512	6242	3447	0.552
新仓镇	1619	861	0.532	7225	4014	0.556

资料来源：据国民党中央政治学校地政学院与平湖县政府编印《平湖之土地经济》第八表整理。

在农户比例与农业人口比例两项数据的计算结果高度统一的情况下，本不需要引入如人均耕地面积等辅助性的指标进行进一步的判断。但为了更好地说明问题，笔者仍将工商户比例、人均耕地面积等指标整理成表 2 - 2 - 5，以供参考。据此，永丰、当湖、启元、乍浦、新埭 5 镇符合笔者所界定的"城镇"标准，属于城镇，而东湖与新仓两镇，虽然数据仅略高于 50% 的标准，但由于两项数据高度统一，故按照严格的居民职业标准，不把这两个镇纳入城镇范畴。

表 2 - 2 - 5　永丰等 7 镇的工商户比例及人均耕地面积

乡镇名	工商户数	工商户比例	耕地面积	人均耕地面积
永丰镇	1419	0.760	34.1	0.004
当湖镇	755	0.825	0	0
启元镇	885	0.677	2219.7	0.402
乍浦镇	1176	0.427	13256.3	1.088
新埭镇	495	0.567	4264.8	1.222
东湖镇	654	0.435	6370.7	1.021
新仓镇	599	0.370	13869.7	1.920

注：耕地面积单位原为"旧制亩"，此处笔者已经按照资料提供的 1 市亩等于 0.9276 旧制亩的比例进行了折算。故表中所有面积单位均为"市亩"。

资料来源：据国民党中央政治学校地政学院与平湖县政府编印《平湖之土地经济》第九表、第三十七表整理计算。

在表 2 - 2 - 5 中，由于调查的耕地数据可能存在较大的偏差，故不作为判断依据。可以看到，东湖镇的工商户比例比乍浦镇略高，达到 43.5%，而乍浦镇只有 42.7%；新仓镇的工商户比例为 37.0%，比乍浦镇略低，但比该县其他乡镇高出不少。而且两镇的工商户绝对数量并不少，比新埭镇还多，从这个角度看，东湖、新仓两镇也许可以视作城镇，但此处暂且将其处理为非城镇，待下一节探讨乡镇区划调整对县域城镇化水平研究所造成的影响时，再对这两个镇进行讨论。

在此份资料中，平湖全县人口总数为 247996 人，永丰、当湖、启元、乍浦、新埭等 5 镇的总人口为 32945 人，对应的城镇化水平为 13.3%。而在此乡镇格局下，若按照以往学者所使用的城镇标准，即默认所有名称为镇的居民职业均以非农为主，而对具体的人口规模进行讨论，那么在平湖的这 9 个镇（另外两个为汉塘镇与全公镇，其人口数量分别为 5360 人与 5458 人），人口最少的为新埭镇，为 3491 人（见表 2 - 2 - 4），无论按照以往哪种人口规模标准，其均不需要被剔除，即无论按照以往的何种人口规模标准，这 9 个镇均为城镇，其人口总数为 57230 人，对应的政区化城镇化水平为 23.1%，高估幅度虽然没有句容大（达 1 倍以上），但也有近 10 个百分点的高估。

三　吴江县

1934 年江苏省进行整理自治区域，该省民政厅要求各县将各乡镇的划并情形及划并后的间邻户口等内容填具表格交该厅初核。① 根据这一叙述可知，苏南各县在 1934 年所进行的自治区域整理应该留有相关的调查资料，然而到目前为止，笔者仅在《吴江县政》中发现有该县此次整理自治区域所留下的调查资料，然而资料中对调查的方法、经过等并无介绍，根据游欢孙和曹树基的评估，此次调查

---

① 《整理自治区域报告》，《吴江县政》第 2 卷第 2、3 期合刊，1935 年 7 月，"报告"第 1 页。

所形成的人口数据基本可信，[①] 本书据此使用这份调查资料。在
1934 年的这次整理自治区域中，吴江县将原 10 区 33 镇 247 乡调整
为 8 区 26 镇 134 乡，据此次调查，全县共有人口 442332 人，其中
26 个镇的人口数如表 2 - 2 - 6 所示。

表 2 - 2 - 6　吴江县的镇及其人口

名称	人口	名称	人口	名称	人口	名称	人口
震泽镇	8767	黎西镇	4478	吴溇镇	3456	莘塔镇	2476
盛中镇	8696	盛北镇	4365	流虹镇	3420	越溪镇	2438
盛东镇	6293	卢墟镇	3855	盛南镇	3222	南库镇	2377
平望镇	5262	东溪镇	3794	盛西镇	3220	北库镇	2355
松陵镇	4990	梅堰镇	3787	庙港镇	3028	2000 人以上	102425
横扇镇	4748	黎东镇	3645	西津镇	2857	八坼镇	1881
严墓镇	4596	溪港镇	3636	周庄镇	2664	1500 人以上	104306

资料来源：据《江苏省吴江县改划乡镇区域调查表》（《吴江县政》第 2 卷第 2、3 期
合刊，1935 年 7 月，"调查"第 5 ~ 26 页）整理。

　　表 2 - 2 - 6 中各镇是按人口数量从大到小排序的，其中需要注
意的是，当时的盛泽镇分为东、南、西、北、中 5 个镇，黎里镇分
为黎东、黎西两镇，同里镇分为东溪、西津两镇。从表 2 - 2 - 6 中
可以看到，26 个镇的人口均在 1500 人以上，除八坼镇外，其他各镇
人口在 2000 人以上，则按照宽泛的人口标准及 1500 人标准，吴江
县的这 26 个镇均为城镇，其人口总数为 104306 人，对应的政区化
城镇化水平为 23.6%，而按照 2000 人的标准，则有 25 个镇为城镇，
人口总数为 102425 人，对应的政区化城镇化水平为 23.2%。以下考
察剔除政区化的影响后，吴江县的城镇数量及对应的城镇化水平为
多少。

　　由于吴江县的此次调查并非专门的人口调查，主要目的是调查

[①]　游欢孙、曹树基：《清中叶以来的江南市镇人口——以吴江县为例》，《中国经济
史研究》2006 年第 3 期，第 126 页。

区域调整后各乡镇的情形，故其调查内容中并无人口年龄分布、教育婚姻状况等项目，于居民职业亦仅有一概数估计，或仅列出主要从事职业，但其中载有各乡镇的商店数量，可作为参考。将所有商店在 10 家以上的乡镇的居民职业情况整理成表 2 - 2 - 7。

表 2 - 2 - 7　吴江县各乡镇居民职业情况及商店数量

区别	乡镇	人口	居民职业情况	商店数量
第一区	松陵镇	4990	商 70%、其余 30%	224
	南库镇	2377	农、商	28
	越溪镇	2438	农、商	37
	八坼镇	1881	商、农	185
第二区	东溪镇	3794	农 3%、工 15%、商 35%、学 2%、其他 45%	213
	西津镇	2857	农 10%、工 14%、商 32%、学 5%、其他 39%	153
	流虹镇	3420	农 71%、工 1%、商 1%、学 2%、其他 25%	17
	屯浦乡	3525	农 80%、工 2%、商 2%、其他 16%	37
第三区	红梨乡	2708	农、机织	29
	娄下乡	3227	农、机织	14
	桃源乡	1735	农、机织	36
	北王乡	2352	农、机织	25
	茅塔乡	2113	农、机织	12
	溪南乡	3084	农、机织	23
	盛东镇	6293	农、工、学、商、机织	87
	盛南镇	3222	农、工、学、商、机织	188
	盛西镇	3220	农、工、学、商、机织	54
	盛北镇	4365	农、工、学、商、机织	215
	盛中镇	8696	农、工、学、商、机织	592
第四区	黎东镇	3645	农 10%、工 10%、商 30%、其他 50%	174
	黎西镇	4478	农 10%、工 10%、商 30%、其他 50%	129
第五区	震泽镇	8767	商业最多	562
	八都乡	2864	农	11
	双杨乡	3570	农	18
	庙港镇	3028	农	43
	吴溇镇	3456	农	35
	西五乡	2639	农	16
	隐读乡	2681	农	12

区别	乡镇	人口	居民职业情况	商店数量
第六区	莘塔镇	2476	农 50%、商 20%、工 14%、其他 16%	85
	卢墟镇	3855	农 25%、商 42%、工 11%、其他 22%	236
	北库镇	2355	农 58%、商 19%、工 8%、其他 15%	88
	周庄镇	2664	农 76%、商 9%、工 10%、其他 5%	13
第七区	严墓镇	4596	商 20%、农 80%	279
	坛丘乡	3780	商 10%、农 90%	41
	南麻乡	3368	商 10%、农 90%	61
	北麻乡	1966	商 5%、农 95%	24
第八区	平望镇	5262	商、工、农	351
	梅堰镇	3787	商、工、农	85
	横扇镇	4748	商、工、农	140
	溪港镇	3636	农、商	100

注："乡镇"一列，粗体表示该乡镇为城镇。

资料来源：据《江苏省吴江县改划乡镇区域调查表》（《吴江县政》第 2 卷第 2、3 期合刊，1935 年 7 月，"调查"第 5～26 页）整理。

根据表 2-2-7，结合各乡镇居民职业的描述及其商店数量，可将松陵镇等 17 个镇确定为城镇，在表 2-2-7 中将此 17 个镇以粗体标识。这 17 个镇中，如松陵、同里 2 镇、盛泽 5 镇、震泽、平望等镇，只需从表 2-2-7 中即可明确其为城镇，并不需要做特别解释说明，以下对部分无法直接确定的镇进行简要说明。

第一区的八坼镇有商店 185 家，其居民职业情况的描述为"商、农"而不是与南库、越溪一样的"农、商"，应表示从事商业的人口多于从事农业的人口，故八坼镇亦为城镇。此外，第八区的溪港镇，其居民职业情况描述亦与第一区类似，为"农、商"，表示农业人口多于商业人口，加之其商店数量为 100 家，并不算特别多，故将其作为非城镇处理。第六区的莘塔镇、北库镇，第八区的梅堰镇，其商店数量均为 80 多家，其中北库镇的农业人口比例为 58%，为非城镇；莘塔镇农业人口比例恰好在 50%，处于本书所使用的城镇标准的临界点，结合其商店数量仅为 80 多家的情况，不将其作为城镇；

而梅堰镇的居民职业情况描述为"商、工、农"，与平望镇、横扇镇的描述相同，故将其作为城镇。第七区的严墓镇，其农业人口比例为80%，但考虑到其拥有多达279家商店，此处还是将其作为城镇处理。①

这17个城镇共有人口78456人，对应的城镇化水平为17.7%，政区化城镇化水平至少高估5.5个百分点。

四　江宁县

1933年江宁自治实验县进行人口调查时，该县区划格局为10区55镇240乡，调查结束后，以此295乡镇为统计口径对各乡镇的调查资料进行统计整理。根据此次调查的统计结果，江宁县共有总人口579766人，其中常住人口576984人，普通户117204户559359人（该县乡镇详细的人口资料即为此部分），其余为公共场所人口，共17625人。由于各乡镇的详细统计资料均是针对常住人口进行，故本书以常住人口576984人为江宁县的总人口，其55个镇的常住人口数量如表2-2-8所示。

表2-2-8将江宁县的55个镇按照1500人、2000人、2500人分为4组，1500人以下的镇共有16个，其中仅尧化镇的人口在500人以下，2000人以上的镇共有31个，此处为制表方便，将2500人以上的14个镇单独分为一组。在宽泛的人口标准下，共有城镇54个（尧化镇被排除），人口总数为122922人，对应的政区化城镇化水平为21.3%；1500人以上的城镇共有39个，人口总数为107625人，对应的政区化城镇化水平为18.7%；2000人以上的城镇共有31个，人口总数为92304人，对应的政区化城镇化水平为16.0%。

由于江宁县的此次调查是针对人口的专门调查，故其调查项目较其他几个县丰富许多，尤其是关于居民职业的调查，其分类为农、

---

① 此为乡镇区划调整对我们进行城镇化水平研究所造成的影响，下一节将对此进行集中讨论。

表 2 - 2 - 8　江宁县的镇及其人口

1500 人以下		2000 人以下		2500 人以下		2500 人以上	
镇名	人口	镇名	人口	镇名	人口	镇名	人口
尧化镇	477	仙鹤镇	1505	马群镇	2014	江宁镇	2601
迈皋镇	623	江东镇	1569	土桥镇	2056	沧波镇	2610
甘家镇	670	元山镇	1661	秣陵镇	2059	殷巷镇	2740
东流镇	698	朱门镇	1789	淳化镇	2062	高桥镇	2760
摄山镇	734	索墅镇	1872	岔路镇	2073	东善镇	2932
西北镇	735	谷里镇	1939	谢村镇	2120	新河镇	3015
头关镇	806	陶吴镇	1951	上方镇	2141	铜井镇	3151
石埠镇	819	栅栏镇	1994	横溪镇	2160	孝陵镇	3262
霞乘镇	862			麒麟镇	2288	陆耶镇	3362
楼霞镇	867			曹村镇	2289	上河镇	3727
龙潭镇	874			定林镇	2358	南汤镇	3824
巴斗镇	875			丹阳镇	2366	板桥镇	4061
桥头镇	949			牧龙镇	2371	西河镇	4125
秦村镇	1384			牌楼镇	2387	湖熟镇	5662
解溪镇	1471			西善镇	2390		
燕子矶镇	1488			龙都镇	2430		
				禄口镇	2498		
公共场所人口	1442	公共场所人口	1041	公共场所人口	1514	公共场所人口	4896
合计	15774	合计	15321	合计	39576	合计	52728

资料来源：根据《乡镇户口总表》（载江宁自治实验县县政府编印《江宁自治实验县二十二年户口调查报告》，第三章第 20～29 页）整理。

矿、工、商、交通运输、公务、人事服务、自由职业、童工、无业、儿童等，与下一章将要分析的大城市人口调查基本一致（桐乡县的调查亦如此），故此处对其乡镇是否为城镇的判断，在操作上可以采取另一种方式，即直接以非农职业人口占劳动力人口的比例，而不是像上文的句容等县，采用的是农业人口比例。这两种处理方式实际上是"非农业人口居多"的两种不同表达方式，但在实际操作中，这两种方式会对处于临界点附近的乡镇造成不同的影响：以农业人口低于 50% 的方式，相对而言是一种更为宽松的判断方式，因为农业人口低于50%并不必然表示非农职业人口高于50%，在其他的人口中，尚包括无业者，因此通过这种处理方式确定为城镇的乡镇，若其中处于临界点（即50%）附近的乡镇数量较多，就会造成高估，但由于资料的限制，采取此种方式的可操作性最高，因而可以看到，上文在对相关城镇的判定方面，对处于临界点附近的乡镇，笔者基本上是从严处理，即是出于此种考虑。从严格意义上说，采用非农职业人口占劳动力人口的比例在50%以上这种处理方式更符合城镇以非农业人口居多这一标准。因此，对于有如此数据支持的江宁县和桐乡县，笔者将采取这种处理方式，另外，由于传统时期女性人口中有职业者并不多，故笔者仅对男性人口的职业状况进行统计分析。

　　计算江宁县295个乡镇男子农业从业人数占男子劳动力（男性人口与男童数量之差）的比例，这一比例在50%以下的有79个乡镇，进一步计算这79个乡镇的男子非农职业人口占男子劳动力的比例（表2-2-9中的"非农比例"），其中仅37个乡镇的"非农比例"在50%以上，据此数据进行降序排列，整理成表2-2-9。

表 2 - 2 - 9　江宁县各城镇男子劳动力职业情况

乡镇	人口	农业	工矿	商业	其他	无业	未详	劳动力	非农比例	工商比例
西河镇	4175	79	1196	318	53	74	83	1803	0.87	0.84
湖熟镇	6101	200	593	1429	110	75	173	2580	0.83	0.78
丹阳镇	2368	138	383	410	32	50	38	1051	0.78	0.75
秣陵镇	2209	114	141	559	18	83	36	952	0.75	0.74
石埠镇	845	44	102	203	17	33	30	429	0.75	0.71
东流镇	759	65	57	152	12	4	17	311	0.71	0.67
江宁镇	2981	134	208	543	75	28	152	1141	0.72	0.66
上河镇	3817	59	304	794	172	89	249	1671	0.76	0.66
龙潭镇	1023	47	145	104	11	0	83	390	0.67	0.64
尧化镇	477	27	56	81	16	16	23	219	0.70	0.63
新河镇	3026	139	609	200	76	58	224	1306	0.68	0.62

续表

乡镇	人口	农业	工矿	商业	其他	无业	未详	劳动力	非农比例	工商比例
解溪镇	1475	112	90	260	10	13	82	567	0.63	0.62
北滨乡	11681	563	2075	855	745	331	178	4747	0.77	0.62
燕子矶镇	1763	56	168	243	51	60	92	671	0.69	0.61
禄口镇	2657	228	308	420	36	98	112	1204	0.63	0.60
龙都镇	2580	187	150	416	77	42	109	985	0.65	0.57
神固乡	6819	392	970	835	262	46	665	3171	0.65	0.57
淳化镇	2197	225	174	268	57	31	30	785	0.64	0.56
桥头镇	956	69	47	199	13	57	56	441	0.59	0.56
土桥镇	2217	240	137	364	29	88	47	905	0.59	0.55
王淳乡	973	102	99	119	13	39	32	404	0.57	0.54
开灵乡	2219	214	276	91	12	0	85	684	0.55	0.54
索墅镇	2031	227	193	209	23	13	85	750	0.57	0.54
江东镇	2174	134	174	176	77	48	48	657	0.65	0.53
南陵乡	2326	278	145	350	33	97	25	938	0.56	0.53
南滨乡	3472	455	475	233	39	96	89	1409	0.53	0.50
陆耶镇	3506	546	326	448	47	151	52	1574	0.52	0.49
金固乡	4669	149	549	354	618	36	104	1888	0.81	0.48
陶吴镇	1974	252	166	257	28	144	43	890	0.51	0.48
西北镇	741	107	35	114	14	5	49	324	0.50	0.46
高淳乡	2255	318	75	283	69	5	46	796	0.54	0.45
社滨乡	2867	454	257	273	86	39	74	1186	0.52	0.45
巴斗镇	1017	50	75	94	62	0	102	383	0.60	0.44
智陵乡	2125	311	146	81	111	3	28	680	0.50	0.33
栅栏镇	1999	5	114	180	355	81	146	881	0.74	0.33
渡固乡	995	94	20	79	126	2	86	407	0.55	0.24
福淳乡	2352	395	152	0	242	0	1	790	0.50	0.19
合计	97821	7209	11190	1994	3827	2035	3574	39970	0.68	0.58

注：1. 各乡镇人口数量包括公共场所人口。

2. "劳动力"指男性人口总数减去男童数量。

资料来源：根据《乡镇户口总表》和《乡镇男子职业分类表》（载江宁自治实验县县政府编印《江宁自治实验县二十二年户口调查报告》，第 20～29、40～49 页）整理。

根据表 2 - 2 - 9，若无其他因素影响，这 37 个 "非农比例" 在 50% 及以上的乡镇可以确定为城镇，其人口总数为 97821 人，对应的城镇化水平为 17%。可以看到，政区化城镇化水平所表现出来的误差既有高估也有低估，具体则与所采用的人口规模标准相关，宽泛的人口标准高估 4.3 个百分点，1500 人标准高估 1.7 个百分点，而最高的 2000 人标准则低估 1 个百分点。从表 2 - 2 - 9 中可以看到，虽然并非所有的 "镇" 均为城镇，但有许多 "乡" 符合城镇的标准，这也验证了上文笔者从逻辑上对政区化城镇化水平的误差方向所做的分析。

然而需要注意的是，江宁县的人口调查资料是包括外出人口在内的普通常住人口（即户籍人口），全县共 35761 名男性外出，[①] 占该县男子普通常住人口（302216 人）的 11.8%，占男子劳动力（214961 人）的 16.6%，因此还必须考虑外出人口的因素：由于各乡镇详细数据中并未将这部分人口区分出来，因而在本书中亦无法将这部分人口剔除。但我们从资料中的职业状况还是可以看出端倪，表 2 - 2 - 9 的 "其他" 是指交通运输、自由职业、公务、人事服务四种职业人口，可以肯定的是，在当时中国的乡镇内，从事这四种职业的人口虽然不能说完全没有，但其规模绝不至于可以成为一个单独的类别而专门列出，最合理的解释显然是从事这些职业的为外出到南京等大城市的人口，因此进一步剔除这些人口，仅计算男子工商业从业人口比例（即表 2 - 2 - 9 中的 "工商比例"），可以发现这一比例达到 50% 的乡镇只有 26 个，人口总数为 73321 人，如果仅将这 26 个乡镇确定为城镇，则对应的城镇化水平为 12.7%。由此可见，在考虑外出人口因素后，江宁县的政区化城镇化水平与本节考察的其他县域一样，无论采用哪种人口规模标准，均表现为高估。三种人口规模标准分别高估 8.6、6、3.3 个百分点。

---

①　女子亦有外出人口 6394 人，由于本书并未使用女子职业人口比例进行 "城镇" 判断，故而此处仅讨论男子外出人口。

五　桐乡县

与句容等 4 县的人口调查均在抗战爆发前的 1930 年代进行不同，桐乡县的人口调查在抗战胜利后的 1946 年。1937 年抗战爆发至 1949 年中华人民共和国成立前的这段时间江南地区的城镇人口及城镇化水平，本书并未打算专门涉及，仅在某些资料的使用上略有提及。然而在县域人口调查资料极少的情况下，桐乡县这份 1946 年的调查资料还是具有相当的参考作用，以下亦按照相同的思路进行研究。

如上节所述，桐乡县在调查完成以后，其乡镇区划发生了调整，其最终的统计是按照调整后的 5 镇 11 乡格局进行的。根据此次调查的统计结果，全县 16 乡镇共有 145914 人，由于其调查中所进行的职业分类与江宁县一样，十分详细，故此处亦按照上文对江宁县的处理方式，计算全部 16 个乡镇的男子非农职业人口比例，发现除 5 个镇外，其余各乡这一比例在 10% 以上的仅亭桥乡一个，为 11%，故仅将 5 个镇的人口及男子劳动人口职业情况整理成表 2 - 2 - 10。

表 2 - 2 - 10　桐乡县各镇男子劳动人口职业情况

镇名	人口总数	劳动力	农业	矿业	工业	商业	交运	公务	自由	人事	其他	无业	比例1	比例2
濮院镇	6162	2627	409	1	280	1470	5	83	54	44	24	257	0.16	0.74
青　镇	9907	4108	934	0	645	1626	72	33	111	40	28	619	0.23	0.62
合　计	16069	6735	1343	1	925	3096	77	116	165	84	52	876	0.20	0.66
梧桐镇	10939	4539	2083	0	301	1100	50	247	79	61	59	559	0.46	0.40
屠甸镇	9010	3737	2390	0	196	762	8	59	46	15	9	152	0.64	0.29
石湾镇	6944	2954	2265	0	91	331	2	71	28	28	9	129	0.77	0.19
总　计	42962	17965	8081	1	1513	5289	137	493	318	188	129	1716	0.45	0.44

注："比例1"为男子农业人口比例，指表中"农业"一列与"劳动力"一列之比；"比例2"为男子非农职业人口比例，指表中除"农业"、"无业"、"其他"外的职业人口之和与"劳动力"一列之比。

资料来源：根据《现住人口性别》和《现住人口职业分配》（载桐乡县政府编印《桐乡年鉴（民国三十五年）》，1947，第 140～141、147～149 页）两表整理计算。

　　由表 2 - 2 - 10 可以看到，桐乡县 5 个镇中，人口最少者为濮院镇的 6162 人，无论按照哪种人口规模标准，5 个镇均符合，均可作为城镇，其人口总数为 42962 人，对应的政区化城镇化水平为29.4%。而根据表 2 - 2 - 10 的男子非农职业人口比例（即"比例2"），在 50% 以上者仅濮院镇与青镇，县城梧桐镇为 40%，不符合城镇标准，则桐乡县的城镇仅有 2 个，人口总数为 16069，对应的城镇化水平为 11%，政区化城镇化水平高估程度在 1 倍以上，即使进一步放宽标准，将县城梧桐镇亦算为城镇，对应的城镇化水平也仅为 18.5%，政区化城镇化水平仍高估近 11 个百分点。

　　综合上述 5 个案例，笔者以为，在历史时期城镇化水平研究中，城镇标准的界定是否科学合理，是否具有可操作性是至关重要的。以往的研究以居民职业和人口规模两个指标来界定城镇，无疑是正确的。如笔者在绪论中所提到的，由于受所使用资料的模糊性限制，以往研究始终无法在这两个指标的基础上提出一个科学合理、各方意见相对一致的城镇标准来，他们虽然在一个指标（即居民职业）上达成了共识，以之作为市镇符合城镇标准的默认前提，但是在另一个指标（即人口规模）上却陷入了无休止的具体数字的纠缠。李伯重是最早注意到这个问题的学者，他根据对城市的最普遍理解，以农村作为参照，在人口规模这一指标上提出了宽泛的人口标准，即以"模糊性"的人口规模标准来代替"明确"的人口规模标准，[①]这一观点对笔者具有相当大的启发。然而对于江南所有市镇均满足非农业人口居多这一以往研究的默认前提，李氏选择的是继续沿用而非质疑，因此对于这个问题，他并未进行太多的论述。因而在本质上，李氏所使用的标准与以往研究者所使用的标准并无区别，反而将以往研究所使用的人口规模近乎无限下延，几乎等同于最低的

---

　　① 李伯重：《工业发展与城市变化：明中叶至清中叶的苏州》，载氏著《多视角看江南经济史（1250~1850）》，第 387~391 页；《19 世纪初期华亭 - 娄县地区的城市化水平》，《中国经济史研究》2008 年第 2 期。

500 人标准。这样，相较于以往研究在人口规模这一指标上谨小慎微，希望通过具体的人口数量来剔除部分市镇，以达到平衡（将全部市镇作为城镇所造成的）误差的目的，不难预见，李氏得出的江南城镇化水平将大大高于以往研究者的结论。

在商业市镇政区实体化的民国时期，若照搬此标准来研究江南的城镇化水平，则会得出所谓的"政区化城镇化水平"。以上 5 个试图去"政区化"的案例研究表明，这种"政区化"城镇化水平可能造成对城镇化水平的高估与低估，而总体上以高估为主：在句容、吴江、平湖、桐乡 4 个县中，"政区化"城镇化水平无一例外造成对城镇化水平的高估，高估程度不等，最多达 1 倍，最少也有五六个百分点；而在江宁县这一案例中，"政区化"城镇化水平相较于城镇化水平同时表现在高估与低估两方面，与其他 4 县一样，在江宁县并非所有的镇均为城镇，不同的是，有大量的乡亦符合城镇的标准，而这使得政区化城镇化水平与我们从逻辑上所得出的结论高度吻合，虽然其最终低估的程度并不算太大。故总体而言，"政区化"城镇化水平是高估的。

从这一结论出发，我们亦可以对使用这一标准的明清时期江南城镇化水平研究结论进行一番审视：在某种程度上，由于明清江南商业市镇尚未完全具备行政区划的含义，仅某些大镇具有雏形，如范毅军所提出的"烟火万家"所指代的范围问题，[1] 之后为游欢孙所证实，这种千家、万家不过一般性的描述，或者包括了市镇周围农村地区人口在内，[2] 因而在对某些大镇的人口进行估计时会造成较大程度的高估；但对大量中小市镇而言，由于完全不具备行政区划的含义，利用文献资料的记载对其人口所进行的估计也许不会高于

---

[1] 范毅军：《明清江南市场聚落史研究的回顾与展望》，（台北）《新史学》第 9 卷第 3 期，1998 年 9 月，第 111 页。

[2] 游欢孙：《近代江南的市镇人口——以吴兴县为例》，《中国农史》2007 年第 4 期，第 124 页。

实际。① 换言之，利用明清文献资料中语焉不详的记载对江南市镇人口进行估计，市镇的规模越大，越可能产生高估。而本书以下的章节将会证明，江南地区的城镇化水平在很大程度上是由大城市决定的，同样，于一县而言，则由其境内的大市镇决定。从这两点出发，以往的研究结论均或多或少存在高估。

另外，利用民国时期江南县域人口调查资料对县域城镇化水平进行研究时，由于这批资料并非量身定做的，因此在讨论某地区居民职业情况时，还应该就具体的资料进行一些具体的处理，至于具体的处理方法，则可继续讨论。如笔者在句容县的案例中，除了采用"农户比例"这一可以直接计算出的指标外，还使用了"男子农业人口比例"与之相印证，最后使用"人均熟地面积"作为参考指标，以这三个指标来综合衡量一个乡镇的农业人口情况；在吴江县的案例中，由于对居民职业的描述较为模糊，则同时参考较为确切的商店数量；而在江宁县与桐乡县的案例中，由于对男子劳动人口职业情况的描述非常详细，故直接利用男子非农职业人口比例进行讨论。

最后，细心的读者也许会发现，按照游欢孙对清末民国时期江南商业市镇政区实体化过程的划分，本书所使用的调查资料并不集中在同一阶段内，句容、江宁的调查时间在 1933 年，处于 1927 ~ 1934 年的"百户标准"阶段；吴江、平湖的调查时间分别在 1934 年、1936 年，处于 1934 ~ 1939 年江南各乡镇的扩、并调整阶段；而桐乡县的调查时间在 1946 年，已经超出游氏的研究范围，但这一时期的乡镇变动更为频繁。那么这些在乡镇区划不同阶段所获得的调查资料，是否能直接利用并进行相关比较呢？这就涉及统计口径的问题，在下一节的研究中，笔者将聚焦于此，集中讨论乡镇区划调整下的县域城镇化水平，也可视为第二步的"去政区化"。

---

① 仅从政区化这一点而言，若使用不当的估计方法，高估亦完全可能。

第三节　基于乡镇区划调整的江南
县域城镇化水平

游欢孙曾对江南的商业市镇与行政区划的关系进行专门研究，其在梳理清末至抗战前江南县以下行政区划演变历史过程的基础上，指出在这一过程中，江南的商业市镇完成了政区实体化的过程。① 按照游氏的研究，近代以来江南县以下乡镇区划演变的历史过程可归纳为三个阶段：第一阶段为清末至 1927 年，以人口是否满五万为标准划分乡镇；第二阶段为 1927～1934 年，以百户为标准划分乡镇；第三阶段为 1934～1939 年，鉴于前一阶段的百户标准过低，影响到行政效率，这一阶段以乡镇的扩、并调整为主线。本章所使用的调查资料，句容、江宁两县的调查时间在第二阶段的 1933 年；吴江、平湖两县的调查时间虽然不同，但均处于第三阶段，分别为 1934 年、1936 年；桐乡县的调查时间则不在此列，而是在乡镇区划变动更为频繁的 1945～1949 年。

就江南地区大量中小市镇的实际情况来看，以 5 万人为乡镇划分的标准，显然过高，按照游欢孙对吴兴县与吴江县的研究，江南所谓"烟火万家"的巨镇，其人口最多不过 3 万多人，② 故宣统年间在划分乡镇时，为保住"镇"的地位，江南各商业市镇纷纷强调自己为"固有之区域"，以满足"镇"的人口标准。③ 这样，在这一时期的乡镇区划中，一方面，一些所谓的"镇"被并入周边乡村区域；另一方面，许多中小市镇即使强调自己为"固有之区域"也无法满足"镇"

---

① 游欢孙：《地方自治与近代江南县以下行政区划的演变——兼论商业市镇的政区实体化》，《中国历史地理论丛》2011 年第 2 期，第 52 页。

② 游欢孙：《近代江南的市镇人口——以吴兴县为例》，《中国农史》2007 年第 4 期，第 124 页。

③ 吴滔：《明清江南基层区划的传统与市镇变迁——以苏州地区为中心的考察》，《历史研究》2006 年第 5 期，第 65～66 页。

的标准而不被列为"镇"。因此根据以此为统计口径的资料所得到的城镇化水平与实际情况相比会有较大偏差。虽然本书并未利用这一时期的调查资料，但仍需就此提醒研究者注意这一问题。

以百户为标准的 1927 ~ 1934 年乡镇区划中的"镇"，相对而言更接近于江南存在大量中小商业市镇的实际情况，因而在此基础上剔除了"政区化"影响后的城镇化水平应该是最接近于真实的城镇化水平，在上一节的研究中，最后所得出的句容、江宁两县的"去政区化"城镇化水平即可视为其真实的城镇化水平。而 1934 年江南各县通过整理自治区域对一批乡镇进行了扩、并调整，许多镇与乡合并成新的镇或乡，以这种调整后的乡镇区划为调查、统计基础的资料，与发生于 1927 ~ 1934 年的调查所获资料相比，其统计口径已发生了改变。利用这两种不同统计口径的调查资料所得出来的结论势必有一定的差距。而这种差距是什么以及如何评估这种差距我们都不得而知。换句话说，我们必须解释清楚近代以来"镇"在向正式行政区划的转变过程中对城镇化水平研究结论的具体影响是什么。

在对当代中国城市化水平的研究中，学者们发现行政区划的变动会对城市化水平的研究结论产生较大影响，结合 20 世纪 80 年代以来，我国以撤县设市、撤地设市、地市合并等为主要内容的城市行政区划调整推动了我国城市化进程的实际，有人提出了"虚假城市化现象"的概念。[1] 更有学者专门对这一现象进行了系统研究，并对引起这一现象的原因进行了分类，其中有一类就是由行政区划调整所引起的，被称为"行政扩张型虚假城市化现象"，主要表现为地方政府利用市制设置制度的缺陷与城市化测量标准的模糊性，以行政区划调整为主要手段，将大量农村地区并入城市，使得在统计中，这部分农村人口变成了城市人口，造成城市化水平虚高。[2] 那么近代以来江南乡

---

[1] 李开宇、魏清泉：《我国城市行政区划调整的问题与发展趋势》，《规划师》2007年第 7 期，第 77 页。

[2] 李学：《虚假城市化现象治理研究》，博士学位论文，中山大学政治与公共事务管理学院，2006，第 21 ~ 22 页。

镇区划调整对城镇化水平的影响是否与当代的情况一样呢?

这种乡镇区划的变动直接影响到统计口径,在没有调整前后资料的情况下,很难说清楚这种影响是什么。20世纪80年代以来的行政区划调整与历史时期的行政区划调整不能等同,而且笔者所关注的是县以下行政区划的调整,不可与县级以上行政区划的调整一概而论,我们不能把当代行政区划调整会造成城市化水平虚高的结论套在历史时期上,对此应进行具体的研究。实际上我们必须明确,某一地区在某一时期的城镇化水平是确定的,其并不会随着统计口径的变动而变动,然而事实却是,当统计口径发生变化后,根据变化前后的资料所得到的城镇化水平是不同的。当我们同时拥有变化前后两份完整的资料时,统计口径的变化对城镇化水平的影响一目了然。然而在历史时期城镇化水平的研究中,我们能拥有一个时间断面的完整数据已属不易。因此,利用这一断面数据逆推统计口径变化前或顺推统计口径变化后的情况,将有助于我们认识这一时期这一地区的城镇化水平。

上一节研究中根据1934年以后的调查资料得出了平湖县和吴江县的城镇化水平,尽管笔者已经进行了第一步的"去政区化",但显然还不够彻底,还必须考虑乡镇区划调整可能带来的影响。在这一背景下,本节所要解决的具体问题是:吴江县与平湖县在1927~1934年的乡镇格局下的城镇化水平是多少?句容县在1934年乡镇调整以后,城镇化水平是多少?桐乡县调查时间虽然不在本书的重点关注范围内,但仍将桐乡县列入分析以供参考,江宁县与南京市的境域调整较为频繁,且无相关乡镇调整资料,故不予以讨论。

具体而言,吴江、桐乡两县由于有乡镇区划调整前后较为直接的资料,可进行直接讨论;根据1933年的调查资料,可讨论句容县被界定为"城镇"的少数几个镇在1934年的乡镇区划调整中可能的调整情况,据此对其乡镇区划调整后(1934~1937)的城镇化水平进行讨论。平湖县的资料处理起来较为复杂,因而平湖县也是本节关注的重心。

先根据平湖县1936年调查资料中的乡镇名称及其所附比例尺为

二十五万分之一的平湖县全图，以及 1937 年平湖县政府编印的《平湖县政概况》中《各乡镇二十三年度积谷一览表》所列平湖乡镇区划扩、并前的乡镇名称，[①] 辅之以 1985 年出版的《平湖县地名志》（平湖县地名委员会编，内部发行），尝试复原 1934 年平湖县的乡镇区划调整。在此基础上讨论乡镇区划调整前（1927～1934）平湖的城镇化水平，以探讨乡镇区划变动（即统计口径的变动）对城镇化水平研究结论的影响。

复原将采用 GIS 中的定位方法，在 GIS 软件中对《平湖县地名志》所附的《平湖县政区图》（以下简称"地名志图"）进行配准，然后据此对《平湖之土地经济》所附《平湖县全图》（以下简称"1936 年图"）进行配准，并以之为底图进行电子化，最后则是在反复比对、参考地名志记载的基础上，在地名志图上将相应的地名点出来，并将其叠加在据 1936 年图电子化的乡镇区划图上，以此作为复原当时乡镇调整的依据。

一　平湖县以下行政区划复原

1928 年 5 月浙江省颁行村里制时，以市集区域为里，村落区域为村，平湖形成 8 区 12 里 79 村的县以下行政区划格局。1929年夏，重新划区，调整后仍是 4 区的格局，1930 年依照《县组织法》筹办改编乡镇，将里改为镇，村改为乡，形成 4 区 12 镇 79 乡的格局。后又奉浙江省令整理自治区域，重划区界，扩、并乡镇，至 1935 年形成 4 区 9 镇 34 乡的格局。鉴于资料的精度及丰富程度均不甚理想，目前尚无法将 91 乡镇格局在地图上完全、确切地复原出来。而且，本节下一步的校正城镇化水平的工作，只需要对少

---

① 该书藏于浙江省图书馆古籍部，此外平湖市档案馆亦有收藏。关于 1934 年平湖县乡镇扩、并前的乡镇格局，在现今平湖的新方志、地名志中，除提到当时有 91乡镇外，均未记载具体名称，而在已经出版或者能够在网络上找到的民国书刊及地方档案中，亦未找到相关记载，仅《平湖县政概况》第 72～77 页的这个表格中有 91 乡镇的具体名称。

数几个关系城镇界定的乡镇进行讨论，而不是涉及所有乡镇，故在没有以 91 乡镇为统计口径的资料支持的情况下，只要复原出相关乡镇的大致调整情况即可进行讨论。因此，以下的复原工作重在讨论 43 乡镇格局下的每一乡镇大致是由 91 乡镇格局下的哪些乡镇合并而成。

将调整后的 43 个乡镇按名称变化与否分成两组，从这些乡镇名称上我们可以看到：仍保留原来名称的乡镇共有 16 个（包括衙前镇改为衙前乡），而剩下的 27 个乡镇名称发生了变化（见表 2 - 3 - 1）。其调整后的名称，可以发现具有一个十分明显的规律，即从两个或三个乡的乡名中分别取一个字组合成新的乡名，如清溪乡、司庄乡各取首字，成清司乡；虹霓乡、杨墅乡各取一字成虹墅乡；祇园乡、南张斗乡、石溯乡各取一字成祇张石乡；等等。这样的乡镇共有 26 个，只有东泗乡从名称上看不出其与调整前的哪个或哪几个乡镇有关系。这样，在调整前的 91 个乡镇中，有 72 个可以从名称上找到其与调整后乡

表 2 - 3 - 1　1935 年平湖县乡镇区划调整情况复原

类别	1935 年乡镇	可能的调整	类别	1935 年乡镇	可能的调整
名称未变	当湖镇	当湖镇	名称改变	清司乡	清溪乡、司庄乡、乍北乡（部分）、胡店乡（部分）[7]
	启元镇	启元镇		虹墅乡	虹霓乡、杨墅乡、胡店乡（部分）
	东湖镇	东湖镇、小港乡[1]			
	汉塘镇	汉塘镇、外永凝乡		徐号乡	徐埭乡、号圩乡
	乍浦镇	乍浦镇、乍南镇、乍北乡（部分）、乍西乡、瓦山乡[2]		大亭乡	大桥乡、亭子乡
				南墩乡	外南门乡、李墩乡
	全公镇	全公镇、白沙乡（部分）[3]		赵顾乡	赵泾乡、四顾乡
	大小营乡	大小营乡		莲洙乡	青莲乡、洙港乡
	新仓镇	新仓镇、半路乡（部分）[4]		骑军乡	骑塘乡、将军乡
	衙前乡	东旧衙乡、衙前镇		赵新乡	赵家桥乡、新港乡
	三叉河乡	三叉河乡、斜勒乡（部分）[5]、半路乡（部分）		周官乡	周圩乡、官田乡
				银华乡	银杏乡、华村乡
	金丝娘桥乡	金丝娘桥乡、白沙乡（部分）[6]		埭西乡	旧埭乡、新西乡
				茅乘乡	大茅乡、大乘乡
	新治乡	新治乡、放港乡（部分）[6]		新卲乡	新东乡、卲口乡
	马沈乡	马沈乡、放港乡（部分）		祇张石乡	祇园乡、石溯乡、南张斗乡
	褚泾乡	褚泾乡			
	广陈乡	广陈乡			
	新埭镇	新埭镇			

续表

类别	1935 年乡镇	可能的调整	类别	1935 年乡镇	可能的调整
名称 改变	永丰镇	永凝镇、毓丰镇	名称 改变	戈张乡	戈溪乡、北张斗乡[8]
	圣塘乡	西圣塘乡、东圣塘乡		南傅乡	南巷乡、傅子乡
	司福乡	外西司福、福臻乡		时大乡	时村乡、大村乡
	大黄姑乡	大堰乡、东黄姑乡、西黄 姑乡、斜勒乡(部分)		椿前乡	椿树乡、前眉乡
				扶行乡	南扶行乡、北扶行乡
	庄山乡	梁庄乡、独山乡、长山乡		东泗乡	无法确定
	东桥乡	乍东乡、牛桥乡	总计	43	83

注：①从《平湖县地名志》所附城北乡地图上，发现在东湖镇境内有南、北小港地名，从图上判断小港乡应是整体并入东湖镇。

②从《平湖县地名志》所附平湖县政区图上，发现乍浦城以西有瓦山地名，而再往西则为海盐县界，故判断瓦山乡整体并入乍浦镇。

③从《平湖县地名志》所附平湖县政区图及 1936 年平湖县全图上，发现全公镇境内有白沙湾地名，故判断白沙整体并入全公镇。

④从《平湖县地名志》对新仓乡的叙述中，发现有半路地名，其解释为"此地为新仓镇至三叉河的一半路程"，从图上判断应是部分并入新仓镇，部分并入三叉河乡。

⑤从《平湖县地名志》所附新仓乡地图上，发现有斜勒桥地名，从图上判断应是整体并入三叉河乡，或部分并入大黄姑乡。

⑥从《平湖县地名志》所附新庙乡地图上，发现有放港河地名，从图上判断可能大部分并入新治乡，部分并入马沈乡或衙前乡。

⑦从《平湖县地名志》所附林埭乡地图上，发现有胡店桥地名，从图上判断，胡店乡应是部分并入虹墅乡，部分并入清司乡。

⑧据 1936 年平湖县全图，衹张石乡位于戈张乡正南，故判断衹张石乡中的"张"为南张斗乡，而戈张乡中的"张"为北张斗乡。

资料来源：国民党中央政治学校地政学院与平湖县政府编印《平湖之土地经济》、平湖县政府编印《平湖县政概况》、平湖县地名委员会编《平湖县地名志》。

镇的对应关系，只有 19 个乡镇找不到对应关系。而且在 1936 年图上进行确认，① 可以确定这种直接合并的可能性（见图 2 - 3 - 1）。

---

① 具体确认方法如下。因为此次乡镇扩、并调整也伴随着区界的调整，许多乡镇在合并成新的乡镇后，其所在区也发生了变化。那么笔者首先在 1936 年平湖县全图上，确认某几个乡镇合并的可能性。如调整后的骑军乡属于乍浦区，而组成该乡的骑塘乡与将军乡在原区划中属于城区，而且在县境的西南角，那么从骑军乡往东北直到县城方向的乡镇，若其在调整后也属于乍浦区，则其合并前的乡镇应该属于城区，如果不是则表明笔者的判断有误。其次则是在《平湖县地名志》中寻找原合并的几个乡镇的相关地名，从两个时期的地图上判断其合并的可能性，虽然无法找到所有地名，然而仅据找到的地名看，并不影响判断。具体的考证较为烦琐，本节仅将最终的判断结果绘制成图 2 - 3 - 1 与整理成表 2 - 3 - 1。

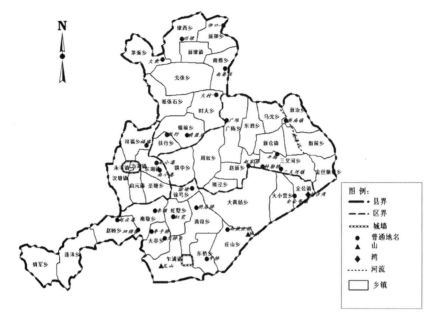

图 2 - 3 - 1　平湖县乡镇区划调整情况判断图

说明：据《平湖县地名志》所附平湖县政区图配准，乡镇区划底图为《平湖之土地经济》所附平湖县全图，地名底图为《平湖县地名志》所附平湖县政区图及各乡镇详细图。

　　那么，据此我们可以得到以下推论：平湖的这次乡镇扩、并调整，所采取的主要方式为将 2 个或 3 个乡镇直接合并。如果从行政成本上考虑的话，把 91 个乡镇调整为 43 个，成本最低的做法显然是进行直接的合并。但在现实操作中显然不可能完全如此，除此之外，平湖县政府所要考量的要素还包括地形、人口、经济发展水平、管理难度、风俗习惯等，但毋庸置疑的是，节约行政成本应该是贯穿其中的一条基本原则。那么，将相邻乡镇直接合并，同时对部分乡镇进行必要拆分以并入相邻乡镇，这样一种推论应该是能站得住脚的。

　　在此基础上，以下推论也就变得合情合理了：找不到与调整后乡镇名称对应关系的 19 个乡镇，被整体或拆分后并入相邻乡镇，并且在名称上没有体现出来。在这 19 个乡镇中，有外永凝乡、乍南镇、乍北乡、乍西乡 4 个方位感很强烈的名称，可以从图 2 - 3 - 1

上判断其被并入哪个乡镇：外永凝乡应该位于原永凝镇外，而原永凝镇与毓丰镇合并成永丰镇，占据平湖县城的西侧，东侧为当湖镇。虽然无法得知原永凝镇是县城的西北侧还是西南侧，但从县城外这两个方向所对应的汉塘镇与司福乡的位置来看，绝大部分为汉塘镇的范围，那么可以据此判断，外永凝乡整体并入汉塘镇的可能性最大，而如果原永凝镇为县城的西北部分，那么外永凝乡则可能被拆分，大部分并入汉塘镇，小部分并入司福乡。而乍南镇、乍北乡、乍西乡则应该是围绕乍浦城①的地名（此外还有乍东乡，但从图2－3－1上可以准确判断其与牛桥乡合并成东桥乡），同样在图2－3－1上可以判断乍南与乍西两个乡镇整体并入乍浦镇，而乍北乡则可能被拆分，部分并入乍浦镇，部分并入清司乡。据图2－3－1可以看出，小港、瓦山、白沙、半路、斜勒、放港、胡店7个乡均能在《平湖县地名志》中找到相应的地名信息，结合定位好的地图，基本上能够判断其并入了哪个或哪些乡镇。②

那么这里需要解释的问题是：如果说某乡镇是被拆分后并入，其名字在新的乡镇中没有获得体现还可以理解的话，那么整体并入的，为何其名字仍没有得到体现？这与前面依据名称所做的推理似乎相悖。其实仔细考察表2－3－1可以发现，整体并入新乡镇中而名称又没有得到体现的均是乡并入镇，考虑到原12个镇调整成9个镇，除永凝镇、毓丰镇合并成永丰镇，衙前镇改成衙前乡，乍南镇并入乍浦镇外，其他均保留了原名称，这体现了在乡镇扩、并调整中另一个命名规律，即2个或3个乡镇合并成1个，新的乡镇名称沿用合并乡镇中较为主要的那一个乡镇的名称，这可能是因为较为主要的那一个乡镇面积较大、人口较多、经济较

---

① 乍浦镇为平湖县第二大镇，历史上曾是著名的军事要塞及贸易口岸，明洪武十九年（1386）设置乍浦守御千户所，并筑城墙。康熙年间开放海禁后，乍浦港口贸易繁盛，为宁波关十五口岸之一（见平湖县志编纂委员会编《平湖县志》，上海人民出版社，1993，第71~72页）。

② 详细的判断信息见表2－3－1中相应乡镇的注。

发达等，在句容县的案例中就体现了这一命名规律。经过这一步后，尚有 8 个乡的名称无法在地名志中找到。这 8 个乡是：西黄街乡、草创乡、棣雨乡、尹圩乡、南新乡、东阙圩乡、调圩乡、西阙圩乡。其中，西黄街乡属于城区，另外 7 个乡均属于新仓区。关于平湖的这次县以下行政区划调整的复原就只能进行到此了，最终有 8 个乡由于完全没有线索，无法复原。

二　乡镇区划调整影响的校正：1928～1937 年平湖县的城镇化水平

平湖县的这次乡镇区划调整，乃是由小乡镇调整为大乡镇，而调查资料是以调整后的大乡镇为统计口径，亦即上文所得的城镇化水平是反映调整后的大乡镇格局下平湖县的城镇化水平，如上文所言，就江南的实际情况来看，在剔除了"政区化"的影响后，1927～1934 年小乡镇格局下的城镇化水平更能接近实际情况。那么现在的工作是要在此基础上往前推，即据此推算在调整前的小乡镇格局下，平湖县的城镇化水平为多少。实际上，调整后，那些原来符合"城镇"标准的市镇，由于并入了以农业人口为主的乡镇，其农业人口所占的比例被拉高，而这可能会造成两种完全相反的影响：若被拉高后的农业人口比例没有超过 50%，那么在我们的研究中，其将继续被纳入城镇范畴，并且因为其并入了新的人口，而这部分人口在计算城镇化水平时将全部作为城镇人口，那么如果以此城镇化水平作为调整前平湖县的城镇化水平，将会偏高；而若被拉高后的农业人口比例超过了 50%，则在我们的研究中，其将不被纳入城镇范畴，故在计算城镇化水平时，原来市镇的人口将被完全排除，如果以此城镇化水平作为调整前平湖县的城镇化水平，将会偏低。以下按照这两种可能，并结合前文所复原的乡镇区划调整情况，来估计若以大乡镇格局为统计口径的城镇化水平来代表以小乡镇格局为统计口径的城镇化水平，将分别高估或低估多少。

根据上一节的研究，1936 年平湖县人口调查时的乡镇区划为 9

镇 34 乡，其中永丰、当湖、启元、乍浦、新埭 5 镇为城镇，人口总数为 32945 人，是年该县人口总数为 247996 人，对应的城镇化水平为 13.3%。据此结果，我们先来看可能的高估情况：5 个被界定为"城镇"的镇中，永丰与当湖均在县城内，并没有并入农业人口居多的乡镇；虽然无法完全确定启元是否有其他乡镇并入（上文中，城区尚有西黄街乡无法确定其并入哪个乡镇），但其总人口 5517 人中只有农业人口 1092 人，即使有其他乡镇并入，也应该是非农业人口居多的乡镇；新埭镇的总人口只有 3491 人，而且新埭区所有乡镇的合并情况均有迹可循，新埭镇并未并入其他乡镇。所以永丰、当湖、启元、新埭 4 镇不需要考虑因并入农业人口居多的乡镇而引起城镇化水平高估的问题。我们只需要讨论乍浦镇的情况即可。乍浦镇总人口 12180 人，农业人口有 5847 人，是由原乍浦镇、乍南镇、乍西乡、瓦山乡以及乍北乡的一部分合并而成。在此我们只需要知道原乍浦镇有多少人口或者说并入了多少人口即可。原乍浦镇即为乍浦城，按照已经配准电子化的 1936 年图，县城（永丰镇与当湖镇）与乍浦城的面积比为 1.7,[①] 按照这个比例关系计算，乍浦城的面积为 5 方市里，则并入进来的面积为 82 方市里，如表 2-3-2 所示，以与乍浦镇相邻的大亭等 5 乡的平均人口密度 107 人/方市里作为并入区域的人口密度，则并入区域共有人口 8774 人，乍浦城内有人口 3406 人，人口密度为 681.2 人/方市里，这一人口数量略低于当湖镇，应该是比较合理的，而人口密度则仅次于县城，远高于其他乡镇，这也与乍浦城在平湖县的地位相符。则可以估计在计算城镇化水平时，乍浦镇有 8774 人被多计入，即高估 3.5 个百分点。

---

① 在 GIS 软件中计算，县城的面积为 2.153 平方千米，乍浦城的面积为 1.263 平方千米。县城的面积单位折合成亩为 3229.5 亩，与资料中永丰、当湖 2 镇的面积之和仅相差 42 亩，故按照软件中县城与乍浦城面积的比例关系及资料中永丰、当湖 2 镇的面积之和来计算乍浦城的面积。

表 2 - 3 - 2 乍浦镇及其相邻 5 乡与乍浦区、县城的人口密度

乡镇名	人口数量	面积（方市里）	人口密度（人/方市里）
大亭乡	4611	45.8	100.7
虹墅乡	5128	45.8	112.0
清司乡	7619	61.0	124.9
东桥乡	4654	47.0	99.0
庄山乡	8389	84.6	99.2
5 乡合计	30401	284.2	107.0
乍浦镇	12180	87.0	140.0
乍浦区	92995	903.2	103.0
永丰镇	8022	4.7	1706.8
当湖镇	3735	3.8	982.9

资料来源：据国民党中央政治学校地政学院与平湖县政府编印《平湖之土地经济》第三表整理。

再来看可能低估的情况。这实际上涉及对原乡镇是否属于"城镇"的界定，由于没有原来乡镇的相关数据，我们无法直接按照标准进行判断，只能根据乡镇区划调整后的数据进行推断。那么调整后乡镇的"农户比例"与"农业人口比例"等指标越小，则调整前参与合并的若干个乡镇中越可能存在我们所界定的城镇。观察这两项指标均在 50% 以上的 38 个乡镇，两项指标均在 50%～60% 的有 2 个镇，均在 61%～70% 的没有，均在 71%～80% 的有 3 个乡镇，均在 81%～90% 的有 6 个乡，其余 27 个乡均在 90% 以上。那么可以推断，两项指标均在 50%～60% 的 2 个镇在乡镇调整前，其合并主体属于我们所界定的"城镇"的可能性最大；均在 71%～80% 的 3 个乡镇也极有可能在调整前有我们所界定的"城镇"；至于均在 81%～90% 的 6 个乡，不能说没有这种可能性，但是极小；而均在 90% 以上的 27 个乡，则基本上没有可能。① 故此，笔者将调整前可能出现

---

① 实际上，在下文对句容县 7 个城镇与其相邻乡村地区可能的合并分析中我们可以看到，当 7 个城镇分别与其相邻的某个乡合并后，其农户比例和男子农业人口比例均在 80% 以下，绝大多数在 70% 以下（见表 2 - 3 - 7），因此这个判断基本上可以成立。

城镇的范围缩小在可能性最大的，"农户比例"与"农业人口比例"均在50%～80%的5个乡镇。表2-3-3是这5个乡镇相关指标的情况，其实单从这些指标数据上看，尤其是金丝娘桥乡、汉塘镇与全公镇，很难说哪个乡镇在调整前一定属于城镇，好在这样的乡镇并不多，即使认为这3个乡镇在调整前都属于城镇，那么就算误判1个或者2个，对最终结论产生的影响尚在可以接受的范围内。但是如此一来，在这一环节的判断中就存在高估的风险，因此，以下在估计这3个乡镇在调整前的人口数量时，将采取最低限度的估计，一来可以降低这一环节可能存在的高估风险，二来如此估计的可操作性较强。

表2-3-3　东湖等5乡镇的农户比例、农业人口比例及工商户比例

乡镇名	总户数	农户数	农户比例	总人口	农业人口	农业人口比例	工商户数	工商户比例
东湖镇	1504	770	0.512	6242	3447	0.552	654	0.435
新仓镇	1619	861	0.532	7225	4014	0.556	599	0.370
金丝娘桥乡	934	627	0.671	4704	3453	0.734	269	0.288
汉塘镇	1223	876	0.716	5360	3985	0.743	268	0.219
全公镇	1082	822	0.760	5458	4338	0.795	207	0.191

资料来源：据国民党中央政治学校地政学院与平湖县政府编印《平湖之土地经济》第八表、第九表整理。

在确定这5个乡镇在调整前均属于城镇以后，下一步的工作则是估计调整前这5个乡镇的人口数量。按照一般的理解以及这几个乡镇的实际情况，其人口的非农比例不可能为100%，那么如何设定这一比例成为关键。如果这一比例设定得过高，恐怕不符合这几个乡镇的情况，而如果设置得过低，则意味着此乡镇的农业人口较多，那么在我们这一环节的估计中将存在高估的风险。基于这种考虑，对于东湖与新仓两个基本上可以确定在调整前为城镇的镇，笔者采取设定一个原东湖镇与新仓镇的农业人口比例，以及设定一个并入区域的农业人口比例，然后通过计算估计其人口数量的方法。

考察东湖与新仓两镇。按照表 2 - 3 - 1，在乡镇区划调整后，小港乡被并入东湖镇，而新仓镇虽然无法判断其并入了哪个乡，但从没有线索可循的 8 个乡中有 7 个属于新仓镇所在的新仓区的事实，以及调整后其人口达到 7225 人这两点来看，有至少一个乡并入其中的可能性十分大。那么如何确定这两个镇在调整前的农业人口比例以及并入区域的农业人口比例呢？从表 2 - 3 - 3 可以看到，调整后此二镇在农户比例、农业人口比例等方面都极为接近，可以认为这两个镇在调整前这些情况也接近。而无论在调整前还是调整后，新仓镇与新埭镇都是各自所在区的区公所所在，调整前此 2 镇的农户比例、农业人口比例的情况亦应该相近。据上文的分析，新埭镇在此次的调整中并没有并入其他乡，所以我们看到的其调整后的情况亦是其调整前的情况，故可以用其 37.5% 的农业人口比例来代表东湖与新仓两镇调整前的农业人口比例。至于并入区域的农业人口比例，则可以用大小营乡的农业人口比例来代表。当时在进行乡镇扩、并时，最初大小营乡并入全公镇，只是后来由于全公镇"地广户繁，政令推行甚缓"，故"经呈准恢复大小营乡"。[①] 此时的乡镇调整工作已经完成，恢复大小营乡当是直接恢复到调整前的状态。因此，与新埭镇相同，我们看到的大小营乡调整后的情况亦是其调整前的情况，可以用其 83% 的农业人口比例来代表并入东湖镇与新仓镇区域的农业人口比例。经过计算后，估计调整前东湖镇人口为 3769 人，新仓镇为 4310 人，当与实际情况相去不远。

而对于金丝娘桥乡、汉塘镇与全公镇，则应最低限度地估计其人口数量，以平衡上一环节判断中可能存在的高估：假定这 3 个乡镇调整前所有人口均为非农业人口，数量为调整后这 3 个乡镇的非农业人口数，即表 2 - 3 - 3 中这 3 个乡镇的总人口与其农业人口之差，分别为 1251 人、1375 人、1120 人。

此外还有一个地方必须考虑，即乍浦镇。在上文关于可能高估

① 国民党中央政治学校地政学院与平湖县政府编印《平湖之土地经济》，第 7 页。

情况的分析中，笔者将并入乍浦镇的乍南镇、乍西乡、瓦山乡及乍北乡（部分）剥离出来，估计其总人口为 8774 人，并以之为可能高估的人口数量。这里必须再细致考察：即使我们假定乍浦城的 3406 人全部为非农业人口，那么在并入区域总人口 8774 人中，农业人口只有 5847 人，所占比例为 66.6%，与上述金丝娘桥等 3 个乡镇的情况一样，调整前仍极有可能存在城镇。故同样采取最低限度的人口估计，则其城镇人口数量为 2927 人（8774 - 5847）。

这样，把所有可能低估的情况汇总起来，共有人口 14752 人，低估 5.9 个百分点。把可能高估的情况算进来，则总体而言，按照严格的城镇标准，以扩、并后的乡镇区划为统计口径，计算出的平湖县的城镇化水平，比以调整前的乡镇为口径计算的结果要低，低估人口为 5978 人，低估程度为 2.4 个百分点。那么，经过校正后，平湖县 1928～1937 年的城镇化水平为 15.7%。

三　乡镇区划调整下吴江、桐乡两县的城镇化水平

（一）吴江县

吴江县在 1934 年整理自治区域前的区划格局为 10 区 33 镇 247 乡，1934 年奉江苏省民政厅关于整理自治区域的命令对乡镇区划进行以合并扩大为主的调整，调整结果为 8 区 26 镇 134 乡。在吴江县的调查资料中，不但记载有调整后各乡镇的人口数量、居民职业情况及商店数量，对于每个乡镇的调整情况亦有详细记载，同时在《吴江县政》卷首的"地图"中，以《吴江县并区前各区分图（附说明）》为名载有区划调整前 10 区的区划简图，并附有相关说明文字，内记有调整前各乡镇的人口数量。其虽然没有调整前各乡镇的居民职业情况，但是根据调整后各乡镇的居民职业情况及商店数量，再结合乡镇调整的具体情况，亦可按照上文"高估"或"低估"的思路直接对吴江县 1927～1934 年乡镇区划下的城镇化水平进行讨论。

在调整后的 160 个乡镇中，直接合并（2～4 个乡镇合并为 1 个乡

镇）及保持不变的乡镇共有 103 个，其余 57 个则以某一个或两个乡镇为主，再并入一部分经过拆分的乡镇。在上一节的研究中，吴江县的城镇为松陵等 17 个镇，总人口为 78456 人，对应的城镇化水平为17.7%（吴江县总人口为 442332 人），以下按照上文分析平湖县1928~1934 年乡镇区划格局下城镇化水平的思路对吴江县进行分析。

　　首先看可能高估的情况。在确定为城镇的 17 个镇中，进行乡镇调整的只有 6 个，其余 11 个均保持不变，将这 6 个镇的乡镇调整情况、人口数量、职业情况、商店数量等信息整理成表 2 - 3 - 4。

表 2 - 3 - 4　松陵等 6 镇的乡镇调整情况

名称	人口	职业情况	商店	乡镇调整情况
松陵镇	4990	商 70%、其余 30%	224	松陵镇（1565 人）、笠泽镇（1953 人）、盛库镇（1357 人）
东溪镇	3794	农 3%、工商学 52%	213	南阳镇（2660 人）全部、东溪镇（1906 人）一部
西津镇	2857	农 10%、工商学 51%	153	西津镇（2517 人）大部、北辰镇（2045 人）一部
严墓镇	4596	商 20%、农 80%	279	严墓镇（4216 人）、南院乡（3799 人）一部
梅堰镇	3787	商、工、农	85	梅堰镇（1620 人）、开基港乡（1629 人）及下脚浜（1687 人）北部
横扇镇	4748	商、工、农	140	横扇镇（1535 人）、上日月乡（591 人）及库港乡（1529 人）东北部

　　资料来源：据《吴江县并区前各区分图（附说明）》和《江苏省吴江县改划乡镇区域调查表》（《吴江县政》第 2 卷第 2、3 期合刊，1935 年 7 月，"地图"和"调查"第 5~26 页）整理。

　　从表 2 - 3 - 4 可以看到，合并后的松陵、东溪、西津等 3 镇的农业人口极少，可见其并入的各镇亦均是以非农业人口为主；严墓镇并入了部分农村地区（南院乡一部），但人口数量并不多，此次以原严墓镇 4216 人作为其城镇人口，则高估 380 人；[①] 梅堰、横扇两镇合并前的主体梅堰镇和

---

① 此处仍无法解释严墓镇为何有多达 80% 的农业人口，同时亦有多达 279 家商店。

横扇镇分别有人口 1620 人和 1535 人，其他并入区域均为农村地区，此两镇高估 5380 人。则总计高估 5760 人，高估 1.3 个百分点。

再来看可能低估的情况。由于仅有吴江县乡镇区划调整前各乡镇的人口数量而无具体的居民职业情况，故无法直接对其乡镇区划调整前的各乡镇进行是否属于城镇的判定，只能根据调整后的居民职业情况及商店数量进行推断。首先，那些未参与乡镇区划调整的乡镇，其调整后的居民职业情况即调整前的情况，这样的乡镇一共有 48个；其次，调整后的乡镇，其居民职业情况中农业人口比例越小，则其合并主体为城镇的可能性越大，据此将农业人口比例在 80% 以内的乡镇确定为重点考察对象；最后，商店数量较多以及名称为"镇"，但却被判定为非城镇的乡镇亦在重点考察之列。将这些考察对象的乡镇调整情况、人口、居民职业、商店等信息整理成表 2 - 3 - 5。

表 2 - 3 - 5　南库等 11 个乡镇的乡镇调整情况

名称	人口	职业情况	商店	乡镇调整情况
南库镇	2377	农、商	28	南库镇(1598 人)、集胃乡(614 人)
流虹镇	3420	农 71%、工商学 4%	17	流虹乡(700 人)大部、守真乡(1011 人)、东溪镇、西津镇、北辰镇各一部
屯浦乡	3525	农 80%、工商 4%	37	南新乡(670 人)、屯浦乡(1181 人)、廉谷乡(645 人)及罗里石乡一部
庙港镇	3028	农	43	庙港镇(2069 人)、南庄乡(880 人)
吴溇镇	3456	农	35	吴溇镇(2557 人)、隐读乡(1669 人)小部、沈家湾乡(2138 人)小部
莘塔镇	2476	农 50%、工商 34%	85	莘塔镇(1516 人)、莘南乡(960 人)
北库镇	2355	农 58%、工商 27%	88	北库镇(1071 人)、库东乡(1289 人)
周庄镇	2664	农 76%、工商 19%	13	周庄镇(415 人)、周南乡(1015 人)、周西乡(1234 人)
坛丘乡	3780	商 10%、农 90%	41	坛丘镇(2511 人)、安乐乡(1269 人)一部
南麻乡	3368	商 10%、农 90%	61	南麻镇(2677 人)、子来乡(1404 人)一部
溪港镇	3636	农、商	100	溪港镇(1876 人)、店前乡(1487 人)及唐塔庙乡(1486 人)北部

资料来源：同表 2 - 3 - 4。

根据表 2 - 3 - 5，乡镇合并后流虹镇与屯浦乡的农业人口分别占71% 与 80%，但工商人口极少，因此其合并主体中存在非农业人口为主乡镇的可能性不大，[①] 故这两个乡镇不存在低估的情况；乡镇合并后的周庄镇农业人口占 76%，虽然其商店数量并不多，但工商业人口比例却有 19%，即有工商业人口约 500 人，而合并前的周庄镇人口仅 415 人，可以肯定其以非农业人口为主，则此处周庄镇低估人口 415 人，但是考虑到城镇的人口规模标准，即使是笔者相对较为认同的宽泛标准，恐怕也无法将如此小规模的市镇称为城镇，故此处亦无低估；乡镇合并后农业人口在 60% 以内的莘塔镇和北库镇，其商店数量均在 80 家以上，工商业人口亦有 30% 左右，因此合并前的莘塔镇与北库镇可作为城镇处理，则此处低估人口 2587 人；乡镇合并后的溪港镇虽然没有具体的农业人口与工商业人口比例，但从其拥有 100 家商店的情况来看，合并前的溪港镇为城镇的可能性极大，故此处低估人口 1876 人。综上，则低估总人口为 4463 人，低估 1 个百分点。

总体而言，按照严格的城镇标准，以扩、并后的乡镇区划为统计口径，计算出的吴江县的城镇化水平，比以调整前的乡镇为口径的计算结果要高，高估人口数量为 1297 人，高估程度仅为 0.3 个百分点。那么，经过校正后，吴江县 1927～1937 年的城镇化水平为17.4%。

（二）桐乡县

于 1946 年进行保甲户口调查的桐乡县，调查时该县的乡镇区划格局为 5 镇 23 乡，而在调查完成后，复查及资料统计完成前，该县将乡镇调整为 5 镇 11 乡，故桐乡县的调查资料中既有按照 28 乡镇区划统计的各乡镇男女人口数（虽然未经复查校正），也有按照 16

[①]　参与合并成流虹镇的东溪、西津、北辰 3 镇，其主体均已并入新的东溪与西津镇，并入流虹镇的这部分居民的职业情况虽然不是特别清楚，但可以肯定不是以工商业人口为主。

乡镇区划进行统计的年龄分布、教育婚姻、职业状况等的详细资料，同时在记载该资料的《桐乡县年鉴》中，亦有此次乡镇调整的具体情况，据此也可考察桐乡县因乡镇区划调整所造成的统计口径变化对城镇化水平研究有何具体影响。

根据上一节的研究，将县城梧桐镇作为城镇处理，则桐乡县有梧桐镇、濮院镇、青镇等 3 个城镇，城镇人口 27008 人，该县总人口 145914 人，则对应的城镇化水平为 18.5%。以下基于同样的思路进行分析。

首先看可能高估的情况。该县有 3 个城镇，在 1946 年的乡镇区划调整中，只有青镇仍保持不变；梧桐镇并入城北乡第 7～9 保及第 5 保 7 甲，附郭乡第 1～7 保、9 保及第 8 保 5 甲；濮院镇并入濮南乡第 8 保 5 甲，濮北乡第 1 保 6 甲。[①] 在并入这些农村区域后，濮院镇仍保持男子非农职业人口比例超过 50%，而县城梧桐镇的这一比例只有 40%，勉强确定为城镇，则合并前的濮院镇与梧桐镇均为城镇并无太大的问题，其人口分别为 5728 人与 5353 人，[②] 而作为城镇处理的这两个镇在乡镇调整后的人口分别为 6162 人与 10939 人，则高估城镇人口 6020 人，高估 4.1 个百分点。

其次来看可能低估的情况。在乡镇调整后的 16 乡镇格局中，除濮院、青镇、梧桐 3 镇外，男子农业人口比例在 80% 以内的乡镇共有 3 个，分别为屠甸镇、石湾镇与北日乡，将此 3 乡镇的男子劳动人口职业情况整理成表 2-3-6。

从表 2-3-6 可以看到，北日乡的男子农业人口比例（即"比例 1"）虽然仅为 69%，但其男子非农职业人口比例（即"比例 2"）仅为 5%，尚有 1035 人为无业人口，占该乡男子劳动人口的 26%，因此，合并成北日乡的主体中不存在城镇。屠甸镇与石湾镇的男子

---

① 《桐乡县划并乡镇计划表》，载桐乡县政府编印《桐乡年鉴（民国三十五年）》，"一年来县政概况"第 76、77 页。

② 《桐乡县区乡镇保甲户口数统计》，载桐乡县政府编印《桐乡年鉴（民国三十五年）》，"一年来县政概况"第 132 页。

表 2 - 3 - 6　屠甸等 3 乡镇男子劳动人口职业情况

镇名	总人口	劳动力	农业	矿业	工业	商业	交运	公务	自由	人事	其他	无业	比例1	比例2
屠甸镇	9010	3737	2390	0	196	762	8	59	46	15	9	152	0.64	0.29
石湾镇	6944	2954	2265	0	91	331	2	71	28	28	9	129	0.77	0.19
北日乡	9883	3975	2729	0	37	57	2	63	40	9	3	1035	0.69	0.05

注："比例 1" 为男子农业人口比例，指表中 "农业" 一列与 "劳动力" 一列之比；"比例 2" 为男子非农职业人口比例，指表中除 "农业"、"无业" 和 "其他" 外的职业人口之和与 "劳动力" 一列之比。

资料来源：根据《现住人口性别》和《现住人口职业分配》（载桐乡县政府编印《桐乡年鉴（民国三十五年）》，第 140～141、147～149 页）两表整理计算。

非农职业人口均占一定比例，乡镇调整前的屠甸镇与石湾镇为城镇的可能性较大，以下具体分析。根据表 2 - 3 - 6，调整后的屠甸镇男子劳动人口中，有非农职业人口 1086 人，石湾镇则有 551 人，将这些人口全部算作调整前这两个镇的男子职业人口，则调整前两镇分别有人口 2753 人与 2958 人，其中屠甸镇男子总人口为 1549 人，石湾镇为 1764 人，[①] 按照调整后该两镇男子劳动人口占男子总人口的比例对其调整前的男子劳动人口进行推算，则调整前该两镇的男子劳动人口分别为 1161 人与 1305 人，那么对应的男子非农职业人口比例为 94% 与 42%。则调整前屠甸镇为城镇问题不大，石湾镇为城镇较为勉强，仍将其作为城镇处理，则此处低估城镇人口为 5711 人，低估 3.9 个百分点。

　　总体而言，按照严格的城镇标准，以扩、并后的乡镇区划为统计口径，计算出的桐乡县的城镇化水平，比以调整前的乡镇为统计口径计算出的结果要高，高估人口数量为 309 人，高估程度仅为 0.2 个百分点。

---

① 《桐乡县区乡镇保甲户口数统计》，载桐乡县政府编印《桐乡年鉴（民国三十五年）》，"一年来县政概况" 第 132 页。

四　1934 年句容乡镇区划变动对其城镇化水平的影响

1927～1934 年江苏省颁布《江苏省各县整理自治区域办法》前，句容县的乡镇区划格局为 9 区 27 镇 117 乡，共 144 乡镇。在这一乡镇格局下，华阳、崇明、天王、郭庄、土桥、三岔、东阳、龙潭、下蜀 9 镇符合城镇的标准，可界定为城镇，共有城镇人口 18068人，其时句容县总人口为 279455 人，城镇化水平为 6.5%。1934 年 3 月 15 日，句容县依照省政府令，将县以下行政区划调整为 5 区 8 镇 58 乡，共 66 乡镇，① 与平湖县一样，这次乡镇区划调整，并没有留下相关的具体资料，仅 1994 年新修《句容县志》保留有调整后的 66 个乡镇名称。这里所要讨论的问题是：句容在乡镇区划调整以后的城镇化水平为多少？

在调整后的 66 个乡镇名称里，有 53 个沿用了 144 乡镇格局时的名称，而在新出现的 13 个乡镇名称中，并不是像平湖县一样，从并入的乡镇名称中各取一字组成新的乡镇名称，我们无法看出其与 144 乡镇剩余的 91 个乡镇有何关系。也就是说，句容县的乡镇区划调整后的命名，以沿用某一合并乡镇的名称为主。由于缺少调整后的相关资料，尤其是乡镇区划地图，使得我们无从对这次调整情况进行复原。好在这里所要解决的问题只需要对少数几个在合并后还可能保持非农业人口居多的乡镇进行讨论即可，即可以根据《试办句容县人口农业总调查》的统计资料及其所附"句容县乡镇地位索引图"对相关的乡镇可能合并入的相邻乡镇的所有情况进行推断，并据此讨论。在上文关于平湖县乡镇区划调整的推断性复原中，我们大抵可以得出直接合并是乡镇调整的主要形式的结论，那么句容的情况想来应该不会相差太多，为了增强可操作性，在接下来的讨论中将以此为前提。

如上文所言，在乡镇调整后，那些原来符合"城镇"标准的市

---

① 句容县地方志编纂委员会编著《句容县志》，第 59 页。

镇，由于并入了以农业人口为主的乡镇，其农业人口所占的比例会被拉高，这将给我们研究城镇化水平同时带来两种完全相反的影响。换言之，此处我们只需要讨论原来被界定为城镇的华阳等9镇在并入其他乡镇后，其是否仍保持着非农业人口居多，如果是的话，则在新乡镇格局中，其仍被界定为城镇，给城镇化水平研究带来的影响为高估；如果不是的话，则其将不被纳入城镇的范畴，给城镇化水平带来的影响为低估。在1934年句容县的乡镇格局中，原来被界定为城镇的华阳等9镇均存在，[①] 县城仍为华阳和崇明2镇，没有并入其他乡镇，故只需对其他7镇进行讨论。根据"句容县乡镇地位索引图"将与天王镇等7镇相邻的乡镇全部列出，将其视为可能并入这7个镇之中的乡镇，同时剔除那些在1934年乡镇调整后仍保留有名称的乡镇，并分别计算合并后的农户比例、男子农业人口比例和人均熟地面积（见表2-3-7）。

表2-3-7　天王等7镇与相邻乡镇合并后的农户比例、
男子农业人口比例和人均熟地面积

乡镇名	户数	农户数	农户比例	男子劳动力	男子农业人口	男子农业人口比例	人口	熟地总面积	人均熟地面积
天王镇	285	66		384	68		1197	770	
长山乡	828	577	0.59	1199	1155	0.77	4344	12039	2.31
郭庄镇	223	70		289	103		956	883	
望仙乡	355	239	0.53	506	374	0.60	1715	4358	1.96
端方乡	235	168	0.52	318	282	0.63	1099	2697	1.74
汤巷乡	341	250	0.57	506	363	0.59	1748	4522	2.00
三邱乡	424	312	0.59	573	546	0.75	2011	5660	2.21
土桥镇	206	65		314	98		982	804	
善德乡	203	174	0.58	340	287	0.59	1095	2896	1.78
中山乡	291	266	0.67	454	404	0.65	1479	4028	1.96
静堂乡	210	174	0.57	342	367	0.71	1116	2935	1.78

---

①　郭庄、土桥、三岔3镇改为乡。

续表

乡镇名	户数	农户数	农户比例	男子劳动力	男子农业人口	男子农业人口比例	人口	熟地总面积	人均熟地面积
善南乡	299	253	0.63	492	410	0.63	1570	3904	1.85
三岔镇	229	83		298	147		958	1403	
杜泽乡	324	245	0.59	487	398	0.69	1723	4226	2.10
汤巷乡	341	250	0.58	506	363	0.63	1748	4522	2.19
芦亭乡	308	223	0.57	455	419	0.75	1593	3631	1.97
晓庄乡	280	223	0.60	420	374	0.73	1468	4390	2.39
华严乡	267	218	0.61	415	363	0.72	1412	3499	2.07
毛村乡	242	162	0.52	395	350	0.72	1176	3476	2.29
东阳镇	360	123		513	112		1702	896	
湖堤乡	410	381	0.65	528	507	0.59	1822	5474	1.81
涧泉乡	379	370	0.67	486	474	0.59	1563	3864	1.46
龙潭镇	595	49		793	60		2342	314	
湖堤乡	410	381	0.43	528	507	0.43	1822	5474	1.39
涧泉乡	379	370	0.43	486	474	0.42	1563	3864	1.07
下蜀镇	507	161		669	205		2283	1148	
竹里乡	478	449	0.62	638	537	0.57	2134	5226	1.44
山溪乡	542	453	0.59	738	512	0.61	2528	6747	1.64

注：1. 男子劳动力指资料中年龄 15~59 岁的男子。

2. 男子农业人口指资料中职业为"专务农"和"兼他业"的男子。

3. 熟地面积与人均熟地面积单位均为"市亩"，原书作者已进行过折亩计算。

4. 静堂乡男子农业人口数大于男子劳动力数，在全县 144 个乡镇中，出现这种情况的乡镇并不在少数。这可能是因为在从事农业生产的男子中，有部分是 15 岁以下或 60 岁以上的，这部分人并不在我们所定义的劳动力的范畴之内。当然也可能是因为资料存在准确性问题，这也印证了调查员所说的"年龄"一项数据最难获得。

5. 与天王镇相邻的还有西溧、望鹤、长安 3 乡，与东阳镇相邻的还有骆墅乡与龙潭镇，与龙潭镇相邻的还有东阳镇、骆墅乡和凤潭乡，与下蜀镇相邻的还有崇信、角里 2 乡，只因这些乡镇在 1934 年调整后的乡镇格局中仍占有一席之地，它们没有被并入其他乡镇，而是并入了相邻的乡镇，故在此无须对其进行讨论。

6. 调查资料中人口部分分甲"户主之家属"、乙"非家属无家可归同居者"、丙"暂时客居者"，以及"居住在公共场所的人口"四项。由于丙项之暂时客居者并不属于句容人口，故资料统计中未将其计入，只统计其他三项。而这其中，公共场所人口的调查只有人口数字，并无其他类似甲、乙两项人口的细致调查，故本表笔者统计的只是甲、乙两项人口的数据，待计算城镇化水平时才将公共场所人口计入。

资料来源：根据张心一等《试办句容县人口农业总调查》整理计算。

从表 2 - 3 - 7 可以看到，除龙潭镇外，其他 6 个镇无论与其相邻的哪一个乡合并，在合并后均无法保持非农业人口居多，因此在调整后的乡镇格局中，它们均不被纳入城镇范畴。而龙潭镇无论与湖堤乡合并还是与涧泉乡合并，均能保持非农业人口居多，[1] 这样，在调整后的乡镇格局中，能被界定为城镇的只有华阳、崇明、龙潭 3 镇，华阳、崇明 2 镇加上公共场所人口后的总人口为 7589 人，龙潭镇与湖堤乡或涧泉乡合并后，其人口总数，在加上公共场所人口后，前者为 4193 人，后者为 4165 人，差距仅 28 人，对最终的计算结果没有影响，若以 4193 人计，则句容县城镇人口为 11782 人，对应的城镇化水平为 4.2%。

则总体而言，按照严格的城镇标准，以扩、并后的乡镇区划为统计口径，计算出的句容县的城镇化水平比以调整前的乡镇为统计口径得出的计算结果要低估 2.3 个百分点。

通过以上的分析，可以初步得到以下结论。在历史时期县域尺度的城镇化水平研究中，县以下行政区划的调整所导致的统计口径变化确实会对城镇化水平的计算结果产生影响，然而这种影响不同于当代行政区划调整造成城市化水平虚高的虚假城市化，其情况远比想象的要复杂。就本节所考察的平湖和句容的案例来看，无论是根据调整前的资料顺推，还是根据调整后的资料逆推，在县域尺度，乡镇区划的扩、并调整对城镇化水平的影响是低估而非高估，而低估的幅度不算太大，不到 3 个百分点；但是在吴江县的案例中，这一影响几乎可以忽略，仅高估 0.3 个百分点；在桐乡县的案例中，虽然其乡镇区划调整的时间点与其他县不同，但其乡镇调整情况与其他县一样，均是从小乡镇区划扩、并成大乡镇，因此亦进行分析以做参考，结果显示，其与吴江县一样，影响也可以忽略，仅高估 0.2 个百分点。由此可见，由乡镇区划调整所导致的统计口径变化对城镇化水平计算结果的影响并未有一个统一的模式，不可一概而论，而应该具体分析。

---

[1]　当然，若湖堤、涧泉 2 乡均与龙潭镇合并则无法保持非农业人口居多。

从吴江与桐乡的案例来看，乡镇区划调整所造成的统计口径变化对本书的城镇化水平结论基本没有影响，高估与低估的程度相当可互相抵消掉，但具体则有所区别：吴江县的盛泽、同里、黎里等大镇在1927~1934年的区划格局中，均被划分为多个镇，在1934年的调整中，这些镇大多保持不变，即使有调整也是镇与镇之间的合并，几乎没有并入农村地区的情况，故而在高估分析中，其高估程度较小；另外，1934年吴江县的整理自治区域调查对居民职业情况的调查并不详细，所获得的职业人口比例仅是大概情况，许多乡镇甚至连大致的比例也没有，总体看来，镇的情况较为详细，乡则较为粗略或根本没有，故而在低估分析中，其低估程度亦较小。而桐乡县则是因为其区域范围相对较小，境内市镇数量不多，造成高估与低估的市镇均只有两个，影响程度亦相当。

而从平湖与句容的案例来看，统计口径变化造成对城镇化水平分别低估2.4和2.3个百分点，这一极接近的数字背后所隐含的意义却是完全不同：句容在江南属市镇经济不甚发达的宁镇丘陵地带，其县域内的市镇均为较小规模，除县城外几乎没有中等规模的市镇，对于这样一个地区，乡镇区划扩、并调整对其城镇化水平的影响，毫无疑问应是低估。而平湖县所拥有市镇的规模是句容无法比拟的，其低估2.4个百分点是在有两个中等规模的镇处于城镇标准临界点的情况下得出的，这显然与句容2.3个百分点的内涵不同。

另外，乡镇区划变动的影响方向也不可一概而论，必须具体问题具体分析。在平湖县的案例中，笔者发现，在城镇界定环节中若采取较为宽松的处理方式，参考工商户比例，东湖、新仓两镇可以界定为城镇，则平湖县在1934~1937年乡镇区划格局下的城镇化水平为18.7%，剔除乡镇区划变动的影响后，结果仍为15.7%，只是影响将由低估2.4个百分点变为高估3个百分点。

最后需要指出的是，统计口径是城镇化水平研究的基础性前提，尤其是涉及比较时，由于可资利用的资料不理想，以及城市人口统计口径往往不一致，有学者认为城镇化水平的中外及时期比较均无法进行。[①] 此论或许过于绝对，本书提供了一种可能的分析路径：首先，明确是何种因素导致了双方统计口径的差异；其次，寻求这种因素的影响机制；最后，则是剔除这种影响，校正比较结果。对于本书而言，如果意识到统计口径变动是由行政区划的调整所引起，其误差则完全可以通过对区划调整的分析来减小乃至消除。

本章小结

以往的城镇化水平研究在对"城镇"进行界定时，往往不考虑非农业人口比例而仅仅考虑人口规模，从而形成误区，有鉴于此，本章详细分析了此种研究方法所得结论的偏差所在，即在商业市镇"政区实体化"的晚清民国时期，这种结论的实质是"政区化"的城镇化水平。笔者在将非农业人口比例纳入"城镇"界定的核心标准后，在充分考虑乡镇区划调整影响的情况下，将此种政区化城镇化水平与实际情况进行了对比分析，结果显示，政区化城镇化水平呈现程度不同的高估，最高的高估幅度竟有200%，最低也有近30%（详见表2-4-1）。

笔者注意到，最近路伟东在关于西北地区城市化水平的研究中也对以往研究所采用的城市界定标准以及应该如何界定城市的边界进行了详细的讨论，与本书以非农业人口比例为主的界定不同，其认为讨论1955年以前的非农业人口比例困难太大，基本没有可行性，与以往众多研究者一样，其认为1955年国务院所定的2000人标准最具参考价值，然而考虑到历史时期西北地区的实际情况，这一标准还是太高，故对其研究对象的界定为所有县级以上治所和所

[①] 侯杨方：《20世纪上半期中国的城市人口：定义及估计》，《上海师范大学学报》（哲学社会科学版）2010年第1期。

表 2 - 4 - 1　政区化城镇化水平的高估程度

单位：%

| 县域 | 政区化城镇化水平 | | | 去政区化 | | 高估情况 | | | |
	宽泛	1500 人	2000 人	第一步	第二步	宽泛	1500 人	2000 人	幅度
句容	20.0	15.4	13.0	6.5	6.5	13.5	8.9	6.5	100 ~ 200
江宁	21.3	18.7	16.0	17.0	12.7	8.6	6.0	3.3	26 ~ 68
吴江	23.6	23.6	23.2	17.7	17.4	6.2	6.2	5.8	33 ~ 36
平湖	23.1	23.1	23.1	13.3	15.7	7.4	7.4	7.4	47
桐乡	29.4	29.4	29.4	18.6	18.4	11.0	11.0	11.0	60

　　注：1. "第一步去政区化"指以非农业人口比例作为界定城镇的核心标准后得到的城镇化水平，即本章第二节的研究；"第二步去政区化"指在吴江、平湖、桐乡三县考虑了乡镇区划调整的因素，即本章第三节的研究，句容与江宁两县的资料获取时间为乡镇区划调整前，无须考虑此因素，但由于江宁县的统计数据中涉及大量外出人口，需考虑外出人口因素。

　　2. "高估情况"是指政区化城镇化水平与"第二步去政区化"结果之差。

　　资料来源：根据本章第二、第三节相关内容整理。

有人口规模在 1000 人以上的聚落。而后其基于所掌握的宣统"地理调查表"的数据，计算各千人组聚落人口占比，得出 1000 人以上聚落人口占比达 53.6%，并据此认为包括饶济凡、施坚雅、曹树基等以往学者的研究充满个人想象与猜测，与实际情况相距甚远。[①]

　　关于路氏此项研究需要注意的是，以往学者所界定的城市是指某一人口规模（如 500 人、2000 人）以上的市镇，而路氏的界定为 1000 人以上的聚落，市镇与聚落是完全不同层级的两个概念，路氏基于此对以往研究的批判至少在逻辑上无法成立。另外，路氏宣称无法对 1955 年以前的非农业人口比例进行分析也是过于绝对，本章的研究即是明证，也正如本章所揭示的，若不考虑非农业人口比例，所得到的城镇化水平将会有较大的偏差。这是任何试图以类似的人

---

①　路伟东：《清末民初西北地区的城市与城市化水平——一项基于 6920 个聚落户口数据的研究》，载《历史地理》第 32 辑，第 147 ~ 162 页。

口调查资料（包括宣统人口普查的"地理调查表"、1953 年人口调查资料等）来研究城镇化水平的研究者都必须正视的，若无法解决这一问题，所得结论同样无法摆脱"想象与猜测"。本书第四章将利用 1953 年人口普查资料进行此问题的讨论，亦可证明讨论非农业人口比例的可行性。

第三章

民国江南城镇化水平的新视角

——以十万分之一地形图资料为中心的研究

晚清至民国时期，伴随着西方现代科学知识的传入，各种社会调查大量出现，由此产生了许多宝贵的调查与统计资料，对此学界已有诸多研究，[①] 此不赘述。如笔者在绪论所述，由于本书所谓的"城镇化水平"乃是县域尺度下，对资料的精度要求十分苛刻，调查以及统计的口径必须达到县以下的乡镇，否则无法直接使用，鉴于此，在近代中国大量社会调查统计资料中，与本书密切相关的为江南地区以一县为单位展开的人口、土地、经济等方面的专门或相关调查统计，如上一章对江南县域城镇化水平进行研究所利用的句容等 5 县的调查资料，这些资料对本书尤为可贵，然而其覆盖面毕竟有限，仅仅只能支撑若干个案研究，对于本章所要解决的"民国江南地区城镇化水平"这样一个议题所起到的作用毕竟有限。因此，本章必须依赖于其他资料，亦即绪论中所言的民国地形图资料。

---

① 相关成果颇多，主要有米红、蒋正华《民国人口统计调查和资料的研究与评价》，《人口研究》1996 年第 2 期，第 44 ~ 52 页；曹幸穗《民国时期农业调查资料的评价与利用》，《古今农业》1999 年第 3 期，第 15 ~ 26 页；侯建新《二十世纪二三十年代中国农村经济调查与研究评述》，《史学月刊》2000 年第 4 期，第 125 ~ 131 页。此外尚有若干学位论文对此进行专门研究，如任伟伟《南京国民政府社会调查研究》，硕士学位论文，山东师范大学历史系，2008；赵金朋《20 世纪 30 年代中国农村社会调查研究》，硕士学位论文，山东师范大学历史系，2010。由于数量甚多，以上列举难免挂一漏万。

保存至今且系列较为完整的民国地形图主要有五万分之一和十万分之一两种比例尺。① 由于丁文江等学者的呼吁，当时的国民政府并未将这些地形图单纯作为军用而保密，参谋本部陆地测量总局同时向社会开放销售各种比例尺的地图，② 故这些地图的印量比较可观，尤其是五万分之一的地形图，北洋政府实施"十年速测计划"时测绘过一批，南京国民政府实行新的"十年计划"时，又测绘了一批，后来侵华日军对我国地形图的盗印、盗测亦主要集中于此种比例尺。由于以上原因，现今保留下来的图为数不少，近些年来在南京（江苏地矿局图书馆）、湖北（省档案馆）、湖南（省博物馆）等地陆续发现此类民国军用地图。③ 除此之外，大陆是否还有其他较为集中的收藏机构，目前尚未得知，零星的私人收藏者亦为数不少，然大陆所见十万分之一地形图仍较少。目前已知最为集中的收藏机构当为台湾"内政部"图书馆和"中央研究院"近代史研究所（以下简称"中研院近史所"或"近史所"），虽然其中仍是以五万分之一图为主，但十万分之一地形图亦为数不少，而且这些地图均已全部电子化并免费开放。④

至于具体到本书所应该使用哪种比例尺的地形图，显然这两种比例尺均能满足研究精度以及详尽程度的要求，相较而言，完整覆盖相同面积的区域，五万分之一地形图的图幅数量应为十万分之一

---

① 此外，比例尺为两万五千分之一的地形图的数量亦很丰富。

② 1923 年中华教育改进社在南京开会时，丁文江于地理组提议，请政府印行详细地图，至迟在 1933 年，陆地测量局开始发售二万五千分之一、五万分之一等各种比例尺地形图（镜怀：《中国舆图制绘史年表》，《清华周刊》第 40 卷第 1 期，1934 年，第 119 页）。

③ 钟华邦：《南京发现侵华日军军用地图》，《南京史志》1997 年第 1 期；孙仁义：《湖北发现大量日军侵华军用地图》，《中国测绘报》2000 年 8 月 11 日；马宁：《馆藏抗日战争时期的军用地图整理与研究》，《湖南省博物馆馆刊》2004 年第 1 期。

④ 详见"中研院近史所典藏地图数位化影像制作专案计划"，网址为 http://webgis. sinica. edu. tw/map_ imh/。该系统目前在使用上有一些限制，不提供下载，仅提供一个最大像素为 800×800 的窗口供查阅（最初一段时间，提供浏览的窗口像素分辨率较此大一倍左右）。

的四倍，在两者没有本质区别的情况下，选择工作量较小的十万分之一地形图无疑是最明智的。当然，笔者最终选择十万分之一地形图作为研究资料还综合考虑了其他因素，具体在下文分析所使用的这批地形图时将会有所说明。另外需要说明的是，目前学界对于这批地形图尚处于整理阶段，对其本身的研究以及将其作为资料进行相关研究均不多，因而本章亦专辟一节对这一资料进行详细介绍以及评估。

第一节　民国十万分之一地形图评估
及其所见的江南市镇

一　民国五万分之一及十万分之一地形图的来源及选择

中国的地形测量业务始于清末，为满足练新军需要，1907 年开始在保定等地区测绘十万分之一至二千分之一等各种比例尺的地形图，而又以二万五千分之一地形图为主，[①] 此后一直到民国结束，这项业务均未中断，"惟因测图方式不一，经费不能适度配合，成图精度之优劣殊难一致"。[②] 具体来说，民国的地形图测绘主要集中在两个时期，即 1916~1925 年和 1930~1939 年两个所谓的"十年计划"。

第一个"十年计划"全称为"勘测十万分之一民国图及五万分之一地形图迅速测量计划"，又称"十年速测计划"，1914 年由参谋本部颁布，以军事急需，要求各省测量局从 1916 年开始，投入 4/5 的人员开展五万分之一地形图测图任务。[③] 至 1929 年，仅江苏、山西全部完

---

① 《中国测绘史》编辑委员会编《中国测绘史》第 1 卷、第 2 卷，测绘出版社，2002，第 457、533 页。
② 国防部测量局技术室编《国防部测量局各项业务概况》，载《中央各部会测量业务连系审查会专刊》，国防部测量局，1947，第 53 页。
③ 江苏省地方志编纂委员会编《江苏省志·测绘志》，方志出版社，1999，第 87 页。

成测绘，浙江等 4 个省测绘完成一半以上，采用不按经纬度分幅的"旧图廓"。① 鉴于此计划完成得不甚理想，南京国民政府成立后，参谋本部陆地测量总局于 1929 年制订"全国陆地测量十年计划（民国十九年至二十八年）"，同时为兼顾民用的地籍测量，于 1933 年对计划进行修改，减少各省测绘军用图的任务，增加了地籍测量的内容。② 第二个"十年计划"实施时以大地测量为地形测图的依据，并规定了统一测量方式，采用兰勃特投影，改用全国五万分之一新图廓，其测绘完成的地形图较之前精良，但由于后来抗战的影响，成图数量不理想，1934～1946 年，仅完成西南、西北各省区五万分之一新图廓图 1781 幅，连同以前旧图廓图 5987 幅，共计 7768 幅。③

江浙两省的五万分之一地形图多完成于第一个"十年计划"。两省测绘志对此描述亦相吻合，如江苏省，1916 年开始测量，至 1924 年完成，共成图 329 幅（除边界 5 幅），没有采用投影的方法，而是使用假定坐标、矩形分幅、旧图廓、1913 年制定的地形图图式。在精度方面，这些图虽然存在一些缺陷，但与当时各省同比例尺地形图比较，质量尚好。新中国成立后，水利部长江水利委员会把这批图与其新测的由万分之一水道图缩编的五万分之一地形图进行对照比较，发现镇江、江阴附近的长江岸线、铁路、公路的平面位置精度良好，海门县则误差较大。④ 浙江省的 345 幅五万分之一地形图的测绘时间虽然是在 1913～1943 年，但图廓仍然是旧图廓，而且这批图的质量不高。⑤ 当然质量方面，按照今天的标准来看可能确实不高，但与其他省份同时期测绘完成的同比例尺地形图相比，质量应该不至于太差，因为丁文江 1935 年还向朋友称赞过浙江省的五万分

---

① 《中国测绘史》编辑委员会编《中国测绘史》第 1 卷、第 2 卷，第 571、573 页。
② 《中国测绘史》编辑委员会编《中国测绘史》第 1 卷、第 2 卷，第 534 页。
③ 国防部测量局技术室编《国防部测量局各项业务概况》，载《中央各部会测量业务连系审查会专刊》，第 53 页。
④ 江苏省地方志编纂委员会编《江苏省志·测绘志》，第 87 页。
⑤ 浙江省测绘志编纂委员会编《浙江省测绘志》，中国书籍出版社，1996，第 148～149 页。

之一地形图"虽然不多，但是很好"。①

十万分之一地形图则是由参谋本部陆地测量总局根据这批五万分之一的图缩制而成。江苏省与浙江省还有一些差别：江苏省的缩制分两个时期，1927～1930 年采用的是 1917 年制定的图略图式，高程自假定标高 29 米起算；1935 年对以上地图按 1930 年版的图略图式进行改编，统一采用兰勃特投影，经纬度分幅，高程改以气压测定自海平面起算。② 而浙江省的缩制则在 1929～1930 年，除五万分之一地形图外，所依据的资料还包括光绪年间的《浙江全省舆图并水陆道里记》，以及形成于 1915 年，由浙江陆军测量局结合该舆图进行两次实地调查所得资料，采用 1930 年版或同年改正版的图略图式，经纬度分幅，高程多以紫薇园水准原点假定值50 米起算。③

根据以上叙述，可以总结出五万分之一和十万分之一两种地形图的特点。五万分之一地形图：测于北洋政府时期（1912～1926）；使用旧图廓，不按经纬度分幅，亦无经纬度标注；精度虽不甚理想，但与同期同比例尺的其他省份地形图相比，江浙两省地形图的质量尚属上乘。十万分之一地形图：根据以上五万分之一地形图缩制，

① 与山西及福建进行比较，完整为："山西省的地图很多但并不好，浙江省的地图虽然不多，但是很好，而福建省的地图是又少又不好。"见苗迪青《我国之地图》，《政治季刊》第 5 卷第 3～4 期，1948 年，第 168 页。

② 江苏省地方志编纂委员会编《江苏省志·测绘志》，第 282 页。实际情况并非如此，从笔者整理的台湾"内政部"图书馆及中研院近史所档案馆藏的 205 幅江南地区十万分之一地形图的基本信息来看（见附录表 1，其中属江苏省的，除去高程及图式信息没有或不完整的图幅，共有 83 幅），并不存在该志所言的情况，在制版时间为 1930 年，印刷时间在 1935 年之前的图幅中，高程既有自假定标高 29米起算，又有以气压测定自海平面起算，图式也是既有按 1917 年图略图式，又有按 1930 年图略图式；同样，印刷时间在 1935 年及以后的图幅（制版时间在1935 年的只有少数几幅），虽然存在高程与图式信息与该志的描述符合的情况，但大多数图幅的高程仍是自假定标高 29 米起算，图式也仍是 1917 年图略图式，并不存在 1935 年进行集中改编的情况，当然也可能是资料来源的差异所致，可能该志编写人员所参考的图幅确实存在这种集中改编的情况，可惜这批图幅笔者无缘得见，亦不知藏于何处，是否开放。

③ 浙江省测绘志编纂委员会编《浙江省测绘志》，第 154～155 页。

缩制时间在 1927 年之后；经纬度分幅；江浙两省在图式、高程等的使用上不一致。

由于五万分之一地形图上未标明经纬度坐标，使得我们在使用时无法对其直接配准，虽然通过其他方法也可以完成配准工作，[①] 然而如此一来，工作量与工作难度都会增加，如果是小区域范围内的十几幅图问题尚不大，但整个江南地区一百多幅图显然无法在短期内完成。单单是这一点，就足以让人放弃五万分之一地形图而选择十万分之一地形图了。

二 "近史所档案馆馆藏中外地图查询系统"中江南十万分之一地形图概况

(一) 台湾地区的民国地图收藏概况

由于南京国民政府对地图的较为开放政策，机构及私人购买、收藏不在少数，1949 年国民党退往台湾时，又将自身收藏的各种地图全部带走，加之日本侵华时对中国各地大比例尺地图的收集、盗测、盗绘，故现在民国各类地图存量丰富，并主要分布于中国大陆、中国台湾地区以及日本。其中中国大陆的收藏较为分散，到目前为止尚未组织力量对这些地图进行收集整理，故存量未知。日本国内所藏，当以日军盗测、盗绘的地形图为主，目前已大多由日本科学

---

① 如潘威、满志敏在利用青浦县五万分之一地形图对其河网密度进行研究时，所使用到的五万分之一地形图有 27 幅，其配准方法为：以吴淞口作为重要地标参照，对其所在的"宝山城"分幅，选取宝山县城等 4 个地标作为控制点，进行重新定位，然后再经过反复微调，使吴淞口西侧岸线与 2000 年 ETM 影像基本重合。最后根据图幅接合表，给其他图幅的四角坐标赋值，从而完成配准。见潘威、满志敏《大河三角洲历史河网密度格网化重建方法——以上海市青浦区 1918～1978 年为研究范围》，《中国历史地理论丛》2010 年第 2 期。近日，上海交通大学发布"中国历史地图地理信息系统"，主要收录并配准日军盗测、盗绘的五万分之一地形图，笔者亦参与其中的相关工作，其配准方法分为三个层次：首先是图幅上具有经纬度坐标的直接进行配准；其次是与前述潘威等人的配准方法相同；再次是针对无法通过前两种方法配准的图幅，直接对接合表进行配准，再将图幅一一对应进去。

书院先后出版。①

　　台湾地区所收藏的民国地图更为丰富，也更为集中，主要收藏机构为台湾"内政部"图书馆、中研院近史所档案馆以及台湾"国防部"3 家，藏量均在万件以上。近年来随着台湾"行政院"科学委员会主持的"数位典藏与数位学习国家型科技计划"（Taiwan e-Learning and Digital Archives Program）持续推行，对这些民国地图的收集、整理、数字化工作均被纳入该计划中，至今已完成若干个历史地图资料库，并已陆续开放。其中上述 3 家公藏机构所藏民国地图分别形成 3 个资料库，即"'内政部'典藏地图数位化影像制作专案计划"、"中研院近史所典藏地图数位化影像制作专案计划"和"'国防部'典藏地图数位化影像制作专案计划"（即"飞远专案"），分别电子化完成民国地图 30353 幅、15102 幅、12456 幅。另外，日本科学书院较早出版的 3 套地图集成以及柏书房 1986 年出版的《近代中国都市地图集成》中的 6640 幅图也已电子化完毕并提供查询服务。②

　　其中"内政部"图书馆所收藏的 30000 余幅地图未分类，主要为民国时期国民政府内政部方域司制作或保存的国界图以及各省地

---

① 主要有《中国大陆二万五千分の一地图集成》4 卷，1989 年开始出版，1992 年出齐，并于 1993 年出版索引图 1 册；《中国大陆五万分の一地图集成》8 卷及索引图 1 卷，1986 年开始出版，1998 年出齐，并于 2002 年出版综合索引 2 册；《旧满州五万分の一地图集成》2 卷，1985；《中国大陆十万分の一地图集成》第一、二辑各 5 卷，2003 年开始出版，2013 年出齐，涵盖的区域更加广阔，东北、华北、西北、华中、华南、西南等区域均有涵盖。以上皆为科学书院出版，此外尚有柏书房于 1986 年出版的《近代中国都市地图集成》1 卷。这至少囊括了日本所收藏的民国地图的绝大部分，因为科学书院曾在宣传中称其所出书为"网罗中国全境的唯一的地图集成""地图制作史上的伟大成果"（该语转引自虞云国《好书有约与好书失约（东瀛书事之七）》，http：//blog. sina. com. cn/s/blog_5e5db7c30100wuvv. html）。

② 除上述 3 个地图资料库外，台湾已经完成或者正在进行电子化的地图资料库还有多个，每个资料库都有自己的查询系统网站："内政部"图书馆网址为 http：//webgis. sinica. edu. tw/map_ moi/，近史所档案馆网址为 http：//webgis. sinica. edu. tw/map_ imh/，日本科学书院网址为 http：//webgis. sinica. edu. tw/map_ cm50k/。目前已经开发并上线了整合查询系统：http：//map. rchss. sinica. edu. tw。

形图，达 20000 余幅。① 近史所档案馆所收藏的地图，分为全国性分幅舆图、各省分幅地形图、各种水道图暨沿河地形图、世界地图 4 类，其中各省分幅地形图存量最多，达 9781 幅，涵盖 25 个省份。② 前述五万分之一及十万分之一地形图均属此类。这两个资料库目前已对外开放，通过"近史所档案馆馆藏中外地图查询系统"即可进入查询，不过在利用上有所限制，仅提供一个像素为 800×800 的视窗供查看，分辨率较低。而"国防部"的"飞远专案"目前尚未全部完成，目前限 IP 开放，需要登录方能使用。其藏图据介绍为 1950 年至今其自制的大陆及台湾地区的各种地图，还包括大量台湾日据时期的日制地图、美军地图等历史地图，目前已完成电子化的 10000 多幅主要为大陆地区 1900 年代至 1950 年代的各种地形图，③ 与其他两个资料库的藏图有一定的重合。

（二）台湾"内政部"、中研院近史所所藏的民国江南十万分之一地形图

本书所使用的十万分之一地形图即来自"'内政部'典藏地图数位化影像制作专案计划"和"中研院近史所典藏地图数位化影像制作专案计划"两个资料库，均可通过"近史所档案馆馆藏中外地图查询系统"进行检索查询。据笔者统计，本书所界定的江南地区一共涉及 52 幅不同图名的十万分之一地形图（包括苏皖、浙皖边界图），但两个资料库中一共存在 205 幅相应的地形图。同一图名的地形图最少也有两三幅，四五幅为普遍，最多的"长兴县"共有 9 幅。总体而言，近史所藏相对较少，绝大多数图幅只有 1 幅或 2 幅，少数没有，"内政部"所藏较多，除少数图幅只有 1 幅外，其他均在 2 幅以上，最多者有 6 幅（"长兴县"）。那么这些相同的图幅是否完全一样，具体应该怎么选用，则是接下来需要考虑的问题。这么多

---

① http：//webgis. sinica. edu. tw/map_ moi/.

② http：//archives. sinica. edu. tw/? page_ id =1161.

③ http：//content. teldap. tw/index/index. php? cat =20&action = detail&id =82.

幅图，显然无法直接从主体内容（即内图廓以内的地图主体内容）上进行一一比对，那么内图廓之外所载的信息就成为判断这些图是否相同的重要依据。图 3 - 1 - 1 是一幅十万分之一地形图的概览，其内图廓外的信息如图所标示，主要有图名、比例尺、接合表等信息，当然，这些信息并不都是判断依据，以下进行必要说明。

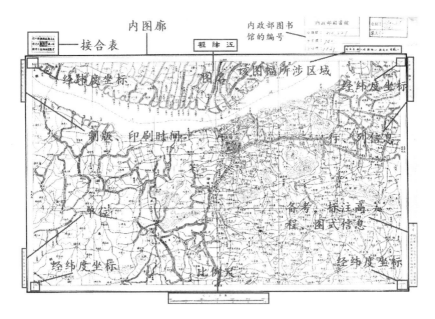

图 3 - 1 - 1　十万分之一地形图概览

图名、比例尺、接合表、四角的经纬度坐标以及该图幅所涉区域、行列等基本信息，在图名相同的若干幅图里，这些信息基本一致，无法成为判断依据。信息会有所不同的是该图的制印时间、单位、高程及图式等信息，以及"内政部"图书馆及近史所档案馆为每幅图所做的唯一编号。将这 205 幅图的上述几项信息全部提取出来，整理成表格（即附录表 1），对此进行分析则基本上可以确定相同图名的各幅图是否一样。

所提取的几项信息中，以制版、印刷时间最为重要，205 幅图中，关于此项信息的记载大致有以下几种："某年某月制印"、"某年某月制版某年某月印刷"、"某年某月速制"、"某年某月复制"、"某年缩制某年某月制印"和"某年某月印刷"等。其中，前后的年、月可能一致，也可能不一致，有的没有月份信息（详细信息见附录表1）。仔细分析各图幅的制版时间和印刷时间，可以发现制版时间主要集中于1930年、1932年、1941年，而又以1930年最为集中，其他有零星几幅制版时间在1931年与1935年，印刷时间的集中度则不高，较为均匀地分布于1930～1933年、1941年等几个年份，零星分布于1934年、1935年、1939年、1942年、1948年等年份，而且存在许多图幅的制版时间以及其他信息一样，但印刷时间不同的情况。从制版与印刷的实质以及上述情形来看，制版时间比印刷时间更能说明问题。

其次则为高程与图式信息，205幅图中，此两项信息均未标注的有47幅，只有高程信息而无图式信息的有20幅（1941年制版的17幅均在其中，另外3幅标注1941年或1942年复制，故可以判断此3幅图与1941年制版的17幅图为同一批次的图），在另外138幅图中，高程与图式大致有以下4种组合："标高自本局假定标高点29米起算，图式据六年十万分一图略图式"、"标高由气压计测定自海面以公尺起算，图式据十九年改正十万分一图略图式"、"标高自本局假定标高点29米起算，图式据十九年改正十万分一图略图式"以及"标高假定本局旧藩署紫薇园50公尺，图式据民国十九年十万分一图略图式"。其中江苏省的假定标高点位于南京大石桥原测绘总局内水准点，浙江省的假定标高点位于杭州市旧藩署天文点旁，这两个假定点的高程分别为29米与50米，由北洋政府时期两省陆军测量局分别设定，后来南京国民政府着手建立统一的高程控制系统，以坎门验潮所测定的平均海水面作为水准起算面，[1]故亦有"自海面以公尺起算"的图幅。

最后则是制作单位。按照前文关于这批图来源的说明，制作单

---

① 廖克、喻沧：《中国近现代地图学史》，第130～131页。

位应该全部为参谋本部陆地测量总局，从附录表 1 中可以看到，虽然绝大多数图幅的制作单位确实为陆地测量总局，但尚有浙江省陆地测量局（18 幅）、参谋本部陆地测量筹备处（18 幅，即上述只有高程信息而无图式信息的 20 幅图中的 18 幅，另外 2 幅制作单位分别为陆地测量总局与参谋本部陆地测量处，制版、印刷时间均在 1941 年或 1942 年，当为陆地测量总局改名之故）、广东陆地测量局（"光福镇"与"吴县"2 幅，这个比较奇怪，其高程信息仍为"自本局假定标高点 29 米起算"）、军事委员会军令部陆地测量总局（仅"千秋关"1 幅，印刷时间为 1939 年，应该也是参谋本部陆地测量总局）。除广东陆地测量局 2 幅可能是印错，以及浙江省陆地测量局 18 幅外，其他的标注单位应该均指参谋本部陆地测量总局。加上浙江省陆地测量局为参谋本部陆地测量总局的下属单位，故此信息的标识作用并不明显，可以忽略。

故以上提取的几项信息中，真正具有标识作用的仅为制版时间及高程、图式 3 项，印刷时间可作为参考。据此可以对附录表 1 中同一图名里的多幅图是否相同进行判断：在上述 3 项信息均完整的图幅中，可以确定 34 个图名中的 95 幅图相同（绝大多数为 2 幅相同，有部分为 3 幅或 4 幅相同）。对于这些相同图幅，在选用时仅需考虑图面是否干净、平整，扫描效果是否清晰即可，其他的图幅则需继续分析。

为对所有 205 幅地形图基本情况有总体上的概观，将上述制版时间及高程、图式 3 项具有标识作用的信息进行二次整理，为更加直观地说明问题，再次整理时将制版时间的月份信息省略，仅提取年份信息，最后汇总成表 3 - 1 - 1。

据表 3 - 1 - 1 的"制版时间"统计，这 205 幅地形图的制版时间高度集中，超过 75% 的图幅（155 幅）制版于 1930 年，剩下的 50 幅的制版时间又相对集中于 1932 年和 1941 年两个年份，分别有 14 幅和 17 幅。从上文关于五万分之一及十万分之一两种比例尺地形图来源的叙述可知，江南的这批十万分之一地形图的资料来源为北洋政府时期江浙两省在"十年速测计划"中所完成的五万分之一地形

表 3 - 1 - 1　江南地区 205 幅十万分之一地形图制版时间、

高程与图式信息统计

图名	总数	制版时间				高程与图式					
		1930年	1932年	1941年	其他	29米，1917年	29米，1930年	海面，1930年	50米，1930年	29米，无	无信息
南京市	3	3	0	0	0	0	0	0	0	0	3
秣陵关	6	1	0	0	5	1	0	0	0	1	4
小丹阳	5	5	0	0	0	0	0	0	0	0	5
高淳县	6	5	0	1	0	0	0	0	0	1	5
东坝镇	5	5	0	0	0	0	0	0	0	0	5
镇江县	3	3	0	0	0	2	0	1	0	0	0
句容县	4	3	0	0	1	1	0	2	0	1	0
溧水县	4	3	0	1	0	0	2	1	0	1	0
泰　县	4	2	0	1	1	3	0	0	0	1	0
扬中县	4	2	0	1	1	3	0	0	0	1	0
武进县	4	2	0	1	1	1	0	2	0	1	0
金坛县	3	3	0	0	0	1	0	2	0	0	0
宜兴县	4	3	0	0	1	1	0	2	0	1	0
泰兴县	3	3	0	0	0	2	0	1	0	0	0
江阴县	3	2	0	1	0	1	0	1	0	1	0
无锡县	3	2	0	1	0	2	0	0	0	1	0
光福镇	4	2	0	1	1	1	0	2	0	1	0
前山镇	6	2	4	0	0	1	0	4	1	0	0
福山镇	2	2	0	0	0	1	0	1	0	0	0
常熟县	4	3	0	1	0	1	0	2	0	1	0
吴　县	2	1	0	0	1	1	0	1	0	0	0
吴江县	3	2	0	1	0	0	0	2	0	1	0
海门县	4	3	0	1	0	3	0	0	0	1	0
崇明县	3	2	0	1	0	2	0	0	0	1	0
嘉定县	4	3	0	1	0	0	3	0	0	1	0
上海市	2	1	1	0	0	1	0	1	0	0	0
堡　镇	2	1	1	0	0	1	0	1	0	0	0
高桥镇	3	1	1	1	0	1	0	1	0	1	0
南汇县	3	1	1	1	0	1	0	1	0	1	0

续表

图名	总数	制版时间				高程与图式					
		1930年	1932年	1941年	其他	29米，1917年	29米，1930年	海面，1930年	50米，1930年	29米，无	无信息
奉贤县	3	1	1	1	0	1	0	1	0	1	0
金山县	5	4	0	1	0	4	0	0	0	1	0
平湖县	6	4	0	0	2	0	0	0	4	0	2
嘉兴县	4	4	0	0	0	3	0	0	1	0	0
吴兴县	4	2	1	0	1	1	0	1	1	0	1
德　清	3	3	0	0	0	0	0	0	3	0	0
杭州市	3	3	0	0	0	0	0	0	3	0	0
萧　山	3	3	0	0	0	0	0	0	3	0	0
千秋关	4	4	0	0	0	0	0	2	1	0	1
昌　化	3	3	0	0	0	0	0	0	3	0	0
长兴县	9	9	0	0	0	0	0	0	0	0	9
四安镇	7	3	4	0	0	0	0	4	3	0	0
安　吉	4	4	0	0	0	0	0	0	4	0	0
余　杭	3	3	0	0	0	0	0	0	3	0	0
富　阳	4	4	0	0	0	0	0	0	4	0	0
海　盐	3	3	0	0	0	0	0	0	3	0	0
海　宁	2	2	0	0	0	0	0	0	2	0	0
桐　庐	4	4	0	0	0	0	0	0	4	0	0
杭圩镇	6	2	0	0	4	0	0	0	1	0	5
枫桥镇	3	3	0	0	0	0	0	0	3	0	0
分　水	3	3	0	0	0	0	0	0	3	0	0
旌　德	7	7	0	0	0	0	0	1	3	0	3
绩　溪	6	6	0	0	0	0	0	0	2	0	4
总　计	205	155	14	17	19	41	5	37	55	20	47

　　注：1. 制版时间中，只提取年份信息，具体月份信息见附录表1；"其他"具体指1931年、1935年以及制版时间未知。

　　2. 高程与图式中，"29米"指"自本局假定标高点29米起算"；"海面"指"由气压计测定自海面以公尺起算"；"50米"指"假定本局旧藩署紫薇园50公尺"，此处为制表需要以米代替公尺；1917年、1930年分别指该年颁布的十万分之一地形图略图图式；"无"指无图式信息；"无信息"指既没有高程信息，又没有图式信息。此处如此处理主要是出于制表美观需要。

　　资料来源：根据附录表1整理。

图，那么无论制版时间在哪一年，这些地形图的内容在本质上都是一样的。而且在 1941 年制版的 17 幅图中，其高程与图式信息高度一致，均为"29 米，无"，而标示同样信息的图幅尚有 3 幅印刷于 1941 年及 1942 年，有理由相信这 3 幅图与 1941 年制版的 18 幅图为同一批次制印，而这 3 幅图在制印时间里均有注明"复制"字样，由此可以推知另外 18 幅亦应该是根据之前的版式进行复制印刷。而其实这也不难理解，1941 年前后正是抗日战争最为艰苦的时刻，此时印刷出来的地形图当为急用，显然不可能重新制版，[①] 而只有可能是根据以前的图版进行重新印刷，只是没有在图上进行明确说明罢了。因此可以判断这 205 幅图在版式上应该无本质区别，从而在内容上也是基本一致的，其区别亦如表 3 - 1 - 1 所示，在高程与图式的选择上。可以看到，这 205 幅图的高程与图式信息并未呈集中分布的态势，除 47 幅没有相应信息的图幅外，其他均分布在 5 种高程与图式组合中的 4 种里。那么高程与图式的这种区别是否会对本研究产生实质性的影响是接下来必须明确的问题。

首先是 3 种高程的区别。高程分绝对高程（即海拔）与相对高程（亦称假定高程），地图中高程控制的目的为精确求得地面点对大地水准面的高度。[②] 由于本书所提取的是地形图中的居住地信息，并不涉及高程，加之研究区域的绝大多数地区为平原地带，高程的不同并不会造成太大的实质性影响，故所使用地形图中高程的不一致并不会对本书造成实质性影响，可以忽略。

其次为图式的不同。目前无法找到制定或修订于 1917 年及 1930 年的 3 份十万分之一地形图图式资料，无法确定此 3 种图式是否有

[①] 如上文所述，十万分之一地形图由实测的五万分之一地形图缩制而来，这是传统编绘成图的方法，虽然也可以获得高精度的地图，但工作量十分繁重，成图周期很长，其主要过程可分为编辑前准备、编绘、清绘、制印 4 个步骤，每个步骤都有十分繁复的工序。见蔡孟裔等编著《新编地图学教程》，高等教育出版社，2000，第 9 页。

[②] 蔡孟裔等编著《新编地图学教程》，第 42 页。

重大区别，然而从几种比例尺地形图图式频繁修订的情况,[1] 以及附录表 1 所见相同年份的图幅所使用的图式不统一，年份靠后制印的图幅在图式的使用上也未呈统一趋势，甚至仍使用早该作废舍弃的较早制定的图式等这些情况来看，这些不同年份的图式在具体规定上应该不会有太大不同，后面版本的图式应该是仅对前一版本在细节上的完善。尤其是具体到本书关注的居住地，由于其在各种比例尺地形图中均为重要的表现内容，最初的制定一般都会相当慎重，以后的修改对这些"要素"也都不会有本质性的改动。因此，图式的不同也不会对本研究造成实质性的影响。

所以，在具体图幅的选用上实际并不需要做特别挑选，品相较好，扫描效果清晰即可，不过为谨慎起见，笔者还是尽量选用制版时间在 1930 年，印刷时间在 1937 年之前的图幅。

三 居住地信息提取与误差评估

（一）十万分之一地形图中关于居住地的分类及标示

本书需要提取十万分之一地形图中的居住地信息，更为具体的则是居住地中的城镇信息。如上所述，地形图具有统一性，这种统一性是通过图式进行规范的，地形图中关于各地理要素的标注形式与方法，即属于图式的规范内容。民国十万分之一地形图的图式主要有 1917 年版、1930 年版及 1930 年改正版，关于这些图式资料，到目前为止，笔者未能找到任何相关资料，仅仅找到 1935 年版的《一万分一至五万分一地形图图式》以及关于该图式的解说。然而如上文所做的判断，这些不同版本的图式内容，尤其是在关于居住地的规定上，应该不会存在本质性的不同，而五万分之一的图式与十万分之一的图式虽然不同，但有些基本原则

---

① 除这 3 种图式外，尚有 1935 年版。而五万分之一地形图亦存在多个版本的图略图式，有 1913 年版、1920 年修订版、1930 年版及 1935 年版（见《中国测绘史》编辑委员会编《中国测绘史》第 1 卷、第 2 卷，第 737、739、742、749 页）。

应该是一致的，因此利用五万分之一地形图图式，并结合所使用的十万分之一地形图的内容，应该能够获得十万分之一地形图中关于居住地的标示信息。

首先是地形图中关于城镇与农村的界定标准。其规定如下：

> 　　街市：谓商业繁盛，房屋密集之所。乡村：谓从事于农业、渔业、畜牧等各项人民之居住地，房屋虽多，而不甚密集者也。[①]

其次是居住地表示方法。一万分之一至五万分之一地形图上关于居住地的绘法均为绘出外轮廓线，并于轮廓内绘以晕线或绘以黑块。[②] 标注方式如图 3－1－2 所示，即绘以黑块的为街市（城镇），而绘以晕线的为乡村。

此外，该图式中还有关于地形图上居住地名称注记字号的规定，规定按照人口规模使用不同字号的注记文字，1000 人以下用 2 号字，1000 人以上用 2.5 号字，5000 人以上用 3 号字，30000 人以上用 3.5 号字，100000 人以上用 4 号字。[③]

有理由相信在十万分之一地形图图式中也有类似的规定。关于街市与乡村的界定，在两种比例尺地形图中一致的可能性相当大，而注记字号的规定亦有可能没有太大区别，我们从两种实物图上均可看到，在相关名称的注记上，每种比例尺的图确实都存在字号大小的不同，当然，这一点我们实际上无法提取，因为我们现在对当时的字号并没有任何概念，也许 2 号字和 4 号字我们可以很容易分辨出来，但是 2 号字和 2.5 号字就不是那么容易分辨了，再加上这些字夹杂在诸多要素之中，以及在使用电子版时

[①] 参谋本部陆地测量总局编印《一万分一至五万分一地形图图式解说》，1935，第86 页。

[②] 浙江省测绘志编纂委员会编《浙江省测绘志》，第 148 页。

[③] 《一万分一至五万分一地形图图式》第二十一版。

图 3－1－2　居住地图式

资料来源:《一万分一至五万分一地形图图式》第十七版。

随时地放大、缩小,这些因素都会影响我们对地形图上的字号进行准确判断。

另外关于居住地表示方法,两种比例尺地形图就有较大的区别,我们看到,在五万分之一以上的地形图中,居住地的表示均以"实态"的形式出现,即绘出该居住地的轮廓,街市与乡村的区别是黑块或晕线。在五万分之一地形图中,如图 3－1－2 所示,我们已经很难分辨乡村居住地的轮廓了,那么在十万分之一地形图中,居住地就应视规模大小,分别以绘出轮廓及使用符号表示,即所谓的依比例与不依比例两种表示方法。① 从十万分之一地形图上看(图3－1－3),除依比例绘出轮廓外,表示居住地的符号有 3 种,分别是●、⊙以及○。

从图 3－1－3 的示例可以看到,绘出轮廓的"实态"表示"无锡

---

① 浙江省测绘志编纂委员会编《浙江省测绘志》,第 155 页。

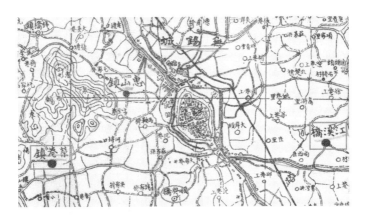

图 3 - 1 - 3 十万分之一地形图中关于居住地的标示

城",一般而言,筑有城墙的治所城市,在图中会将其城墙绘出从而形成该城市的轮廓,城内建筑则绘以块状(或黑块,或如图 3 - 1 - 3 未加黑),若城墙外还有较为密集的建筑(即城外街区),同样以块状标示,如图 3 - 1 - 3 中无锡城北部的片状分布及南部的线状分布,而未筑有城墙的街市,其表示方法如城外街区,亦是绘出若干块状,从而形成一定的轮廓;其他未按比例表示的居住地,如笔者在图 3 - 1 - 3 中所做的标注,以符号 ● 表示的惠山镇、荣巷镇、江溪桥,以符号 ⊙ 表示的钱桥镇与顺兴桥,以及更多的以符号 ○ 表示的乡村聚落。

这样,相较于五万分之一地形图对居住地的两种表示方法,十万分之一地形图的表示方法有十分鲜明的 4 个层次,绘以轮廓的"实态"为街市,符号 ○ 为乡村,而符号 ● 与 ⊙ 则代表介于街市与乡村之间的居住地。这样层次分明的表示方法,不但使得数据的提取更加方便,而且也更符合笔者的研究需要,此为最终选用十万分之一地形图的一个重要因素。本书所提取的居住地信息则为绘以轮廓的"实态"、● 与 ⊙ 三种。

(二)十万分之一地形图的误差评估——兼与五万分之一地形图比较

本书研究区域所涉及的十万分之一地形图共有 52 幅,表 3 -

1－2是笔者根据各图幅的接合表及四角经纬度坐标整理的52幅图的相对位置，各图幅四角的经纬度坐标可以通过该表提供的四角经纬度坐标推算，经度相邻图幅间相隔30′，纬度相隔15′。据此信息对这些图幅进行定位。

表 3－1－2　本书研究区域所涉十万分之一地形图

接合信息及经纬度推算

	118°30′			泰　县				122°00′	
32°30′									32°30′
	南　京	镇江县	扬中县	泰兴县	福山镇	海门县	堡　镇		
	秣陵关	句容县	武进县	江阴县	常熟县	崇明县	高桥镇		
	小丹阳	溧水县	金坛县	无锡县	吴　县	嘉定县	南汇县		
	高淳县	东坝镇	宜兴县	光福镇	吴江县	上海市	奉贤县		
			长兴县	前山镇	嘉兴县	金山县			
			四安镇	吴兴县	海盐县	平湖县			
		杭圩镇	安　吉	德　清	海宁县				
	旌　德	千秋关	余　杭	杭州市					
	绩　溪	昌　化	富　阳	萧　山					
29°45′		分　水	桐　庐	枫桥镇					29°45′
	118°30′					122°00′			

资料来源：根据所使用各图幅的接合表及四角经纬度坐标整理。

潘威等在利用五万分之一地形图对上海市青浦区河网密度进行研究时曾对其使用的地形图的误差来源进行总结，认为其误差来源主要有4个方面，分别为小三角测量平面控制形成的误差，假定经纬度造成的误差，这些图在制印、保存过程中形成的随机误差以及后期定位造成的误差。[1] 其中前两点为五万分之一地形图特有，但由于其为十万分之一地形图的资料来源，虽然后者在编绘过程中可以

---

[1] 潘威、满志敏：《大河三角洲历史河网密度格网化重建方法——以上海市青浦区1918—1978 年为研究范围》，《中国历史地理论丛》2010 年第 2 期。

采取某些措施进行校正,[①] 但误差仍不可避免;后两点则为两种比例尺地形图所共有。由于十万分之一地形图均以经纬度分幅,并标注有四角经纬度坐标,在据此对这些图幅定位并提取相关的居住地信息以后,可以选取若干参考地物,通过比较其定位后的经纬度位置与真实经纬度位置,并计算两者间的距离作为误差值,以评估各图幅的误差程度,在此基础上还可以与潘威等对五万分之一地形图误差程度的评估做比较,以明了这两种比例尺地形图各自所存在的误差情况。

将提取完成的各类型居住地图层以及作为对比的 2004 年电子地图聚落图层在 GIS 软件里打开,同时视需要将已经配准好的各图幅打开,每幅图参考地物在已经提取好的居住地信息中选择(以"实态"为最优先顺序,其后依次为●与⊙),尽量均匀分布于每幅图,数量以至少 3 个为原则(分水、绩溪、旌德、泰县等 4 幅图因属与研究区域交界之图幅,且从该 4 幅图所提取的居住地信息均很少,故仅选取 1 个或 2 个参考地物),具体数量则依情况而定:若该图幅内的候选参考地物与其实际的距离(即误差)较为平均,则尽量选取误差最大的 3 个作为参考地物;若极不平均,则选取 1~2 个误差最大或最小以及 2~3 个误差较为平均的参考地物。按照这些原则,52 幅图共选取 165 个参考地物,将其经纬度信息与误差情况整理成表 3 – 1 – 3。

从表 3 – 1 – 3 可以看到,各图幅间的误差情况并不完全一致,误差最大者,如"东坝镇"、"高淳县"和"镇江县"等 10 幅,[②] 参

---

① "十年速测计划"测制的五万分之一地形图并未以大地测量为依据(仅平板测量),但像江浙所测之图,质量比较优良,可以根据后来基本测量所测三角点重新进行改编(见国防部测量局技术室编《国防部测量局各项业务概况》,载《中央各部会测量业务连系审查会专刊》,第 53 页),同样,在缩制十万分之一地形图时亦可根据这些三角控制点进行校正。
② 均为江苏省的图幅。从各参考地物的经纬度信息及图上可以看出,这些误差的方向均极为一致(图上位置均在实际位置的东侧),而且误差也相对较小,这说明这些图幅的相对精度是没有问题的。

表 3 - 1 - 3　本书所使用十万分之一地形图各图幅误差情况

图幅	参考地物	图上位置		实际位置		误差
		经度（°E）	纬度（°N）	经度（°E）	纬度（°N）	（km）
安 吉	武康县城	119.961918	30.542679	119.957878	30.544636	0.44
	安吉县城	119.688668	30.717551	119.686920	30.714928	0.33
	孝丰县城	119.549589	30.592289	119.548729	30.591907	0.10
堡 镇	向 化 镇	121.707531	31.525093	121.717003	31.522285	0.94
	老米行镇	121.686537	31.539084	121.694801	31.534996	0.89
	陈 家 镇	121.793754	31.503954	121.801636	31.501535	0.81
	新 开 河	121.525754	31.584197	121.526260	31.581423	0.32
昌化县	于潜县城	119.391373	30.192909	119.392975	30.189821	0.36
	乐 平 村	119.395831	30.008353	119.398193	30.009716	0.28
	河 桥 镇	119.230680	30.104341	119.228233	30.103685	0.25
	昌化县城	119.212807	30.167729	119.214378	30.167538	0.14
常熟县	支 塘 镇	120.949886	31.612060	120.955627	31.609272	0.63
	荡 口 镇	120.554341	31.525927	120.548386	31.524410	0.59
	梅 李 镇	120.867445	31.708193	120.865959	31.705265	0.34
	常熟县城	120.739141	31.644501	120.739563	31.643152	0.17
崇明县	崇明县城	121.392794	31.624241	121.394600	31.628019	0.46
	庙 镇	121.345236	31.715465	121.343254	31.715635	0.20
	茜 泾 营	121.253324	31.557859	121.251862	31.557497	0.16
德 清	菱 湖 镇	120.169313	30.729502	120.172379	30.717815	1.32
	洛 舍 镇	120.093812	30.635817	120.088699	30.635214	0.49
	埭 溪 镇	120.105581	30.661936	120.011520	30.662743	0.40
	德清县城	120.086100	30.547209	120.083130	30.548956	0.36
	崇德县城	120.430990	30.530488	120.430702	30.531141	0.08
东坝镇	东 坝 镇	119.079697	31.295789	119.054809	31.297047	2.37
	上 沛 埠	119.241568	31.475171	119.217903	31.473080	2.25
	周 城 镇	119.347269	31.355560	119.324371	31.354404	2.17
分 水	印 渚 镇	119.415311	29.980157	119.417068	29.979944	0.17
枫桥镇	虹 赤	120.062312	29.923314	120.063019	29.917341	0.67
	史 家 山	120.061368	29.904646	120.060593	29.900833	0.44
	蔡 家 口	120.006828	29.984915	120.004776	29.983612	0.24
奉贤县	奉 贤 城	121.638337	30.919516	121.643829	30.917057	0.59
	大 团 镇	121.731515	30.975858	121.733673	30.973919	0.31
	青村港镇	121.576318	30.926501	121.575790	30.924442	0.24

续表

图幅	参考地物	图上位置		实际位置		误差(km)
		经度(°E)	纬度(°N)	经度(°E)	纬度(°N)	
福山镇	鹿苑镇	120.638002	31.855320	120.634590	31.856058	0.33
	北澗镇	120.544302	31.783483	120.541451	31.782110	0.31
	福山镇	120.758761	31.798795	120.758339	31.800404	0.19
富阳	临安县城	119.721849	30.239177	119.709869	30.239689	1.15
	富阳县城	119.954732	30.050912	119.951851	30.053177	0.36
	闲林埠	119.983533	30.227679	119.980667	30.226849	0.29
高淳县	固城镇	118.986190	31.302394	118.964546	31.304852	2.07
	薛城	118.881305	31.361716	118.860039	31.360762	2.03
	高淳县城	118.886454	31.323973	118.868912	31.325647	1.68
高桥镇	朝阳镇	121.784327	31.473579	121.793671	31.471380	0.92
	高桥镇	121.569703	31.345752	121.577629	31.347881	0.78
	老八效镇	121.753363	31.489077	121.757507	31.488882	0.40
光福镇	光福镇	120.387542	31.298999	120.396736	31.292299	1.15
	通安桥镇	120.458060	31.371700	120.454590	31.372971	0.35
	金墅港镇	120.402815	31.379819	120.401337	31.380041	0.14
海门县	永安镇	121.326114	331.78604	121.329582	31.780991	0.65
	保安镇	121.352811	31.765714	121.350105	31.763973	0.32
	三星镇	121.284571	31.777441	121.282158	31.775824	0.29
海宁	通元镇	120.841758	30.454145	120.836494	30.456751	0.58
	周王庙镇	120.502131	30.460870	120.505348	30.463997	0.47
	盐官镇	120.539274	30.406928	120.539078	30.408051	0.12
海盐	新篁镇	120.927077	30.632415	120.912224	30.619350	2.04
	沈荡镇	120.815519	30.571462	120.821198	30.577202	0.84
	海盐县城	120.944524	30.517148	120.936348	30.518957	0.81
	濮院镇	120.626893	30.685467	120.629646	30.680721	0.58
	王店镇	120.719037	30.621584	120.720528	30.621500	0.14
杭圩镇	汤口镇	119.418546	30.509572	119.413963	30.510128	0.46
	杭圩镇	119.376672	30.577707	119.375733	30.574827	0.34
	报福坛镇	119.476558	30.512800	119.474358	30.512321	0.23
杭州市	良渚镇	120.058325	30.381872	120.049461	30.378300	0.95
	临平镇	120.302259	30.424363	120.294632	30.423050	0.76
	长安镇	120.446690	30.452275	120.445602	30.458162	0.67
绩溪	岭下	118.972461	30.083991	118.973793	30.085186	0.19

图幅	参考地物	图上位置		实际位置		误差
		经度（°E）	纬度（°N）	经度（°E）	纬度（°N）	（km）
嘉定县	安亭镇	121.146355	31.298788	121.162300	31.305504	1.69
	嘉定县城	121.242645	31.386050	121.237656	31.381798	0.68
	罗店镇	121.334066	31.414877	121.339180	31.413281	0.51
	太仓县城	121.104040	31.447120	121.100487	31.448158	0.35
	南翔镇	121.302708	31.292606	121.304375	31.293303	0.18
嘉兴县	嘉善县城	120.907973	30.843197	120.919563	30.843355	1.12
	嘉兴县城	120.742376	30.763897	120.753784	30.763203	1.10
	新塍镇	120.604039	30.799647	120.606735	30.799597	0.26
	西塘镇	120.886910	30.948082	120.889305	30.948664	0.23
江阴县	江阴县城	120.270539	31.904974	120.261604	31.903597	0.85
	华墅镇	120.468651	31.834223	120.459755	31.834934	0.84
	璜塘镇	120.341893	31.756207	120.338806	31.755472	0.32
	后塍镇	120.450021	31.920337	120.447685	31.921410	0.26
金山县	松隐镇	121.231723	30.898808	121.235786	30.895794	0.51
	枫泾镇	121.007823	30.891283	121.010849	30.889601	0.33
	张堰镇	121.278875	30.805695	121.280762	30.805349	0.19
金坛县	运村镇	119.989581	31.559759	119.972420	31.560637	1.64
	湟里镇	119.722664	31.638803	119.708511	31.635805	1.39
	鸣凰镇	119.939290	31.669176	119.927994	31.671247	1.08
旌德	竹坞口	118.952136	30.323722	118.952919	30.326271	0.30
	岛石镇	118.942534	30.293556	118.945091	30.293364	0.24
句容县	句容县城	119.188103	31.946669	119.163879	31.944391	2.31
	直溪桥镇	119.476137	31.808868	119.454308	31.804285	2.12
	延陵镇	119.486627	31.877976	119.477326	31.880869	0.94
溧水县	溧水县城	119.044373	31.649906	119.021545	31.655041	2.24
	薛埠镇	119.393224	31.714055	119.368927	31.716450	2.32
	上兴埠	119.267157	31.526738	119.248939	31.525223	1.74
秣陵关	江宁镇	118.633183	31.869276	118.601685	31.866243	2.99
	秣陵关	118.860315	31.836028	118.833069	31.834310	2.57
	陶吴镇	118.796267	31.780637	118.770706	31.780382	2.41
南汇县	南汇县城	121.746404	31.049919	121.752251	31.050167	0.55
	周浦镇	121.570177	31.122751	121.574425	31.119270	0.55
	川沙城	121.694585	31.198604	121.700180	31.198599	0.54

图幅	参考地物	图上位置		实际位置		误差（km）
		经度（°E）	纬度（°N）	经度（°E）	纬度（°N）	
南京市	麒麟门	118.944202	32.054796	118.916748	32.057571	2.61
	马群	118.907916	32.051407	118.881813	32.052090	2.46
	仓波门	118.908839	32.026763	118.883926	32.027069	2.33
平湖	全公亭镇	121.216386	30.681792	121.220276	30.686998	0.69
	新仓镇	121.183685	30.731575	121.180176	30.733303	0.39
	平湖县城	121.011523	30.700073	121.014969	30.701364	0.36
千秋关	泗洲殿	119.391550	30.265724	119.394882	30.260332	0.67
	章村市	119.378209	30.465091	119.374329	30.462862	0.46
前山镇	杨湾镇	120.364484	31.046763	120.359863	31.051996	0.73
	黄芦镇	120.484965	31.136488	120.480469	31.138340	0.48
	胥口镇	120.475947	31.228281	120.472794	31.228802	0.31
上海市	松江县城	121.237187	31.010114	121.22319	31.010416	1.35
	泗泾镇	121.268423	31.113908	121.272827	31.114523	0.43
	珠街阁	121.046589	31.112318	121.050278	31.111488	0.37
泗安镇	泗安镇	119.651372	30.899504	119.653358	30.899017	0.18
	虹溪镇	119.867950	30.926521	119.865959	30.923880	0.35
	晓墅镇	119.778795	30.781514	119.776993	30.780296	0.22
泰县	新坝镇	119.757436	32.257692	119.749405	32.263706	1.01
泰兴县	靖江县城	120.271990	32.019578	120.262291	32.016293	0.98
	斜桥镇	120.385285	32.058839	120.382377	32.062157	0.46
	西来镇	120.427026	32.122322	12.4274900	32.119068	0.37
桐庐	新登县城	119.729971	29.970632	119.727051	29.972444	0.34
	场口镇	119.878355	29.916257	119.878082	29.913307	0.32
	龙门村	119.947793	29.903929	119.946564	29.901613	0.28
无锡县	无锡县城	120.302158	31.577334	120.289337	31.578503	1.23
	安镇	120.477537	31.61012	120.471458	31.604586	0.86
	张泾桥	120.442545	31.660869	120.436379	31.658388	0.64
	横林镇	120.106875	31.700388	120.101303	31.697910	0.59
吴江县	黎里镇	120.708480	31.004696	120.706398	30.991772	1.45
	八坼镇	120.671686	31.081292	120.665359	31.076445	0.81
	横泾镇	120.534805	31.172361	120.532226	31.168371	0.49
	吴江县城	120.643016	31.164409	120.641113	31.162302	0.30
	陈墓镇	120.890004	31.177251	120.892403	31.177067	0.24

图幅	参考地物	图上位置		实际位置		误差
		经度（°E）	纬度（°N）	经度（°E）	纬度（°N）	（km）
吴县	浒墅关	120.502684	31.379734	120.497223	31.382122	0.57
	昆山县城	120.951081	31.386745	120.952133	31.382082	0.54
	甪直镇	120.871296	31.275416	120.866852	31.273039	0.48
吴兴	南浔镇	120.438328	30.877275	120.425812	30.877407	1.21
	吴兴县城	120.095619	30.867693	120.096671	30.867243	0.38
	大钱镇	120.174316	30.927717	120.176208	30.924887	0.36
	双林镇	120.316429	30.782347	120.317413	30.784458	0.23
武进县	奔牛镇	119.824698	31.856413	119.813133	31.858330	1.12
	武进县城	119.962640	31.778620	119.952950	31.778675	0.92
	丹阳县城	119.577035	31.996096	119.569374	31.995451	0.73
萧山	留下镇	120.056888	30.244821	120.053658	30.245033	0.33
	大源镇	120.000944	30.003370	120.002678	30.003084	0.16
	里山镇	120.063167	30.048793	120.064033	30.048142	0.11
小丹阳	乌山镇	118.989515	31.725523	118.964150	31.728958	2.42
	桑园蒲	118.902616	31.622281	118.878067	31.622501	2.33
	河林坊	118.954291	31.588948	118.930794	31.588409	2.22
扬中县	丹徒镇	119.542155	32.194013	119.520325	32.194241	2.07
	孟河镇	119.812775	32.034347	119.801819	32.038097	1.10
	埤城镇	119.713010	32.121239	119.703545	32.119202	0.91
宜兴县	溧阳县城	119.511181	31.432377	119.483788	31.430468	2.62
	和桥镇	119.907564	31.487200	119.886704	31.481482	2.09
	宜兴县城	119.832026	31.367912	119.812409	31.367634	1.88
余杭	青山镇	119.807927	30.261363	119.809738	30.251278	1.15
	上柏镇	119.956477	30.489510	119.949020	30.487719	0.73
	余杭县城	119.935080	30.278002	119.929207	30.276104	0.59
	双溪镇	119.828099	30.406728	119.824333	30.407410	0.36
长兴县	湖父镇	119.809943	31.239779	119.792076	31.236544	1.73
	白岘镇	119.650945	31.131317	119.652763	31.126911	0.52
	夹浦镇	119.938870	31.109437	119.937599	31.105585	0.45
	长兴县城	119.904144	31.006607	119.903450	31.007881	0.16
镇江县	龙潭镇	119.070679	32.172937	119.043091	32.164314	2.77
	新塘市	119.117154	32.015656	119.093147	32.013393	2.29
	东昌街镇	119.314933	32.055873	119.296432	32.054920	1.74

考地物的误差均在 2km 左右，甚至接近 3km，误差最小者能控制在
0.5km 以内，还有一些图幅参考地物的误差较大，如"德清"、"长
兴县"等，不过这些图幅的误差基本上还能集中在某一范围之内，
超过这一范围的并不算多。总体而言，大多数图幅的误差在 1km 以
内。误差最大的 10 幅图均为江苏省的图幅，浙江省的图幅总体而言
误差均较小，结合表 3 – 1 – 3 与附录表 1，图幅误差大小与该图幅的
制印时间、高程、图式等信息并无直接关系，而这恰好可以印证前
文关于所见相同图名各图幅间没有本质区别的判断。

　　潘威等在其研究中对所使用 6 幅五万分之一地形图的误差程度
进行了评估（如表 3 – 1 – 4 所示），24 个参考地物的误差最大为
3.84km，最小为 0.67km，误差的分布范围较为分散，在 1km 以内的
参考地物仅 2 个，1～1.5km 共 9 个，1.5～3km 共 10 个，超过 3km
的有 3 个。虽然从样本量上看，本书所评估的图幅远多于潘威等所
评估的 6 幅，但从与此 6 幅五万分之一地形图在覆盖区域上有重合

表 3 – 1 – 4　6 幅五万分之一地形图误差情况

图幅	参考地物	误差(km)	图幅	参考地物	误差(km)
松江南	米市渡	2.71	甪直镇	陆家镇	1.28
	华阳桥镇	2.32		甪直镇	1.15
	亭林镇	3.54		锦溪镇	1.34
	小蒸镇	2.67		菖蒲楼	1.33
松江北	泖塔	1.55	枫泾镇	练塘镇	2.10
	青浦县城	1.36		芦墟镇	2.97
	杜巷	1.32		三店镇	3.64
	车墩镇	2.03		枫泾镇	3.84
南翔镇	蟠龙镇	1.40	珠街阁	张家湾	1.44
	南翔镇	0.76		朱家角镇	1.91
	安亭镇	0.67		莘塔镇	1.88
	香花桥镇	1.00		金家荡	1.70

　　资料来源：根据潘威、满志敏《大河三角洲历史河网密度格网化重建方法——以上海
市青浦区 1918～1978 年为研究范围》（《中国历史地理论丛》2010 年第 2 期）一文的附表
整理，"误差"取小数点后两位。

的"嘉定县"、"金山县"、"上海市"和"吴县"等图幅的误差情况（见表 3 - 1 - 3）对比来看，还是能够看出一个总体趋势，即五万分之一地形图的误差程度要高于十万分之一地形图。[1]

四　民国十万分之一地形图所见江南市镇

完成对地形图中 3 种标注形态的居住地信息的提取后，尚有一个问题必须明确，即提取出来的这些市镇是否代表江南市镇的全部。尽管从理论上说，十万分之一地形图所标注的居住地信息完全涵盖了所有聚落，但本书所提取的毕竟只是其中的市镇信息，而据前文所述，这些市镇（街市）是按照一定的标准选择出来的，那么选择的过程中就可能存在某些遗漏，这些都是无法完全避免的，问题的关键是本书将要详细分析的实态标注市镇是否完全。因此，尚需对此进行分析。

关于江南的市镇数量，至今并未有完整的权威性研究成果，虽然在蔚为大观的江南市镇研究中不乏前辈学者的关注，但时段主要集中于明清时期，所用资料则以方志为主。[2] 最近的研究则以范毅军用力最深，其以清代的苏州府、松江府、太仓直隶州为研究区域，虽然所使用的仍是方志资料，但由于现在所能见到的方志在数量上远超 20 世纪 80 年代末 90 年代初，加之其较早引入了 GIS 技术手段，将苏松太地区从明代中期至 1980 年代的所有市

---

① 由于比例尺的关系，即使是两者的误差程度一样，五万分之一地形图的精度仍劣于十万分之一地形图。如同是 1000 米误差，表现在十万分之一地形图上为 1 厘米，而在五万分之一地形图上则为 2 厘米。

② 主要研究有傅衣凌《明清时代江南市镇经济分析》，《历史教学》1964 年第 5 期；陈学文《论明代江浙地区市镇经济的发展》，《温州师专学报》1981 年第 1 期；刘石吉《明清时代江南市镇研究》；樊树志《明清江南市镇探微》，复旦大学出版社，1990；樊树志《江南市镇：传统的变革》，复旦大学出版社，2005。其中以台湾学者刘石吉的研究最具功力，其以整个江南地区（八府一州）为研究对象，并且将研究时段下延至民国时期，将当时所能见到的方志资料中所载的市镇整理成统计表［参见范毅军《明清江南市场聚落史研究的回顾与展望》，（台北）《新史学》第 9 卷第 3 期，1998 年 9 月，第 112～114 页］。

镇全部网罗，整理成关于该地区迄今最为完备的市镇统计表，[①]故其研究颇具震撼效果。游欢孙在范氏研究的基础上，以民国区域自治时的调查资料，具体探讨了吴江县市镇数量保持长期稳定而常熟县的市镇数量则大幅增长的原因，提出此乃地方志叙事的"小传统"所致。[②] 即是说，常熟县市镇数量的增长，很大程度上是由于该县县志历代编纂者对市镇记载的偏好，即对于市镇，无论大小，均予以详细记载，而吴江县的县志编纂者则正好相反，仅记载达到一定规模的市镇，最终造成两县在市镇数量上的巨大差别。

针对以往研究均主要以地方志为基本核心资料，而且有向计量化发展的趋势，王家范不无担忧地指出，地方志往往缺乏对乡市集镇的严格界定，除少数较大的市镇外，"市"与"镇"的称呼在江南实际上很随意，"市""镇"不分，这些现象在江南地区普遍存在，本地人也就见怪不怪了，其认为若无史料的扩展，地方志叙事方式所造成的难题将很难解决，其呼吁研究者将目光延伸至民国，以期利用丰富的调查资料打开新的局面。[③] 其实王氏所论，范毅军于其研究中即已提出：要界定一个市镇，必须将市镇的规模和空间范围作为考虑的基本因素，由此观之，史料中"所环""所聚"数千家或万家就极有可能指的是镇区及其邻近村落的居民总数。[④] 而且其亦对以往研究中将所有市镇视作一个等量单位进行处理的方法提出了质疑，认为这仅能作为分析的一个方面，此外则还必须对每一市镇的具体规

① 范毅军：《明中叶以来江南市镇的成长趋势与扩张性质》，《中央研究院历史语言研究所集刊》第73本第3分册，2002年9月，第443～552页；范毅军：《传统市镇与区域发展——明清太湖以东地区为例，1551～1861》。

② 游欢孙：《地方志叙事"小传统"与明清以来江南市镇的数量增长——兼论1929年与1934年的"商业市镇"与"自治镇"》，《学术月刊》2009年第10期。

③ 王家范：《明清江南研究的期待与检讨》，《学术月刊》2006年第6期，第149～152页。该文的批评对象并非范毅军，而是时下颇热的"加州学派"的相关研究。

④ 范毅军：《明清江南市场聚落史研究的回顾与展望》，（台北）《新史学》第9卷第3期，1998年9月，第111页。

模进行考订。① 两人的提法虽然不同，但在本质上是一样的。

从某种意义上讲，在以往使用地方志资料对江南市镇数量进行的研究中，由于未对"市镇"的概念有清晰界定或对其内涵有清醒认识，以至于未能对方志资料的记载进行批判式使用，所以才会出现王家范所说的问题。而范毅军的研究则由于对"市镇"内涵有较为清醒的认识，② 在研究中能对方志资料进行批判性使用，从而避免了类似问题的出现。那么范氏利用民国方志资料所整理出来的苏松太地区各县市镇与笔者根据民国十万分之一地形图所整理出来的市镇在数量上有何异同？两种资料是否存在优劣之分？是否均能反映江南市镇的全部？这是下文将要探讨的问题。

在范氏的研究中，其将全部市镇按户口分为 4 个等级，300 户或 1500 人以下为第一级，500 户或 2500 人以下为第二级，户数或人口数超过第二级的市镇为第三级，所有府、州、县城，则无论人口多少均为第四级。③ 将其文章所附的 14 县各级别市镇进行进一步统计，并与笔者根据地形图所提取的市镇信息一起整理成表 3 - 1 - 5。

根据表 3 - 1 - 5，从总量上看，地形图资料中的市镇总体上略少于方志资料，14 个县总计相差 55 个，分县情况则是苏州府 4 县中，除常熟县外，地形图资料中的市镇数量多于方志资料，以吴县的差距最大，达 62 个，松江府各县与太仓县则是地形图资料普遍少于方志资料。从各级别市镇数量上看，由于方志资料中第四级的市镇是将府、州、县治单列，其实际上均是第三级的市镇，故地形图中最

① 范毅军：《明中叶以来江南市镇的成长趋势与扩张性质》，《中央研究院历史语言研究所集刊》第 73 本第 3 分册，2002 年 9 月，第 448～449 页。

② 虽然其对"市镇"所进行的工作性定义（working definition）与以往研究相同，史籍中所有名称为市镇者均在其定义范围，但其旨趣与以往研究却完全不同，其所希望的是，当其一系列研究完成以后，江南市镇的实质意义会自然浮现（见范毅军《明中叶以来江南市镇的成长趋势与扩张性质》，《中央研究院历史语言研究所集刊》第 73 本第 3 分册，2002 年 9 月，第 444～445 页）。

③ 范毅军：《明中叶以来江南市镇的成长趋势与扩张性质》，《中央研究院历史语言研究所集刊》第 73 本第 3 分册，2002 年 9 月，第 468 页。

表 3 - 1 - 5　地形图资料与方志资料所见的民国江南
（苏松太地区）市镇数量

县名	十万分之一地形图中的民国江南市镇				地方志资料中的民国江南市镇				
	⊙	●	实态	总计	第一级	第二级	第三级	第四级	总计
常熟县	35	32	15	82	66	12	5	1	84
吴　县	70	45	15	130	43	9	15	1	68
吴江县	7	14	7	28	11	3	6	1	21
昆山县	24	9	5	38	21	4	3	1	29
太仓县	17	6	2	25	26	5	1	1	33
嘉定县	12	10	2	24	19	4	5	1	29
宝山县	11	8	6	25	12	4	2	1	19
青浦县	18	9	6	33	41	2	4	1	48
上海县	19	26	1	46	42	18	9	1	70
南汇县	21	18	3	42	55	11	3	1	70
川沙县	10	0	1	11	24	0	0	1	25
奉贤县	13	11	5	29	34	5	3	1	43
松江县	29	16	4	49	49	3	5	1	58
金山县	9	4	5	18	33	1	3	1	38
总　计	295	208	77	580	476	81	61	14	635

　　资料来源："十万分之一地形图中的民国江南市镇"根据十万分之一地形图所提取的居住地信息整理统计；"地方志资料中的民国江南市镇"根据范毅军的《明中叶以来江南市镇的成长趋势与扩张性质》（《中央研究院历史语言研究所集刊》第 73 本第 3 分册，2002 年 9 月，第 443～552 页）附录二整理统计。

　　高级别的市镇，即实态标注的市镇可与方志资料中的第三、第四两级市镇的数量进行比较，[1] 总体而言是地形图资料略多于方志资料，仅嘉定、上海、南汇、松江 4 县相反。

　　仅从数量上看，无论是地形图资料还是方志资料，均很难说包括了江南市镇的全部，两者均有所遗漏，而且从两种资料所见的各县具体市镇中，也不是完全一致，据笔者对常熟县的统计对比，地形图中的 82 个市镇，只有 62 个市镇与方志资料中一致，尚有多达

---

　　① 范毅军文中的分级方法是以方志或其他史料中明白提及某镇有多少户或多少人口为准，除调查资料外，传统史料中的数字大多比较模糊，仅可供参考，加之其数量可能是包括了该镇周边乡村的人口，故其各分级中的市镇数量会存在一定水分，总体而言是级别越高，出错的概率越小。

20 个市镇不一致，换言之，即地形图资料中有 20 个市镇为方志资料所缺载，而方志资料中有 22 个市镇为地形图所缺载。可见根据这两种资料所统计出来的江南市镇数量均是不完全的，只能说这两种资料是目前关于江南市镇最为集中和系统的资料。但是从高级别市镇的数量来说，两种资料显示出较好的一致性，遗漏的可能性不大。在上述笔者对两种资料中常熟县的市镇进行的对比中，地形图中的 15 个实态标注市镇均能在方志资料中找到相对应的市镇，而且常熟县的 6 个最高级别市镇均在其中，因此，仅从江南市镇数量这一点来看，这两种资料并无优劣之分，而且在某种程度上还具有互补作用；而高级别的市镇，虽然两者也不完全相同，但更多是由分级标准不同所造成的，两种资料遗漏的可能性均不大，即使有也仅是个别，所以本书所要用到的地形图中的实态标注市镇是齐全的。

民国十万分之一地形图中标注的江南各县三类市镇的分布情形如图 3 - 1 - 4 所示，各县三种类型市镇具体的数量则见表 3 - 1 - 6。总计 1628 个市镇，其中实态标注市镇有 301 个（即图 3 - 1 - 4 中符号为★的市镇），下文将对这 301 个市镇进行进一步的分析，进而对这些城镇的人口规模进行考订与估计。首先，对于民国时设市的上海、南京、杭州，其有较为丰富的市政建设资料可资利用，另外像无锡、苏州、镇江、常州、常熟、嘉兴、湖州等城市，虽未设市（或设市不久即废），可资利用的市政资料不多或者没有，但由于其经济地位较为重要，故仍可以或多或少找到一些人口资料，对于这些城市将在明确其行政区划变动的基础上，讨论其人口数字是仅指城市人口还是包括郊区人口在内，第四章对大城市人口的讨论思路亦与此相同。其次，一些县城或规模较大的市镇，其在所属县域的地位较为重要，亦存在一些城区或镇区的人口资料，然而过于零散，难以收集完整，但在当代新修的县志、人口志或乡镇志等新方志资料中，大多会对此有所记载，虽然各志书记载方式不同，有些明确表明乃镇区人口数，有些则是该镇所处之区或该镇当代区域范围的人口总数。因此，新方志资料经过必要的辨别后亦可找到部分规模

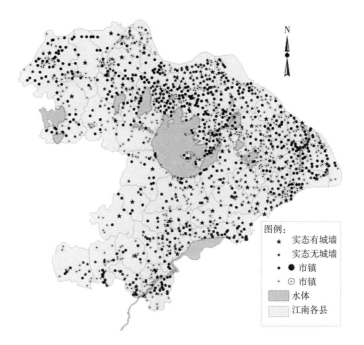

图 3 - 1 - 4　民国十万分之一地形图所见江南各县三种类型市镇分布

说明：底图采自中国历史地理信息系统（CHGIS）1911 年图层，并按照
1912 年县级政区调整情况进行修改；市镇则根据定位好的十万分之一地形图
提取。

较大的市镇在民国时期不同年份的人口数据。最后则是那些无法找
到任何人口数据的城镇，对此则必须进行估算，本书将采取人口密
度估算法。

表 3 - 1 - 6　民国十万分之一地形图所见江南各县三种类型市镇数量统计

县名	实态	●	⊙	总计	县名	实态	●	⊙	总计
安吉县	3	5	0	8	溧阳县	4	5	16	25
宝山县	6	8	11	25	临安县	2	4	9	15
昌化县	4	4	12	20	南汇县	3	18	21	42
常熟县	15	32	35	82	平湖县	7	4	8	19
崇德县	2	0	4	6	青浦县	6	9	18	33
川沙县	1	0	10	11	上海县	1	26	19	46

县名	实态	●	⊙	总计	县名	实态	●	⊙	总计
丹阳县	8	11	26	45	松江县	4	16	29	49
德清县	4	3	7	14	太仓县	2	6	17	25
奉贤县	5	11	13	29	桐乡县	5	1	2	8
富阳县	6	20	40	66	无锡县	3	47	33	83
高淳县	2	9	11	22	吴江县	7	14	7	28
海宁县	9	12	5	26	吴　县	15	45	70	130
海盐县	6	8	5	19	吴兴县	14	7	24	45
杭　县	13	16	16	45	武进县	31	45	22	98
嘉定县	2	10	12	24	武康县	3	2	6	11
嘉善县	5	2	9	16	孝丰县	1	3	5	9
嘉兴县	8	6	11	25	新城县	5	10	12	27
江宁县	6	35	32	73	扬中县	1	0	9	10
江阴县	34	7	21	62	宜兴县	8	6	27	41
金山县	5	4	9	18	于潜县	5	9	22	36
金坛县	7	15	13	35	余杭县	5	4	3	12
句容县	1	16	15	32	长兴县	5	9	13	27
昆山县	5	9	24	38	镇江县	6	7	41	54
溧水县	1	6	7	14	总　计	301	546	781	1628

资料来源：根据十万分之一地形图所提取的居住地信息整理统计。

第二节　民国江南地区的总人口与大城市人口

一　民国江南各县人口资料的选用

尽管存在江宁、句容、吴江、平湖等少数几个县在民国时期的详细人口调查资料，但无法从这些调查资料中获得一个时间相对统一的江南地区各县人口数以及整个江南地区的人口总数。从全国的角度看，由于整个民国时期不存在严格现代意义的人口普查，[①] 获取全国性人口数字相当困难，但国民政府对此曾做过许多努力，尽管并未成功，却留下几份覆盖区域较广、质量尚可的人口资料，这使

---

① 侯杨方：《中国人口史》第 6 卷，第 55 页。

得获取江南各县人口数字成为可能。

民国时期第一次尝试获取全国性人口数字的努力是 1912 年人口普查，此次普查由于有宣统普查作为基础，其户口数字遗漏程度已大为减小，[①] 但普查并未覆盖全部区域，尚有安徽、广东、广西等 8 个省级政区未进行，而且其总体质量仍然不高。[②] 南京国民政府成立以后，于 1928 年亦进行过一次全国人口普查尝试，但办理者仅 16 省，[③] 这次普查的质量相对较高，其结果"对于正确估计此时的全国人口数量仍然具有相当重要的意义，甚至可以说是最为可靠的依据"。[④] 在具体时间上，江浙沪三省市并不十分一致，江苏省最终结果于 1929 年 5 月下旬呈报，浙江省于 1928 年 10 月 18 日呈报，上海市于 1928 年 11 月中旬呈报，[⑤] 故在调查时间上，江苏省应为 1929 年，浙江省及上海市为 1928 年。

南京国民政府成立后，可以算得上人口普查的只有 1928 年这一次，此外，随着各省市县人口登记制度的逐步建立，[⑥] 一些由各县上报汇总而成的全国人口资料得以形成。如 1931 年内政部举行全国各县市土地调查，并于 1935 年编辑出版《全国各县市人口土地调查》，这份资料中的人口数据即为各县上报，时间大多集中于 1931 年，其中本书所涉及的江南各县市中，苏南除松江、金山、吴江、江阴 4 县的人口数为 1930 年数字外，其余各县均为 1931 年的人口数，浙北各县均为 1932 年的人口数，上海、南京 2 市为 1935 年数字。该份资料的可靠性较高，对于研究分地区人口数及估计复原全国人口数均十分宝贵。[⑦]

---

① 姜涛：《序言》，载殷梦霞、田奇选编《民国人口户籍史料汇编》第 1 册，国家图书馆出版社，2009，第 3 页。
② 侯杨方：《中国人口史》第 6 卷，第 61 页。
③ 姜涛：《序言》，载殷梦霞、田奇选编《民国人口户籍史料汇编》第 1 册，第 6 页。
④ 侯杨方：《中国人口史》第 6 卷，第 66 页。
⑤ 内政部统计司编印《民国十七年各省市户口调查统计报告》，1931，第 6~9 页。
⑥ 包括人事登记、户籍登记、保甲户口。
⑦ 侯杨方：《中国人口史》第 6 卷，第 262 页。

另外，保甲制度的推行也留下了不少户口资料，1936年国民政府筹备国民大会代表选举，1月份即电令各省市政府汇报所属各县保甲户口统计，并将结果汇总，以《全国选举区户口统计》为题发表于1936年《内政统计季刊》创刊号上，江浙两省分别在1936年1、2月完成上报，各县人口数为1935年的保甲户口数。这份资料由于几乎包括了当时全国所有的县市，且具有大致的标准时点（1936年初），历来受学者重视，[①]然而关于其可靠性，侯杨方认为仅从制度层面看即可肯定该资料的户口统计数偏低，原因在于其以保甲户口清查制度为基础，自由职业团体（学校、各种社会团体）及军队人口没有计入人口总数。[②]实际上侯氏的这一论断并不十分准确。

侯氏此论断的依据为保甲户口清查制度不包括自由职业团体及军队人口，据侯著中关于此制度的研究内容，[③]各省的保甲户口清查制度基本上是以豫、鄂、皖三省"剿匪"总司令部于1932年8月颁布的《剿匪区内各县编查保甲户口条例》为准或者以之为参考制定，其编查范围除普通户外，尚包括寺庙、船户、公共处所，并未言明不包括自由职业团体与军队人口。另外，江苏省上报的各选举区户口数据乃1935年各县的保甲户口数据，各县数据与1936年4月出版的《江苏省保甲总报告》中1935年各县人口统计数中的"普通户及船户人口"、"公共处所人口"和"寺庙人口"三项的总和一致（此外尚有"外人人口"一项），[④]而"公共处所凡公署、兵营、监狱、习艺所、学校、工厂、医院、祠堂、会馆、公所及教会内附设有学校或其他公共机关等皆属之"。[⑤]可见公共处所人口包括侯氏所言的

---

① 具体参见侯杨方《中国人口史》第6卷，第267页。
② 侯杨方：《中国人口史》第6卷，第267页。
③ 侯杨方：《中国人口史》第6卷，第68～71页。
④ 江苏省民政厅编《江苏省保甲总报告》，江南印书馆，1936，第107～109页。
⑤ 《公共处所户口调查表样式》说明一，载江苏省民政厅编《江苏省保甲总报告》，第98页。

自由职业团体及军队人口，如果各省的保甲户口编查在制度上具有统一性的话，那么其他各省也应与江苏省一样，[①] 因此从制度层面并不能证明该资料人口数偏低。另外，从表 3 - 2 - 1 江南各县"1935年"与"1931年"两列数据的对比也可以看出，绝大多数县份 1935年人口数比 1931（或 1932）年的人口数多，即使扣除人口的自然增长，1935 年各县的人口数总体而言仍较 1931（或 1932）年偏大，而1931（或 1932）年的数据来自侯氏认为可靠性较高的《全国各县市人口土地调查》，由此，这份资料，至少是江南地区各县的人口数并不存在"偏低"的情况。

以上三份较为可靠的资料中，江南各县的人口数如表 3 - 2 - 1 所示。由于城镇人口资料的限制，笔者无法进行民国时期多个时间断面的江南城镇化水平研究，结合本书所使用的城镇人口资料相对集中于 1933 年以后的实际情况，笔者以为选用标准时间相对一致的 1935 年江南各县市保甲户口数字较为合适，[②] 则江南各县人口如表 3 - 2 - 1 的"1935 年"一列所示，总人口为 22225911人。

在确定好民国时期江南各县人口及总人口后，接下来的工作则是对城镇人口进行分析，本章拟分为大城市和普通城镇两类分别进行，本节主要分析上海等 10 个大城市的人口数量，下一节则专门对普通城镇的人口进行研究。关于上海、南京、杭州等大城市民国时

[①]　实际上，在内政部关于各省市保甲户口编查的介绍中，除四川、浙江、福建、贵州、河南、甘肃、宁夏、绥远、南京 9 省市的户口清查表册情况不详外，其余省市的调查表均分为普通户或船户户口、寺庙户口、公共处所户口、外籍户口 4 类调查表。见内政部统计司编《各省市保甲组织及编查保甲户口办法概要》，《内政统计季刊》第 1 期，1936 年 10 月，第 272～278 页。

[②]　另外，需要说明的是，在下文所确定的各城市人口数量中，虽然笔者尽量以靠近此标准时间（即 1935 年或 1936 年初）的数据为准，但由于城镇人口资料的限制，此点无法完全做到，故各城市人口数量实际对应不同的年份，为保持资料序列的完整性及实际操作的便利性，不再对各县市人口数据进行调整。

表 3 - 2 - 1　民国江南各县市人口数（数据较可靠年份）

县市	1928 年	1931 年	1935 年	县市	1928 年	1931 年	1935 年
镇江县	483790	523300	607378	江阴县	746655	716955	784272
江宁县	492085	530903	443741	杭　县	390351	393401	402643
句容县	256483	276712	315643	海宁县	355737	348498	367050
溧水县	174395	170198	196370	富阳县	205676	206507	216893
高淳县	227792	219219	244103	余杭县	125947	135184	137577
丹阳县	464031	461199	537163	临安县	86124	83185	89751
金坛县	245822	243389	290324	于潜县	69648	62933	68547
溧阳县	330553	337110	380340	昌化县	78068	73673	78367
扬中县	151379	150527	184435	嘉兴县	449301	415308	423974
上海县	115617	114750	134672	嘉善县	220911	204973	194697
松江县	408091	379056	447780	海盐县	212588	209903	206292
南汇县	517730	482107	558530	崇德县	207050	200327	198264
青浦县	266892	250651	294142	平湖县	274521	269343	278823
奉贤县	224459	199854	243330	桐乡县	164598	164211	161805
金山县	164854	156005	168341	吴兴县	732894	668117	702118
川沙县	130588	130477	152813	长兴县	236151	238232	243067
太仓县	296754	289893	316190	德清县	179018	178314	177552
嘉定县	252726	244551	297976	武康县	57899	63518	61970
宝山县	168808	162371	189408	安吉县	81068	82017	88648
吴　县	903095	916749	1104309	孝丰县	72467	83699	93419
常熟县	876584	857011	917262	新登县	60160	60387	63483
昆山县	239510	235438	274696	杭州市	426916	490187	574439
吴江县	468653	432372	496298	南京市	496526	831500	1019148
武进县	893111	842765	1100975	上海市	1500100	3442006	3485998
无锡县	941375	899291	1199696				
宜兴县	514492	498948	609210	总　　计	18002521	19973203	22225911

注："1928 年"一列中，上海市的人口数不包括公共租界和法租界；"1931 年"一列中，松江、金山、吴江、江阴 4 县为 1930 年人口数，浙江省各县市均为 1932 年的人口数，上海、南京 2 市为 1935 年人口数。

资料来源："1928 年"一列据内政部统计司编印《民国十七年各省市户口调查统计报告》，第 67～69、73～74 页；"1931 年"一列据内政部统计司《全国各市县土地人口调查》，1935，载殷梦霞、田奇选编《民国人口户籍史料汇编》第 5 册，国家图书馆出版社，2009，第 415～416、477～478 页；"1935 年"一列据内政部统计司《全国各选举区户口统计》，《内政统计季刊》第 1 期，1936 年 10 月，第 126～131 页。

期的人口数量，已有诸多研究涉及，[①] 加之行政区划意义的市制兴起于民国时期，[②] 上海、南京、杭州等设市城市，由于市政建设的需要，大多进行过户口调查并逐步形成稳定的户籍登记制度，从而使得这些城市存在多个年份的人口资料可兹利用；而像苏州、无锡等城市，虽然亦一度设市，然而不久即被撤销，[③] 并未留下相关的市政建设资料，然而由于历史或经济上的原因，其在民国各城市中亦占有一席之地，故亦存在一些人口资料。因此，要想厘清并获得江南这些大城市的人口数量并非难事。然而本书所需要的并不仅仅是一个人口总数，而是要具体到这一城市建成区的人口数量，或者这一城市的非农业人口数量，这就需要将郊区人口或农业人口剔除，而这个工作，以往的研究并未涉及。如关于上海市，以往研究大多未厘清上海市在历史时期的空间范围，而直接以松江县或以上海县代表上海市，[④] 更别说上海市市区与郊区的区分了。关于其他城市的研究，亦存在类似的情况，因此，下文将对民国时期江南地区各大城市的人口进行仔细甄别，力图将郊区人口或农业人口剔除出来，仅以建成区（市区或城区）人口或非农业人口作为该城市的人口数量。[⑤]

---

① 如邹依仁《旧上海人口变迁的研究》，上海人民出版社，1980；褚绍唐《上海建县以来的人口变迁》，《学术月刊》1985 年第 9 期，第 72～76 页；樊卫国《论开埠后上海人口的变动（1843～1911）》，《档案与史学》1995 年第 6 期，第 41～46 页；孙宅巍《南京大屠杀与南京人口》，《南京社会科学》1990 年第 3 期，第 75～80 页；赵洪宝《"南京大屠杀"前后的南京人口问题》，《民国档案》1991 年第 3 期，第 101～107 页；张连红《南京大屠杀前夕南京人口的变化》，《民国档案》2004 年第 3 期，第 127～134 页；郑生勇《清代、民国时期杭州人口发展探略》，《中共杭州市委党校学报》2003 年第 3 期，第 36～39 页。

② 见吴松弟《市的兴起与近代中国区域经济的不平衡发展》，《云南大学学报》（社会科学版）2006 年第 5 期；傅林祥、郑宝恒《中国行政区划通史·中华民国卷》，复旦大学出版社，2007，第 106 页。

③ 吴县城区 1927 年设苏州市政筹备处，1928 年 11 月正式设为江苏省省属市，1930 年 4 月 23 日即撤；无锡县城区 1927 年设为江苏省省属市，1929 年改为无锡市政筹备处，1930 年 4 月撤销。见内政部年鉴编纂委员会编《内政年鉴》，商务印书馆，1936，第 B138 页。

④ 侯杨方：《上海历史上的人口总量估计》，《学术月刊》1995 年第 7 期，第 59～63 页。

⑤ 第四章笔者亦是按照此思路对 1953 年江南各大城市的人口进行分析。

二　民国上海市的城市人口

南京国民政府成立后即于 1927 年颁布《特别市组织法》，上海、南京先后成为直辖于国民政府的特别市。民国时期上海市进行第一次正式的户口调查是在 1926 年，由当时的淞沪警察厅办理，然而当 1927 年办理完毕并准备进行统计工作时，全国政局发生了变化，上海亦难以幸免，这导致所有案卷散佚，至上海市公安局改组成立后，又于 1928 年进行重新规划办理。此次办理，上海市公安局准备充分，制定调查章程、服务规则、奖惩条例以及各种调查表、簿册等工作与训练专门调查人员（挑选 162 名警察）同时进行，待一切准备就绪以后才开始进行调查，半年以后完成，随即进行抽查及办理异动人事登记，并在各区设立专门的户籍官警。[①] 因此，从 1928 年开始，直至 1937 年全面抗战爆发，上海市历年均有人口统计资料，这些资料散见于当时出版的上海年鉴、市政建设统计等相关出版物，据此整理成表 3-2-2。

从表 3-2-2 可以看到，1929 年上海市总人口已近 300 万，至 1937 年上海沦陷前，人口总量已接近 400 万。各年之中，除 1932 年受"一·二八"事变的影响，[②] 人口总数较上一年有所减少外，其余年份较前一年均稳步增长。

另外，此处需要说明的是，上海特别市成立之初，规划的范围较原上海县大为扩展，除上海县外，尚包括宝山、松江、青浦、南汇等县的部分地区，共计 30 个乡，到 1928 年实际接收 17 个市乡，并分别改为区，分别是沪南、漕泾、法华、蒲淞、闸北、引翔、殷

---

① 上海市政府秘书处编《上海市政概要》，1934，第三章《公安》第 16 页，沈云龙主编《近代中国史料丛刊三编》第 75 辑第 745 册，台北：文海出版社。
② 这一影响在 1931 年年底即已显现，当时上海市区本国人口 1496234 人，已较该年 9 月份的 1823989 人大为减少，到 1932 年年底即恢复到 1758711 人。见上海市政府秘书处编《上海市政概要》，第三章《公安》第 16 页，沈云龙主编《近代中国史料丛刊三编》第 75 辑第 745 册。

表 3 - 2 - 2　1928～1937 年上海市区及租界人口数量

时间	市区		公共租界		法租界		总计
	中国人	外国人	中国人	外国人	中国人	外国人	
1928 年	1525562		—	—	—	—	
1929 年	1661347	9474	810279	29947	421885	12922	2945854
1930 年	1692335	9795	971397	36471	421885	12922	3144805
1931 年	1823989	12200	987397	37834	440866	15146	3317432
1932 年	1571089	9347	1030554	44240	462342	16210	3133782
1933 年	1786622	9331	1065554	46392	478755	17781	3404435
1934 年	1914694	11084	1100496	48325	479294	18899	3572792
1935 年	2032399	11615	1120860	38915	479294	18899	3701982
1936 年	2145317	10400	1141737	39242	454221	23398	3814315
1937 年	2142260	10125	1178880	39750	454231	23398	3848644

注：1. "市区"两列数据中，1928 年与 1929 年的为年度数字，即该年年底数，其余年份为该年 9 月份数字，资料来源均为上海市公安局人口统计报告。此处值得注意的是，《上海市政概要》的《上海市户口年度增减比较表》中，1930～1932 年的数据与《民国三十六年上海市年鉴》及《上海市统计》相应年份的数据不一致，原因即为前者为年底数，后两者为 9 月份数字。

2. "公共租界"根据工部局历年年报；"法租界"根据公董局公布之人口统计。

资料来源：1928 年、1929 年数据根据上海市政府秘书处编《上海市政概要》，第三章《公安》第 16 页；1930～1937 年数据根据上海市通志馆年鉴委员会编《上海市年鉴》，中华书局，1946，B9～10 页（1930～1932 年数据同样见上海市地方协会编《上海全市人口统计表（十九年至二十一年）》，载《上海市统计》，商务印书馆，1933，"人口"第 1 页；1933～1935 年数据同样见上海市年鉴委员会《上海市年鉴》上册，上海市通志馆，1935，C13 页）。

行、吴淞、江湾、彭浦、真如、高桥、高行、陆行、洋泾、塘桥、杨思，[①] 区界即原市乡界，至 1937 年沦陷前未变。[②] 这些区域的人口能否纳入上海市的城市人口之中，必须经过一番考察之后才能确定。

由于上海市的人口调查与户籍管理工作由公安局负责，在该局每年的人口统计报告中，人口分布是以各公安分局区域为单位，并

---

① 《上海旧政权建置志》编纂委员会编《上海旧政权建置志》，上海社会科学院出版社，2001，第 36 页。

② 《上海通志》编纂委员会编《上海通志》第 1 册，上海人民出版社、上海社会科学院出版社，2005，第 417 页。

没有专门就各区人口分布做相应的统计,因此,我们无法得知上海市区 17 个区的人口分布情况,进而也就无法像下一章一样,就各区的城市性区域、半城市性区域及农村区域进行讨论。因而只能着眼于上海市区人口的总体职业情况,采取将农业人口剔除的方式来确定上海市的城市人口。将 1930～1935 年上海市区人口的职业情况整理成表 3－2－3。

表 3－2－3　1930～1935 年上海市区本国人口职业概况

职　　业	1930 年	1931 年	1932 年	1933 年	1934 年	1935 年
农　　业	164421	169266	168240	181454	188170	195258
工　　业	323273	356992	325615	384135	417255	448880
商　　业	174809	184381	149222	170236	175176	185912
学　　生	73387	82073	54303	68920	75567	86369
党　　务	1845	243	323	371	271	292
政　　务	4700	4751	4473	4989	5838	6316
军　　人	759	619	280	336	268	416
交　　通	21560	23639	18842	20977	21420	23535
新闻记者	83	80	57	61	55	66
工　程　师	219	248	127	171	167	168
律　　师	173	184	131	131	136	148
会　计　师	48	45	29	45	41	40
医　　士	1553	1697	1393	1521	1570	1633
士　　兵	1451	2715	1448	1428	2025	1967
警　　察	4629	4976	6780	6791	6514	5945
劳　　工	93671	108224	110382	135013	148019	149666
家庭服务	339824	377390	318135	356908	389936	413678
学　　徒	67814	70207	42237	44675	48767	49924
佣　　工	50856	57489	50249	58659	66441	69840
杂　　业	59054	70116	62100	70286	70825	71930
无　　业	308206	308654	256723	279225	296133	320416
总　　计	1692335	1823989	1571089	1786623	1914694	2032399
总　人　口	3144805	3317432	3133782	3404435	3572792	3701982
比　例　1	0.0972	0.0928	0.1071	0.1016	0.0983	0.0961
比　例　2	0.0523	0.0510	0.0537	0.0533	0.0527	0.0527

注:"比例 1"指"农业"与"总计"之比;"比例 2"指"农业"与"总人口"之比。

资料来源:上海市通志馆年鉴委员会编《上海市年鉴》上册,中华书局,1936,C26～27 页;1930～1932 年亦见上海市地方协会编《上海市市民职业统计表(十九年至二十一年)》,载《上海市统计》,"人口"第 5 页。

从表 3-2-3 可以看到，1930～1935 年上海市区本国人口中，从事农业生产活动的人口不到 20 万，占市区本国人口的 10% 左右（即表中的"比例 1"），占上海市总人口的比例则在 5% 左右（即表中的"比例 2"）。需要说明的是，以这一数字代表上海市区农村性区域的人口实际上有所低估。虽然表 3-2-3 中"农业"这一职业包括农桑、森林、花果、畜牧、渔樵等类，[①] 因而也就包括了在城市内从事园林、花圃等职业的人员，但这一群体的数量并不大，基本可以忽略。从表 3-2-3 亦可看到，历年均有 30 万上下的无业人口，农村家庭无工作能力的老人、儿童、伤残人士及无业人员均计算在内，具体有多少则无法获知，但是可以肯定的是，这一群体的数量并不在少数。

因此，需要对此进行校正。根据本书第四章，1953 年人口普查时，上海市共有总人口 6204417 人，其中笔者剔除出来的农村性区域人口为 450683 人，占总人口的 7.26%。按照这一比例对 1930～1935 年上海市农村性区域人口进行校正，分别为 228313 人、240846 人、227513 人、247162 人、259385 人、268764 人，则 1935 年上海市城市人口为 3433218 人。

三　民国南京市的城市人口

1927 年国民政府定都南京，并于 4 月 24 日成立南京市政府，6 月 6 日国民政府正式颁布《南京特别市暂行条例》。[②] 南京特别市成立之初，其区域范围并未有大规模扩展，除南京城厢内外，仅将江北浦口商埠周围地区划入，然由于江苏省政府反对，最终南京市的区域范围为城厢内外原有区域及八卦洲。[③] 虽然南京市政府并不满足于如此小区域，但直到 1935 年 3 月省市界划定后，才增加了燕子

---

① 上海市通志馆年鉴委员会编《上海市年鉴》上册，1936，C27 页。
② 南京特别市市政府秘书处编译股编《一年来之首都市政》，南京特别市市政府秘书处出版股，1928，第 16 页。
③ 南京特别市市政府秘书处编译股编《一年来之首都市政》，第 17 页。

矶、孝陵、上新河三个乡区。① 因此，民国时期南京市的城市人口相对较容易确定，南京市历年人口数如表 3-2-4 所示。

表 3-2-4　1913~1936 年南京市人口数量

年份	人口	年份	人口	年份	人口
1913	269000	1921	380200	1929	540120
1914	377120	1922	380900	1930	577093
1915	368860	1923	401500	1931	653948
1916	378200	1924	395500	1932	659617
1917	377549	1925	395900	1933	726131
1918	376291	1926	395900	1934	795955
1919	392100	1927	360500	1935	1013320
1920	392100	1928	497526	1936	1006968

注：1. 各年份数据为该年 12 月份人口数，原表有 1912 年数据，由于该数据与 1913 年相同，此处为制表方便，将该年份数据略去。

2. 据该资料的说明，1932 年以前的数据来自该年出版的《首都警察一览》。

3. 1935 年人口数较上一年剧增 20 多万，是由于 1935 年 3 月省市划界，南京市增加了 3 个乡区。

资料来源：南京市政府秘书处统计室编印《南京市政府行政统计报告（二十四年度）》，第 20 页。

南京特别市成立之初，新改组成立的公安局即分别于 1927 年 12 月及 1928 年 4 月举行两次户口静态调查，② 正式的人口调查则是在 1928 年 8 月、9 月间，由当时的南京特别市政府社会局主持，市公安局协助。此次调查与上海市第一次人口调查的不同之处在于，上海市由 162 名经过培训的警察历经半年完成市区人口调查，而南京市则由 8000 多名调查员分 1144 个小组在一日之内完成，随后也经

① 南京市政府秘书处统计室编印《南京市政府行政统计报告（二十四年度）》，1937，第 20 页。此外，关于南京市区域范围的划定问题可参见徐建平《民国时期南京特别市行政区域划界研究》，《中国历史地理论丛》2013 年第 2 期。

② 南京特别市市政府秘书处编译股编《一年来之首都市政》，第 100 页。

复查、建立户口变动呈报制度。[①] 很难说动员如此之多的调查员于一日之内完成的户口调查质量到底有多高，但是由于有南京市公安局先后两次的户口静态调查为基础，而且通过此次调查建立了户口变动呈报制度，为以后逐年逐月的户口统计奠定了基础，因此，这一数字还是具有一定的参考意义。其最终的调查结果为，南京市城厢内外及八卦洲共有人口 497526 人，即表 3 - 2 - 4 中 1928 年的人口数。由此可见，表 3 - 2 - 4 中 1928 年以前各年份的人口数多为约数，可信度不高，其后各年份的数字，则随着户籍登记制度的逐步建立而越来越可靠。

当然，每年根据人口变动情况重新统计当年的人口情况，其准确与否与户口变动呈报制度是否得到切实实行相关，虽然对这一制度的实行情况我们并不十分清楚，南京市公安局是否定时地重新进行户口复查也未得而知，但 1936 年 7 月份，南京市进行了一次全市户口总复查却是可以确定的，总复查后的人口数字应该更为准确。表 3 - 2 - 4 各年数据均为总数，1935 年及 1936 年的人口数还包括了 3 个乡区，因此尚有必要弄清楚各区的人口数量，将收集到的几个年份的分区人口数整理成表 3 - 2 - 5，其中"1936 年 7 月"一列数据即为复查后的结果。从中可以看到，经过全市户口总复查后，南京市的城区人口数量较同年复查前有所减少，乡区人口则有所增加。

结合表 3 - 2 - 6 所反映的 1934 年南京市居民职业情况，由于当时燕子矶等 3 个乡区尚未划归南京市，故其反映的是南京城区 8 个区及八卦洲的居民职业情况，可以看到，农业人口仅 16085 人，可以认为当时南京 8 区人口均为城市人口。故以表 3 - 2 - 5 中经户口总复查后的 1936 年 7 月南京 8 个区的 772623 人作为南京市的城市人口。

---

① 南京特别市政府社会局编《首都户籍第一次调查》，载殷梦霞、田奇选编《民国人口户籍史料汇编》第 6 册，国家图书馆出版社，2009，第 189 ~ 195 页。

表 3 - 2 - 5　1933 ~ 1936 年南京市各区人口数量

区别	1933 年	1934 年 6 月	1936 年 3 月	1936 年 6 月	1936 年 7 月
总　　计	726131	741223	1019148	973158	945544
第 一 区	124503	132783	154749	143365	134496
第 二 区	81295	83175	95586	88632	88679
第 三 区	94391	95253	98219	83763	84430
第 四 区	119577	120513	148675	153422	138263
第 五 区	138464	138653	155020	144806	140269
第 六 区	55272	58195	78081	80240	79163
第 七 区	75536	75242	95669	96525	76407
第 八 区	31836	31617	35919	33848	30916
城区小计	720874	735431	861918	824601	772623
八 卦 洲	5257	5792	0	0	0
燕子矶区	0	0	58361		50518
孝 陵 区	0	0	34046	148557	63472
上新河区	0	0	64823		51805
陵　　园	0	0	0	0	7166
乡区小计	5257	5792	157230	148557	172961

注：1. 1935 年接收 3 个乡区后，八卦洲划归燕子矶区（南京市地方志编纂委员会编纂《南京建置志》，海天出版社，1994，第 239 页）。

2. 南京市于 1936 年 7 月 4 日对全市户口进行一次总复查，其结果即为"1936 年 7 月"一列数据，陵园亦仅见该处，其余来源的数据均无。

3. "1936 年 6 月"一列中，148557 为燕子矶区、孝陵区、上新河区 3 个乡区人口之和。

资料来源："1933 年"一列据建设委员会经济调查所统计课编《中国经济志·南京市》，载殷梦霞、李强选编《民国经济志八种》第 1 册，第 35 ~ 36 页；"1934 年 6 月"一列据叶楚伧、柳诒徵《首都志》卷六《户口》，正中书局，1935，第 504 ~ 505 页；"1936 年 3 月"一列据《南京市户口案》，中国第二历史档案馆藏，转引自南京市地方志编纂委员会《南京人口志》，学林出版社，2001，第 81 页（该资料注明是 1936 年 5 月份数据，但据其人口总数与《南京市政府行政统计报告（二十四年度）》1936 年各月数据对比，实际为 3 月份数据）；"1936 年 6 月"与"1936 年 7 月"两列据南京市政府秘书处统计室编印《南京市政府行政统计报告（二十四年度）》，第 23、31 页。

表 3 - 2 - 6　1934 年南京市居民职业情况

职业类别	男	女	合计
农　业	10961	5124	16085
矿　业	181	2	183
工　业	65158	24472	89630
商　业	77550	13873	91423
交 通 业	39829	211	40040
公 务 业	50689	775	51464
自由职业	11504	3842	15346
人事服务	34495	128418	162913
未　详	7324	416	7740
职业总计	297691	177133	474824
无　业	157372	110129	267501
总 人 口	455063	287262	742325

注：此表与表 3 - 2 - 5 "1934 年 6 月" 一列的资料来源相同，但是在人口总数上有出入，该资料统计的人口总数为 741226 人，但在表 3 - 2 - 5 中，各区人口数之和为 741223，而本表各职业人口之和为 742325，应为原资料之误，此处均按各项数据加总后之数字。

资料来源：据叶楚伧、柳诒征《首都志》卷六《户口》，第 502 页。

四　民国杭州市的城市人口

与上海、南京作为特别市而直接隶属于国民政府不同，杭州市为隶属于浙江省政府的普通市。1927 年国民革命军克复两浙之后，即于 4 月 28 日召开的中国国民党中央政治会议浙江分会第三次会议上，决议通过成立杭州市市政厅，随后即着手起草《杭州市暂行条例》，划定市区范围，并于 6 月 20 日改市政厅为市政府，至 1928 年国民政府颁布《市组织法》后，杭州市正式成为隶属于浙江省政府的省属市。[①]

杭州市政府成立后，为规划市政建设，即于 1927 年 10 月由市

---

① 贺赓庆：《十年来之市政沿革》，载杭州市政府秘书处编印《杭州市政府十周年纪念特刊》，1937，第 1 页。

公安局完成第一次户口调查，以后规定每月调查一次，并将每月的户口统计表送交市政府社会科核查,[1] 实际上也建立了户口变动呈报制度，因此，从 1927 年至 1937 年，杭州市每年均有较为准确的户口数字，将此整理成表 3-2-7。

表 3-2-7　1927~1937 年杭州市历年各类户口统计

年份	普通户口	公共处所	船户户口	寺庙户口	寄居之外人	合计
1927	349999	30654	617	3363	45	384678
1928	417954	28419	741	3878	83	451075
1929	437156	32553	705	3743	80	474237
1930	462586	39774	675	3789	106	506930
1931	483296	35372	388	4415	98	523569
1932	488019	30033	139	4238	100	522529
1933	506826	17998	102	4138	99	529163
1934	534014	18553	102	4124	147	556940
1935	553873	17890	22	4134	129	576048
1936	566281	18020	13	4168	132	588614
1937	573820	18037	13	4186	149	596205

注：1. 除 1937 年为 3 月份户口数外，其余各年均为 12 月户口数。
2. 原资料 1928 年和 1929 年的合计数字有误，此处根据实际加总数据。
资料来源：根据《杭州市十年来之户口统计表》(载杭州市政府秘书处编印《杭州市政府十周年纪念特刊》，"调查统计") 整理。

从表 3-2-7 中可以看到，1927~1937 年杭州市人口总数逐年稳步增长，到 1937 年 3 月，全市总人口已近 60 万。当然，这并不能直接作为杭州市的城市人口，建市之初，划定的杭州市范围较城区有相当的扩展，除城区外，尚包括西湖、湖墅、皋塘、会堡及江干 5 区。[2] 因此，还必须考察杭州市各区的人口分布情况（如表 3-2-8 所示）。

---

[1] 吴求：《十年来之社会》，载杭州市政府秘书处编印《杭州市政府十周年纪念特刊》，第 1 页。
[2] 贺楙庆：《十年来之市政沿革》，载杭州市政府秘书处编印《杭州市政府十周年纪念特刊》，第 2 页。

表 3 - 2 - 8　1937 年 3 月杭州市各区户口分布情况

区别	普通户口	公共处所	船户户口	寺庙户口	寄居之外人	合计
第 1 区	116166	4045	0	776	26	121013
第 2 区	92024	4061	0	314	51	96450
第 3 区	128330	4572	0	718	20	133640
第 4 区	21404	1430	0	996	17	23847
第 5 区	72969	2373	0	559	32	75933
第 6 区	58548	368	0	299	1	59216
第 7 区	19482	121	0	62	0	19665
第 8 区	64897	1067	13	462	2	66441
合计	573820	18037	13	4186	149	596205

资料来源：根据《杭州市各区最近户口统计表（二十六年三月份调查）》（载杭州市政府秘书处编印《杭州市政府十周年纪念特刊》，"调查统计"）整理。

表 3 - 2 - 8 中的 8 区区划为杭州市据浙江省政府 1934 年发布的改进地方自治原则，于 1935 年 3 月 31 日对市区各区进行调整后所形成的区划。[①] 具体来说，建市之初杭州市的区划为城区、西湖、湖墅、皋塘、会堡及江干 6 区，并照此 6 区区划筹办村里自治；1930 年 5 月 20 日，修正后的《市组织法》颁布，杭州市按照规定划分区坊闾邻，将 6 区改为 13 区；[②] 1935 年为改进地方自治，又将 13 区调整为 8 区。调整前后各区的对应关系如表 3 - 2 - 9 所示。

从表 3 - 2 - 9 杭州市区划调整情况来看，在 8 区区划中，仅能确定第 1～3 区为城市性区域，其人口全部为城市人口，其他 5 个区虽为"乡区"，然从其兼有村里的情况来看，当为半城市性区域。在《杭州市政府十周年纪念特刊》的"调查统计"中，虽有关于这 5 个乡区的农村户口统计，但其统计项目为农户数与非农户数，并仅提供农户人口数及全区人口总数，而未提供每个村镇的人口总数及非农户人口数，因此，虽然可以据此判断每个村镇是否属于城镇性

① 赵绳武：《十年来之自治》，载杭州市政府秘书处编印《杭州市政府十周年纪念特刊》，第 21～22 页。

② 钱墨卿编《杭州市政府筹办地方自治经过》，杭州市政府，1930，第 1、34 页。

表 3 - 2 - 9 杭州市区划调整情况及各区农业人口、非农业人口分布情况

6 区区划	13 区区划	8 区区划	村里数量	人口总数	农业人口	非农业人口
城区	第 1 区	第 1 区	1 里	121013	0	121013
	第 2 区		1 里			
	第 3 区	第 2 区	1 里	96450	0	96450
	第 4 区		1 里			
	第 5 区	第 3 区	1 里	133640	0	133640
	第 6 区		1 里			
西湖区	第 7 区	第 4 区	1 里 2 村	23847	7840	16007
江干区	第 8 区	第 5 区	2 里	75933	10817	65116
会堡区	第 9 区		3 村			
皋塘区	第 10 区	第 6 区	2 里 1 村	59216	39210	20006
	第 11 区	第 7 区	1 里	19665	14255	5410
湖墅区	第 12 区	第 8 区	1 里 2 村	66441	19195	47246
	第 13 区		1 里			
总计			14 里 8 村	596205	91317	504888

资料来源：区划调整情况据钱墨卿编《杭州市政府筹办地方自治经过》（第 1、34 页）及《十年来之自治》（载杭州市政府秘书处编印《杭州市政府十周年纪念特刊》，第 21～22 页）整理；人口资料据《杭州市农区户口统计表（一）》（载杭州市政府秘书处编印《杭州市政府十周年纪念特刊》，"调查统计"）计算整理。

区域，但是无法从中获得每个村镇的人口数量。[1] 在这种情况下，笔者直接以全区的非农业人口作为该区城市性区域的人口数量，据此，将 8 个区的人口数量、农业人口及非农业人口与区划调整情况一起整理成表 3 - 2 - 9。据表 3 - 2 - 9，杭州市的城市人口数量即为杭州市的非农业人口数量 504888 人。[2]

五　民国无锡市与苏州市的城市人口

民国时期，除上海、南京、杭州三市外，无锡与苏州亦曾一度

---

[1] 仅能获得每个村镇的户数，若要获得人口数，则只能通过计算户均人口数的方式获得。

[2] 由于仅有 1937 年杭州市分区人口数据，故在城市人口数量的选择上亦以此为准。

设为省属市，可惜存在时间均不长，故未留下如上述三市那样丰富的市政建设资料，此外江南则再无设市城市。

无锡市。南京国民政府成立之前，其即设有市公所，1927年改为市政局，1929年江苏省政府以无锡居沪宁中枢，环城十余里均为工厂林立之区，于当年夏设立"无锡市政筹备处"以做建市准备，[①]"无锡市政筹备处"成立后，积极进行市政建设的筹备工作，开展各类调查统计，着手编辑年鉴，并于1929年10月起，每月出版一期《无锡市政》，可惜1930年4月江苏省政府委员会决议将该处撤销，一切事宜交该县各主管局管理。[②] 这一决定打断了"无锡市政筹备处"的工作计划及进程，其只能将已编辑完稿的《第一回无锡年鉴》于1930年4月出版，同时亦将已出的6期《无锡市政》以《无锡市政筹办实录》为名合订出版。由于存在时间不及一年，该处并未筹备人口调查，因此在《第一回无锡年鉴》中，所收录的人口资料为1928年南京国民政府进行人口普查时无锡县各区的人口数据，[③] 而在《无锡市政》中并未收录任何人口统计资料，仅在第四号中根据1928年人口资料绘有一幅各区人口密度图。此外的其他资料，亦基本上以1928年的人口数据为准，如1933年9月出版的《无锡县公安局年鉴》，在引用这份人口资料后，于"备注"中称，自1929年调查以后，该县并未续办人事登记，目前正在计划进行复查；[④] 其所谓"正在计划进行复查"是指1933年12月无锡县保卫团因调查壮丁而进行的第二次人口调查，[⑤] 该资料载于1935年出版的《无锡概览》。而该县第三次人口调查则是1935年江苏省于全省范围内所举办的保甲户口调查，其获取的相关数据即为本书所选用的1935年人

---

① 内政部年鉴编纂委员会编《内政年鉴》，第B138页。
② 内政部年鉴编纂委员会编《内政年鉴》，第B138页。
③ 如上文所述，江苏省的调查时间为1929年。
④ 无锡县公安局年鉴编纂处编印《无锡县公安局年鉴》，1933，"调查统计"第24页，载《无锡文库》第2辑，凤凰出版社，2011，第302页。
⑤ 无锡县政府编印《无锡概览》，1935，"户口"第1页，载《无锡文库》第2辑，第181页。

口数据，可惜至《无锡概览》出版时，其统计工作尚未全部完成，故详细的各区人口情形无法得知。

根据上述资料，无锡县于1928年、1933年、1935年进行过三次人口调查，得出的人口总数分别为941375人、894657人、1199696人。[1] 如上文所述，1928年及1935年的调查质量较好，数据较为可信，据此，则1933年这次人口调查得出的数字可信度明显偏低。1928年无锡市所属的第一区人口数为171124人，是年该区乡镇区划为31镇3乡，[2] 居民职业分布情况为农业人口占19%、工业人口占27%、商业人口占41%、其他人口占13%，其境内拥有许多工厂，男女职工3万余人。[3] 可见无锡市所属的第一区，虽然存在部分农村区域，但区域较小，人口亦不多，该区人口可以全部作为无锡市的城市人口。则根据该县1928～1935年总的人口增长情况，1935年无锡市当有人口218082人。

苏州市。1927年设立苏州市政筹备处，进行设市准备工作，1928年《市组织法》颁布以后，江苏省政府据此呈请国民政府准予设立苏州市，1928年11月苏州市正式成立，然而仅仅过了1年多，1930年4月23日，江苏省政府委员会即决定撤销苏州市建置。[4] 原因在于苏州市不符合新修正颁布的《市组织法》，1928年的《市组织法》规定，人口超过20万即可申请设市，但在1930年的修正版本中，这一要求大幅提高，规定人口必须在30万以上，且每年营业税、牌照税、土地税的收入必须至少占该市总收入的1/2。而1928年苏州市的人口数为261709人，营业税等3项收入仅占总收入的1/3。[5]

---

① 1928年及1935年数据见表3－2－1，1933年数据见无锡县政府编印《无锡概览》，"户口"第3页，载《无锡文库》第2辑，第183页。

② 无锡县政府无锡市政筹备处编印《第一回无锡年鉴》，1930，"政治"第69～73页，载《无锡文库》第2辑，第169～173页。

③ 无锡县政府无锡市政筹备处编印《第一回无锡年鉴》，"政治"第47页，载《无锡文库》第2辑，第147页。

④ 内政部年鉴编纂委员会编《内政年鉴》，第B138页。

⑤ 徐云：《二十年代末苏州设市之始末》，http://www.dfzb.suzhou.gov.cn/zsbl/1705327.htm。

江苏省政府即据此撤销了苏州市的建置。① 由于设市时间较短，加之与吴县的划界直至撤销建置前几个月才完成，苏州市亦未进行专门人口调查，不过从《苏州明报》历年统计资料所标注的苏州市人口资料来源为苏州市公安局这一点来看，撤销市建置后，作为吴县城区，苏州市还是有公安局系统的人口调查数字。现将其中 1924 ~ 1937 年的数据整理成表 3 - 2 - 10。

表 3 - 2 - 10　1924 ~ 1937 年苏州市历年人口数量

年份	人口	年份	人口	年份	人口
1924	271798	1929	263446	1933	336477
1926	264041	1930	325371	1935	334107
1927	271809	1931	291347	1936	350743
1928	261709	1932	314800	1937	354036

资料来源：1932 年苏州人口数根据《江苏省城市与乡村人口》（《经济统计月志》第 1 卷第 1 期，1934 年 1 月，第 8 页）；其他年份根据江苏省地方志编纂委员会编《江苏省志·人口志》（方志出版社，1999，第 113 页）整理，其注明的资料出处为"据《苏州明报》历年统计资料，由苏州市公安局提供"，同一资料亦见苏州市地方志编纂委员会编著《苏州市志》第 1 册（江苏人民出版社，1995，第 292 页）。

根据表 3 - 2 - 10，1924 ~ 1929 年苏州市的人口数一直较为平稳，虽然 1928 年之前的数据可靠性值得怀疑，但 1928 年及 1929 年苏州市人口均在 26 万左右，1930 年则猛增至 325371 人，此后一直到 1937 年则又维持在一个相对平稳的状况。

这里必须明确的是，表 3 - 2 - 10 的数据是否准确。在江苏省 1929 年上报给国民政府的全省人口普查数据中，吴县总人口为 903095 人（见表 3 - 2 - 1），1930 年吴县县政府社会调查处出版了《吴县》一书，内载有当时吴县除苏州市以外的 19 个区的人口数量，虽然其未注明资料来源，但从编辑时间上看，最有可能的资料来源是 1929 年江苏省的这次人口调查，据此次统计，吴县 19 区共有人口

---

① 无锡市撤市理由亦应与此相同。

641153 人，[1] 则 1929 年苏州市应有人口 261942 人，与表 3 – 2 – 10 相差并不大。因此，可以判断表 3 – 2 – 10 所列各年苏州市人口数量基本准确。

那么现在必须解释的问题是为何 1930 年苏州市人口会激增 6 万余人。1927 苏州筹备建市后，与吴县尚未划界，后该市所拟定的市区范围大大超出城区，较原市区扩大了 2 倍多，这遭到吴县各界的普遍反对，[2] 故市县的界线一直悬而未决，直至 1930 年 1 月才最终划定。[3] 但同年 4 月，苏州市建置即遭撤销重新并入吴县，其区域仍保持此次划好的界线，重新调整为 3 个城厢区，原吴县 19 个区则称乡区。1934 年江苏省调整自治区域时，3 个城厢区合并为吴县第一区，共辖 60 镇 11 乡。[4] 从以上描述可以看到，1930 年苏州市人口增加的 6 万多人主要是区域扩大所致，1930 年之前区域未最终划定，在人口统计上仅将原来的苏州市区人口计算在内，即其人口全部为城市人口，这一点可以在 1928 年苏州市人口职业分类中得到确证，即在总人口 261709 人中，农业人口仅 2617 人。[5] 而 1930 年之后，虽然撤销了苏州的“市”建置，但其划定之界线并未改变，且得以调整为“城厢区”，故其统计区域较 1930 年以前大，即在表 3 – 2 – 10 中，1930 年以后的各年苏州市人口是包括了部分农村性区域人口在内的。

1930 年所划定的这一苏州市区域具有相当的延续性，在此后民国时期的历次变动中，仅 1948 年稍有扩大，但 1949 年建立的苏州市，又恢复到这一区域范围，至 1953 年新中国进行人口普查时，虽然区划改变多次，但区域范围基本保持不变。[6] 根据本书第四章，

①　根据乔增祥《吴县》（吴县县政府社会调查处，1930，“地方自治”第 1～19 页）计算。
②　徐云：《二十年代末苏州市与吴县界线之划分》，http：//www. dfzb. suzhou. gov. cn/zsbl/1666727. htm。
③　苏州市地方志编纂委员会编著《苏州市志》第 1 册，第 115 页。
④　苏州市地方志编纂委员会编著《苏州市志》第 1 册，第 117 页。
⑤　苏州人口与计划生育志编纂委员会编《苏州人口与计划生育志》，江苏人民出版社，2000，第 83 页。该书注明的资料来源为：1929 年 11 月《苏州市简明统计》。
⑥　苏州市地方志编纂委员会编著《苏州市志》第 1 册，第 121～122 页。

1953 年苏州市总人口为 424011 人，笔者最终确定的苏州市城市人口为 387158 人，按照这一比例关系确定 1935 年苏州市的城市人口为 305068 人。

六　民国其他大城市的城市人口

除以上 5 市外，民国时期江南未有其他城市拥有"市"的建置，但在 1953 年人口普查时作为"市"的尚有镇江、常州、常熟、嘉兴及湖州 5 个市，以下逐一分析这 5 个市在民国时期的人口数量。

镇江市。民国时期，镇江（丹徒）县城区的范围一直比较固定。清末自治时城区设为城厢市，1929 年按《县组织法》调整区划时，城区除原城厢市外，并入焦东、永固两乡，原城厢市则划分为 69 个镇，这一区划格局后经多次调整，至 1936 年调整为 39 镇 9 乡，抗战胜利后又经多次调整，至 1948 年为 13 镇 3 乡，1949 年后所设立的镇江市沿袭了这一区域范围，至 1953 年人口普查时，镇江市设有迎江、北固、金山、城郊 4 个区，其中城郊区所管辖的 8 个乡为 1950 年 7 月根据 1948 年时的 3 个乡所划分。①

《镇江市志》中载有民国时期部分年份镇江城区的人口数量（见表 3 - 2 - 11），虽然该表的资料来源未知，但在 1932 年镇江县上报给内政部的该县人口数中，县城人口数量为 176020 人，② 与表 3 - 2 - 11 中 1931 年的人口数十分接近，且 1953 年人口普查时镇江市总人口为 181354 人，这一数字与表 3 - 2 - 11 所列镇江城区历年人口数量基本可以匹配，据此可以基本判断该表所列数据具有可信度，可以采用。根据本书第四章，笔者最终确定的镇江市 1953 年的城市人口为 149510 人，按照这一比例关系确定 1935 年镇江城区的城市人口为 159665 人。

---

①　镇江市地方志编纂委员会编《镇江市志》上册，上海社会科学院出版社，1993，第 107～110 页。

②　《江苏省城市与乡村人口》，《经济统计月志》第 1 卷第 1 期，1934 年 1 月，第 4、7 页。

表 3 – 2 – 11　1928～1948 年镇江城区人口数量

年份	人口	年份	人口	年份	人口
1928	136807	1937	216803	1942	154226
1929	153613	1938	117706	1945	153613
1931	176002	1939	123214	1946	186104
1934	193217	1940	140816	1947	200929
1935	193672	1941	153557	1948	213653

注：原表未注明资料来源。

资料来源：据镇江市地方志编纂委员会编《镇江市志》上册（第 192～193 页）整理。

　　湖州市。1931 年吴兴县进行清乡调查时，该县区划为 10 区 59 镇 325 乡，其中第 10 区为城区，辖 20 镇，据 1933 年的复查，该区 20 镇共有 36455 人，[①] 此 20 镇即为 1931 年吴兴城内的区划。[②] 1949 年湖州市城内爱山、月河两区共有人口 45488 人（详见本书第四章），而 1953 年人口普查时，湖州市人口为 62791 人，包括了城外部分城市性区域的人口，而城外的这部分城市性区域人口数量为 17303 人，据此估计 1935 年湖州城及其城外的城市性区域的人口总数当在 50000 人左右，兹以 50000 人计。

　　嘉兴市。1931 年嘉兴县进行清乡调查时，城区辖 19 镇 29 乡，人口总数为 101359 人，[③] 1935 年进行全县户口调查时城区有人口 95712 人。[④] 这两个数字均包括部分农村性区域人口，1949 年嘉兴城区人口仅 51400 人，[⑤] 1953 年人口普查时也仅 78309 人。此外则再找不到其他的直接材料或佐证材料，据上述几项数据估计，1935 年嘉兴城区的人口数量当在 50000 人以上，此处亦以 50000 人计，可能会有所低估。

① 建设委员会经济调查所统计课编《中国经济志·浙江省吴兴、长兴》，载殷梦霞、李强选编《民国经济志八种》第 1 册，第 515～517 页。

② 湖州市地方志编纂委员会编《湖州市志》上卷，昆仑出版社，1999，第 112 页。

③ 建设委员会经济调查所统计课编《中国经济志·浙江省嘉兴、平湖》，载殷梦霞、李强选编《民国经济志八种》第 1 册，第 294～295 页。

④ 冯紫岗编《嘉兴县农村调查》，国立浙江大学、嘉兴县政府印行，1936，第 9 页。

⑤ 《嘉兴市志》编纂委员会编《嘉兴市志》上册，中国书籍出版社，1997，第 360 页。

常熟市。《虞山镇志》中记载有该市民国时期几个年份的人口资料，其中全面抗战爆发前仅有 1922 年和 1926 年，人口数分别为96555 人与 149220 人，[①] 这两个数字的来源为 1922 年 2 月 16 日的《常熟日报》和 1926 年 11 月出版的《虞山杂志》，其可靠性如何未得而知，但可以肯定的是，当时的虞山市除常熟县城城厢外，尚辖有九里、莫门塘等乡，[②] 因此，上述两个数字并不单单指常熟县城及其城外街区的人口数。全面抗战爆发以后几个年份的数据，亦是指县城所在之区的人口数量。从这一点来看，1932 年常熟县县城人口120569 人应该亦非仅指县城人口，[③] 1937 年江南各县沦陷后，满铁上海事务所曾对江南地区数县进行过农村实态调查，其中关于常熟县的调查中，载有 1939 年县城的相关人口数，即当时城内有人口21850 人，城外有 20783 人，共计 42633 人，其中 85% 为工商业人口，[④] 可见这一人口数字仅包括常熟县城及其城外街区的人口数，但此为全面抗战爆发后的人口数，战前当不止此数，据该满铁资料所言，战前总人口"约为 6 万"。[⑤] 从 1953 年人口普查时常熟市城区人口总数为 65192 人（扣除郊区人口）这一结果来看，全面抗战爆发前其人口数量当在 6 万多，具体则不可考，兹以 65000 人计。[⑥]

常州市[⑦]。目前笔者仅在《常州市志》中找到几个年份的人口数据，据此整理成表 3 - 2 - 12。从中可以看到，武进县城区各年份之间的人口数量差距颇大，难以看到一个较为统一的趋势，而且资

---

① 《虞山镇志》编纂委员会编《虞山镇志》，中央文献出版社，2000，第 808 页。

② 《虞山镇志》编纂委员会编《虞山镇志》，第 47～48 页。

③ 《江苏省城市与乡村人口》，《经济统计月志》第 1 卷第 1 期，1934 年 1 月，第 8 页。

④ 常熟市档案馆编译《江苏省常熟县农村实态调查报告书》，中共党史出版社，2006，第 27 页。

⑤ 常熟市档案馆编译《江苏省常熟县农村实态调查报告书》，第 27 页。

⑥ 1949 年后的常熟市郊区与民国时期不完全相同，且据新方志资料无法梳理出十分清晰的变迁脉络，故此处对常熟市战前人口的估计无法像上文无锡等市一样，根据 1953 年城区与郊区人口比例进行估算。

⑦ 1949 年 4 月 23 日武进县解放后，武进县城区析出建立常州市，在此之前并无"常州市"的称呼。

料中未标明各年份人口数据的资料来源，因此，须对这些数据的可靠性进行分析，以下将武进县城区区划的调整情况与表 3 - 2 - 12 相结合，以确定人口数量的较大波动是否为区划调整所致，若两者能完全对应上，则说明表 3 - 2 - 12 的数据具有一定的可靠性，可以采用。

表 3 - 2 - 12　1911 ~ 1948 年武进县城区人口数量

年份	人口	年份	人口	年份	人口
1911	101876	1936	110980	1945	157264
1926	88149	1937	146429	1946	230059
1928	52443	1939	100945	1947	223861
1929	141594	1940	94892	1948	295764
1931	141594	1944	157234		

注：原表未注明资料来源。

资料来源：据常州市地方志编纂委员会编《常州市志》第 1 册（中国社会科学出版社，1995，第 415 页）整理。

清代武进城内划分为 18 厢，清末进行地方自治时，武进县划为 36 市乡，其中"武进市"即为此 18 厢范围；民初区划仍旧，仅将 18 厢调整为 16 区，后又改为 5 区；1929 年武进县按照《县组织法》调整区划，全县划分成 10 个区，县城所在之区为第一区（延陵区），辖 19 镇 35 乡，19 镇即为城内所划，35 乡则为增加之区域；1932 年将区数扩大为 19 个，乡镇亦随之调整，县城所在之第一区辖 18 镇 16 乡，1934 年又改回 10 个区，县城所在之区所辖乡镇不变；全面抗战爆发以后，武进县沦陷，1938 年日伪政权将武进区划改回民初的 36 市乡，1940 年汪伪政权成立后，又将区划改回 1937 年的状态；抗战胜利后，区划又有调整，城区的范围有所扩大。①

从以上武进县城区的区划调整情况可以看到，1929 年以前，城区仅指县城；1929 ~ 1937 年，城区范围有所扩大，包括了部分农村地区；1938 ~ 1940 年，恢复到 1929 年前的区划情况；1941 ~ 1945

① 常州市地方志编纂委员会编《常州市志》第 1 册，第 213 ~ 215、413 页；武进县县志编纂委员会编《武进县志》，上海人民出版社，1988，第 75 ~ 84 页。

年，又与全面抗战爆发前的区划基本一样；抗战胜利后，城区范围则又有所扩大。这一情况刚好可以解释表 3 - 2 - 12 中 1929 年、1939 年、1945 年、1946 年四个人口数量波动较大的节点，但 1928 年与 1936 年两个时间节点的波动则无法解释得通。1928 年的人口数 52443 人来自 1928 年出版的《武进年鉴》，当为 1927 年的人口数，但查该年鉴，并未有关于此数字如何得来的说明，[①] 因此，其来源仍未知。但 1929 年城区 19 镇 35 乡的人口数量为 141594 人，其中 19 个镇的人口总数为 82246 人，[②] 而 1928 年开展的全国人口普查，江苏省是于 1929 年完成的，那么表 3 - 2 - 12 中 1929 年人口数的最可能来源就是江苏省的这次人口调查，则其时武进县城区人口为 8 万多人就较为可靠，[③] 据此，除 1928 年及 1936 年的数字外，其他年份的人口数在变化趋势上均较为合理，而 1928 年及 1936 年的数字则略显异常。在全部数据无法准确确定资料来源的情况下，采信变化趋势较为一致的一组数据当是合理的选择。那么根据 1929 年 19 个镇的人口总数为 82246 人及表 3 - 2 - 12 中 1939 年、1940 年人口数量仅指县城人口数，抗战爆发前武进县城区的人口数当在 10 万人左右，兹以 10 万人计。

以上 10 个城市的城市人口共计 5658544 人，约占江南总人口（22225911 人）的 25.46%。下面将对普通城镇的人口数量进行分析与估算。

第三节　民国江南地区普通城镇的人口

根据提取的十万分之一地形图中实态标注的居住地信息，除以上 10 个城市外，江南尚有 291 个普通城镇。由于民国时期江浙两省人口调查工作的完成情况较理想，尤其是江苏省 1935 年所进行的全省保甲总调查，更留下了各县详细到乡镇的保甲户口资料，因此，

---

① 该数字来自《各市乡面积街村户口总数表》中的"武进市"（见武进县建设局编印《武进年鉴》第 2 回，1928，"地理"第 2～3 页）。
② 常州市地方志编纂委员会编《常州市志》第 1 册，第 422 页。
③ 《江苏省城市与乡村人口》（《经济统计月志》第 1 卷第 1 期，1934 年 1 月，第 7～8 页）中武进县城区 1932 年有人口 75000 人亦能支持此点。

　　从理论上说，这291个城镇是或多或少存在一些人口资料的，尽管可能是行政区划性质的乡镇人口资料，然而正如本书其他章节所做的工作，如果能够找到这样的人口资料，还是有办法将城镇人口从行政区划意义的乡镇中剥离出来的。然而现实是，到目前为止，除句容等个别县外，大多数县的相关人口资料均无处获取。

　　此外，上文所引的《江苏省城市与乡村人口》为内政部根据江苏省各县的查报数据整理，刊于1934年1月出版的《经济统计月志》创刊号上，徐建平研究后认为，该份资料中各县的总人口数量并不准确，但其所载的各县县城人口数则是目前所见最为集中且可靠的江苏省县城人口数据。① 从有详细人口资料的县份及上文对相关大城市的分析来看，这份资料中苏南地区各县县城人口统计质量并不一致：明显不准确的有句容县城，该资料载1932年句容县城有人口16500人，但据1933年句容县的人口调查，其县城人口数量为7469人；而部分城市，如镇江县城、常熟县城的人口应包括郊区人口，另外一些城市，如无锡县城、武进县城的人口则应仅指城区及其城外街区人口；再如嘉定县城，其载有人口50000人，亦当为概数而非确数。因此，这份资料上所载的各县县城人口统计质量不能一概而论，但是在难以找到其他城镇人口资料的情况下，其参考作用仍然显得十分重要。下文在使用这些县城的人口数据时，将尽量结合1953年人口普查资料及十万分之一地形图中各县城的形态特征。

　　非县城的城镇中仅少数有人口数据，且散见于各种零星史料，时间也极不一致，或民初或全面抗战爆发前或新中国成立前，其中较为集中在1945～1949年，因此这部分的分析将无法统一各城镇的人口数量的时间，换言之，这是不同时间断面的城镇人口数据集合。当代江南各县在修县志、人口志或乡镇志等新方志的过程中，对这方面的资料进行了努力查找，因此笔者可以从新方志中获得这些零星资料。但

① 徐建平：《民国时期江苏城市人口研究》，载《历史地理》第20辑，上海人民出版社，2004，第375页。

是在整理这些资料时必须注意的一个问题是，大多数的新方志对于该城镇人口的叙述，是以该城镇所在之区或行政区划意义的乡镇为叙述范围，因而其所录该镇人口数量并不能使用。少数方志在叙述时将镇区与乡区分开，直言该镇镇区有多少人口，或该镇有多少市镇人口，只有这样的叙述方式所言的城镇人口数本书才会使用。如此一来，符合此叙述标准的城镇数量就不多了，将这些资料与上述调查资料及苏南各县县城人口资料汇总整理，总共得到61个城镇的人口资料（详见附录表2），也就是说，尚有230个城镇无法找到人口资料，那么别无他法，这230个城镇的人口数只能通过估算的方式获得。

一　估算方法

对历史时期人口的估计并无定法，研究者只能根据自己掌握的资料情况，灵活地采用不同的方法进行估算。大多数的城市人口史研究通过对个别城市仅有的人口数据做小心谨慎的辨析，同时以相关的记载为参考，做大略估计，① 结果虽然较为粗略，但于了解趋势

---

① 此类研究的时段多在明清及明清以前，方法往往是根据文献中关于某城市有若干户的记载，并结合其他方面的描述，判断文献所记的若干户是否合理，若合理则直接以户均人口（基本为4~6人/户）做估计，若不合理，则以一个自认为相对合理的户数做估计。而对于那些无法找到相关记载的城市，则以其行政等级为准分为若干类别，假设每个类别的城市平均有多少人口，然后直接估计每个类别城市的总人口。相应的研究如赵冈对先秦至宋金各时期、梁庚尧对宋代（主要是南宋）、吴松弟对辽宋金元时期、黄敬斌对明代及刘石吉、李伯重对清代城市人口的估计。参见赵冈《中国历史上的城市人口》，（台北）《食货月刊》第13卷第3、4期合刊，1983年7月，第109~131页；梁庚尧《南宋城市的发展（上）》，（台北）《食货月刊》第10卷第10期，1981年1月，第420~443页；梁庚尧《〈中国历史上的城市人口〉读后》，（台北）《食货月刊》第13卷第3、4期合刊，1983年7月，第132~137页；吴松弟《中国人口史》第3卷，复旦大学出版社，2000，第571~619页；黄敬斌《明代江南城镇人口规模再探》，载邹振环、黄敬斌主编《明清以来江南城市发展与文化交流》，复旦大学出版社，2011，第224~245页；刘石吉《明清时代江南市镇之数量分析》，（台北）《思与言》第16卷第2期，1978年7月，第128~149页；李伯重《江南的早期工业化（1550~1850）》，第391~417页；李伯重《工业发展与城市变化：明中叶至清中叶的苏州》，载氏著《多视角看江南经济史（1250~1850）》，第411~413页。

亦有帮助。至于较为系统的估算则必须依赖较为丰富的资料，估算方法也根据研究者所掌握资料的情况而有所不同。

施坚雅在对 19 世纪中国的区域城市化水平进行研究时，对于各城市及市镇的人口规模估算以东亚同文会编纂的《支那省别全书》、200 多部府县地方志及较可靠的西方观察家的游记等资料为依据，参考其中关于城市人口、城墙周长、邮政级别及通汽船、火车的情况，制作了 2500 多张资料卡片，同时以克里斯塔勒（Walter Christaller）的中心地理论、济弗（George K. Zipf）的城市位序 – 规模法则等为理论基础，将收集到的所有城市（中心地）按人口等级、行政等级以及城市经济水平 3 个指标进行归类，分为 8 个等级，并规定每一等级的人口上限为其下限的 2 倍，从而构建起一个全国城市体系模型，据此估算体系内的各级别城市人口。①

曹树基认为施氏所使用资料的可靠性存在较大问题，加之施氏未经中国实际验证地使用西方经验理论，故其所构建的全国城市体系仅仅是一个先验性演绎式的模式。他认为正确的做法应该是通过区域实证研究构建不同区域的城市人口等级模式，从而对各个区域的城市人口进行估算。② 具体而言，曹氏的研究以省为单位，利用所能收集到的城市人口资料，构建一个单独的城市人口等级模式，进而估算全省的城市人口，而后以此为参照，对完全没有资料的省份进行粗略估算。③ 这样，资料相对丰富的省份成为资料较欠缺省份的参照系，而这两者又构成完全没有资料省

---

① 施坚雅：《十九世纪中国的地区城市化》，载施坚雅主编《中华帝国晚期的城市》，第 254 ~ 255 页。施坚雅所引东亚同文会所著书，叶光庭等译为"东亚同文会编纂的综合性省地方志"，曹树基判断其即为《支那省别全书》（参见曹树基《清代北方城市人口研究——兼与施坚雅商榷》，《中国人口科学》2001 年第 4 期）。

② 曹树基：《中国人口史》第 5 卷，第 15、723 ~ 725、775 ~ 781 页；曹树基：《清代北方城市人口研究——兼与施坚雅商榷》，《中国人口科学》2001 年第 4 期，第 15 ~ 17 页。

③ 曹树基：《中国人口史》第 5 卷，第 723 ~ 830 页。

份的参照系。

此外，陈晓燕在探讨 20 世纪 30 年代嘉兴县的城市化水平时，鉴于嘉兴各市镇只有商店的数据，据《芜乍铁道沿线经济调查》所记载的嘉兴及邻近县份的市镇人口与商业店铺平均 26∶1 的"人店比"对嘉兴市镇人口数量进行了估计。[①] 李伯重在清代华、娄地区的城市化水平的研究中，则以食盐销售量来估算松江府城的人口规模，对于市镇人口则据市镇等级和户均人口进行估算。[②]

必须承认，无论是采用何种方法，估算均存在巨大的风险，研究者必须对此保持清醒认识，并采取相应的应对措施。以上施氏和曹氏的估算方法最为系统，两者虽然在具体操作上有所不同，但思路是一致的。诚如曹氏所言，施坚雅的风险在于纯理论性假设与中国实际情况的矛盾。对于曹氏而言，其以区域性的实证研究来构建城市人口等级模式，有效避免了施氏的风险。但其方法有一个默认前提，即城市人口等级与其行政等级和经济等级存在对应关系，尽管不同区域的具体对应关系有所不同。然而，曹氏的研究中缺少一个具有完整资料的区域来确证这种对应关系在传统中国的存在。[③] 陈氏"人店比"的风险在于所取样本量较小及

[①] 陈晓燕：《近代江南市镇人口与城镇化水平变迁》，《浙江学刊》1996 年第 3 期，第 113～114 页。

[②] 李伯重：《19 世纪初期华亭－娄县地区的城市化水平》，《中国经济史研究》2008 年第 2 期，第 30 页。此外陈国栋以清中叶江宁府城平时的存粮数量来估算府城人口的做法与此类似（陈国栋：《清中叶民食札记二条》，（台北）《食货月刊》第 13 卷第 3、4 期合刊，1983 年 7 月，第 138～141 页）。

[③] 路伟东、王新刚对曹氏估算方法的质疑即是基于此点展开，其以宣统人口普查档案资料"地理调查表"所载甘肃的 63 座行政治所城市为分析中心，指出晚清甘肃的府、州、厅、县等行政治所城市的人口分布并无明显的层级关系，并不存在城市行政等级与人口等级相对应的关系，因此历史城市人口可能从来就不存在一个固定的等级模式。参见路伟东、王新刚《晚清甘肃城市人口与北方城市人口等级模式——一项基于宣统"地理调查表"的研究》，《复旦学报》（社会科学版）2015 年第 4 期，第 100～107 页；路伟东《清代陕甘人口专题研究》，上海书店出版社，2011，第 383～389 页。

资料的精度不够，在 11 个样本中，若扣除陈氏所言处于例外情况
的两个，仅剩 9 个样本，若不扣除，数据的离散程度太大，使用
平均数存在较大的问题，[①] 而且有超过一半（6 个）的市镇人口数
量及商店数量为约数。李氏的风险在于，严格说来，其应该使用
每年食盐实际消费量，而不是每年销售量，以及如何确定这些消
费量中有多少是日常生活消费，有多少是生产性消费。这些问题
若无法解决，估算的基础就不那么牢靠，从而也就有可能对最终
的估算造成灾难性影响。

民国时期的城市人口资料虽远较明清时期丰富，然而同样面
临着零散、重复以及缺乏可信基础等问题，以至于有学者认为需
要类似施坚雅模式那样的理论来对这些资料进行重新建构，[②] 就一
般的理解而言，如果施坚雅能够通过建构城市体系的方法对 19 世
纪 40 年代和 90 年代的城市人口进行估算，那么同样能够通过类
似的方法估算出民国的城市人口，而且其难度肯定要小于对民国
之前城市人口的估算。[③] 然而事实却是，无论是姜涛还是曹树基，
均未能根据施坚雅模式构建起民国时期的城市体系，并对城市人口
进行估算。相反，曹氏在后来的中国人口史研究中发现施坚雅模式
的不可重复后，即修正了自己原先的看法，认为对于民国城市人口
的研究必须另起炉灶重做。[④] 而在《中国人口史》第 6 卷中，仅有
一节的篇幅讨论城市人口，而且仅仅是介绍了几组关于民国城市人
口估计的数字。[⑤]

对于本书，笔者根据所掌握的资料情况，拟采用人口密度对 232
个没有资料记载的城镇人口进行估算，即以城市的面积与其人口密

---

① 从统计学上讲，只有在一组数据的离散程度较小的情况下使用平均数才有意义，
　关于此点，本书在使用平均数时会有所交代。
② 姜涛：《中国近代人口史》，浙江人民出版社，1993，第 342 页。
③ 曹树基：《中国移民史》第 6 卷，第 610 页。
④ 曹树基：《中国人口史》第 5 卷，第 725 页。
⑤ 侯杨方：《中国人口史》第 6 卷，第 473～486 页。

度之积来确定每个城市的人口数量。① 城市面积数据取自民国十万分之一地形图，人口密度则通过具有较为可靠人口数据的城市获得。具体而言，在 GIS 软件中将十万分之一地形图进行地理配准，按照地图中对城市的标注形式将其轮廓绘出，并利用 GIS 软件的计算面积功能获得每个城市的面积；然后以有人口数据的城市获得人口密度，通过进一步的分析以确定若干类型的城市及其人口密度；最后，通过人口密度与城市面积之乘积获得每个城市的人口数量。

采用此种估算方法的风险在于：第一，能否获得每个城镇较高精度的面积数据；第二，如何确定一个相对合理的人口密度。笔者的应对措施为：首先，获取面积数据的民国十万分之一地形图经前文的误差评估，其误差较小，精度尚可以接受；其次，人口密度的确定是最为关键也最令人头疼的问题，笔者并不是采取直接的加总平均得出一个人口密度，而是试图根据这些城镇在地形图上的形态特征，对需要估算的 232 个城市及有人口数据的 59 个城市进行分类，② 具有相似形态特征的城市归为一类，并为其确定一个人口密度，从而最大限度地降低确定人口密度可能存在的偏差。

二　各城镇面积误差评估

本章第一节对十万分之一地形图进行评估时，已经考察了位置精度，并与五万分之一地形图进行比较，在将各城镇的面积数据提

---

① 赵冈在对先秦城市人口的估计中也曾采用考古报告中对先秦古城遗址的测量面积及文献中记载的各级别城市的规定面积，以一个较为粗略的人口密度来估算先秦城市的人口。只不过由于无法获得所有先秦城市的面积数据，人口密度也无法进行更加细致分析，估算只能是粗略进行。［赵冈：《中国历史上的城市人口》，（台北）《食货月刊》第 13 卷第 3、4 期合刊，1983 年 7 月，第 109~117 页］

② 地形图提取城镇 301 个，10 个大城市由于资料相对丰富可单独分析，61 个普通城镇能够找到人口资料，故有 230 个城镇的人口需要进行估算。在下文的分析中，发现青浦、江阴、宝山、南汇 4 个城镇的人口资料不可靠，予以弃用，另大城市中的无锡与常州可纳入人口密度分析，故有 59 个城镇可进行人口密度的分析与分类，而需要估算人口的城镇数量就变为 234 个，进一步分析发现金山卫与奄王城为城镇遗址，无须估算人口，故需估算人口的城镇为 232 个。

取完毕以后，尚需考察其面积精度，以对其误差情况有正确认识。此处利用民国时期进行过地籍测量的城镇面积数据对其进行误差评估，[①] 现将相应的面积数据及对比结果整理成表 3 – 3 – 1。

表 3 – 3 – 1　杭州等 5 县市城区在地形图中的面积误差情况

名称	地形图面积（A）（km²）	测量面积（B）（km²）	A 与 B 之比（％）	误差（％）
杭州城	12.2226	13.0847	93.41	– 6.59
无锡城	2.2842	2.4888	91.78	– 8.22
平湖城	2.0029	2.1250	94.25	– 5.75
合　计	16.5097	17.6984	93.28	– 6.72
南京城	43.4997	41.1170	105.79	5.79
句容城	1.2276	1.1426	107.44	7.44
合　计	44.7272	42.2596	105.84	5.84
总　计	61.2369	59.9581	102.13	2.13

　　资料来源："地形图面积"一列据民国十万分之一地形图相应图幅在 GIS 软件中提取。"测量面积"一列，杭州据浙江省民政厅测丈队编印《杭州市土地分类统计》（1933，第 8 ~ 18 页）；无锡据无锡县地籍整理办事处编印《无锡县地籍整理办事处两周年纪念特刊》（1948，"统计"第 14 页）整理，为城内中一镇、中二镇、中三镇、中四镇面积之和；平湖据国民党中央政治学校地政学院与平湖县政府编印《平湖之土地经济》第三表；句容据 34 幅 1948 年补测句容县城（华阳镇）地籍图整理计算（详见第一章）；南京据南京市政府编印《首都市政》（1948，第 6 页）整理，为南京城内 6 区面积之和。

　　从表 3 – 3 – 1 的评估结果可以看到，在杭州等 5 市县中，从地形图所提取的城镇面积数据，既存在比测量数据偏高的情况（南京城与句容城），也存在偏低的情况（杭州城、无锡城与平湖城），无论是偏高还是偏低，其程度均不算太大，均在 10% 以内，因此可以说从地形图中所提取的面积数据还是比较精确的。

---

①　地籍测量所形成的各种土地面积数据，相对而言是民国时期最精确的土地数据（详见第一章第一节），其次则为根据民国实测地形图测算的土地面积。本书用作评估依据的杭州等 5 县市城区面积，除平湖县城数据来自五万分之一地形图测算外，其余均为地籍测量数据，其中句容县城数据为笔者根据其县城地籍原图统计获得（见第一章），其余则是据相应地政部门的统计数据。

三　民国江南城市、城郊及农村地区的人口密度

确定城镇人口密度是本书进行估算时最为关键的一步，同时也是最困难的一步。无论是任何一个时期，均很难说地区间有一个统一的人口密度，尤其是要具体到若干城市（或农村），在这种情况下，要获取一个所谓的"人口密度"是不可能的，显然只能以确定一个平均人口密度的方式推进研究的继续进行。然而由于平均数不能反映一组数据的离散情况，若简单粗暴地直接使用平均人口密度进行估算，则会抹杀不同城市间的差异，使得任何一个城市均成为一个均质的单位。那么该如何降低（不可能避免）这种风险呢？从统计学上讲，只有当一组数据的离散程度较小时，才能用平均数来代表这组数据。具体到本节的研究，笔者将不仅仅确定一个人口密度，而是试图将所有城镇进行类型划分，为不同类型的城镇单独确定一个人口密度，这样就降低了各组数据的离散程度（本书用标准差系数①表示），从而尽可能降低了这一环节可能存在的风险。

在对城镇进行类型划分并确定其人口密度前，我们还必须对民国时期江南的城市、城郊及农村三种不同类型地区的人口密度有一个总体的认识。斯波义信曾依据《民国鄞县通志》的户口记载对1930年代宁波的城乡人口进行研究，其得出的结论为：城市性区域的城内、东北两侧的城外街区的人口密度分别为8621、5486和7636人/km²，半城市性区域的西郊则为1269人/km²，农村地区的人口密度则在500人/km²以下。② 宁波地区虽也可算广义上的江南地区，然而这毕竟只是一个县的例子，以下将有精确面积和人口数据的各县

---

① 标准差能反映一组数据的离散程度，一个较大的标准差表示大部分数值与平均数之间的差异较大，较小的标准差则表示这组数据较为接近平均数。标准差系数为标准差与平均数之比，其中标准差可以通过 Excel 中的 STDEVP 函数计算。

② 斯波義信「1930 年代寧波の都鄙人口」友杉孝編著『アジア都市の諸相：比較都市論にむけて』同文舘、1999、157 頁。原文城墙以内区域为两个区，此处笔者合并计算。

市区、乡、镇等数据按城市、城郊、农村三种类型分别整理成表 3 -
3 - 2、表 3 - 3 - 3 和表 3 - 3 - 4。

表 3 - 3 - 2　民国时期江南城市地区的人口密度

名称	面积（km²）	人口	人口密度（人/km²）	名称	面积（km²）	人口	人口密度（人/km²）
上海市区	107.386	3282612	30568.34	杨 树 浦	12.208	76443	6261.71
黄 浦	1.405	113299	80639.86	新 市 街	20.719	31224	1507.02
老 闸	0.899	128573	143017.80	南京城区	53.978	772623	14313.66
邑 庙	1.593	174235	109375.40	第 一 区	8.850	134496	15197.29
蓬 莱	5.927	236448	39893.37	第 二 区	6.345	88679	13976.20
泰 山	4.047	339065	83781.81	第 三 区	2.183	84430	38676.13
卢 家 湾	3.891	154956	39824.21	第 四 区	2.174	138263	63598.44
常 熟	8.737	159032	18202.13	第 五 区	6.461	140269	21710.11
徐 家 汇	5.726	76337	13331.65	第 六 区	15.104	79163	5241.19
长 宁	5.189	128900	24841.01	第 七 区	3.008	76407	25401.26
静 安 寺	3.847	174059	45245.39	第 八 区	9.853	30916	3137.73
新 成	2.586	283125	109483.80	无锡城区	2.489	67365	27065.09
江 宁	2.934	217381	74090.32	中 一 镇	0.821	20621	25116.93
普 陀	2.318	129949	56060.83	中 二 镇	0.430	17563	40844.19
闸 北	4.914	113766	23151.40	中三四镇	1.238	29181	23571.08
北 站	2.405	185840	77272.35	平湖县城	2.125	11757	5532.71
虹 口	1.654	144900	87605.80	永 丰 镇	1.175	8022	6827.23
北四川路	7.199	81070	11261.29	当 湖 镇	0.950	3735	3931.58
提 篮 桥	4.123	189925	46064.76	杭州城区	13.085	351103	26832.48
榆 林	5.065	144085	28447.19	句容县城	1.143	7469	6534.56

　　注：1. 上海市各区面积资料来源为上海市地政局，人口因 1935 年无分区数据，故计算人口密度时使用 1946 年的分区人口数。

　　2. 南京市城区 8 个区形成后相对稳定，其中第一至第六区在城内，第七区为下关，第八区为浦口，故面积使用 1948 年数据（资料来源为南京市地政局），而人口使用本书所选用的 1936 年数据。

　　3. 无锡城内各镇的面积为 1946 年地籍补测数据，人口为 1948 年 8 月县政府的调查数据，时中三镇与中四镇合并为锡治镇。

　　资料来源：上海市各区面积及人口据上海市政府统计处编印《三十五年度上海市统计总报告》（1947）；南京市各区面积据南京市政府编印《首都市政》第 6 页，人口据南京市政府秘书处编印《行政统计报告（二十四年度南京市政府）》第 31 页；无锡城内各镇面积、人口据无锡县地籍整理办事处编印《无锡县地籍整理办事处两周年纪念特刊》"统计"第 3、14 页；平湖县城面积、人口据国民党中央政治学校地政学院与平湖县政府编印《平湖之土地经济》第三表和第八表；杭州城区面积据浙江省民政厅测丈队编印《杭州市土地分类统计》，第 8～18 页，人口据杭州市政府秘书处编印《杭州市政府十周年纪念特刊》"调查统计"；句容县城面积据 34 幅 1948 年补测句容县城（华阳镇）地籍图整理计算，人口据张心一等《试办句容县人口农业总调查》第五表。

表 3 − 3 − 3　民国时期江南城市郊区的人口密度

名称	面积（km²）	人口	人口密度（人/km²）	名称	面积（km²）	人口	人口密度（人/km²）
上海郊区	510.609	612836	1200.21	南京郊区	304.782	165795	543.98
江　湾	44.470	29374	660.54	燕子矶区	180.410	50518	280.02
吴　淞	25.544	26363	1032.06	孝　陵　区	71.348	63472	889.61
大　场	65.473	43275	660.96	上新河区	53.024	51805	977.01
新　泾	65.666	89349	1360.66	杭州郊区	221.141	245102	1108.35
龙　华	97.576	80499	824.99	西　湖　区	46.735	23847	510.26
杨　思	36.690	60154	1639.52	江干会堡	25.705	75933	2954.07
洋　泾	56.460	184276	3263.83	皋　塘　区	122.893	78881	641.87
高　桥	81.670	61502	753.06	湖　墅　区	25.808	66441	2574.46
真　如	37.060	38044	1026.55				

资料来源：同表 3 − 3 − 2 中上海、南京、杭州的资料来源。

表 3 − 3 − 4　民国时期江南农村地区的人口密度（平湖县）

名称	面积（km²）	人口	人口密度（人/km²）	名称	面积（km²）	人口	人口密度（人/km²）
圣　塘　乡	8.40	4659	554.64	马　沈　乡	9.25	3752	405.62
司　福　乡	12.75	5248	411.61	东　泗　乡	11.25	5775	513.33
大小营乡	12.25	4762	388.73	褚　泾　乡	9.75	4209	431.69
大黄姑乡	43.25	11527	266.52	赵　新　乡	5.50	3413	620.55
庄　山　乡	21.15	8389	396.64	广　陈　乡	20.70	6205	299.76
东　桥　乡	11.75	4654	396.09	周　官　乡	19.25	5507	286.08
清　司　乡	15.25	7619	499.61	银　华　乡	14.25	5525	387.72
虹　墅　乡	11.45	5128	447.86	埭　西　乡	16.55	4615	278.85
徐　号　乡	6.00	6470	1078.33	茅　乘　乡	13.25	6367	480.53
大　亭　乡	11.45	4611	402.71	新　泖　乡	11.80	3996	338.64
南　墩　乡	14.25	5118	359.16	祇张石乡	14.75	6477	439.12
赵　顾　乡	14.15	6901	487.70	戈　张　乡	23.00	4314	187.57
莲　洙　乡	18.25	4924	269.81	南　传　乡	12.00	4797	399.75
骑　军　乡	16.35	5254	321.35	时　大　乡	14.83	5341	360.27
衙　前　乡	17.50	8549	488.51	椿　前　乡	15.58	6114	392.55
三叉河乡	17.00	7499	441.12	扶　行　乡	7.123	3995	560.70
金丝娘桥	8.80	4704	534.55	平湖各乡	490.83	190769	388.67
新　治　乡	12.00	4351	362.58				

资料来源：同表 3 − 3 − 2 中平湖县的资料来源。

表 3 - 3 - 2 是城市地区的人口密度,可以看到,最高者如上海市的老闸、邑庙、新成等区,人口密度可以达到甚至超过 10 万人/km², 而最低者也有像新市街这样不到 2000 人/km² 的,当然,一般情况下,城市性区域人口密度达到 1 万 ~ 2 万人/km² 是正常的,如上海、南京、无锡、杭州等地区,而像平湖、句容这样的小县城,由于城内拥有一定量的农业用地(如本书第一章所述,句容县城内有高达 38.56% 的农业用地),严格来说并不能算纯粹的城市性区域,其人口密度亦有 5000 ~ 6000 人/km²。

表 3 - 3 - 3 是上海、南京、杭州 3 个城市郊区的人口密度情况。一般来说,城郊大多是半城市性区域,农村夹杂其中,至于是城市性区域占优势还是农村性区域占优势,则近郊与远郊又有所不同。从表 3 - 3 - 3 可以看到,人口密度最高可达近 3000 人/km²,最低不到 300 人/km²,与农村无异,一般情况则为 1000 人/km² 左右。

表 3 - 3 - 4 是 1935 年平湖县各乡的人口密度情况,可以看到,偶有达到 1000 人/km² 的,如徐号乡,最低则不到 200 人/km²,普遍情况则在 300 ~ 400 人/km²。

从上述 3 表可以看到,江南地区城市、城郊及农村地区的人口密度差别很大,就本书所要确定的城镇人口密度而言,当处于表 3 - 3 - 2 所反映的人口密度范围内,不过绝无可能与上海的几个人口密度较高的区相提并论。

从本书所提取的城镇信息来看,大致可以将城镇分为筑有城墙和未筑城墙两类。未筑城墙的基本为普通市镇,其规模大小不一,差距也比较大,在十万分之一地形图中,其标注形态仅有规模大小之分,镇区之内的空地极少见,仅少数民居沿河、沿路分布的城镇存在这种情况(因在绘制其镇区范围时将该段河流或道路包括进镇区里)。而筑有城墙的则大多为传统政治、军事中心所在(如县城、卫城),虽然也有大小之分,但总体而言均颇具规模。结合十万分之一地形图所标注的形态,从第一章句容县城的城市形态研究结论和表 3 - 3 - 2 中句容、平湖两个县城的人口密度情况看,筑有城墙的城镇比较复杂：其城内或民居密布，空地极少，而且城外还有一定规模的城外街区；或城内有一定空地，城外也有一定的城外街区；再或城内虽民居密布，几无空地，但未有城外街区；甚至还有城内空地极多，仅有一规模有限的十字街。从上述这些情况来看，城镇类型的划分重点在于筑有城墙的城镇，以下分别对这两类城镇的城镇人口进行讨论。

四　筑有城墙的城镇人口估算

在提取的江南城镇信息中，筑有城墙的城镇共有 46 个（上海老城厢未计在内），上文单独分析的 10 个大城市中除上海市外，其余 9 个均筑有城墙，在民国调查或新方志资料中找到有人口数据的共有 21 个，需要估算人口数量的筑有城墙城镇为 16 个。9 个筑有城墙的大城市中，南京城、杭州城与苏州城的面积远远大于将要估算人口的普通城镇，若将其纳入人口密度的分析中，其将主导人口密度的走向，从而降低最终所确定的人口密度合理性，因而将这 3 个城市排除；嘉兴、湖州（吴兴县城）、常熟、镇江等 4 个城市，上文对其城市人口的确定均是通过分析获得而非直接资料记载，若再将其城市人口用来分析人口密度，则属二次估算，这是本书所努力避免的，因此亦不将这 4 个城市纳入人口密度的分析中；而无锡市与常州（武进县城），上文对其 1935 年城市人口的确定虽然也是通过分析获得，但由于有无锡县城内 4 个镇 1948 年的人口数据及武进县城 1932 年的人口数据，故可纳入人口密度分析中。下文对人口密度的分析将围绕 23 个城镇（找到人口数据的 21 个加无锡县城、武进县城）进行，现将这些城镇的人口、面积等信息整理成表 3 - 3 - 5。

从表 3 - 3 - 5 可以看到，按照人口密度大小排序，则人口密度在 20000 人/km² 以上的有宜兴县城等 7 个城镇，10000 人/km² 以上的有崇德县城等 5 个城镇，5000 人/km² 以上有海盐县城等 7 个城镇，5000 人/km² 以下有宝山县城等 4 个城镇。笔者初步将这 23 个城镇分为四类，以下对这些城镇在地形图中的形态特征进行分析，以确定

表 3 - 3 - 5 筑有城墙城镇的人口密度

单位：人，km^2，人/km^2

名称	人口	时间	图上面积	密度	名称	人口	时间	图上面积	密度
第一类	284628		9.8186	28988.65	第三类	33789		5.8779	5748.48
宜兴县城	22990	1931 年	0.6584	34917.98	桐乡县城	5353	1946 年	0.7762	6896.42
武进县城	75000	1932 年	2.0541	36512.34	句容县城	7469	1933 年	1.2276	6084.23
溧阳县城	27858	1932 年	0.8889	31339.86	吴江县城	4990	1934 年	0.8422	5924.96
无锡县城	67365	1948 年	2.2842	29491.73	昆山县城	15977	1932 年	3.0319	5269.63
松江县城	62195	1932 年	2.5225	24656.10	第四类	18872		8.7363	2160.18
溧水县城	6837	1932 年	0.3223	21213.16	嘉定县城	9185	1947 年	3.6136	2541.79
金坛县城	22383	1932 年	1.0882	20568.83	太仓县城	9687	1932 年	5.1227	1890.99
第二类	81788		6.0385	13544.42	重分类				
崇德县城	11565	1947 年	0.7036	16436.90	青浦县城	10271	1932 年	0.7822	13130.91
川沙县城	7572	1932 年	0.4823	15699.77	江阴县城	13332	1932 年	2.4062	5540.69
丹阳县城	28989	1932 年	1.9708	14709.26	平湖县城	11757	1936 年	2.0029	5869.99
嘉善县城	20549	1948 年	1.5217	13503.98	宝山县城	4729	1932 年	1.1275	4194.24
海盐县城	13113	抗战前	1.3601	9641.20	南汇县城	5414	1932 年	1.3326	4062.73

资料来源：人口数据由附录表 2 整理，面积数据由十万分之一地形图提取。

每个类别中的城镇是否有共同的特征。将这些城镇从地形图中提取出来，按照四种分类分别制作成图 3 - 3 - 1、图 3 - 3 - 2、图 3 - 3 - 3 和图 3 - 3 - 4。①

图 3 - 3 - 1 中的 6 个县城及图 3 - 3 - 2 中的金坛县城均为人口密度在 20000 人/km^2 以上的城镇，其规模（城墙内区域）大小不一，武进、松江和无锡县城的面积均超过 2km^2，其余 4 个县城占地均不及 1km^2。从图中可以看到，这 7 个城镇城墙以内区域的建筑均十分密集。城外街区方面，除溧水县城无城外街区，宜兴

① 为制图方便，将原本应置于图 3 - 3 - 1 的金坛县城置于图 3 - 3 - 2，原本应置于图 3 - 3 - 3 的昆山县城置于图 3 - 3 - 4。

县城城外街区极小，金坛县城的两片城外街区较小外，其余 4 个县城的城外街区均颇成规模。无锡县城的城外街区主要集中于南、北两侧，规模均较大；松江县城东、西、北三个方向均有，西侧的街区规模颇大；武进县城的城外街区分布于城墙四周，以北侧及西北侧规模较大；而溧阳县城则集中于西侧，规模几可与城内相提并论。

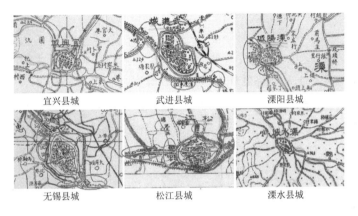

图 3 - 3 - 1　人口密度 20000 人/km² 以上的城镇形态

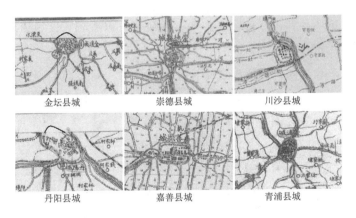

图 3 - 3 - 2　人口密度 10000 人/km² 以上的城镇形态

图 3 - 3 - 2 中除金坛县城外是 5 个人口密度在 10000 人/km² 以上的城镇，其城内建筑较为密集，但也存在一些空地，其中 4 个城

镇存在城外街区，除嘉善县城东侧的城外街区规模尚可外，其余 3 个县城的城外街区规模均极小。青浦县城是一个例外，虽然不存在城外街区，但其城内建筑的密集程度远超过其他 5 个城镇，与人口密度 20000 人/km² 以上的城镇并无本质区别，再结合 1953 年人口普查时青浦县城的人口数量为 15974 人，[①] 可知表 3 - 3 - 5 中其人口数量 10271 人偏低，考虑到该城镇无城外街区，而其城区面积与溧阳县城的城区面积较为接近（见表 3 - 3 - 5，溧阳县城面积为 0.8889km²，青浦县城面积为 0.7822km²），城内建筑密集程度亦相差不大（从图上看青浦县城密度更大些），溧阳县城的人口密度 31339.86 人/km² 是将城外街区居民计算在内，而城外街区面积却不计算在内的情况下得出的，从图上看，溧阳县城城外街区的规模当与城内相差不大，故其城内人口密度应以一半计，即 15669.93 人/km²，以之作为青浦县城的人口密度，则青浦县城的人口当为 12257 人（见表 3 - 3 - 6）。

图 3 - 3 - 3 的 6 个县城及图 3 - 3 - 4 昆山县城为人口密度在 5000 人/km² 以上的城镇，桐乡、句容、吴江 3 个县城城内建筑的密集程度相差不大，桐乡与吴江县城虽然均有城外街区，但规模均极小。从第一章对句容县城城市形态的研究可以看到，该城镇城墙内拥有高达 38.56% 的农业用地（地形图中则标示为空地），虽然在东门外有一片街区，但范围极小，在十万分之一地形图上则未标示出来，故图 3 - 3 - 3 中句容县城无城外街区。其余的 3 个县城则与此完全不同：海盐县城的形态特征更接近于图 3 - 3 - 2 人口密度 10000 人/km² 以上的城镇，尤其与嘉善县城相似，从其人口密度达 9641.20 人/km² 来看，也确实如此；平湖县城虽然仅存在规模极小的城外街区，但其城内建筑的密集程度与图 3 - 3 - 2 中各城镇相比并不逊色，而该城镇的人口数量为 1936 年该县进行土地经济调查时获得，可信

---

① 《1953 年全省人口统计资料》（1954 年 6 月），江苏省档案馆藏，档案号：4024/001/0034/3133，第 177 页。

度较高，应无问题，[①] 故问题应出现在十万分之一地形图上，即该城镇在地形图上显示的这种形态特征可能存在误差，此为据地形图上城镇的形态特征进行相关分析判断的风险所在，好在这样的情况并不多见，表 3－3－5 中的城镇仅此一例；江阴县城不但有规模颇大的城外街区，其城内建筑密集程度更是与图 3－3－1 中人口密度20000 人/km² 以上的城镇无异，但其人口密度仅略微超过 5000 人/km²，显然应该是人口数据存在问题，1953 年人口普查时，江阴城区人口 37846 人，[②] 比表 3－3－5 该城镇人口 13332 人几乎多出 2倍，故对于江阴县城的人口数量将采取估算的方法获得，为避免可能的过高估计，将其归入第二类城镇进行估算，详见表 3－3－6。

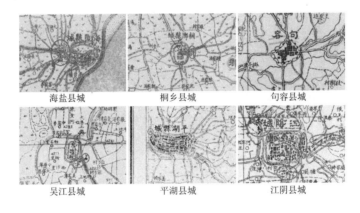

海盐县城　　　　桐乡县城　　　　句容县城

吴江县城　　　　平湖县城　　　　江阴县城

图 3－3－3　人口密度 5000 人/km² 以上的城镇形态

图 3－3－4 中除昆山县城外为 4 个人口密度在 5000 人/km² 以下的城镇，从表 3－3－5 中可以看到，嘉定县城与太仓县城规模均很

---

① 1953 年人口普查时，平湖县城有人口 23071 人［见《嘉兴、嘉善、平湖、海盐、海宁关于 1954 年人口统计资料》（1954 年），湖州市档案馆藏，档案号：42/2/2］，但此为并入原启元镇全部及东湖镇、汉唐镇的城市性区域后的总人口（见平湖县地名委员会编《平湖县地名志》，第 17 页），1936 年平湖人口调查时，县城两镇（当湖镇与永丰镇）只有 11757 人，启元镇 5517 人、东湖镇 6242 人、汉塘镇 5360 人。
② 《1953 年全省人口统计资料》（1954 年 6 月），江苏省档案馆藏，档案号：4024/001/0034/3133，第 131 页。

大，太仓县城面积更是超过5km²，嘉定县城亦接近4km²，但如图3－3－4所示，其城内空地极多，目测已经占到总面积的一半或以上，建筑或呈十字街分布（嘉定县城），或集中分布于一块区域（太仓县城），城外亦分布有两三片不大的街区。但是另外2个城镇则与此不符：南汇县城与宝山县城城内的建筑尚属密集，亦有小规模城外街区，其形态特征更接近于图3－3－3中的桐乡、句容和吴江县城。1953年人口普查时此两城的人口数量分别为7039人与5703人，[①] 若按此计算人口密度，则均在5000人/km²以上，故《江苏省城市与乡村人口》所载应有误，此处按照其形态特征将其归入第三类城镇进行人口估算，详见表3－3－6。

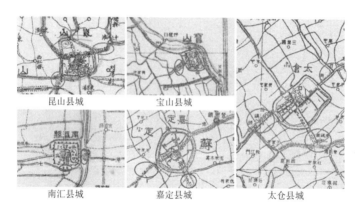

昆山县城　　　　宝山县城

南汇县城　　　　嘉定县城　　　　太仓县城

图3－3－4　人口密度5000人/km²以下的城镇形态

综合以上四幅图可以看到，城内空地最多以及建筑最密集的形态类型最明显从而也就最容易判别，但介于两者之间的中间形态则有些许模糊。如图3－3－2中的金坛县城，图3－3－3中的海盐县城，图3－3－4中的昆山、宝山与南汇县城，单从形态特征上看，这些城镇与邻近类型的城镇并无本质区别。这一情况很好诠释了按照单一标准进行某种分类所面临的困境，因为一旦标准确定以后，

① 《1953年全省人口统计资料》（1954年6月）江苏省档案馆藏，档案号：4024/001/0034/3133，第185、190页。

就会存在一个临界范围，处于此范围之内的城镇则难以归入任何一个类别（或者说归入任何一个类别均可），因此，多重标准的分类就显得更为合理。

鉴于上述情况的存在，在对以上 23 个城镇进行分类时应该综合考虑人口密度及其形态（即城内建筑的密集程度、空地的多寡，城外街区则为参考），因此，将分类调整为：宜兴、武进、溧阳、无锡、松江、溧水、金坛等 7 县县城，其人口密度均在 20000 人/km² 左右或以上，城墙以内区域建筑均十分密集，空地极少，可归为第一类，此组数据的总体标准差系数为 0.20，平均人口密度为 28988.65 人/km²；崇德、川沙、丹阳、嘉善、海盐等 5 县县城的人口密度均在 10000 人/km² 左右或以上，其城内建筑较为密集，但亦存在一定数量的空地，可归为第二类，总体标准差系数为 0.18，平均人口密度为 13544.42 人/km²；桐乡、句容、吴江、昆山等 4 县县城的人口密度均在 5000 人/km² 左右，其城内空地较多，但总体而言仍是建筑用地居于主体，可归为第三类，总体标准差系数为 0.10，平均人口密度为 5748.48 人/km²；嘉定、太仓两县县城的人口密度均在 2000 人/km² 左右，其城内空旷，建筑仅集中分布于某一区域，总体而言以空地居于主体地位，将之归为第四类，总体标准差系数为 0.15，平均人口密度为 2160.18 人/km²（以上 4 个分类及每一类别的平均人口密度详见表 3-3-5）。另外平湖县则由于地形图在形态标注上存在误差而不参与到上述分类中，青浦、江阴、宝山、南汇 4 县县城则由于人口数据不甚准确，分别按照其所属城镇形态类别重新估算人口（其中青浦县城在上文中已经单独估算）。

将需要估算人口的 16 个筑有城墙的城镇及上述 4 个需要重新估算人口的城镇（其中乍浦镇将单独分析，青浦县城已经单独估算）按照以上四类标准进行归类，从而与该四类城镇的人口密度对应，以此估算其城镇人口数量（见表 3-3-6），同时将 1953 年人口普查时各城镇的人口数量列出，作为参考。

表 3 - 3 - 6 20 个筑有城墙城镇的人口估算结果

县名	城镇	密度（人/km²）	面积（km²）	估算人口	1953 年人口
第一类	2	28988.65	0.5487	15906	11349
武进	孟河镇	28988.65	0.3113	9024	6046
江阴	杨舍营	28988.65	0.2374	6882	5303
第二类	6	13544.42	4.8842	66153	66849
孝丰	孝丰城	13544.42	0.2280	3088	3357
富阳	富阳城	13544.42	0.5746	7783	8195
江阴	江阴城	13544.42	2.4062	32591	37846
德清	德清城	13544.42	0.4170	5648	5590
新登	新登城	13544.42	0.3545	4801	4214
长兴	长兴城	13544.42	0.9039	12243	7647
第三类	6	5748.48	6.4173	36890	30864
宝山	宝山城	5748.48	1.1275	6481	5703
临安	临安城	5748.48	1.2538	7207	6798
南汇	南汇城	5748.48	1.3326	7660	7039
奉贤	奉贤城	5748.48	0.7272	4180	2420
安吉	安吉城	5748.48	0.6802	3910	3662
海宁	海宁城	5748.48	1.2961	7451	5242
第四类	4	2160.18	6.0889	13153	8511
海盐	澉浦镇	2160.18	1.6060	3469	5955
金山	金山卫	2160.18	3.4022	7349	542
太仓	茜泾营	2160.18	0.6552	1415	1118
奉贤	拓林城	2160.18	0.4256	919	896
单独	2		1.8934	18780	21695
平湖	乍浦镇	5869.99	1.1112	6523	5721
青浦	青浦城	15669.93	0.7822	12257	15974
总计	20		19.8325	150882	139268

资料来源：面积数据由十万分之一地形图提取；1953 年人口江苏城市据《1953 年全省人口统计资料》（1954 年 6 月，江苏省档案馆藏，档案号：4024/001/0034/3133）、浙江城市据《嘉兴专区各县小城镇人口资料》（1954 年 2 月 23 日，湖州市档案馆藏，档案号：97/8/18）整理。

平湖县城由于地形图存在误差故不将其归入以上四类之中，因而处于同一图幅的乍浦镇也应单独分析。乍浦镇为平湖县境内仅次

于县城的第二大镇,[①] 筑有城墙,城内面积 1.1112km[2],从十万分之
一地形图中的形态(见附录之附图)来看,其城内建筑集中于城南,
空地较多,如果按照上述四个类别的分类标准,当归入第三类,但人
口密度应低于平湖县城,具体多少则无法确定,兹以平湖县城的人口
密度 5869.99 人/km[2] 计,则乍浦镇有人口 6523 人,可能有所高估。[②]

　　另外,表 3 - 3 - 6 中需要注意的问题是金山卫的人口数量,金
山卫城筑于明初,其时西门城内有十字街和西靖街,1645 年清兵破
城后,城区衰落,商市移向城外新河北侧,发展成西门镇,雍正四
年(1726)建金山县治于卫城,西门镇渐见繁荣,但是乾隆年间,
县治北移朱泾镇后,其商市减色。[③] 此处的估算人口乃据地形图中所
绘金山卫城墙遗址的范围计算得出,其人口数量 7349 人不能算是西门
镇的人口数,1953 年人口普查时西门镇仅 542 人。[④] 故此处应将金山
卫剔除,剔除后 19 个城镇的估算人口数为 143533 人,则总共 36 个筑
有城墙城镇的人口数为 432002 人,约占江南人口总数的 1.94%。

五　未筑城墙的城镇人口估算

　　在需要估算人口的 230 个城镇中,有 214 个没有修筑城墙。在
十万分之一地形图中,对这些未筑城墙城镇的标注,乃是直接以表
示建筑的黑块或方块绘出镇区轮廓,镇区内几无空地,这类区域基
本上可以等同于以上所述的各大城市内繁荣的建成区,大多数的区

[①] 至少民国时期如此。根据徐明德的研究,鸦片战争前的乍浦镇为当时东方的国际
贸易大港(徐明德:《论清代中国的东方明珠——浙江乍浦港》,《清史研究》
1997 年第 3 期),因此明清时期的乍浦镇应颇为繁荣,但是否超过县城则不得而
知。

[②] 1936 年平湖人口调查时,乍浦镇城内有人口 3406 人,以乍浦城城外街区为主体
的乍南镇有人口 2927 人,则两镇总人口 6333 人,此数与估算的 6523 人相差无
几。

[③] 上海市金山县金卫乡人民政府编《金卫志》,上海科学普及出版社,1992,第 61
页。

[④] 江苏省人口调查登记办公室编《江苏省各县小集镇人口统计》(1954 年 5 月 31
日),江苏省档案馆藏,档案号:4024/001/0034/3133。

域虽然面积较小，但人口聚集程度不逊色于一般大城市的建成区，且远高于大多数县城。① 现将收集到的 40 个未筑城墙城镇的人口、面积等信息整理成表 3 - 3 - 7。②

表 3 - 3 - 7　未筑城墙城镇的人口密度

名称	人口	时间	面积(km²)	人口密度(人/km²)
西塘镇	20297	1946 年	0.5540	36637.18
菱湖镇	12420	1908 年	0.7668	16197.18
黎里镇	8123	1934 年	0.2237	36312.03
震泽镇	8767	1934 年	0.5501	15937.10
支塘镇	5000	民初	0.1442	34674.06
乌　镇	8461	1933 年	0.5331	15871.32
长安镇	5566	1934 年	0.1607	34635.97
湖熟镇	6101	1933 年	0.4197	14536.57
张渚镇	19340	1937 年	0.5629	34357.79
陶吴镇	1974	1933 年	0.1460	13520.55
周浦镇	12668	1946 年	0.3701	34228.59
枫泾镇	10000	清末民国	0.8055	12414.65
木渎镇	5000	抗战前	0.1485	33670.03
平望镇	5262	1934 年	0.4378	12019.19
干窑镇	7913	1946 年	0.2443	32390.50
同里镇	6651	1934 年	0.5653	11765.43
南浔镇	35000	抗战前	1.1987	29198.30
屠甸镇	2753	1946 年	0.2441	11278.16
华墅镇	12120	1947 年	0.4381	27664.92

① 如上文所述，大多数筑有城墙的城镇，由于城墙内区域尚有不少的空地（农业用地、湖泊水体等，表现在地形图上则为空地），其人口密度实际并不太高。

② 此处需要说明的是，在《江苏省城市与乡村人口》（《经济统计月志》第 1 卷第 1 期，1934 年 1 月）中，高淳、扬中、金山、奉贤等 4 县县城属未筑城墙城镇，但表 3 - 3 - 7 中，笔者仅采用高淳县城（淳溪镇）与扬中县城（三才镇）两个数据，金山县城（朱泾镇）采用的是新方志资料记载的 1937 年（战前）数据，而奉贤县城 2518 人的数据弃用，原因在于笔者无从判断该人口数据是指县城南桥镇的人口还是指奉贤城的人口：若指南桥镇，则与 1953 年人口普查时 8175 人的差距太大，无法采信；若指奉贤城，与人口普查时奉城 2420 人的数字倒是基本一致，但 1912 年奉贤县即已迁治南桥镇了，此处笔者无法确证，故舍弃该数据。

续表

名称	人口	时间	面积（km²）	人口密度（人/km²）
新塍镇	10138	1948 年	0.9097	11144.33
王店镇	9731	1947 年	0.3747	25970.11
三才镇	2171	1931 年	0.2052	10579.92
硖石镇	18400	1931 年	0.7356	25013.59
青　镇	10762	1933 年	1.0424	10324.25
浒墅关镇	8096	1948 年	0.3311	24451.83
塘栖镇	9012	1946 年	0.9255	9737.44
泗泾镇	6000	抗战前	0.2547	23557.13
罗店镇	8218	1944 年	0.8620	9533.64
盛泽镇	25796	1934 年	1.1151	23133.35
江宁镇	2981	1933 年	0.3205	9301.09
上河镇	3817	1933 年	0.1796	21252.78
秣陵关	2209	1933 年	0.2437	9064.42
朱家角镇	15401	1946 年	0.7795	19757.54
濮院镇	5728	1946 年	0.7676	7462.22
真如镇	5068	1928 年	0.2705	18735.67
朱泾镇	6500	1937 年	0.8722	7452.42
新埭镇	3491	1936 年	0.1892	18451.37
北圩镇	1881	1934 年	0.2886	6517.67
淳溪镇	8255	1931 年	0.4700	17563.83
临平镇	9254	1948 年	0.5400	17137.04
总　计	366325		20.1910	18142.98

注：在平湖县 1936 年的调查资料中，除县城与新埭镇外，其余均为行政区划意义上的乡镇人口数，故此处仅选用新埭镇的数据。

资料来源：人口数据由附录表 2 整理，面积数据由十万分之一地形图提取。

从表 3-3-7 中可以看到，这些城镇的面积虽然都较小，绝大多数在 1km² 以下，但其人口密度却很高，最高者如西塘、黎里等镇，超过 30000 人/km²，最低者如塘栖等 7 个镇低于 10000 人/km²（其中尚有 4 个在 9000 人/km² 以上），绝大多数城镇的人口密度在 1 万~2 万人/km²，平均人口密度为 18142.98 人/km²。对于这些城镇，已经无法再进行进一步分类，只能直接按照 18142.98 人/km² 的平均人口密度对未筑城镇的人口进行估算，需要说明的是，这组数据的总体标准差系数达 0.52，与表 3 - 3 - 5 的四组筑有城墙的城镇分类数据相比处于比较高的水平，如果不计 7 个人口密度在 10000 人/km² 以下的城镇，标准差系数为 0.42，仍明显高于表 3 - 3 - 5 的四组分类数据。因此，直接用平均人口密度来估算，效果并不十分理想，尤其是对于单个城镇而言，这点必须明确。估算结果如表 3 - 3 - 8 所示。

表 3 - 3 - 8　未筑城墙城镇的人口估算结果

县名	城镇数量	面积（km²）	人口	县名	城镇数量	面积（km²）	人口
安吉	2	0.4169	7563	溧阳	3	0.4015	7285
宝山	3	1.2573	22810	临安	1	0.0295	535
昌化	4	0.5475	9931	南汇	1	0.5265	9552
常熟	13	3.1531	57206	平湖	4	0.5738	10410
崇德	1	0.2445	4436	青浦	4	1.1718	21262
丹阳	7	2.9382	53303	松江	2	0.5846	10608
德清	2	0.4773	8660	桐乡	1	0.4960	8999
奉贤	3	1.0932	19833	吴县	12	6.6042	119820
富阳	5	0.6164	11182	武康	3	0.8896	16141
高淳	1	1.237	22444	无锡	2	0.6786	12312
海宁	6	1.0309	18705	吴兴	10	2.8440	51599
海盐	4	0.8632	15663	武进	29	4.7786	86697
杭县	11	3.8806	70410	新城	4	0.4361	7913
嘉定	1	1.2726	23090	宜兴	6	2.0568	37317
嘉善	1	0.1273	2310	於潜	5	0.6643	12053
嘉兴	5	1.1464	20797	余杭	5	2.2494	40813
金山	3	1.1842	21482	长兴	4	1.0371	18818
江阴	31	5.2778	95759	镇江	5	2.1912	39757
金坛	6	0.7502	13608	合计	214	57.3915	1041260
昆山	4	1.6633	30177				

资料来源：面积数据由十万分之一地形图提取汇总。

　　这里需要注意的是武进县的奄王城（0.5702km²，估算人口数为 10344 人）乃西周王城遗址，并非城镇，应将其剔除。则估算的 213

个城镇的人口总数约为 1030916 人，未筑有城墙的 246 个城镇人口总数为 1328312 人,[①] 约占江南人口总数的 5.98%。

本章小结

本章从大城市与普通城镇两个方面对民国时期江南的城镇人口进行分析。研究结果显示，在民国时期（1935 年）的江南，人口总数为 22225911 人，共有 292 个城镇,[②] 城镇人口数量分别为：上海等 10 个大城市 5658544 人，36 个筑有城墙的城镇 432002 人，246 个未筑有城墙的城镇 1328312 人。[③] 城镇总人口约为 742 万人，约占江南地区人口总数的 33.38%，即民国时期江南地区的城镇化水平约为33%。

晚清以来，江南商业市镇"政区实体化"的过程提醒笔者在进行城镇化水平研究时必须充分考虑行政区划的因素，这是本书第二章所强调的。同样的，民国时期的大城市亦经历类似"政区实体化"的过程：行政区划意义的市制肇始于 1921 年《广州市暂行条例》的颁布，南京国民政府成立后，市分特别市与普通市，随后演变为院辖市和省辖市，1949 年以后，省、专区、县三级制得以确立，市也就演变为中央辖市、省辖市和专区辖市三种。从 1927 年到 1949 年 9月底以前，国民政府先后设置了 151 个市，其中江南地区设置有上海、南京、杭州、苏州、镇江、无锡、常州、嘉兴、湖州 9 个市。[④]

---

① 扣除包括在杭州市人口中的拱宸桥、湖墅镇、笕桥镇以及包括在上海市人口中的江湾镇、大场镇、吴淞镇、真如镇。
② 十万分之一地形图提取的城镇数量为 301 个，剔除金山卫与奄王城两个遗址，以及包括在杭州市与上海市的 7 个镇。
③ 其中 19 个筑有城墙城镇的人口为估算，数量为 143533 人，207 个未筑有城墙城镇的人口为估算，数量为 967052 人，城镇人口总数 1110585 人为估算获得，约占江南城镇人口的 15%。
④ 吴松弟：《市的兴起与近代中国区域经济的不平衡发展》，《云南大学学报》（社会科学版），2006 年第 5 期。

在成为一级行政区划以后，与镇一样，市也往往会将周边的部分农村地区并入成为其郊区，而由于市区本身的范围较大，拥有更多的人口，其郊区农村人口的数量虽然不少，但并不能够改变其城市的本质，在这种情况下，不加分辨地将一个市的总人口全部计入城市人口中，如果其郊区农村人口的绝对数量过大，那么我们所得出来的城镇化水平的结论显然会虚高，这与当代由于撤县建市、撤区建市等行政区划调整而造成的虚假城市化现象是一样的。为了避免这种高估情况的出现，本章在关于大城市人口的分析中，同样延续上一章的思路，将行政区划因素作为重点考量对象，通过对这些大城市区域的区划变动分析，尽量仅将城市建成区的人口计入城市人口数量中。同时这一思路亦延续到下一章对 1953 年大城市人口的分析中。

在关于普通城镇人口的研究中，由于资料的限制，笔者采取以 GIS 技术从十万分之一地形图中获取城镇面积数据，以人口密度来估算城镇人口的方法，总计有 227 个城镇约 111 万的人口数量（约占江南城镇人口的 15%）为估算所得，这里笔者想要强调的是：在涉及数量的历史学研究中，尤其是在经济史与人口史研究领域，由于资料的限制，必要的估算必不可少。估算的基础在于资料，方法仅仅是工具，无论是何种估算方法均会存在一定的风险，因而估算结果的优劣在更大程度上取决于资料的精度以及估算过程中对风险的把控。而这在以往的城镇人口估算研究中并未得到充分重视，尤其是对估算风险的把控。本章对民国时期江南城镇人口的估算，既重视对资料精度的评估，又充分考虑估算过程中存在的各种风险，并采取了相应的应对措施，这使得估算的基础更为牢固，估算的过程也更为透明，估算的结果也就可能更接近于真实情况。

此外，本书对"城镇"的概念是有清晰界定的（详见本书绪论），然而在本章关于普通城镇人口的研究中，笔者并未采用此界定，而是试图绕开这一问题，直接以地形图中的实态标注聚落当作"城镇"，因而还必须讨论：根据十万分之一地形图的实态标注所提取的 292 个聚落是否全部为城镇以及是否为江南城镇的全部？

　　在表 3 - 3 - 8 213 个城镇（剔除武进县的奄王城）中，面积在 0.1km² 以下的聚落并不在少数（共有 40 个，面积最小的仅为 0.0295km²），如此规模的聚落，即使是有较高的人口密度，能否称作"城镇"也是需要打一个大大的问号的。而根据人口调查资料，平湖县的启元等 3 镇、吴江县的严墓等 4 镇、句容县的龙潭等 7 镇的非农业人口比例均在 50% 以上，但这些镇均未出现在十万分之一地形图的实态标注聚落中。从制度层面看，虽然关于地形图的绘制具有一套规范，对于"街市"与"乡村"也有所规定，然而这个规定毕竟过于宽泛，在具体的操作过程中必然会出现或多或少的偏差，加之某些规模不大的聚落本身就介于城市与乡村之间，完全可以预想到，绘图过程中必然有混淆的情况，而且不同的人在绘制时对于规定的把握尺度亦会有不同的影响，正如本书第一章所考察的在地籍测量中地籍图与制度规范间存在的并不影响精度的偏差。但是可以肯定的是，规模越大的城市，被遗漏的可能性越小，存在误差的地方（即那些被遗漏的城市，或者被列入的非城市）绝大多数是处于临界点的聚落，这些误差尽管数量可能不算少，但规模总量较小，对最终结果的影响并不大。[①]

　　最后，本章关于城镇人口的研究结果，在精度上可分为两个层次：上海等 10 个大城市的人口资料较为丰富，可靠性亦较高，而这 10 个大城市的人口即占江南人口总数的 25.46%，占整个江南城镇人口的 76%，在江南城镇化水平中起决定性作用；在人口数量为估算的 227 个普通城镇中，在对筑有城墙的 19 个城镇进行人口估算时，由于已经按照城市形态的详细分类进行了误差控制，估算结果可靠性也不错。故较大的误差集于 213 个未筑城墙城镇，其估算结果为 1030916 人，仅占江南人口总数的 4.64%，占江南城镇人口的 13.89%。因此，这部分城镇在数量上虽然占绝大多数，但其人口

　　[①]　本书最后的结论部分将结合第四章的研究结论对此进行讨论。

在江南城镇化水平中并不起决定性作用，故而尽管这部分城镇的人口可能存在较大误差，但其对本章的最终结论并无根本性影响。

　　不过，需要进一步说明的是，尽管总体而言，这些中小城镇对于江南城镇化水平的影响不大，但并不意味着其不重要，在县域城镇化水平研究中，其人口所起的作用有时候甚至是决定性的，因而在此种误差不可控的情况下，暂不适宜利用上述人口估算结果对江南的县域城镇化水平进行研究。

第四章

1950 年代初期江南的城镇化水平

—— 以 1953 年人口普查"乡镇"级
资料为中心

清末以来，江南县以下行政区划的变动十分频繁，乡镇的各种裁、撤、析、并现象相继甚至是同时出现，至中华人民共和国建立初期，由于新政权刚刚建立，各项政策大多是在探索中实行，县以下乡镇区划的这种变动显得更加频繁。这些变动乍看之下似乎杂乱无章，然而细考江南各县县志中关于这些乡镇区划变动的记载，其中还是有规律可循。根据游欢孙的研究，清末至 1939 年新县制实施前的乡镇区划变化，大致是 1927 年南京国民政府成立前乡镇以 5 万人为标准，1927～1934 年改划自治区域前以百户为标准，1934～1939 年新县制实施前进行过一次乡镇扩并。[①] 之后，在 1946～1948 年又有较大的变化，以乡镇的进一步扩、并为主旋律，即所谓大乡镇格局。1949～1957 年撤区并乡前，乡镇格局的各种变动虽然十分频繁，县与县之间的区域变动也时有发生，但调整基本上以将原大乡镇调整为小乡镇为原则，其他的调整变化则基本上是在此基础上的微调。本章将以江南各县 1953 年人口普查"乡镇"级资料为中心，结合各县的档案及新方志资料，在充分考虑

---

① 游欢孙：《地方自治与近代江南县以下行政区划的演变——兼论商业市镇的政区实体化》，《中国历史地理论丛》2011 年第 2 期。

县以下行政区划变迁的基础上对 1953 年江南的城镇化水平进行研究。

本书第三章在对民国时期江南地区 10 个大城市人口进行充分辨析的基础上，利用十万分之一地形图中对居住地的标注信息对江南地区的其他城镇的人口进行估算，众所周知，估算所得结果不可能十分精确，只能力求大致不谬，笔者最后指出，该估算结果不对江南的城镇化水平起决定性作用，故而即使有所偏差，也不会对最终结论产生让人无法接受的影响。然而这毕竟只是就逻辑而论，尽管笔者已经专辟一节对十万分之一地形图进行讨论，并得出本书所提取的实态标注聚落不会存在太大遗漏的结论，但必须承认，笔者并无法给出十分具体的遗漏程度，而在具体的普通城镇人口估算中笔者亦无法掌握误差的方向（即高估或低估），因此也许会有读者提出这样的疑问：不大的遗漏到底是多大的遗漏？如果估算误差的方向为低估，两者相加，是否仍能得出估算结果不对江南城镇化水平起决定性作用？如果仅就上一章的研究而言，这一质疑笔者并无法给出直接的正面答复，在本章中，笔者将尝试在 1953 年江南的城镇化水平研究中给予答复。

具体而言，曹树基在其关于人口史的研究中对于清中期及晚期全国的城市人口有专门着墨，其认为，就全国而言，尽管 1893 年的城市人口较乾隆四十一年有 413 万的增长，但由于总人口同时增加，城市人口比例反而略有下降，江南所在的江浙两省，城市人口虽然没有较大的增加（江苏省城市人口无变化，浙江省则增加 10 万人），但由于总人口略有减少，城市人口比例有所提高，从而得出中国社会存在"某种难以变更的结构性停滞"的结论。[1] 随后在与其合作者关于吴江县的微观研究中，其进一步指出，乾隆时期已经完备的吴江市镇体系，虽历经太平天国战争与抗日战争，但始终未有大的

---

① 曹树基：《中国人口史》第 5 卷，第 828 ~ 829 页。

变化,[1] 从而支持了上述"结构性停滞"的观点。按照曹氏的这一观点，本章利用 1953 年人口普查资料这一目前最精确的人口资料所得出的结论应与第三章所得结论相去不远。

第一节　1950 年代初期苏南地区的城镇及其人口

一　资料来源

本节所使用的资料主要是藏于江苏省档案馆、苏州市档案馆的 4 份档案资料及苏南各县的新修方志。以下对 4 份档案资料的情况做简单介绍。

1953 年 4 月 3 日，中央人民政府政务院颁布《为准备普选进行全国人口调查登记的指示》，同时正式公布了《全国人口调查登记办法》，确定了普查登记的标准时间为 1953 年 6 月 30 日 24 时，且按乡、镇、市辖区及不设区的市所划的选举区域设立调查登记站，采取户主到站登记与调查员逐户访查相结合的办法进行人口调查登记。[2] 而鉴于当时尚缺少普查经验，普通群众文化水平普遍偏低，特别是在农村中，能担负填表登记任务的人很少，调查项目只有姓名、与户主关系、性别、年龄、民族、本户住址 6 项。[3] 全国绝大多数地区都严格按照这个办法进行直接调查，只有不能进行直接调查的少数地区是用其他调查办法进行。[4]

关于这次人口普查，在国家统计局公布的数据中，是以县为单

---

① 游欢孙、曹树基：《清中叶以来的江南市镇人口——以吴江县为例》，《中国经济史研究》2006 年第 3 期第 134 页。

② 孙兢新：《第一次全国人口普查简介》，《中国统计》1981 年第 4 期，第 37～39 页。

③ 梁普明：《第一次全国人口普查》，《浙江统计》2000 年第 3 期，第 38 页。

④ 《中华人民共和国国家统计局关于第一次全国人口调查登记结果的公报》（1954 年 11 月 1 日），http://www.stats.gov.cn/tjsj/tjgb/rkpcgb/qgrkpcgb/200204/t20020404_30316.html。

位的。而我们看到，这次普查实际上是以乡、镇、市辖区（选举区）为单位设立登记站，即应该存在关于这次人口普查的详细到乡镇一级的数据，只是由于数据过于庞大或者其他原因，国家统计局未予以公布。而笔者在江苏省档案馆查阅资料时，发现该馆藏有一本由江苏省人口调查登记办公室于 1954 年 6 月发行的内部资料——《江苏省人口统计》，该资料以当时的乡镇区划为单位汇总了江苏省这次人口普查的最终结果。据资料中所言，江苏省在这次人口调查登记工作中抽调了大批干部，培训了 86000 余名技术人员，在登记前做了大量的宣传教育工作，登记时进行了逐户逐人的登记，登记后又进行了反复的复查核对。[①] 该资料内另有《江苏省各县小集镇人口统计》，为江苏省选举委员会根据这次人口调查登记工作所搜集到的材料做出的统计，其统计重心在"小集镇"，按照这份资料的说明，其所统计的是乡属镇的集镇人口，不包括县属镇和区属镇。[②]

对于本书而言，这两份资料显得尤为珍贵。然而，由于 1953 年的这次人口普查中并未对居民职业进行登记，我们无法直接计算各乡镇农业人口与非农业人口的比例，而且资料中的县属镇、区属镇与乡属镇的性质、划分标准是什么，我们仍不得而知，因此在弄清楚资料中各乡镇尤其是各镇的性质之前，这两份资料无法直接使用。

第三份档案资料亦藏于江苏省档案馆，为《关于二千五百人口以上城镇建区设镇》，档案号 7014/002/0434/3070，为 1952 年因"建区设镇"工作，苏南人民行政公署与苏南各县往来文件的汇总，主要内容为"建区设镇"的方案、加强市镇工作的决定、苏南各县的上报材料、苏南公署的批复意见及所形成的初步成果。在苏南各

---

① 江苏省人口调查登记办公室编《江苏省人口统计》（1954 年 6 月），载《1953 年全省人口统计资料》（1954 年 6 月），江苏省档案馆藏，档案号：4024/001/0034/3133。

② 该份资料另见《江苏选举委员会关于水上人口、小集镇人口、城镇及农村人口统计表及调查二级综合统计表》（1954 年），江苏省档案馆藏，档案号：4007/002/0099/3085。

县的上报材料中，内容多为本县各市镇的基本情况描述，大多涉及市镇的人口数量，某些县还会特别注明市镇人口与农业人口，但这些数字大多并没有说明来源，仅有句容县注明是根据 1952 年 10 月的调查数字，溧阳县注明是根据 1950 年的户政统计数。因此，这些数字的可靠性如何是有疑问的，然而由于有 1953 年人口普查的数字进行比对，其还是具有极高的参考价值。

第四份档案资料则是藏于苏州市档案馆的《1954 年苏州专区各县农村集镇一览》，档案号 H44/006/0030，内容为 1954 年苏州专区 9 县对本县集镇的私营工商业基本情况的调查，调查的范围包括本县所有工商业户在 10 户以上的集镇，即其调查范围为本县包括县属镇、区属镇、乡属镇在内的所有大小市镇，调查内容为集镇户数、人口，工商业户数、人口、资本额，该集镇的交易范围等。调查的准确性大抵是户数、人口较高，准确率达到 95% 以上，资本额的准确性则要低许多。① 调查统计的集镇户口为居住于集镇内的所有人口，并不包括四郊农村户口。②

苏州专区的这份小集镇人口资料，大抵是优于"建区设镇"资料，而又劣于人口普查资料。但由于人口普查资料中的县属镇与区属镇的性质尚需要进一步明确，而据人口普查资料整理而成的《江苏省各县小集镇人口统计》则缺少县属镇与区属镇，无法利用其直接对此进行讨论。在这种情况下，苏州专区的这份小集镇人口资料中关于各县县属镇与区属镇的人口数字就显得尤为可贵，既可以弥补"建区设镇"资料中苏州专区 9 县市镇人口缺失的部分，亦可以对下文笔者依据"建区设镇"档案资料所做的县属镇、区属镇是否属于城镇的判断进行误差评估。而其关于乡属镇的集镇人口，则由于已经有《江苏省各县小集镇人口统计》这份据普查数据所整理的

① 《太仓县农村集镇一览》（1954 年），载《1954 年苏州专区各县农村集镇一览》，苏州市档案馆藏，档案号：H44/006/0030。
② 《昆山县农村集镇一览》（1954 年），载《1954 年苏州专区各县农村集镇一览》，苏州市档案馆藏，档案号：H44/006/0030。

资料，所以仅将其作为参考性资料进行使用。

本节将在全面考订 1953 年人口普查资料中县属镇、区属镇性质的基础上，结合第三份和第四份档案资料，对 1953 年江苏省人口普查资料中各镇的非农业人口和农业人口进行推算，进而计算出各镇的非农业人口比例，以是否达到并超过 50% 为标准来确定其是否为城镇。

二 "建区设镇"：1952 年苏南的市镇甄别

1952 年 8 月 8 日，苏南人民行政公署民政处向苏南人民行政公署提交《关于二千五百人以上城镇建区设镇的方案》，指出苏南共有2500 人以上城镇 121 个，但仅有 20 个设区或县属镇，"城镇组织领导极不一致"，称"为了加强城镇工商业领导，大力开展城乡物资交流，活跃城乡经济，必须加强城镇的政权建设，以发挥城市领导农村的枢纽作用，根据工商业发达情况，人口稀密，分别建区设镇，作为一级政权"，并提出城镇的农业人口不得超过总人口的 10% 或20%，具体标准则为 20000 人以上的城镇建甲等区，10000 ~ 20000人的城镇建乙等区，5000 ~ 10000 人的城镇设甲等镇，2500 人以上设乙等镇。① 经研究及征求意见后，苏南人民行政公署于 1952 年 10月 18 日下发《关于加强市镇工作的决定》，要求苏南各县凡 2500人以上之所属城市和集镇，应根据其具体条件，分别确定建镇，加强政权建设工作。其对所谓的县属镇做了如下规定："凡 5000 人以上人口之市镇而工商业经济占重要地位者，应属县一级领导。"② 其要求苏南各县在充分调查研究的基础上上报本县关于加强市镇工作的计划。接到命令后，上海、青浦、武进等 10 县在较短的时间内上报了本县的加强市镇工作计划，其余各县则迟迟未上报，针对这

---

① 《关于二千五百人以上城镇建区设镇的方案》（1952 年 8 月 8 日），载《关于二千五百人以上城镇建区设镇》，江苏省档案馆藏，档案号：7014/002/0434/3070。

② 《关于加强市镇工作的决定》（1952 年 10 月 18 日），载《关于二千五百人以上城镇建区设镇》，江苏省档案馆藏，档案号：7014/002/0434/3070。

种情况，苏南人民行政公署于 10 月 31 日发文催促其余各县，并指出已上报县份上报内容存在人口数前后不一致、农村人口未与镇上人口分开、未说明原有干部数量等问题，要求各县注意。①

经此次催促后，各县根据方案陆续上报本县的加强市镇工作计划，然而上报的内容仍然极不统一，详略差异极大。最简略者如宜兴县，仅言有人口 10000 人以上者为宜城、张渚、和桥、丁山 4 镇，拟设县属镇；人口 2500 人以上者为杨巷、徐舍、周铁、湖父、官林、高滕 6 镇，拟设区属镇。详细者如吴江、无锡、川沙等少数几个县，上报内容包括了各镇的工商概况、人口总数、农村人口数（或市镇人口数）、工人、学生、机关工作人员数量、原有干部数量等。而大多数县份则介于简略与详细之间，有各镇工商业概况、人口总数及部分其他行业从业人口概数，但大都未说明人口总数中是否包括农村人口。

苏南人民行政公署收到材料后，很快会给出一个批复意见，大体是同意某某镇设为县属镇或区属镇，配备干部若干名，或者说某些镇的设镇情况需研究后决定。当然，这种批复意见并不是最终的结果，在苏南人民行政公署随后公布的《关于市镇干部配备的初步意见》中，许多在批复意见中同意设镇，而且配备有干部的市镇，并没有出现在这份初步意见的名单中。虽然在这份档案资料中，并没有关于这次"建区设镇"工作的总结或最终的结果，然而通过这次加强市镇工作所留下来的档案资料，我们可以了解 1950 年代初期"镇"的性质。

《关于二千五百人以上城镇建区设镇的方案》确定了"建区设镇"市镇的两条标准：第一，市镇农业人口不得超过总人口的 10%或 20%的标准；第二，区分甲乙等区、甲乙等镇的人口标准。现在问题的关键在于这两条标准是否得到切实执行。当然对于第二条标

---

① 《催报关于加强市镇工作的计划》（1952 年 10 月 31 日），载《关于二千五百人口以上城镇建区设镇》，江苏省档案馆藏，档案号：7014/002/0434/3070。

准，在档案中我们看到各县上报的材料中对此并未区分得很细，基本上只以县属镇和区属镇区分，建区的镇和甲等镇均为县属镇，而乙等镇为区属镇，其他的市镇则称一般市镇。这样，人口标准就简化为 5000 人以上为县属镇，2500 人以上而又不足 5000 人的市镇为区属镇。这两条标准的执行与否如果能够确认的话，则基本上可以判定新中国成立初期的"镇"是包括了四郊农村的政区化的镇，还是只包括本镇镇区的真实的镇。以下将通过各县上报的市镇材料、苏南人民行政公署的批复意见以及在干部配备初步意见中各市镇的干部配备情况，来分析这次"建区设镇"工作中对此两条标准的执行状况。

当时的苏南人民行政公署管辖的区域为苏南 4 市 28 县，根据这份档案资料，所有 28 县均上报了各自的市镇工作计划，但收录在资料中的只有 23 个县，缺丹阳、金坛、江阴、南汇、金山 5 县。在这 23 个县中，上报的材料较为详细，明确区分市镇人口与农村人口的有 9 个县；丹徒县则仅上报拟设县属镇与区属镇的市镇名单，未涉及市镇的情况描述，亦没有市镇的人口数字。其他 13 个县的上报材料均涉及市镇的人口数量，虽然详细程度不同，且未说明其人口数字是否包括农村人口，但我们从苏南人民行政公署《催报关于加强市镇工作的计划》的描述中可以看到，其特别指出了这个问题，让各县在上报材料时注意；而且，在最早上报的 10 县中，除金山县缺失，在宜兴县材料中未看到上报时间外，武进、青浦、吴县、常熟、高淳 5 县均进行了重新上报或补充上报，只有上海、太仓、吴江 3 县保持原来的上报材料不变，且其中吴江材料十分详细，太仓上报材料虽不甚详细，但也说明了其上报人口数不包含四郊农村人口，仅指市镇居民。那么按照常理，后面上报的各县，即使未对此专门说明，也应是按照苏南人民行政公署的要求，直接上报不包括四郊农村人口在内的市镇人口。很显然，9 个上报材料详细的县成为解决问题的突破口，兹将这 9 个县上报的市镇人口情况、苏南人民行政公署批复意见、干部配备等内容整理成表 4 - 1 - 1。

表 4 – 1 – 1 吴县等 9 县的市镇人口情况及批复意见、干部配备

县	市镇	人口情况			批复意见	干部
		总人口	市镇人口	比例		
吴 县	浒墅关	1 万余			镇区	35
	木渎镇	1 万多	7000 余		镇区	15
	甪直镇	9000			县属	18
	黄埭镇	5000 余	4000		县属	10
	望亭镇		2500		区属	10
	陆墓镇		2500		区属	8
	光福镇		2900		区属	6
	唯亭镇		2000 余		区属	
	横泾镇		2000 余		区属	
	蠡墅镇		2400 余		区属	
	枫桥镇		2000			
	横塘镇		2000			
	湘城镇		2000			
	车坊镇		2000			
奉 贤	南桥镇	5689	5689	1	县属	12
	庄行镇	2321	2321	1	区属	
	青村镇	2663	2663	1	区属	6
宝 山	罗店镇	6629	6629	1	镇区	15
	杨行镇	4528	2838	0.63	区属	6
	城厢镇	6653	4378	0.66	区属	8
	顾村镇	3929	892	0.23		
	刘行镇	3900	1278	0.33		
	月浦镇	5005	1862	0.37		
江 宁	湖熟镇	6616	6616	1	县属	15
	东山镇	4558	1013	0.22		
	板桥镇	1540	1540	1		
	江宁镇	2949	2949	1		
	小丹阳	4049	1450	0.36		
	陶吴镇	1757	1757	1		
	秣陵镇	4427	4427	1		
	禄口镇	6718	6718	1	县属	
	土桥镇	3307	2515	0.76		
	殷巷镇	3707	912	0.25		

县	市镇	人口情况			批复意见	干部
		总人口	市镇人口	比例		
江宁	龙都镇	5483	2177	0.4		
	作厂镇	338	338	1		
	栖雾镇	626	626	1		
	淳化镇	5566	1981	0.36		
	六郎镇	3870	951	0.25		
	铜井镇	4731	650	0.14		
武进	戚墅堰	19570	17827	0.91	县属	45
	奔牛镇	5703	5703	1	县属	15
	湟里镇	5162	5162	1	县属	12
	湖塘镇	3077	3077	1		
	横林镇	3200	3200	1	区属	6
	焦溪镇	3906	3000	0.77	区属	
	小河镇	2540	2540	1	区属	8
	孟城镇	5021	3700	0.74	区属	8
	西夏墅	4466	2700	0.6		
	漕桥镇	6806	1872	0.28		
	卜戈镇	4455	2900	0.65	区属	6
	夏溪镇	2716	2716	1		
	郑六桥	3548	2574	0.73		
	洛阳镇	2500	2500	1		
溧阳	城区	22542	22100	0.98	镇区	35
	戴埠镇	6642	4542	0.68	县属	8
	南渡镇	3042	1884	0.62	区属	6
	上沛镇	2560	2560	1	区属	
吴江	盛泽镇	23974	22215	0.93	县属	45
	震泽镇	9504	8608	0.91	县属	30
	黎里镇	11064	9152	0.83	县属	25
	同里镇	9305	8209	0.88	县属	15
	芦墟镇	6860	5499	0.8	县属	12
	松陵镇	8082	7372	0.91	县属	10
	平望镇	5686	4631	0.81	县属	12

续表

县	市镇	人口情况			批复意见	干部
		总人口	市镇人口	比例		
无　锡	荡口镇	3963	3700	0.93	县属	12
	甘露镇	3352	3073	0.92	县属	12
	玉祁镇	11171	3819	0.34	区属	10
	前洲镇	11187	4204	0.38	区属	8
	张泾镇	2971	2806	0.94	区属	8
	洛社镇	4216	3545	0.84	县属	12
	堰桥镇	3975	2750	0.69	区属	8
	东亭镇	4468	3338	0.75	区属	8
	安　镇	5419	2504	0.46	区属	
川　沙	城　镇	10549	8175	0.77	镇区	20
	张江镇	3168	3168	1	区属	
	北蔡镇	2357	2357	1		
	顾路镇	1977	1977	1		

注：1. "比例"一列指市镇人口占总人口的比例。上报材料中，各县对于市镇人口的称呼并不相同，有称市镇人口者，有称集镇人口者，有称城镇人口者，有称居民者，亦有称市民者，也有上报总人口与农业人口的，为便于处理，将其全部换算为市镇人口。吴县因上报的人口数均为约数，因此不做计算。

2. 江宁县的上报材料中，各市镇人口的上报格式为集镇人口多少，农业人口多少，某些市镇只有一个集镇人口数，这种情况默认这一集镇人口数即为总人口数；武进县的市镇人口上报格式为总人口多少，城镇人口多少，某些市镇只有城镇人口数，同样默认这一城镇人口数即为总人口数。

3. 川沙县的张江镇等3镇的人口数为镇区人口，如张江镇，其上报材料称："有人口3168人……原属张江乡政府领导，全乡有5956人，该镇成立后，其余2788人按自然村条件分别划并附近乡政府领导。"另2镇同此。

4. 奉贤县3镇人口均为市民，此处亦均按总人口处理。

资料来源：根据《关于二千五百人口以上城镇建区设镇》（江苏省档案馆藏，档案号：7014/002/0434/3070）中吴县等9县上报的本县关于加强市镇工作计划、苏南公署批复意见及《关于市镇干部配备的初步意见》等内容整理。

　　首先我们来看"建区设镇"的人口标准是否得到执行，即县属镇的市镇人口必须超过5000人，区属镇的市镇人口在2500人到5000人之间。从表4-1-1中可以看到，批复意见为"镇区"或"县属"的市镇一共有24个，其中吴县的黄埭镇，溧阳的戴埠镇，吴江的平望镇，无锡的荡口镇、甘露镇、洛社镇等 6 镇的市镇人口没有达到 5000 人的标准。批复意见为"区属"的市镇也有 24 个，其中不符合 2500 人标准的有吴县的唯亭镇、横泾镇、蠡墅镇，奉贤的庄行镇，溧阳的南渡镇等 5 镇，而这 5 镇中，除了南渡镇外，其他 4 镇均未出现在《关于市镇干部配备的初步意见》的名单中，可以理解为这 4 个镇最终并没有获得区属镇的地位。相反的是，有许多市镇人口达到 2500 人标准的镇在批复意见中并没有被列为"区属镇"，这些市镇的批复意见基本上是"尚待研究"。尤其是江宁县的禄口镇，其市镇人口为 6718 人，批复意见中是将其列为县属镇，但其未出现在《关于市镇干部配备的初步意见》的名单中。但不管怎么说，从中我们可以看到，"建区设镇"的人口标准还是得到比较好的执行，虽然存在许多符合标准的市镇未被列入名单中，但被列入的市镇绝大多数是符合标准的。[①] 而且我们看到的并不是最终的结果，如果有最终结果的话，有理由相信这少数几个不符合标准的市镇会被剔除出来，同样有理由相信，一些符合条件的市镇会被增补进去。

再来看"建区设镇"的市镇农业人口不得超过总人口的 20% 的标准是否得到执行，即市镇人口要达到总人口的 80% 以上。从表 4 - 1 - 1 中看到，在除吴县外的 8 个县中，批复意见为"镇区"、"县属"与"区属"的市镇为 38 个，其中有 13 个不符合这一标准，比例达 34%；而干部配备初步意见中配备了干部的市镇则有 32 个，其中 11 个不符合这一标准，比例也有 34%。可见这一标准的执行情况并不如划分县属镇与区属镇的人口标准，但有一点可以肯定的是，不符合标准的这几个市镇的市镇人口比例基本在 60% 以上，仍然是市镇人口居主导地位。[②]

---

① 按照批复意见，批复 48 个市镇，不符合标准的有 11 个，不符合率 23%；而从干部配备初步意见上看，共 39 个市镇配备了干部，不符合标准的有 7 个，不符合率 18%。

② 只有无锡县的玉祁镇、前洲镇、安镇不在此列。其情况比较特殊，下文将会有所分析。

　　由此看来，"建区设镇"方案所确定的两条标准，虽然在执行时有一定的折扣，但尚在可接受的范围内。因此，苏南这次"建区设镇"的市镇甄别工作十分值得重视，基本可以肯定其所确定的镇，是真实的镇，而非以往政区化的镇。当然，我们也看到，这两条标准并没有得到百分之百的执行，其所确定的镇中，难免会存在不符合标准的政区化的镇，而未被纳入的市镇，也可能存在符合标准的真实的镇，这些都还需要具体分析。表4-1-2是根据《关于市镇干部配备的初步意见》整理的苏南全部28个县"建区设镇"的市镇名单，在没有最终名单的情况下，可作为一个参照。

表4-1-2　苏南28县"建区设镇"名单及干部配备情况

县名	市镇	干部人数	性质	县名	市镇	干部人数	性质
丹徒县	宝堰镇	12	县属镇	溧阳县	城　区	35	县属镇
	大港镇	12	县属镇		戴埠镇	8	区属镇
	姚桥镇	6	区属镇		南渡镇	6	区属镇
	高资镇	6	区属镇	溧水县	城　区	12	县属镇
	谏壁镇	6	区属镇		洪蓝镇	10	区属镇
	辛丰镇	6	区属镇	扬中县			
江宁县	湖熟镇	15	县属镇	高淳县	城　区	15	县属镇
句容县	龙潭镇	25	县属镇		东坝镇	12	县属镇
	城　区	15	县属镇	无锡县	荡口镇	12	县属镇
	下蜀镇	10	区属镇		洛社镇	12	县属镇
武进县	戚墅堰	45	县属镇		甘露镇	12	县属镇
	奔牛镇	15	县属镇		玉祁镇	10	区属镇
	湟里镇	12	县属镇		东亭镇	8	区属镇
	小河镇	8	区属镇		堰桥镇	8	区属镇
	孟城镇	8	区属镇		前洲镇	8	区属镇
	卜戈镇	6	区属镇		张泾镇	8	区属镇
	横林镇	6	区属镇	宜兴县	张渚镇	30	县属镇
金坛县	城　区	30			丁山镇	30	县属镇
丹阳县	城　区	45			宜城镇	25	县属镇
	吕城镇	10			和桥镇	25	县属镇
	珥陵镇	8			杨巷镇	8	区属镇
	延陵镇	8			湖父镇	8	区属镇

续表

县名	市镇	干部人数	性质	县名	市镇	干部人数	性质
江阴县	城　区	50		昆山县	城　区	45	县属镇
	青旸镇	18			陈墓镇	8	县属镇
	华墅镇	15			菉霞镇	8	区属镇
	杨舍镇	15			正仪镇	6	非
	后塍镇	8			周庄镇	6	区属镇
	周庄镇	8			茜墩镇	6	区属镇
	顾山镇	8		吴县	浒墅关镇	35	县属镇
	北润镇	8			角直镇	18	县属镇
	祝塘镇	8			木渎镇	15	县属镇
	申港镇	6			望亭镇	10	区属镇
	后梅镇	6			黄埭镇	10	县属镇
	长泾镇	6			陆墓镇	8	区属镇
	云亭镇	6			光福镇	6	区属镇
	峭岐镇	6		松江县	城　区	50	县属镇
太湖	东山镇	12	县属镇		枫泾镇	25	县属镇
常熟县	浒浦镇	15	县属镇		泗泾镇	15	县属镇
	梅李镇	12	县属镇		亭林镇	8	区属镇
	唐市镇	12	非	青浦县	朱家角镇	30	县属镇
	支塘镇	10	区属镇		城　区	25	县属镇
	福山镇	10	区属镇	南汇县	周浦镇	35	
太仓县	城　区	20	县属镇		大团镇	20	
	沙溪镇	20	县属镇		城　区	15	
	浏河镇	12	县属镇		新场镇	12	
	璜泾镇	6	区属镇	川沙县	城　区	20	县属镇
吴江县	盛泽镇	45	县属镇	宝山县	罗店镇	15	县属镇
	震泽镇	30	县属镇		城　区	8	区属镇
	黎里镇	25	县属镇		杨行镇	6	区属镇
	同里镇	15	县属镇	金山县	朱泾镇	12	
	芦墟镇	12	县属镇		张堰镇	12	
	平望镇	12	县属镇		吕巷镇	6	
	城　区	10	县属镇	奉贤县	南桥镇	12	县属镇
	八坼镇	8	非		青村镇	6	区属镇

县名	市镇	干部人数	性质	县名	市镇	干部人数	性质
奉贤县	奉城镇	6	非	上海县	杜行镇	6	非
	四团镇	6	非	嘉定县	城　区	30	
上海县	闵行镇	30	县属镇		南翔镇	30	
	三林镇	6	区属镇		黄渡镇	10	
	颛桥镇	6	区属镇		娄塘镇	10	

注：1. 扬中县无"建区设镇"的市镇，其在上报材料中称："已划镇 6 个，但均系一般镇，最大的镇人口 931，不合建镇标准，唯按建乡的计划进行。"

2. 档案中缺金坛、丹阳、江阴、南汇、金山 5 县的上报材料，缺嘉定县的批复文件，故这些县的批复意见（即"性质"一列）为空白。

3. 批复意见（即"性质"一列）中"非"指批复中未将其定为县属镇或区属镇，但其出现在干部配备的市镇名单中；另外，没有出现在干部配备名单中的市镇本表未收录。

4. "太湖"即太湖办事处。据《吴县志》所载，1950 年 4 月 15 日，从吴县分出太湖区行政办事处，但 1951 年 6 月即撤销；1952 年 7 月，重建县级太湖行政区，改名为苏南人民行政公署太湖办事处；1953 年 5 月 1 日，太湖行政区改建为震泽县。故在 1952 年"建区设镇"资料中，其名为太湖办事处，而在 1953 年人口普查资料中为震泽县。

资料来源：根据《关于二千五百人口以上城镇建区设镇》（江苏省档案馆藏，档案号：7014/002/0434/3070）中苏南人民行政公署对各县上报的加强市镇工作计划的批复意见及《关于市镇干部配备的初步意见》等内容整理。

三　县属镇与区属镇：1953 年苏南人口普查资料中的"镇"

上文的研究证明了 1952 年苏南地区"建区设镇"的工作效果不错，其所确定的县属镇与区属镇，大多数是属于真实的"镇"而非政区化的"镇"。实际上，根据苏南各县县志的描述，县属镇与区属镇的设置既不是始于 1952 年，也不是终于 1952 年。如宜兴县，在 1949年 9 月份废除保甲，改大乡为小乡建置的时候，便已经设置了 1 个县属镇、10 个区属镇；[①] 吴江县则在 1950 年的乡镇区划格局中设有 1 个县属镇，其余 6 个县属镇则是在 1952 年底到 1953 年初设置的，[②] 应该就是在此次"建区设镇"中设置；而江宁县的汤山镇和东山镇则分别在

① 宜兴市地方志编纂委员会编《宜兴县志》，上海人民出版社，1990，第 13～15 页。
② 吴江市地方志编纂委员会编《吴江县志》，江苏科学技术出版社，1994，第 59～60 页。

1956 年和 1957 年设为县属镇。[①] 另外需要说明的是，许多县志的编纂者对 1952 年苏南这次"建区设镇"工作似乎并不知晓，按理说，这样一次集中的"建区设镇"应该会在县志中反映出来，然而许多县志未提及在 1952 年底至 1953 年初这段时间内，本县有市镇被设为县属镇或区属镇。可见，在苏南县以下的行政区划体系中，县属镇与区属镇的设置自新中国成立伊始就存在，时有调整，只是这次众多县志失载的"建区设镇"工作，也许是县属镇与区属镇设置最为集中的一次。

那么，我们现在必须明确的问题是：江苏省 1953 年人口普查资料中的"镇"是否就是 1952 年这次"建区设镇"工作所最终确定的县属镇和区属镇？据笔者的统计，在普查资料中，苏南 28 县一共有 192 个镇（除金坛等 5 县外的 23 县共有 163 个镇），1952 年"建区设镇"时，各县（除金坛等 5 县）上报市镇数量 141 个，而 28 县初步获批建区设镇的市镇 117 个（除金坛等 5 县外的 23 县获批 91 个）。它们之间的关系为：117 个镇的 85% 即 99 个出现在 1953 年资料所载 28 县 192 个镇中，而 141 个镇的近 82% 即 115 个出现在 1953 年资料所载 23 县 163 个镇中。无论从哪个方面看，1953 年人口普查资料所反映的苏南乡镇区划格局中的县属镇与区属镇，均有 80% 以上来自 1952 年苏南"建区设镇"所确定的镇。当然，在很多时候，名称上的符合并不能完全说明问题，其亦可能存在名似实离的情况，因此，考察这些镇的具体情况就十分必要。具体到本书，考察这些镇在前后两年的人口数量将具有实际意义并能够说明问题。

具体而言，如果 1953 年资料中的"镇"即是 1952 年"建区设镇"所确定的，那么反映在人口数量上，两者应该是一样或者相差不多，再考虑到 1952 年的人口数据必然没有人口普查时的数据精确，故设定两者间的差距上下浮动在 20% 以内算比较合理。将两份资料中均有人口数字的"镇"整理成表 4 - 1 - 3，按照设定标准，则同一个镇的两份资料的人口数字之比若大于 1.2 或小于 0.8，均判

---

① 江宁县地方志编纂委员会编纂《江宁县志》，档案出版社，1989，第 60～67 页。

定人口普查资料中的此镇并不是由"建区设镇"所确定。另外，溧阳、武进等 8 县，由于"建区设镇"资料中既有总人口数字又有市镇人口数字，无论是哪一个数字能与人口普查资料的数字匹配，均能说明两者的关系，故只要有一个符合条件即可。据此判断，在两份资料中均有人口数字的全部 18 县 81 个镇中，无锡县的甘露镇，无论是总人口还是市镇人口，其与普查资料人口之比均大于 1.2；另有 18 个镇的总人口、市镇人口与普查资料人口之比小于 0.8；而宝山县的杨行镇，无锡县的前洲镇、玉祁镇等 3 镇则是总人口与普查资料人口之比大于 1.2，市镇人口与普查资料人口之比小于 0.8。一共有 22 个镇的人口数量不匹配，比例并不算太大，占 27%。即是说，存在于人口普查资料中的 81 个"建区设镇"所确定的镇，有超过 70% 的镇的人口数量在两份资料中是匹配的。这说明 1952 年"建区设镇"工作的成果基本上反映在 1953 年人口普查资料中。

表 4 - 1 - 3　"建区设镇"与人口普查资料中"镇"的人口数量比较

| 县 | 1953 年资料 | | 1952 年资料 | | 比例 1 | 比例 2 |
	市镇	人口	总人口	市镇人口		
溧阳	城　区	24793	22542	22100	0.91	0.89
	南渡镇	4897	3042	1884	0.62	0.38
武进	奔牛镇	7034	6115	6115	0.87	0.87
	湟里镇	4343	5226	5226	1.20	1.20
	湖塘镇	4973	3100	3100	0.62	0.62
	洛阳镇	7082	2500	2500	0.35	0.35
	漕桥镇	7929	6806	1872	0.86	0.24
	西夏墅镇	4480	4466	2700	1.00	0.60
	小河镇	2536	2540	2540	1.00	1.00
	孟城镇	6046	5021	3700	0.83	0.61
	卜戈镇	4642	4455	2900	0.96	0.62
	夏溪镇	4333	2716	2716	0.63	0.63
	横林镇	3980	3200	3200	0.80	0.80
	焦溪镇	5963	3906	3000	0.66	0.50
	郑六桥镇	6709	3548	2574	0.53	0.38

续表

县	1953 年资料		1952 年资料		比例 1	比例 2
	市镇	人口	总人口	市镇人口		
江宁	湖熟镇	5897	6616	6616	1.12	1.12
	东山镇	5075	4558	1013	0.90	0.20
	殷巷镇	3637	3707	912	1.02	0.25
	板桥镇	2182	1540	1540	0.71	0.71
	江宁镇	3296	2949	2949	0.89	0.89
	陶吴镇	1950	1757	1757	0.90	0.90
	小丹阳	4377	4049	1450	0.93	0.33
	秣陵镇	4535	4427	4427	0.98	0.98
	禄口镇	6083	6718	6718	1.10	1.10
	龙都镇	5156	5483	2177	1.06	0.42
	土桥镇	3773	3307	2515	0.88	0.67
	淳化镇	1936	5566	1981	2.88	1.02
	铜井镇	5192	4731	650	0.91	0.13
	六郎镇	4911	3870	951	0.79	0.19
宝山	罗店镇	8315	6629	6629	0.80	0.80
	杨行镇	3676	4528	2838	1.23	0.77
	城厢镇	5703	6653	4378	1.17	0.77
川沙	城厢镇	10189	10549	8175	1.04	0.80
无锡	堰桥镇	3312	3975	2750	1.20	0.83
	安　镇	5301	5419	2504	1.02	0.47
	甘露镇	2501	3352	3073	1.34	1.23
	荡口镇	4109	3963	3700	0.96	0.90
	玉祁镇	8179	11171	3819	1.37	0.47
	前洲镇	7522	11187	4204	1.49	0.56
	洛社镇	4660	4216	3545	0.90	0.76
吴江	松陵镇	11327	8082	7372	0.71	0.65
	盛泽镇	24176	23974	22215	0.99	0.92
	震泽镇	9954	9504	8608	0.95	0.86
	黎里镇	9120	11064	9152	1.21	1.00
	同里镇	8258	9305	8209	1.13	0.99
	芦墟镇	8996	6860	5499	0.76	0.61
	平望镇	5419	5686	4631	1.05	0.85
奉贤	南桥镇	8157	5689	5689	0.70	0.70
	庄行镇	2103	2321	2321	1.10	1.10
	青村乡	2625	2663	2663	1.01	1.01

续表

县	1953 年资料		1952 年资料		比例 1	比例 2
	市镇	人口	总人口	市镇人口		
太湖	东山镇	5229	5702		1.09	
松江	城　区	45713	44660		0.98	
	枫泾镇	9247	20370		2.20	
	亭林镇	4887	5100		1.04	
	泗泾镇	8089	7033		0.87	
嘉定	城　区	20633	17731		0.86	
	南翔镇	12332	13102		1.06	
	黄渡镇	6287	4168		0.66	
	娄塘镇	3995	3950		0.99	
上海	闵行镇	21605	12000		0.56	
	三林镇	5756	3655		0.63	
	颛桥镇	2496	2631		1.05	
句容	城　区	8605	8099		0.94	
	下蜀镇	3517	4142		1.18	
	天王镇	1947	2228		1.14	
高淳	淳溪镇	8681	7537		0.87	
	东坝镇	5460	5834		1.07	
溧水	在城镇	5664	5833		1.03	
	洪蓝镇	3280	3451		1.05	
	柘塘镇	2486	2742		1.10	
太仓	城厢镇	11719	13813		1.18	
	沙溪镇	9585	10327		1.08	
	浏河镇	5287	4176		0.79	
昆山	城　区	29507	26913		0.91	
	陈墓镇	7556	5205		0.69	
	菉霞镇	4108	4121		1.00	
	茜墩镇	3690	4180		1.13	
常熟	浒浦镇	6825	6890		1.01	
	梅李镇	4802	4790		1.00	
	支塘镇	3952	3676		0.93	
	唐市镇	5380	3806		0.71	

　　资料来源：根据《关于二千五百人口以上城镇建区设镇》（江苏省档案馆藏，档案号：7014/002/0434/3070）与《1953 年全省人口统计资料》（1954 年 6 月，江苏省档案馆藏，档案号：4024/001/0034/3133）两份资料整理。

但也必须看到，在 1953 年人口普查资料中，尚存在许多 1952 年"建区设镇"时没有被确定为"镇"的镇，因此我们只能说 1952 年"建区设镇"时所确定的镇，绝大多数都反映在 1953 年的人口普查资料中，而那些出现在普查资料中，但又不是"建区设镇"时确定的镇，则需要做进一步的考察。

四　1953 年苏南各专区的城镇：县属镇与区属镇

在弄清楚江苏省 1953 年人口普查资料中苏南部分的"镇"与 1952 年苏南"建区设镇"所确定的"镇"的继承关系后，可以开始对这些"镇"的非农业人口比例进行讨论了。由于《1954 年苏州专区各县农村集镇一览》中有苏州专区各县的所有大小集镇的市镇人口数据，可以据此直接计算各镇的非农业人口比例，以下将首先对苏州专区的 9 个县进行讨论；其次则是按 1952 年"建区设镇"资料的情况，将其余 19 个县分成两组进行讨论，一组为该资料所覆盖且有市镇人口数字的江宁、松江等 14 个县，另一组为完全没有市镇人口数字的丹徒、丹阳、南汇、金坛、金山 5 县；最后则是以苏州专区 9 县为载体，对本节讨论市镇非农业人口比例的资料与方法进行评估，以明确其误差大小。

如上文所述，1953 年人口普查资料中的"镇"分为县属镇和区属镇，县属镇与区并列，直接列于县首，而区属镇则列于所在区之下，一般列于区首。按以上的分类将这些"镇"的数据提取出来，并与其他资料的相应数据一起进行整理，以下对此逐一进行讨论。

（一）苏州专区的城镇

苏州专区 9 县有 27 个县属镇、48 个区属镇，共 75 个镇。除无锡县的杨墅园镇、太仓县的北郊镇、江阴县城区、震泽县的东山镇 4 镇无市镇人口记载外，其余 71 镇均能在《1954 年苏州专区各县农村集镇一览》中找到其市镇人口数字。据此整理成表 4 - 1 - 4。

表4－1－4 苏州专区9县各市镇的市镇人口比例

县名	市镇	人口	市镇人口	比例	县名	市镇	人口	市镇人口	比例
无锡	堰桥镇	3312	503	0.15	吴江	松陵镇	11327	10828	0.96
	八士镇	2697	1505	0.56		盛泽镇	24176	23946	0.99
	羊尖镇	4853	1485	0.31		震泽镇	9954	9954	1.00
	安　镇	5301	1777	0.34		黎里镇	9120	8678	0.95
	甘露镇	2501	2209	0.88		同里镇	8258	7463	0.90
	荡口镇	4109	4109	1.00		芦墟镇	8996	5385	0.60
	玉祁镇	8179	1629	0.20		平望镇	5419	4735	0.87
	前洲镇	7522	2382	0.32		八坼镇	3162	3143	0.99
	南泉镇	2102	765	0.36		铜锣镇	2523	2324	0.92
	洛社镇	4660	1776	0.38	昆山	城　区	29507	29507	1.00
	杨墅园镇	5246				陈墓镇	7556	7210	0.95
宜兴	**宜城镇**	18328	13571	0.74		正仪镇	3043	2675	0.88
	和桥镇	9997	9768	0.98		蒊霞镇	4108	2671	0.65
	张渚镇	14016	10774	0.77		蓬阆镇	3560	2551	0.72
	鼎川镇	20252	20182	1.00		巴城镇	2884	2075	0.72
	官林镇	6606	2866	0.43		茜墩镇	3690	3690	1.00
	徐舍镇	4569	3691	0.81		周庄镇	4345	4335	1.00
	高垫镇	8956	1796	0.20	吴县	**木渎镇**	8125	5068	0.62
	杨巷镇	3904	3049	0.78		**浒墅关镇**	10632	10686	1.01
	周铁镇	3172	3170	1.00		唯亭镇	4446	3409	0.77
常熟	浒浦镇	6825	6275	0.92		角直镇	9887	8101	0.82
	唐市镇	5380	3727	0.69		车坊镇	6222	1577	0.25
	梅李镇	4802	2681	0.56		光福镇	2517	2549	1.01
	支塘镇	3952	4028	1.02		枫桥镇	4150	916	0.22
太仓	**城厢镇**	11719	9959	0.85		黄埭镇	7099	5065	0.71
	沙溪镇	9585	9038	0.94		陆墓镇	3452	3400	0.99
	浏河镇	5287	4946	0.94		望亭镇	4809	2352	0.49
	东郊镇	2080	821	0.40		湘城镇	4895	1970	0.40
	南郊镇	3231	2926	0.91	江阴	城　区	37846		
	西郊镇	3775	1336	0.35		**华墅镇**	6107	6619	1.08
	北郊镇	2209				**杨舍镇**	5303	5303	1.00
	双凤镇	3188	3143	0.99		**青旸镇**	5582	5609	1.01
	直塘镇	2118	2151	1.02		**后塍镇**	4372	4272	0.98
	璜泾镇	2960	3451	1.17		周庄镇	3610	2070	0.57
	浮陆镇	2881	2072	0.72		长泾镇	2983	2987	1.00
	岳王镇	2211	1683	0.76		北润镇	4120	2220	0.54
震泽	横泾镇	6758	2549	0.38		顾山镇	4161	3804	0.91
	东山镇	5229							

注："市镇"一栏中标示为粗体的市镇为县属镇；因总人口与市镇人口数据分别出自1953年与1954年资料，故少数市镇的比例出现大于1的情况。

资料来源："人口"数据根据《1953年全省人口统计资料》（1954年6月，江苏省档案馆藏，档案号：4024/001/0034/3133）整理；"市镇人口"数据根据《1954年苏州专区各县农村集镇一览》（苏州市档案馆藏，档案号：H44/006/0030）整理。

可以看到，共有 16 个镇的市镇人口比例低于 50%，另外 55 个镇均为城镇。缺少数据的 4 镇中，江阴县城区为城镇并无疑义，杨墅园镇、北郊镇与东山镇的市镇人口则需要借助"建区设镇"资料进行估计。据此，依据《1954 年苏州专区各县农村集镇一览》，可以确定苏州专区 9 县至少有 56 个镇为城镇。根据下文的表 4 - 1 - 9 和表 4 - 1 - 10，北郊镇与东山镇均可判定为城镇，杨墅园镇为非城镇，故苏州专区 9 县共有城镇 58 个。

（二）镇江专区与松江专区的城镇

按照 1952 年"建区设镇"资料的情况，镇江专区与松江专区有 14 个县的市镇具有不完全的市镇人口资料，共有 33 个镇缺少市镇人口数据；另外 5 个县则是完全没有市镇人口数据。对于这两种情况下缺少的市镇人口，只能采取估计的方法，由于两种情况有所不同，笔者也将采用两种不同的估计方法，后一种的情况下文将会进行集中的探讨，此处先讨论 14 个具有不完全资料县份所缺市镇人口的估计方法。

以"建区设镇"所确定的人口标准为参照，结合各县已上报的其他市镇的市镇人口情况，对各县进行具体分析。采用此方法的根据为：这些市镇在"建区设镇"时各县未予以上报可能存在两种原因，一为漏报，二为其市镇人口未达到"建区设镇"的标准。我们从各县的上报材料来看，漏报的可能性是存在的，但比例不会太大，因为各县所上报的市镇数量并不庞大，且许多县均会将不符合"建区设镇"标准的市镇同时列出，只有少数几个县仅上报了县属镇，而未提及区属镇，其存在漏报的可能性较大，不属于这种情况的市镇则基本上可以判断为市镇人口不符合"建区设镇"最低的 2500 人标准。因此，对于可能漏报的市镇，其市镇人口应在 2500 人与其上报的最小人口数之间，本书的估计数一律取其下限，即 2500 人。而其他市镇的市镇人口则在 2500 人以下，具体应小于其上报的最小人口数，本书的估计数则在低于 2500 人这一原则下取其上限：若其上报的最小人口数小于 2500，则取比这一数字略多的整数，例如表

4－1－6 中的江宁县，其上报市镇的最低市镇人口为铜井镇 650 人，按照这一估计原则，一律以 1000 计；若其上报的最小人口数等于或大于 2500，则一律以 2000 人计。而如果估计的数字已经大于该市镇的人口普查数字，则其市镇人口取该普查数字。这样做能够确保市镇人口比例分析的准确性，因为如果已经取了最低限度的市镇人口，而其市镇人口比例仍大于 50%，则可确定其为城镇无疑；或者已经取了最高限度的市镇人口，而其市镇人口比例仍小于 50%，那么其为非城镇也没有问题。

1. 资料不完全的 14 县

镇江专区与松江专区"建区设镇"资料所覆盖的 14 县中，有 16 个县属镇、76 个区属镇，我们首先来看县属镇的情况。奉贤县无县属镇，将其余 13 县的县属镇整理成表 4－1－5。

表 4－1－5　镇江专区与松江专区县属镇的市镇人口比例

县名	县属镇	人口	市镇人口	比例
江宁	湖熟镇	5897	6616	1.12
句容	城区	8605	8099	0.94
武进	奔牛镇	7034	5703	0.81
	湟里镇	4343	5162	1.19
溧阳	城区	24793	22100	0.89
溧水	城厢镇	5664	5833	1.03
扬中	三茅镇	1744		
高淳	淳溪镇	8681	7537	0.87
松江	城区	45713	44660	0.98
青浦	城厢镇	15974	10000	0.63
	朱家角镇	15067	10000	0.66
川沙	城厢镇	10189	8175	0.80
宝山	罗店镇	8315	6629	0.80
上海	闵行镇	21605	12000	0.56
嘉定	城厢区	20633	17731	0.86
	南翔镇	12332	13102	1.06

注：青浦县两镇与上海县的闵行镇的市镇人口为概数，青浦县城厢镇、朱家角镇均为 10000 以上，闵行镇为 12000 以上，此处直接取整数。

资料来源："市镇人口"数据根据《关于二千五百人口以上城镇建区设镇》（江苏省档案馆藏，档案号：7014/002/0434/3070）整理；"县属镇"与"人口"数据则根据《1953 年全省人口统计资料》（1954 年 6 月，江苏省档案馆藏，档案号：4024/001/0034/3133）整理。

可以看到，有市镇人口数据的县属镇，其市镇人口比例均超过50%，除青浦城厢镇、朱家角镇、闵行镇三镇的市镇人口为概数无法计算确切的市镇人口比例外，其余均超过70%；此三镇按其概数的最低标准计算，其市镇人口比例亦均在50%以上。此处值得讨论的是扬中县：在人口普查资料中，扬中县有1个县属镇、2个区属镇，但在1952年"建区设镇"时，其在上报给苏南人民行政公署的材料中称，其县内并无满足"建区设镇"标准的市镇，最大的镇也仅有市镇人口931人，[①] 因此扬中县在1952年并无任何"建区设镇"的市镇。而从人口普查资料中看，扬中县3个镇的人口数量均非常少，远低于"建区设镇"中区分县属镇与区属镇的人口标准，三茅镇为县属镇，人口数量却仅有1744人（见表4-1-5），八桥镇与油坊镇为区属镇，人口也仅800余人（见表4-1-6），如果以扬中县上报材料所说的最大市镇人口931人作为三茅镇的市镇人口，其市镇人口比例为53%，勉强可以算作城镇。另外2个区属镇，考虑到其人口数量均仅有800余人，与1952年上报材料对市镇人口的描述吻合，亦可将其归入城镇行列。

下面再来看区属镇的情况。将14县的76个区属镇整理成表4-1-6，并按照上文所确定的估计方法，将各区属镇中缺少的市镇人口数补齐，以粗体标示。

如表4-1-6所示，在全部76个区属镇中，市镇人口比例在50%以上者，包括上文分析的扬中县的八桥镇和油坊镇，仅有37个，而另外39个区属镇均不属于城镇。在估计的数字中，需要说明的是，松江县所上报的均是县属镇，故区属镇遗漏的可能性较大，估计的市镇人口取2500人，叶榭与张泽两镇因普查人口数均不到2500人，故直接取其普查人口数。而崐岗镇，因在《江苏省各县小集镇人口统计》中，记载有崐岗乡内的一个乡属小集镇小昆山，人

---

① 见《关于二千五百人口以上城镇建区设镇》（江苏省档案馆藏，档案号：7014/002/0434/3070）中扬中县的上报材料。

表 4 - 1 - 6　镇江专区与松江专区区属镇的市镇人口比例

县名	区属镇	人口	市镇人口	比例	县名	区属镇	人口	市镇人口	比例
江宁	东山镇	5075	1013	0.20	武进	湖塘桥	4973	3077	0.62
	殷巷镇	3637	912	0.25		鸣凤镇	4653	**2000**	0.43
	板桥镇	2182	1540	0.71		南夏墅	5726	**2000**	0.35
	谷里镇	4841	**1000**	0.21		寨桥镇	6494	**2000**	0.31
	江宁镇	3296	2949	0.89		礼嘉桥	7255	**2000**	0.28
	陶吴镇	1950	1757	0.90		戴溪桥	4883	**2000**	0.41
	横溪镇	4266	**1000**	0.23		洛阳镇	7082	2500	0.35
	小丹阳	4377	1450	0.33		雪堰桥	6105	**2000**	0.33
	公塘镇	3643	**1000**	0.27		漕桥镇	7929	1872	0.24
	陶西镇	4801	**1000**	0.21		罗溪镇	6315	**2000**	0.32
	秣陵镇	4535	4427	0.98		西夏墅	4480	2700	0.60
	禄口镇	6083	6718	1.10		安家舍	5762	**2000**	0.35
	铜山镇	5176	**1000**	0.19		小河镇	2536	2540	1.00
	索墅镇	4873	**1000**	0.21		孟城镇	6046	3700	0.61
	龙都镇	5156	2177	0.42		卜戈桥	4642	2900	0.62
	土桥镇	3773	2515	0.67		夏溪镇	4333	2716	0.63
	营防镇	4516	**1000**	0.22		横林镇	3980	3200	0.80
	汤山镇	4727	**1000**	0.21		焦溪镇	5963	3000	0.50
	东流镇	3851	**1000**	0.26		横山桥	5442	**2000**	0.37
	淳化镇	1936	1981	1.02		三河口	7247	**2000**	0.28
	解溪镇	3741	**1000**	0.27		新安镇	6918	**2000**	0.29
	高桥镇	3026	**1000**	0.33		东青镇	4986	**2000**	0.40
	铜井镇	5192	650	0.13		郑六桥	6709	2574	0.38
	六郎镇	4911	951	0.19		魏村镇	5661	**2000**	0.35
句容	天王镇	1947	2228	1.14		小新桥	5444	**2000**	0.37
	下蜀镇	3517	4142	1.18		圩塘镇	5500	**2000**	0.36
溧阳	南渡镇	4897	1884	0.38	松江	泗泾镇	8089	7033	0.87
溧水	洪蓝镇	3280	3451	1.05		亭林镇	4887	5100	1.04
	柘塘镇	2486	2742	1.10		叶榭镇	1941	**1941**	1.00
扬中	八桥镇	803				张泽镇	1420	**1420**	1.00
	油坊镇	821				枫泾镇	2464	2604	1.06
高淳	东坝镇	5460	5834	1.07		岷岗镇	4725	**768**	0.16
上海	颛桥镇	2496	2631	1.05	青浦	练塘镇	7018	**2500**	0.36
	三林镇	5756	3655	0.63		金泽镇	3603	**2500**	0.69
嘉定	外冈镇	1790	**1790**	1.00	宝山	杨行镇	3676	2838	0.77
	娄塘镇	3995	3950	0.99		城厢镇	5703	4378	0.77
	黄渡镇	6287	4168	0.66	奉贤	南桥镇	8157	5689	0.70
川沙	丰乐镇	4406	**636**	0.14		庄行镇	2103	2321	1.10

注: 1. "市镇人口"一列中标示为粗体的数字为笔者的估计数。

　　2. 松江县枫泾镇一栏的"人口"和"市镇人口"均指户数。

资料来源: "市镇人口"数据根据《关于二千五百人口以上城镇建区设镇》(江苏省档案馆藏,档案号: 7014/002/0434/3070)整理; "区属镇"与"人口"数据则根据《1953 年全省人口统计资料》(1954 年 6 月,江苏省档案馆藏,档案号: 4024/001/0034/3133)整理。

口数为 768 人，而且查松江县新方志资料，无论是在民国时期还是在 1950 年代初期，均无崐岗镇，只有崐岗乡，故其人口数量取小昆山的 768 人。同样的情况也出现在川沙县的丰乐镇，其人口数亦取《江苏省各县小集镇人口统计》所记载的 636 人。① 而青浦县的练塘、金泽 2 镇则是作为县属镇上报，但未说明 2 镇的市镇人口，苏南人民行政公署的批复意见为"尚待研究"，且最终并未确定其为县属镇，故其人口应在 2500 人以上、5000 人以下，至于具体多少则难以确定，此处取最低值后，金泽镇仍可确定为城镇，而练塘镇则可能被低估。

2. 完全没有市镇人口数据的 5 县

1952 年"建区设镇"档案中缺少丹阳、金坛、江阴、南汇、金山 5 县的上报材料，另档案中虽然有丹徒县的上报材料，但过于简略，没有各市镇的人口数据。由于江阴县所在的苏州专区有很好的替代资料可以使用，故实际上完全没有市镇人口数据的只有 5 县 25 镇。上文笔者对资料不完全各县市镇人口的估计，是建立在已有市镇人口资料的基础上，但对于这 5 个完全没有市镇人口资料的县而言，由于缺少参照，必须用其他方法进行估计。"建区设镇"档案中虽然没有这 5 个县的市镇人口资料，但在反映其初步成果的《关于市镇干部配备的初步意见》中，却保留有这些县各市镇的干部配备情况。由于干部的配备数量是以"市镇的重要性及工作需要"为原则，并不仅仅与市镇人口的多少相关，还考虑了该市镇的政治、经济、社会等情况，② 因此，干部配备数量与市镇人口数量并未显现出十分密切的联系，无法通过干部人数来推算市镇人口数量。

如上文所证明的，"建区设镇"所确定的镇，在很大程度上是真

---

① 与此相同的还有丹阳县的张堰镇，在《江苏省各县小集镇人口统计》（1954 年 5 月 31 日，江苏省档案馆藏，档案号：4024/001/0034/3133）中，记载有张堰乡内的乡属小集镇张堰镇，人口数为 830 人。下文表 4 - 1 - 8 中张堰镇的市镇人口数即为此数，即使按照本书的估计方法，将其人口数估计为 2000 人，其市镇人口比例亦无法达到 50%。

② 《关于加强市镇工作的决定》（1952 年 10 月 18 日），载《关于二千五百人口以上城镇建区设镇》，江苏省档案馆藏，档案号：7014/002/0434/3070。

实的镇而非政区的镇，而其绝大部分反映在 1953 年的人口普查资料中，即 117 个配备了干部的市镇有 99 个为人口普查资料中的县属镇或区属镇。从这两点出发，可以得出配备了干部的市镇应该绝大部分属于城镇的结论，亦即其市镇人口比例绝大部分在 50% 以上。这个推论是否正确，需要将上文对苏南 23 县各市镇的市镇人口比例的分析结果与各市镇的干部配备情况做一比较，详见表 4 - 1 - 7。

表 4 - 1 - 7　苏南各县的市镇人口比例与干部配备数量

县名	市镇	比例	干部	县名	市镇	比例	干部	县名	市镇	比例	干部
无锡	堰桥镇	0.15	8	昆山	城区	1.00	45	句容	城区	0.94	15
	甘露镇	0.88	12		陈墓镇	0.95	8		下蜀镇	1.18	10
	荡口镇	1.00	12		正仪镇	0.88	6	武进	奔牛镇	0.81	15
	玉祁镇	0.20	10		菉霞镇	0.65	8		湟里镇	1.19	12
	前洲镇	0.32	8		茜墩镇	1.00	6		小河镇	1.00	8
	洛社镇	0.38	12		周庄镇	1.00	6		孟城镇	0.61	8
宜兴	宜城镇	0.74	25	吴县	木渎镇	0.62	15		卜戈桥	0.62	6
	和桥镇	0.98	25		浒墅关镇	1.01	35		横林镇	0.80	6
	张渚镇	0.77	30		甪直镇	0.82	18	溧阳	城区	0.89	35
	鼎川镇	1.00	30		光福镇	1.01	6		南渡镇	0.38	6
	杨巷镇	0.78	8		黄埭镇	0.71	10	溧水	城区	1.03	12
常熟	浒浦镇	0.92	15		陆墓镇	0.98	8		洪蓝镇	1.05	10
	唐市镇	0.69	12		望亭镇	0.49	10	高淳	淳溪镇	0.87	15
	梅李镇	0.56	12	江阴	城区		50		东坝镇	1.07	12
	支塘镇	1.02	10		华墅镇	1.08	15	松江	城区	0.98	50
太仓	城厢镇	0.85	20		杨舍镇	1.00	15		泗泾镇	0.87	15
	沙溪镇	0.94	20		青旸镇	1.00	18		亭林镇	1.04	8
	浏河镇	0.94	12		后塍镇	0.98	8	青浦	城区	0.63	30
	璜泾镇	1.17	6		周庄镇	0.57	8		朱家角	0.66	25
吴江	松陵镇	0.96	10		长泾镇	1.00	6	川沙	城区	0.80	20
	盛泽镇	0.99	45		北漍镇	0.54	8	宝山	罗店镇	0.80	15
	震泽镇	1.00	30		顾山镇	0.91	8		杨行镇	0.77	8
	黎里镇	0.95	25	嘉定	城区	0.86	30		城区	0.77	6
	同里镇	0.90	15		南翔镇	1.06	30	上海	闵行镇	0.56	30
	芦墟镇	0.60	12		娄塘镇	0.99	10		颛桥镇	1.05	6
	平望镇	0.87	12		黄渡镇	0.66	10		三林镇	0.63	6
	八坼镇	0.99	8	扬中				奉贤	南桥镇	0.70	12
震泽	东山镇	0.98	12	江宁	湖熟镇	1.12	15				

注："比例"指市镇人口比例。

资料来源：根据表 4 - 1 - 2、表 4 - 1 - 4、表 4 - 1 - 5、表 4 - 1 - 6 整理。

　　表4－1－7是笔者根据已整理好的表4－1－2、表4－1－4、表4－1－5和表4－1－6所做的进一步整理，除丹徒等5县外，其他23县共有82个配备了干部的市镇出现在人口普查资料中，在这82个镇中，仅有7%，即6个镇的市镇人口比例低于50%，即在配备了干部的市镇中，超过90%的市镇属于城镇。那么据此基本上可以断定，在丹徒等5县25镇中，有17个在"建区设镇"时配备了干部的镇，其市镇人口比例应该都在50%以上，即都属于城镇。则需要估计市镇人口数的就只剩下8个镇，其仍可遵循上文估计资料不完全县份市镇人口时所采用的原则。

　　表4－1－8是丹徒、金山、金坛、丹阳、南汇5县25镇的情况，8个需要估计市镇人口数量的镇分布在金坛、丹阳、南汇3县，以下将逐一说明。

表4－1－8　丹徒等5县各市镇的市镇人口比例与干部数量

县名	市镇	人口总数	干部数量	市镇人口	市镇人口比例
丹徒	宝堰镇	5082	12		
	谏壁镇	3477	6		
	大港镇	5511	12		
	高资镇	2473	6		
	姚桥镇	4468	6		
金山	朱泾镇	8294	12		
	张堰镇	6133	12		
	吕巷镇	3141	6		
金坛	金城区	17435	30		
	直溪镇	2924		2000	0.68
丹阳	城　区	33924	45		
	张堰镇	4598		830	0.18
	珥陵镇	4278	8		
	延陵镇	4334	8		
	吕城镇	4575	10		
	访仙镇	4116		2000	0.49
	陵口镇	4478		2000	0.45

续表

县名	市镇	人口总数	干部数量	市镇人口	市镇人口比例
南汇	周浦镇	15399	35		
	祝桥镇	1843		1843	1.00
	横丐镇	1831		1831	1.00
	姚桥镇	4352		2500	0.57
	新场镇	6065	12		
	大团镇	8298	20		
	惠南镇	7039	15		
	黄路镇	2546		2500	0.98

注："市镇人口"为笔者的估计数字。

资料来源:"人口总数"根据《1953 年全省人口统计资料》(1954 年 6 月,江苏省档案馆藏,档案号:4024/001/0034/3133)整理;"干部数量"根据《关于二千五百人口以上城镇建区设镇》(江苏省档案馆藏,档案号:7014/002/0434/3070)整理。

　　金坛县仅有 2 个镇,"建区设镇"时,仅城区配备干部 30 名建为县属镇。从其情况看,其上报材料时应不止上报城区一镇,那么仅批复一镇,则说明上报的其他市镇或者资料不全,或者不符合"建区设镇"的标准,无论是哪种情况,直溪镇具体的市镇人口均不好确定,但是按照本书的估计方法,或取 2000 人,或取 2500 人,这样,其市镇人口比例均大于 50%,兹以 2000 人计。不过这里需要注意,如果其是因为不符合"建区设镇"标准而未被批复,则估计其市镇人口为 2000 人存在高估的风险。

　　丹阳县配备干部的镇共有 4 个,既有县属镇,也有区属镇,则其余 3 个镇的市镇人口应低于 2500 人,按照本书的估计原则,取 2000 人,张堰镇则取《江苏省各县小集镇人口统计》所记载的 830 人,3 个镇的市镇人口比例均低于 50%。

　　南汇县 4 个配备了干部的镇均为县属镇,[①] 其余 4 个镇存在满足"建区设镇"标准的可能性较大,故其市镇人口均取 2500 人,祝桥、

---

① 人口普查资料中仅周浦镇为县属镇,其余 3 个为区属镇,但"建区设镇"时,这 3 个镇均为县属镇。

横丐两镇则以人口普查的数字为市镇人口数。这样，4 镇的市镇人口比例均大于 50%，属于城镇。

（三）检验

上文对于松江专区与镇江专区各镇是否属于城镇的判断主要依赖于 1952 年"建区设镇"时各县的上报材料，对于资料缺失的部分市镇，则根据两种不同情况采用两种估计方法来估计其市镇人口数。那么据此所做出的城镇判断是否准确？误差程度是否在可以接受的范围内？这些到目前为止还不得而知。好在苏州专区 9 县有各市镇确切的市镇人口资料，我们可以以之为载体，采用与之前的城镇判断相同的资料和估计方法对 9 县各市镇进行城镇判断，以此检验判断结果与真实情况的差距。

首先检验对具有不完全资料 14 县的市镇进行判断时所采用的资料和估计方法。"建区设镇"资料中苏州专区缺江阴县（9 个镇），另外的 8 个县有 15 个镇缺少市镇人口数。由于江阴县属于完全没有市镇人口数据的县，故此次检验仅在 8 县进行，下文检验对丹徒等 5 县的市镇进行判断时所采用的资料和估计方法时才将无锡县列入。据此前的估计方法，将 15 个镇的市镇人口估计补齐：无锡县的八士、羊尖、南泉、杨墅园 4 镇的市镇人口应在上报最低的安镇之下，即少于 2504 人，兹以 2000 人计；太仓县的璜泾等 9 镇，在"建区设镇"资料中，虽然缺少璜泾镇的市镇人口数，但其为区属镇，故其市镇人口应不低于 2500 人，兹以 2500 人计，其他 8 镇的市镇人口都应该低于 2500 人，均以 2000 人计；吴江县的八坼和铜锣 2 镇，八坼镇配备了 8 名干部（见表 4-1-2），应为区属镇，其市镇人口应在 2500 人以上，仍以 2500 人计，铜锣镇则以 2000 人计。最后将此整理成表 4-1-9，估计数字以粗体标示。

根据表 4-1-9，苏州专区 8 县 66 镇，其中 51 个镇在"建区设镇"资料中有市镇人口数据，据此计算市镇人口比例，无锡县的堰桥、前洲、洛社 3 镇与吴县的唯亭、望亭 2 镇的判断结果与根据《1954 年苏州专区各县农村集镇一览》的判断结果不相符，即该表

表 4 - 1 - 9 苏州专区 9 县各市镇的市镇人口比例（检验一）

县名	市镇	人口	市镇人口	比例1	比例2
无锡	堰桥镇	3312	2750	0.83	0.15
	八士镇	2697	**2000**	0.74	0.56
	羊尖镇	4853	**2000**	0.41	0.31
	安 镇	5301	2504	0.47	0.34
	甘露镇	2501	3073	1.23	0.88
	荡口镇	4109	3700	0.90	1.00
	玉祁镇	8179	3819	0.47	0.20
	前洲镇	7522	4204	0.56	0.32
	南泉镇	2102	**2000**	0.95	0.36
	洛社镇	4660	3545	0.76	0.38
	杨墅园镇	5246	**2000**	0.38	
宜兴	宜城镇	18328	10000	0.55	0.74
	和桥镇	9997	10000	1.00	0.98
	张渚镇	14016	10000	0.71	0.77
	鼎川镇	20252	10000	0.49	1.00
	官林镇	6606	2500	0.38	0.43
	徐舍镇	4569	2500	0.55	0.81
	高塍镇	8956	2500	0.28	0.20
	杨巷镇	3904	2500	0.64	0.78
	周铁镇	3172	2500	0.79	1.00
常熟	浒浦镇	6825	6890	1.01	0.92
	唐市镇	5380	4790	0.89	0.69
	梅李镇	4802	3676	0.77	0.56
	支塘镇	3952	3806	0.96	1.02
太仓	城厢镇	11719	13813	1.18	0.85
	沙溪镇	9585	10327	1.08	0.94
	浏河镇	5287	4176	0.79	0.94
	东郊镇	2080	**2000**	0.96	0.40
	南郊镇	3231	**2000**	0.62	0.91
	西郊镇	3775	**2000**	0.53	0.35
	北郊镇	2209	**2000**	0.91	
	双凤镇	3188	**2000**	0.63	0.99
	直塘镇	2118	**2000**	0.94	1.02
	璜泾镇	2960	**2500**	0.84	1.17

县名	市镇	人口	市镇人口	比例1	比例2
太仓	浮陆镇	2881	**2000**	0.69	0.72
	岳王镇	2211	**2000**	0.91	0.76
震泽	横泾镇	6758	2000	0.30	0.38
	东山镇	5229	5131	0.98	
吴江	松陵镇	11327	7372	0.65	0.96
	盛泽镇	24176	22215	0.92	0.99
	震泽镇	9954	8608	0.87	1.00
	黎里镇	9120	9152	1.00	0.95
	同里镇	8258	8209	0.99	0.90
	芦墟镇	8996	5499	0.61	0.60
	平望镇	5419	4631	0.86	0.87
	八坼镇	3162	**2500**	0.79	0.99
	铜锣镇	2523	**2000**	0.79	0.92
昆山	城 区	29507	26913	0.91	1.00
	陈墓镇	7556	5205	0.69	0.95
	正仪镇	3043	2500	0.82	0.88
	菉霞镇	4108	4121	1.00	0.65
	蓬阆镇	3560	2500	0.70	0.72
	巴城镇	2884	2500	0.87	0.72
	茜墩镇	3690	4180	1.13	1.00
	周庄镇	4345	4000	0.92	1.00
吴县	木渎镇	8125	7000	0.86	0.62
	浒墅关镇	10632	10000	0.94	1.01
	唯亭镇	4446	2000	0.45	0.77
	甪直镇	9887	9000	0.91	0.82
	车坊镇	6222	2000	0.32	0.25
	光福镇	2517	2900	1.15	1.01
	枫桥镇	4150	2000	0.48	0.22
	黄埭镇	7099	4000	0.56	0.71
	陆墓镇	3452	2500	0.72	0.99
	望亭镇	4809	2500	0.52	0.49
	湘城镇	4895	2000	0.41	0.40

续表

县名	市镇	人口	市镇人口	比例 1	比例 2
江阴	**城　区**	37846			
	华墅镇	6107			1.08
	杨舍镇	5303			1.00
	青旸镇	5582			1.01
	后塍镇	4372			0.98
	周庄镇	3610			0.57
	长泾镇	2983			1.00
	北㴭镇	4120			0.54
	顾山镇	4161			0.91

注：1. "比例 2"指"市镇人口"占"人口"的比例；"比例 2"指表 4 - 1 - 4 中的"比例"一项。

2. "市镇"一栏中标示为粗体的市镇为县属镇。

3. "市镇人口"一列中标示为粗体的数字为笔者的估计数；江阴县无资料，故空白。

4. 宜兴县全部及吴县部分市镇的"市镇人口"为概数，宜兴为"10000 以上"与"2500 以上"，吴县为"7000 余"、"10000 余"和"2000 左右"，此处均按整数处理。

资料来源："人口"数据根据《1953 年全省人口统计资料》（1954 年 6 月，江苏省档案馆藏，档案号：4024/001/0034/3133）整理；"市镇人口"数据根据《关于二千五百人口以上城镇建区设镇》（江苏省档案馆藏，档案号：7014/002/0434/3070）整理。

中此 5 镇的"比例 1"与"比例 2"不是同时在 50% 以上或以下，误差率不到 10%。其中 3 个镇为高估，即根据"比例 1"判断为城镇，而根据"比例 2"判断为非城镇。而在 15 个市镇人口为估计的市镇中，有 3 个镇的判断结果与根据"比例 2"判断的结果不符，且全部为高估。除杨墅园镇与北郊镇 2 个无数据的镇外，误差率为 23%。综合计算，则采用"建区设镇"档案中各县的上报材料及相应估计方法判断 66 个镇是否属于城镇与真实情况相比，共有 8 个镇的判断产生误差，误差率为 12%，其中 6 个为高估，高估率达 75%。

　　以下再来检验对完全没有市镇人口数据的 5 县的市镇进行判断时所采用的资料和估计方法。苏州专区 9 县 75 镇中，在"建区设镇"时配备了干部的共有 50 个镇，按照此前的处理方法，这 50 个镇均为城镇，其市镇人口比例统一以 1.00 计。其余 25 镇的市镇人口则采取估计的方式获得：从干部配备上看，9 县的镇均既有县属镇也有区属镇，因此漏报区属镇的可能性不大，其市镇人口应都在 2500 人以下，据此前的做法，均按 2000 人计。据此整理成表 4 - 1 - 10。

表 4 - 1 - 10　苏州专区 9 县各市镇的市镇人口比例（检验二）

县名	市镇	人口	市镇人口	干部	比例 1	比例 2
无锡	堰桥镇	3312		8	1.00	0.15
	八士镇	2697	2000		0.74	0.56
	羊尖镇	4853	2000		0.41	0.31
	安　镇	5301	2000		0.38	0.34
	甘露镇	2501		12	1.00	0.88
	荡口镇	4109		12	1.00	1.00
	玉祁镇	8179		10	1.00	0.20
	前洲镇	7522		8	1.00	0.32
	南泉镇	2102	2000		0.95	0.36
	洛社镇	4660		12	1.00	0.38
	杨墅园镇	5246	2000		0.38	
宜兴	宜城镇	18328		25	1.00	0.74
	和桥镇	9997		25	1.00	0.98
	张渚镇	14016		30	1.00	0.77
	鼎川镇	20252		30	1.00	1.00
	官林镇	6606	2000		0.30	0.43
	徐舍镇	4569	2000		0.44	0.81
	高垾镇	8956	2000		0.22	0.20
	杨巷镇	3904		8	1.00	0.78
	周铁镇	3172	2000		0.63	1.00
常熟	浒浦镇	6825		15	1.00	0.92
	唐市镇	5380		12	1.00	0.69
	梅李镇	4802		12	1.00	0.56
	支塘镇	3952		10	1.00	1.02
太仓	城厢镇	11719		20	1.00	0.85
	沙溪镇	9585		20	1.00	0.94
	浏河镇	5287		12	1.00	0.94
	东郊镇	2080	2000		0.96	0.39
	南郊镇	3231	2000		0.62	0.91
	西郊镇	3775	2000		0.53	0.35

县名	市镇	人口	市镇人口	干部	比例 1	比例 2
太仓	北郊镇	2209	2000		0.91	
	双凤镇	3188	2000		0.63	0.99
	直塘镇	2118	2000		0.94	1.02
	璜泾镇	2960		6	1.00	1.17
	浮陆镇	2881	2000		0.69	0.72
	岳王镇	2211	2000		0.90	0.76
震泽	横泾镇	6758	2000		0.30	0.38
	东山镇	5229		12	1.00	
吴江	松陵镇	11327		10	1.00	0.95
	盛泽镇	24176		45	1.00	0.99
	震泽镇	9954		30	1.00	1.00
	黎里镇	9120		25	1.00	0.95
	同里镇	8258		15	1.00	0.90
	芦墟镇	8996		12	1.00	0.60
	平望镇	5419		12	1.00	0.87
	八坼镇	3162		8	1.00	0.99
	铜锣镇	2523	2000		0.79	0.92
昆山	城　区	29507		45	1.00	1.00
	陈墓镇	7556		8	1.00	0.95
	正仪镇	3043		6	1.00	0.88
	菉霞镇	4108		8	1.00	0.65
	蓬阆镇	3560	2000		0.56	0.72
	巴城镇	2884	2000		0.69	0.72
	茜墩镇	3690		6	1.00	1.00
	周庄镇	4345		6	1.00	1.00
吴县	木渎镇	8125		15	1.00	0.62
	浒墅关镇	10632		35	1.00	1.01
	唯亭镇	4446	2000		0.45	0.77
	甪直镇	9887		18	1.00	0.82
	车坊镇	6222	2000		0.32	0.25
	光福镇	2517		6	1.00	1.01
	枫桥镇	4150	2000		0.48	0.22
	黄埭镇	7099		10	1.00	0.71
	陆墓镇	3452		8	1.00	0.99
	望亭镇	4809		10	1.00	0.49
	湘城镇	4895	2000		0.41	0.40

县名	市镇	人口	市镇人口	干部	比例1	比例2
江阴县	**城　区**	37846		50	1.00	
	华墅镇	6107		15	1.00	1.08
	杨舍镇	5303		15	1.00	1.00
	青旸镇	5582		18	1.00	1.01
	后塍镇	4372		8	1.00	0.98
	周庄镇	3610		8	1.00	0.57
	长泾镇	2983		6	1.00	1.00
	北漍镇	4120		8	1.00	0.54
	顾山镇	4161		8	1.00	0.91

注：1. "比例1"指"市镇人口"占"人口"的比例；"比例2"指表4-1-4中的"比例"一项。

2. "市镇"一栏中标示为粗体的市镇为县属镇。

3. "市镇人口"一列为笔者的估计数。

资料来源："人口"数据根据《1953年全省人口统计资料》（1954年6月，江苏省档案馆藏，档案号：4024/001/0034/3133）整理；"干部"数据根据《关于二千五百人口以上城镇建区设镇》（江苏省档案馆藏，档案号：7014/002/0434/3070）整理。

从表4-1-10可以看出，在判断为城镇的50个配备有干部的镇中，与真实情况不符合的有5个，误差率为10%，且全部为高估；而在根据估计市镇人口数字进行判断的25个镇中，与真实情况不符合的亦有5个镇，误差率为20%，其中3个为高估，2个为低估。综合计算，则采用"建区设镇"档案中的干部配备资料及相应估计方法对苏州专区9县75个镇是否属于城镇进行判断，与真实情况相比，一共有10个镇的判断产生误差，综合误差率约为13%，其中8个为高估，高估率达80%。

根据以上对苏州专区9县的检验，笔者采用1952年"建区设镇"资料及相应的两种估计市镇人口的方法判断松江专区和镇江专区的市镇是否属于城镇，误差较小，在可以接受的范围之内，误差主要表现在高估。将以上对苏南三个专区各县的城镇判断结果汇总整理成表4-1-11，即苏南各县的县、区属城镇情况：

表 4 – 1 – 11　苏南 28 县的县、区属城镇数量及人口

县名	县、区属镇		县、区属城镇		县名	县、区属镇		县、区属城镇	
	数量	人口	数量	人口		数量	人口	数量	人口
无锡	11	50482	3	9307	丹阳	7	60303	4	47111
宜兴	9	89800	7	74238	溧阳	2	29690	1	24793
常熟	4	20959	4	20959	溧水	3	11430	3	11430
江阴	9	74084	9	74084	扬中	3	3368	3	3368
太仓	12	51244	10	45389	高淳	2	14141	2	14141
吴江	9	82935	9	82935	松江	7	76022	7	76022
昆山	8	58693	8	58693	青浦	4	41662	3	34644
震泽	2	11987	1	5229	南汇	8	47373	8	47373
吴县	11	66234	7	46158	川沙	2	14595	1	10189
丹徒	5	21011	5	21011	宝山	3	17694	3	17694
江宁	25	105461	8	29652	金山	3	17568	3	17568
句容	3	14069	3	14069	奉贤	2	10260	2	10260
武进	28	158441	10	48330	上海	3	29857	3	29857
金坛	2	20359	2	20359	嘉定	5	45037	5	45037

资料来源：根据表 4 – 1 – 4、表 4 – 1 – 5、表 4 – 1 – 6、表 4 – 1 – 7 汇总整理。

五　1953 年苏南各专区的城镇：其他小镇

上文利用各种档案资料对苏南各县县属镇与区属镇的性质进行了考订，并对其做出是否属于城镇的判断。非城镇的区属镇（县属镇全部为城镇）的实质为：此镇的人口并入了太多的农村人口，使得其非农业人口比例低于 50%，其整体不能作为城镇，但其镇区仍可作为城镇处理，具体的人口数则为其原总人口中的非农业人口数。这部分区属镇将被作为其他小镇处理，而且必须明确的是，其人口数并非普查数据，有些甚至只是笔者的估计数，因此这部分城镇的人口数量并不精确。将这些镇从上文的表 4 – 1 – 4、表 4 – 1 – 6 和表 4 – 1 – 8 中提取出来，重新整理成表 4 – 1 – 12。

表 4 - 1 - 12　苏南各县的区属小城镇

县名	市镇	人口	市镇人口	比例	县名	市镇	人口	市镇人口	比例
武进	鸣凤镇	4653	1500	0.32	江宁	东山镇	5075	1013	0.20
	南夏墅	5726	**1500**	0.26		殷巷镇	3637	912	0.25
	寨桥镇	6494	**1500**	0.23		谷里镇	4841	**500**	0.10
	礼嘉桥	7255	**1500**	0.21		横溪镇	4266	**500**	0.12
	戴溪桥	4883	**1500**	0.31		小丹阳	4377	1450	0.33
	洛阳镇	7082	2500	0.35		公塘镇	3643	**500**	0.14
	雪堰桥	6105	**1500**	0.25		陶西镇	4801	**500**	0.10
	漕桥镇	7929	1872	0.24		铜山镇	5176	**500**	0.10
	罗溪镇	6315	**1500**	0.24		索墅镇	4873	**500**	0.10
	安家舍	5762	**1500**	0.26		龙都镇	5156	2177	0.42
	横山桥	5442	**1500**	0.28		营防镇	4516	**500**	0.11
	三河口	7247	**1500**	0.21		汤山镇	4727	**500**	0.11
	新安镇	6918	**1500**	0.22		东流镇	3851	**500**	0.13
	东青镇	4986	**1500**	0.30		解溪镇	3741	**500**	0.13
	郑六桥	6709	2574	0.38		高桥镇	3026	**500**	0.17
	魏村镇	5661	**1500**	0.26		铜井镇	5192	650	0.13
	小新桥	5444	**1500**	0.28		六郎镇	4911	951	0.19
	圩塘镇	5500	**1500**	0.27	吴县	车坊镇	6222	1577	0.25
无锡	堰桥镇	3312	503	0.15		枫桥镇	4150	916	0.22
	羊尖镇	4853	1485	0.31		望亭镇	4809	2352	0.49
	安　镇	5301	1777	0.34		湘城镇	4895	1970	0.40
	玉祁镇	8179	1629	0.20	宜兴	官林镇	6606	2866	0.43
	前洲镇	7522	2382	0.32		高塍镇	8956	1796	0.20
	南泉镇	2102	765	0.36	太仓	东郊镇	2080	821	0.40
	洛社镇	4660	1776	0.38		西郊镇	3775	1336	0.35
	杨墅园	5246	**500**	0.10	丹阳	访仙镇	4116	**1000**	0.24
震泽	横泾镇	6758	2549	0.38		陵口镇	4478	**1000**	0.22
青浦	练塘镇	7018	**2500**	0.36	溧阳	南渡镇	4897	1884	0.38

资料来源：根据表 4 - 1 - 4、表 4 - 1 - 6、表 4 - 1 - 8 整理。

表 4 - 1 - 12 中"市镇人口"一项数据即为各镇作为城镇的人口数，其中未标示为粗体的 26 个镇的人口数为"建区设镇"资料所记载的数量或《1954 年苏州专区各县农村集镇一览》所记载的数量，

虽不甚确切，但差距应该不大。标示为粗体的 30 个镇的人口数为估计数，这些估计数，若按照上文交代的估计方法，估计为 2500 人的为低估，只有青浦县的练塘镇一个，估计为 2500 人以下的基本为高估，至于高估程度，无从判断。因此，如果仍以上文的这种估计方法来确定这 30 个城镇的人口数量，则会存在不可控制的高估。为了避免这种情况，此处需对估计方法做些许调整。

上文对市镇人口估计的目的是判断该镇是否属于城镇，所以尽管从常理上判断，其市镇人口应该小于已上报市镇中的最小人口数，但为了能增强城镇判断的解释力，仍采取高估的形式来估计其市镇人口数，那么在已经高估其市镇人口的情况下，其市镇人口比例仍未超过 50%，则判断其为非城镇无疑，故其估计数为"建区设镇"资料中各县已上报市镇人口中最小的数值与 2500 之间尽可能大的整数。如武进县和江宁县上报市镇人口中最小的分别为漕桥镇 1872人，铜井镇 650 人，则按照以上原则估计该两县那些未上报市镇的市镇人口分别为 2000 人和 1000 人。但本书此处乃是将这些市镇确定为小城镇，则应该按照常理来估计其人口数，否则高估程度难以掌握。所以按照这一原则，将武进县的这些市镇的市镇人口估计为低于漕桥镇的 1872 人，仍取整，以 1500 人计；江宁县则估计为 500人；无锡县的杨墅园镇由于有苏州专区 1954 年的小集镇资料可作为参照，故不再以"建区设镇"资料为参照，据此估计其人口数与堰桥镇相当，为 500 人；丹阳县则以小集镇人口统计资料中张堰镇 830人的市镇人口为参照，估计访仙、陵口 2 镇人口均为 1000 人。将以上分析结果按照 500 人以上、1000 人以上、1500 人以上及 2000 人以上 4 个人口规模汇总整理成表 4 - 1 - 13。

然而这并非苏南城镇的全部，各县尚有许多未被列入县属镇与区属镇的乡属小集镇，也即所谓的农村小集镇。这些服务于周边农村的小集镇在江南地区为数众多，是"江南市镇经济发达"的重要表现，然而关于这些农村集镇是否属于城镇却历来争论甚多。以往研究均以市镇非农业人口比例大于 50% 为默认前提，通过人口规模

表 4 - 1 - 13　苏南各县 4 种人口规模标准的区属小城镇数量及其人口总数

专区	县	区属小城镇		500 人以上		1000 人以上		1500 人以上		2000 人以上	
		数量	人口	数量	人口	数量	人口	数量	人口	数量	人口
苏州专区	无锡县	8	10817	8	10817	5	9049	4	7564	1	2382
	宜兴县	2	4662	2	4662	2	4662	2	4662	1	2866
	常熟县	0	0	0	0	0	0	0	0	0	0
	江阴县	0	0	0	0	0	0	0	0	0	0
	太仓县	2	2157	2	2157	1	1336	0	0	0	0
	吴江县	0	0	0	0	0	0	0	0	0	0
	昆山县	0	0	0	0	0	0	0	0	0	0
	震泽县	1	2549	1	2549	1	2549	1	2549	1	2549
	吴　县	4	6815	4	6815	3	5899	3	5899	1	2352
镇江专区	丹徒县	0	0	0	0	0	0	0	0	0	0
	江宁县	17	12653	17	12653	3	4640	1	2177	1	2177
	句容县	0	0	0	0	0	0	0	0	0	0
	武进县	18	29446	18	29446	18	29446	18	29446	2	5074
	金坛县	0	0	0	0	0	0	0	0	0	0
	丹阳县	2	2000	2	2000	2	2000	0	0	0	0
	溧阳县	1	1884	1	1884	1	1884	1	1884	0	0
	溧水县	0	0	0	0	0	0	0	0	0	0
	扬中县	0	0	0	0	0	0	0	0	0	0
	高淳县	0	0	0	0	0	0	0	0	0	0
松江专区	松江县	0	0	0	0	0	0	0	0	0	0
	青浦县	1	2500	1	2500	1	2500	1	2500	1	2500
	南汇县	0	0	0	0	0	0	0	0	0	0
	川沙县	0	0	0	0	0	0	0	0	0	0
	宝山县	0	0	0	0	0	0	0	0	0	0
	金山县	0	0	0	0	0	0	0	0	0	0
	奉贤县	0	0	0	0	0	0	0	0	0	0
	上海县	0	0	0	0	0	0	0	0	0	0
	嘉定县	0	0	0	0	0	0	0	0	0	0
合计		28	75483	56	75483	37	63965	31	56681	8	19900

资料来源：同表 4 - 1 - 12。

标准将部分人口较少的农村集镇剔除在城镇的范围之外，所使用的人口规模标准大致有 500 人、1500 人及 2000 人 3 种。这种处理方法对于中等规模以上的市镇，即上文集中分析的县属镇与区属镇是不适用的，因为这些规模较大的市镇，其人口数量虽然往往达四五千人甚至更多，但包括周边农村地区的许多人口在内，其非农业人口比例并无法保证全部在 50% 以上。而对于规模较小的市镇而言，在能够确定这些市镇的人口数量为其镇区人口的前提下，这种以人口规模为标准的处理方法还是可以借鉴，即使不以今天的标准来衡量，一个只有三四百人甚至更少的以非农业人口为主的小集镇，在任何历史时期都很难被认为是"城镇"。然而要提出一个具体的人口规模标准是相当困难的，因为很难解释清楚：为什么笔者所提出来的标准要优于其他标准？如笔者完全无法解释为什么 2000 人的标准就优于 500 人或 1500 人的标准，为什么偏偏是 2000 人而不是 1900 人或 2100 人，等等，诸如此类的问题。在这方面，虽然李伯重根据对城镇的最普遍理解，以农村作为参照，提出宽泛的城镇人口标准，[①] 从而对消融分歧达成较一致的意见提供了可能，然而本书并不打算仅仅采用一种标准，而是想将几种常见的标准同时列出，供不同需要的研究做参考。

根据以上标准对《江苏省各县小集镇人口统计》进行整理。在此必须明确的是，这份小集镇人口统计资料虽然是根据人口普查资料整理而成的，但是如果其中某些小集镇的数据与苏南人民行政公署的规定相矛盾，则有必要对其进行具体分析。按照上文所述，在苏南"建区设镇"的标准为县属镇 5000 人以上，区属镇 2500 人以上，那么如果在小集镇人口统计中发现有某一集镇的人口数量超过 2500 人，就必须对其进行具体分析，如果证明是小集镇人口统计资料有误，则必须将其剔除或调整。在苏南 28 县全部 595 个小集镇中，共有 9 个集镇的人口数量超过 2500 人（见表 4 - 1 - 14），以下进行逐一分析。

---

① 李伯重：《工业发展与城市变化：明中叶至清中叶的苏州》，载氏著《多视角看江南经济史（1250～1850）》，第 387～391 页。

表 4-1-14 苏南地区人口超过 2500 人的集镇

县名	集镇	户数	人口
溧阳	上沛埠	735	2727
	上黄镇	707	2845
宜兴	归泾桥	750	2930
常熟	福山镇	775	2761
江阴	塘　市	690	2651
	申港镇	731	2945
吴县	太平桥	1064	4058
川沙	北蔡镇	669	2762
嘉定	安亭镇	780	4375

　　资料来源：根据江苏省人口调查登记办公室编《江苏省各县小集镇人口统计》（1954 年 5 月 31 日，江苏省档案馆藏，档案号：4024/001/0034/3133）整理。

　　溧阳县的上沛埠、常熟县的福山镇、川沙县的北蔡镇在"建区设镇"资料中是作为区属镇上报的，上报的市镇人口分别为 2560 人、3407 人、2357 人，[1] 与表 4-1-14 中这 3 个集镇相应的人口数量相差并不大，因此这 3 个集镇的人口数量没有问题。苏州专区的其他 4 个集镇，可以参考《1954 年苏州专区各县农村集镇一览》，江阴县的塘市与申港镇的市镇人口分别为 2412 人与 2766 人，[2] 与表 4-1-14 中这 2 个集镇的人口数亦相差不大。宜兴县的归泾桥市镇人口数仅 1247 人，[3] 与表 4-1-14 的 2930 人有较大的差距；吴县的太平桥人口数量为 4058 人与其对应的太平乡的普查人口数量一致，而其市镇人口数仅 815 人。[4] 对于这 2 个集镇，应是小集镇人口

---

① 《关于二千五百人口以上城镇建区设镇》，江苏省档案馆藏，档案号：7014/002/0434/3070。
② 《江阴县农村集镇一览》（1954 年），载《1954 年苏州专区各县农村集镇一览》，苏州市档案馆藏，档案号：H44/006/0030。
③ 《宜兴县农村集镇一览》（1954 年），载《1954 年苏州专区各县农村集镇一览》，苏州市档案馆藏，档案号：H44/006/0030。
④ 《吴县农村集镇一览》（1954 年），载《1954 年苏州专区各县农村集镇一览》，苏州市档案馆藏，档案号：H44/006/0030。

统计资料有误，其人口数分别调整为 1247 人与 815 人。

溧阳县的上黄镇与嘉定县的安亭镇则需要参考其他资料。查溧阳县新修方志，并未找到与上黄镇相关的信息，仅在区乡镇介绍上黄乡时提到该乡驻地上黄集镇，[1] 据此判断，上黄镇当不至于有 2845 人的集镇人口，但其镇区有多少人口未知，在没有其他佐证资料的情况下，可直接将其剔除，而不将其视为城镇。安亭镇兴起于明代中后期。明中叶昆山、嘉定县的一些地方推行折征官布的赋役改革，加上正德、嘉靖以后由于水利失修使得吴淞江两岸农田从粮食种植转向以棉花种植为主导，从而促使粮食和棉花市场的产生，许多市镇因此而兴起，安亭即其中一例。[2] 至清代中叶已形成大安亭、小安亭南北二市，[3] 在晚清至民国时期商业市镇政区实体化的过程中，安亭虽时为乡时为镇，但"安亭"的名称一直得以保存，至 1950 年代初期的"建区设镇"中虽未建立镇政权，但在 1954 年，嘉定县最终还是将安亭乡改为安亭镇，其时安亭镇有坐商 167 家，从业人员 292 名，摊贩 131 户。[4] 据此判断，安亭镇的镇区人口即使没有达到 4375 人，当也相差不多。

在剔除掉上黄镇以及调整归泾桥和太平桥两个集镇的人口后，将苏南 28 县 590 个乡属镇[5]按照 500 人以上、1000 人以上、1500 人以上及 2000 人以上等 4 个人口规模分别汇总，整理成表 4 - 1 - 15。

六 1953 年苏南各县的城镇化水平

上文笔者主要采用"城镇"概念中的居民职业标准对苏南各县

---

① 《溧阳县志》编纂委员会编著《溧阳县志》，江苏人民出版社，1992，第 78 页。
② 吴滔：《赋役、水利与"专业市镇"的兴起——以安亭、陆家浜为例》，《中山大学学报》（社会科学版）2009 年第 5 期。
③ 嘉庆《安亭志》卷 3《风俗》。
④ 上海市嘉定县县志编纂委员会编《嘉定县志》，上海人民出版社，1992，第 72 ~ 75、81 ~ 82 页。
⑤ 无锡县有 4 个集镇属于无锡市郊区，分别为钱桥（1867 人）、西漳（497 人）、丁村（785 人）、周新（549 人），此 4 镇不计入无锡县。

表 4-1-15　苏南各县 4 种人口规模标准的
乡属小集镇数量及其人口总数

专区名	县名	乡属镇		500 人以上		1000 人以上		1500 人以上		2000 人以上	
		数量	人口	数量	人口	数量	人口	数量	人口	数量	人口
苏州专区	无锡县	57	42035	31	33997	15	23224	6	11937	4	8817
	宜兴县	9	10292	9	10292	5	7587	2	4207	1	2347
	常熟县	95	62712	53	47625	13	18936	3	6561	1	2761
	江阴县	56	47612	41	41952	14	22868	7	15217	5	12076
	太仓县	20	11657	9	8059	4	4569	0	0	0	0
	吴江县	8	6716	6	6065	3	4142	2	3074	0	0
	昆山县	12	10993	10	10158	5	6728	1	1646	0	0
	震泽县	5	2369	2	1413	0	0	0	0	0	0
	吴　县	25	19105	22	17902	4	4598	0	0	0	0
镇江专区	丹徒县	5	6539	4	6144	3	5478	3	5478	0	0
	江宁县	12	8399	9	7213	2	2514	0	0	0	0
	句容县	8	4058	4	2578	0	0	0	0	0	0
	武进县	35	28805	31	27147	9	11914	2	3536	0	0
	金坛县	29	25715	23	23332	8	12109	4	7594	2	4529
	丹阳县	11	11078	10	10772	4	6112	2	3825	1	2181
	溧阳县	12	15401	12	15401	6	11803	6	11803	2	5048
	溧水县	2	2214	2	2214	1	1408	0	0	0	0
	扬中县	14	3329	2	1523	0	0	0	0	0	0
	高淳县	15	6233	4	3529	0	0	0	0	0	0
松江专区	松江县	32	20482	17	14589	5	5989	1	1549	0	0
	青浦县	25	19343	14	14824	4	7038	3	5649	1	2455
	南汇县	12	11386	11	10996	6	7690	0	0	0	0
	川沙县	29	23971	21	20884	5	9463	3	6777	2	4800
	宝山县	3	4240	3	4240	3	4240	2	3035	0	0
	金山县	9	6962	6	6018	2	2633	1	1586	0	0
	奉贤县	20	17473	15	15652	5	7729	2	4148	1	2420
	上海县	13	10354	9	8715	3	4578	1	2342	1	2342
	嘉定县	17	15491	10	13069	4	8891	3	7643	1	4375
合计	28	590	454964	390	386303	133	202241	54	107607	22	54151

　　资料来源：根据江苏省人口调查登记办公室编《江苏省各县小集镇人口统计》（江苏省档案馆藏，档案号：4024/001/0034/3133）整理。

的市镇进行城镇判定，在完成以上工作后，接下来就可以计算各县的城镇化水平了。此处仍需要做进一步说明的是，虽然上文对城镇的界定工作仅依据"非农业人口是否居多"这样一个标准，而于"城镇"概念的人口规模标准均未予以讨论，但笔者于绪论中已提到，笔者是赞同"城镇"应该有一个具体的人口规模标准的，只是鉴于以往研究在这一标准上无法达成共识，为避免陷入同样的困境，本书在对城镇进行界定时，暂时采取默认人口规模标准，仅重点讨论以往研究忽视的居民职业标准。然而在完成这项工作后，要进行城镇化水平的讨论，仍无法绕开这一问题，笔者采取的处理方法为同时计算若干种人口规模标准下各县的城镇化水平。其中最低的人口规模为 500 人，李伯重所采用的"宽泛的人口标准"虽然实际上低于此数，[1] 但仍可归入此标准；最高的人口规模为 2000 人，此标准由于为联合国推荐使用，加之 1950 年代初期我国亦是采用这个标准，故为大多数学者所采用，最早的施坚雅、饶济凡虽未言明采用 2000 人作为城镇的标准，但实际上也可归入此标准；中间的 1000 人和 1500 人标准为较少研究所使用，此处同时列出以作参考。据此，将上文的城镇界定结果重新汇总，整理成表 4 - 1 - 16，即为苏南各县城镇化水平的情况。

从表 4 - 1 - 16 可以看到，在不考虑大城市的情况下，无论按照哪种人口规模，城镇化水平最高的均为松江县，500 人标准下为22.83%，2000 人标准下为 19.15%；最低则为扬中县，500 人标准下仅为 2.68%。综合苏南 28 县，则 500 人标准下有城镇 580 个，城镇人口 1401686 人，城镇化水平 12.15%；2000 人标准下有城镇 164个，城镇人口 1013951 人，城镇化水平 8.79%。

---

[1]　如其在讨论华亭、娄县的城镇化水平时，所取城镇的最低标准为 100 户，并以户均 4.5 人进行估算，即 450 人为其城镇的人口规模标准。见李伯重《19 世纪初期华亭 - 娄县地区的城市化水平》，《中国经济史研究》2008 年第 2 期，第 30 页。

表 4-1-16　4 种人口规模标准"城镇"所对应的苏南各县城镇化水平

专区	县名	总人口	500人以上城镇			1000人以上城镇			1500人以上城镇			2000人以上城镇		
			数量	人口	比例	数量	人口	比例	数量	人口	比例	数量	人口	比例
苏州	无锡	710023	42	54121	0.0762	23	41580	0.0586	13	28808	0.0406	8	20506	0.0289
	宜兴	665590	18	89192	0.1340	14	86487	0.1299	11	83107	0.1249	9	79451	0.1194
	常熟	934228	57	68584	0.0734	17	39895	0.0427	7	27520	0.0295	5	23720	0.0254
	江阴	837733	50	116036	0.1385	23	96952	0.1157	16	89301	0.1066	14	86160	0.1028
	太仓	319825	21	55605	0.1739	15	51294	0.1604	10	45389	0.1419	10	45389	0.1419
	吴江	497154	15	89000	0.1790	12	87077	0.1752	11	86009	0.1730	9	82935	0.1668
	昆山	357696	18	68851	0.1925	13	65421	0.1829	9	60339	0.1687	8	58693	0.1641
	震泽	125507	4	9191	0.0732	2	7778	0.0620	2	7778	0.0620	2	7778	0.0620
	吴县	641833	33	70875	0.1104	14	56655	0.0883	10	52057	0.0811	8	48510	0.0756
镇江	丹徒	335802	9	27155	0.0809	8	26489	0.0789	8	26489	0.0789	5	21011	0.0626
	江宁	535717	34	49518	0.0924	13	36806	0.0687	9	31829	0.0594	9	31829	0.0594
	句容	335547	7	16647	0.0496	3	14069	0.0419	3	14069	0.0419	3	14069	0.0419
	武进	928771	59	104923	0.1130	37	89690	0.0966	30	81312	0.0875	12	53404	0.0575
	金坛	304248	25	43691	0.1436	10	32468	0.1067	6	27953	0.0919	4	24888	0.0818
	丹阳	512743	16	59883	0.1168	10	55223	0.1077	6	50936	0.0993	5	49292	0.0961
	溧阳	403486	14	42078	0.1043	8	38480	0.0954	8	38480	0.0954	3	29841	0.0740

续表

专区	县名	总人口	500 人以上城镇			1000 人以上城镇			1500 人以上城镇			2000 人以上城镇		
			数量	人口	比例	数量	人口	比例	数量	人口	比例	数量	人口	比例
镇江	溧水	222478	5	13644	0.0613	4	12838	0.0577	3	11430	0.0514	3	11430	0.0514
	扬中	182525	5	4891	0.0268	3	3368	0.0185	3	3368	0.0185	3	3368	0.0185
	高淳	276994	6	17670	0.0638	2	14141	0.0511	2	14141	0.0511	2	14141	0.0511
	松江	396956	24	90611	0.2283	12	82011	0.2066	8	77571	0.1954	7	76022	0.1915
	青浦	287019	18	51968	0.1811	8	44182	0.1539	7	42793	0.1491	5	39599	0.1380
	南汇	386136	19	58369	0.1512	14	55063	0.1426	8	47373	0.1227	8	47373	0.1227
	川沙	263016	22	31073	0.1181	6	19652	0.0747	4	16966	0.0645	3	14989	0.0570
松江	宝山	135736	6	21934	0.1616	6	21934	0.1616	5	20729	0.1527	3	17694	0.1304
	金山	189049	9	23586	0.1248	5	20201	0.1069	4	19154	0.1013	3	17568	0.0929
	奉贤	276341	17	25912	0.0938	7	17989	0.0651	4	14408	0.0521	3	12680	0.0459
	上海	187385	12	38572	0.2058	6	34435	0.1838	4	32199	0.1718	4	32199	0.1718
	嘉定	289618	15	58106	0.2006	9	53928	0.1862	8	52680	0.1819	6	49412	0.1706
合计	28	11539156	580	1401686	0.1215	304	1206106	0.1045	219	1104188	0.0957	164	1013951	0.0879

注：由于本研究所使用的 1953 年人口普查资料为"乡镇"级别的最原始档案，在普查结束后，各省均要进行复查、核对数据，从而形成成不同版本的普查数据，目前常见的普查数据，本研究的处理方法为以县级数据为国家统计局公布的县级数据及以上的数据采用公布数据，此为各省统计局上报给国家统计局的最终数据，故存在在某些现代人口总数与档案不完全相符的情况，而乡镇级等更详细的数据则以档案为准。

资料来源：根据表 4-1-11，表 4-1-13，表 4-1-15 汇总整理；"总人口"根据《中华人民共和国一九五三年人口调查资料汇编》（国家统计局人口统计司翻印，1986，北京大学社会学研究所图书馆资料室藏，第 47~48 页）整理。

第二节　1950 年代初期嘉兴专区的
城镇及其人口

一　资料来源

虽然同样由华东军政委员会管辖，但江苏省与浙江省之间在某些制度的执行上还是有不小的差异，这也导致获取关于相同制度资料的途径不尽相同。同是 1953 年人口普查，笔者在浙江省并未找到如《江苏省人口统计》那样全省汇总并内部出版的资料，而是发现了各县进行重点复查后汇总于各自专区的上报材料；也未见有如苏南因"建区设镇"而集中进行市镇甄别工作所留下的资料，却有浙江省所确定的 3000 人以上城镇的农业人口与非农业人口的统计资料；虽然没有像《江苏省各县小集镇人口统计》那种根据普查数据整理而成的资料，但嘉兴专区有据普查数据整理成的各县各级别城镇的农业人口与非农业人口的汇总资料。由于这种情况的存在，本节将采取与苏南部分不同的思路与方法。以下先简单介绍一下各类档案资料。

资料之一为三份 1953 年人口普查时嘉兴专区各县以乡镇为单位的人口统计资料，藏于湖州市档案馆，档案号为 42/2/2、42/2/5、42/2/6（下文统称"人口普查资料"）。这些资料的来源为：人口普查结束后，浙江省人口调查登记办公室要求各县人口调查登记办公室组织专门人手对本县普查数据进行核对、整理，并有选择性地进行重点复查，以评估普查数据的准确程度，各县在完成各项核对、整理工作后将数据汇总上报浙江省人口调查登记办公室同时抄送嘉兴专区选举办公室。这三份档案即为嘉兴专区选举办公室保存下来的。

资料之二为嘉兴专区粮食局关于 1953 年各县市分类型人口资料汇总，藏于湖州市档案馆，档案号为 97/5/13；浙江省粮食厅关于1953 年各县市城乡人口基本情况的统计资料，藏于浙江省档案馆，档案号为 J132/5/28（下文统称城镇人口资料）。后一份档案乃浙江省各专区粮食局上报的资料汇总，但有许多县的人口数字并不是根据普查资料所得，而是 1953 年年底的数字，据此，浙江省粮食厅将这些资料汇总发往各专区重新核对，要求一律以普查资料的数字为基础。而前一份藏于湖州市档案馆的资料即为嘉兴专区核对改正后的资料，但不知何故，浙江省档案馆中找不到各专区核对后重新上报的资料，因此使用时以前一份档案为主，后一份主要是使用省直属单位杭州市、杭县、新登县、富阳县的数据。这两份资料最难能可贵的地方是在关于各县城镇人口的统计中，划分了农业人口与非农业人口的类别，从而使得直接利用普查资料进行城镇化水平研究成为可能：可以直接用来判断普查资料中的"镇"是否属于城镇，而不必像苏南地区一样，在使用之前必须先对普查资料中"镇"的性质做一番考察。

　　然而随之而来的问题是：根据上一节对普查资料中苏南各县"镇"的考察，我们知道普通城镇必须要达到一定人口规模才能成为"镇"，这一人口规模的最低标准在苏南是 2500 人（普遍而言），在浙江省则为 3000 人。① 而上述资料中关于 1953 年各县市城镇人口农与非农的区分仅针对 3000 人以上的城镇，那么许多 3000 人以下的城镇则被排除在外，如果仅据此计算嘉兴专区的城镇化水平，则存

---

① 由于在浙江省未找到关于"建区设镇"的相关档案，故笔者暂未看到确切的规定，然而从以下两份档案资料可以看出此点不谬：1951 年 5 月，临安专区派人对余杭县直属镇的城镇工作进行了调查，并撰写了《余杭县直属镇城镇工作初步调查》，其中有关于"浙江省城镇基层政权建设情况综合报告"，其第 4 点意见为县城以外的市镇，初步意见是人口在 3000 以上，且工商业较发达，或地位重要，或为沿海港口，应该设镇；有些市镇人口虽 3000 左右，然而以农业为主，应该设为乡。（浙江省档案藏，档案号：J030/2/47，第 53 页）随后浙江省民政厅在《浙江省 1951 年基层政权建设报告（草案）》第 4 部分"关于城镇基层政权建设问题"中转发了余杭县的这一调查，并将此点着重提出。（浙江省档案馆藏，档案号：J103/3/37，第 27～31 页）由于当时的工作重心尚在农村土改上，因此关于城镇基层政权问题并未给出确定性的意见，然而从档案中具有大量关于各县 3000 人以上城镇概况、统计表的实际情况可以看出，浙江省最终确定的城镇基层政权建设的人口规模标准确实是 3000 人。

在低估。因此本书的主要任务是对嘉兴专区各县 3000 人以下城镇进行考订，并对其做出是否属于"城镇"的判断，以消除或最大限度地降低这种低估。这一工作所依据的资料如下。

资料之三为三份藏于湖州市档案馆的档案，分别是嘉兴专区粮食局关于 1953 年各县小城镇人口资料及 3000 人以上城镇人口资料，档案号为 97/8/18；嘉兴地委秘书处关于 1951 年嘉兴专区城镇概况调查表，档案号为 8/1/11；浙江省总工会嘉兴专区办事处关于 1951 年嘉兴专区中小城镇人口统计表，档案号为 27/1/8。第一份档案中的城镇人口资料并不是反映 1953 年人口普查时的情况，在各县小城镇人口资料中有部分城镇数据实际上来源于第二份档案嘉兴地委的城镇概况调查表，但多数无法确定来源，估计是几份资料的综合，故其反映的应是 1951～1953 年的情况，① 而 3000 人以上城镇人口资料虽然是 1953 年的资料，但其数据也不是根据普查资料。第三份由于是工会档案，故对有工人的集镇，无论人数多少，均有所记载，所以这份档案基本上囊括了 1951 年嘉兴专区的所有市镇，虽然其详细内容并不甚理想。所以，这三份档案资料能够大致给我们勾勒出当时整个嘉兴专区的小城镇情况。

资料之四为嘉兴专区粮食局关于 1953 年各县市城镇人口分析表，该档案与前述资料之二嘉兴专区粮食局的城镇人口资料为同一卷宗，档案号均为 97/5/13。其形成时间为 1954 年 4 月 9 日，分县按人口规模等级汇总数据，共分 5 个等级，最低为"一千至三千人口的城镇"，最高为"二万至十万人口的城镇"，各等级同样有总人口、农业人口与非农业人口的记载，资料来源标注为根据普选办公室、财粮科、统计科现有资料整理，虽然从各县人口总数上看，其与普查数据并不一致，但相差并不算大，故对于最低等级以外的 4 个等级的城

---

① 1951 年临安专区的余杭、临安等 8 个县还未并入嘉兴专区，故 1951 年的嘉兴专区城镇概况调查表仅有 2 市 9 县。1953 年各县小城镇人口资料中这 2 市 9 县的数据全部来源于此，而原临安专区 8 个县的数据来源则不甚清楚，估计亦是同样性质的资料来源。

镇人口总数，可以根据普查资料校正，而最低等级的城镇人口，由于普查资料及城镇人口资料均缺载，可以采用此表的数据。①

另外本节利用到的资料还有一些较为零散且不成系统的档案、各县新方志等，在此就不一一说明。

二　嘉兴专区的城镇：县属镇与区属镇

1953 年嘉兴专区辖 2 市 17 县，在城镇基层政权建设方面，虽然于资料中无法找到浙江省有类似苏南地区集中"建区设镇"的迹象，然而从其县以下乡镇区划中"镇"亦分县属镇与区属镇，以及档案中有大量关于各县 1000 人以上城镇或 3000 人以上城镇的汇报材料可以看出，浙江省的相关工作并不比苏南逊色。在湖州市档案馆所藏的三份关于嘉兴专区 1953 年人口普查的档案中，县属镇与区属镇以括号标注的形式进行区分，如平湖县共有城关、乍浦、新仓、新埭 4 镇，其中前两个为县属镇，后两个为区属镇，在档案中其区分形式为：城关镇（镇）、乍浦镇（镇）以及新仓镇（乡）、新埭镇（乡）。在全部 17 个县中，除武康县没有"镇"外，只有安吉县的 3 个镇未进行这种标注，从《安吉县志》的记载可知，当时安吉仅梅溪镇为县属镇，递铺镇和晓墅镇均为区属镇。② 表 4 - 2 - 1 为据此三份档案整理的嘉兴专区各县市的乡镇格局及人口总数，可以看到，17 个县共有 44 个镇。

如前所述，1953 年人口普查资料的项目较为简单，仅户数、人口、性别、民族、年龄等几项，未涉及职业。也就是说，人口普查资料中没有关于各乡镇农业人口与非农业人口的数据，那么藏于湖州市档案馆和浙江省档案馆的两份关于 1953 年各县市城镇人口的档案中，其农业人口与非农业人口的数据来源是否可靠？这是在使用这

---

① 唯一的例外是海宁县的数据，根据这份资料，海宁全县 1000 人以上城镇的人口总数为 45185 人，但据普查资料能确定为城镇的硖石、长安等 4 个 3000 人以上城镇的总人口已达 45443 人。故这份资料中海宁县的数据不可用。

② 安吉县地方志编纂委员会编《安吉县志》，浙江人民出版社，1994，第 9 页。

表 4 – 2 – 1 1953 年嘉兴专区各县市总人口及乡镇格局

名称	总人口	县属镇	区属镇	乡
嘉兴市	68309	0	0	0
湖州市	57544	0	0	0
嘉兴县	392108	2	0	71
嘉善县	241752	3	0	38
海盐县	202546	2	1	37
平湖县	261361	2	2	42
海宁县	355897	2	4	62
桐乡县	159255	4	0	26
崇德县	214446	1	2	36
德清县	155526	2	0	28
吴兴县	587953	3	2	96
长兴县	269536	2	0	51
武康县	63080	0	0	26
余杭县	128829	1	0	43
临安县	104664	0	2	36
安吉县	104688	1	2	27
孝丰县	108360	1	0	37
于潜县	73236	1	0	29
昌化县	82180	0	2	35
总计	3631270	27	17	720

资料来源：根据嘉兴专区 1953 年人口普查资料（湖州市档案馆藏，档案号：42/2/2、42/2/5、42/2/6）整理。

两份档案前必须明确的问题。由于浙江全省的数据为各专区上报形成，故只需考察藏于湖州市档案馆的这份档案中农业人口与非农业人口的来源即可。

据该份资料的编制说明第二点："根据普选总人口，在减去各县财粮科提供的非农业人口后，即为全部农村农业人口。"[①] 也就是说，各城镇的总人口乃普查数据，非农业人口为各县财粮科的数据，而

---

① 嘉兴专区粮食局：《编制粮计调 1 表说明》（1954 年 11 月 5 日），湖州市档案馆藏，档案号：97/5/13，第 17 页。

农业人口则为总人口减去非农业人口。这里的疑问是：既然各县财粮科有各乡镇的非农业人口数据，那么农业人口数据应该也有，那么为什么这份资料只选择用其非农业人口数据？为什么不两个数据同时使用，或者选择只用农业人口数据？该份资料并未解释这一问题，可能的情况是各县财粮科的总人口数据与普查数据不符，农业人口数据存在较大的问题，非农业人口数据则相对可靠，故选择只用非农业人口数据，并据普查数据推算农业人口。

事实也确实如此，在完成普查数据的统计后，海宁县就发现，其普查总人口为 355897 人，比该县统计科上报的 1952 年全县人口少 8842 人，比上报的 1953 年全县人口少了 21458 人之多，为了弄清楚原因，在嘉兴专区选举办公室的要求下，海宁县选举委员会选择 4 个乡进行深入调查，发现在所选取的调查点上，统计科上报的人口数是根据农业税册籍中的农业人口和非农业人口数据，而农业人口在登记时包括了所有外出人口，如常年在外的商人、军人、学生、干部等均作为负担人口登记在农业人口中，这显然与普查中仅登记常住人口不同，因此其认为这是导致普查人口数低于统计科上报人口数的最主要原因，此外还存在部分农业代理户重复登记的情况。[①] 可见造成上报人口数（即农业税册籍人口数）与普查人口数不符的原因并非上报人口数不准确，而是双方登记制度的不同，这种不同集中表现在对本地外出人口的登记上，农业税册籍将之作为农业负担人口登记，而普查时则不登记这部分人口，仅登记本地常住人口。从海宁县的报告亦可以看出，在各调查点的农业人口数中，若把这些外出人口剔除，其结果与普查人口数十分接近。而农业税册籍中的非农业人口则不存在这种问题，因此，完全可以理解嘉兴专区在统计各县城镇人口时，为何选择财粮科提供的非农业人口数据而不是农业人口数据。

---

① 海宁县选举委员会：《海宁县全县普选人口综合数与县统计科全县人口数缺少原因情况》（1954 年 5 月 3 日），湖州市档案馆藏，档案号：42/2/3，第 14、15 页。

　　由此，这两份关于 1953 年各县市城镇人口的档案可以直接使用。如前文所述，嘉兴专区粮食局这份档案是以普查数据为基础的"修订"版本，而浙江省粮食厅的这份档案为"修订"前的版本。仔细考察这两份档案中各县市及各城镇的人口总数，将之与普查资料中的人口数字进行对比，发现嘉兴专区粮食局的"修订"版本与普查数据确实比较一致，仅嘉善、孝丰 2 县的人口总数与普查数字不同，但相差并不算大，仅 120 人左右；但是在各城镇的具体人口方面，则有 19 个城镇的人口数与普查资料中的乡镇人口数不同，差距大小不一，需要具体分析。而在浙江省粮食厅的"修订"前版本中，嘉兴专区绝大多数县市，无论是人口总数还是各城镇人口数，均与普查数字不一致；4 个省辖单位杭州市、杭县、新登县、富阳县的人口总数均与普查数字不同，杭州市的差距最大，比普查人口数少了 53361 人，杭县则多了 4454 人，新登县和富阳县则十分接近。而除杭州市以外的 3 个县的各城镇人口，则由于没有详细的普查资料，无法进行对比。根据资料的各种不同情况，将之分别整理成表 4－2－2、表 4－2－3 和表 4－2－4，以下分别进行讨论。另外，城镇人口资料中各城镇并不与当时各县的县属镇与区属镇完全对应，尚有几个名称为"乡"但在城镇人口资料中是作为"镇"处理的城镇，对于这种情况，在整理好的 3 个表中，其"镇名"以"乡"标示。同时还有 6 个镇没有作为城镇出现在城镇人口资料中，这 6 个镇放在最后进行讨论。

　　表 4－2－2 是城镇人口资料与人口普查资料完全一致的 27 个城镇的非农业人口及其比例。可以看到，在这 27 个乡镇中，非农业人口比例低于 60% 的仅海宁县盐官镇、于潜县城关镇、武康县上柏乡、安吉县晓墅镇，但亦在 50% 以上，所以这 27 个镇均为城镇。在当时的乡镇区划中，武康县没有"镇"，而在城镇人口资料中，武康县有 3 个城镇：县城、上柏镇和三桥镇，但在人口普查资料中仅有上柏乡能与上柏镇对应。武康县城在民国时期为余英镇，1950 年改设千秋乡，1958 年武康县并入德清县，后于 1962 年设武康镇，其镇区即为

表 4 - 2 - 2　嘉兴专区各县市 1953 年城镇非农业人口及其比例（一）

县名	乡镇名	人口	非农业人口	比例	县名	乡镇名	人口	非农业人口	比例
嘉兴市		68309	67253	0.985	桐乡县	乌　镇	12303	11413	0.928
湖州市		57544	54192	0.942		梧桐镇	6173	5214	0.845
嘉兴县	新塍镇	9657	9128	0.945		濮院镇	7142	5773	0.808
	王店镇	9397	6778	0.721		屠甸镇	2288	2141	0.936
嘉善县	西塘镇	13364	12937	0.968	崇德县	崇福镇	10749	9315	0.867
	干窑镇	8850	5540	0.626	德清县	城关镇	5590	5449	0.975
海盐县	武原镇	10213	8478	0.830		新市镇	10314	9980	0.968
	沈荡镇	3336	2949	0.884	长兴县	雉城镇	7647	6870	0.898
海宁县	长安镇	12367	11835	0.957		泗安镇	7884	6239	0.791
	硖石镇	24568	24013	0.977	余杭县	在城镇	11832	9732	0.823
	袁花镇	3266	2088	0.639	临安县	城关镇	6798	4197	0.617
	盐官镇	5242	2896	0.552	安吉县	梅溪镇	7294	5940	0.814
于潜县	城关镇	4178	2110	0.505					
武康县	上柏乡	2754	1494	0.542		晓墅镇	4296	2297	0.535

资料来源：根据嘉兴专区 1953 年人口普查资料（湖州市档案馆藏，档案号：42/2/2、42/2/5、42/2/6）及《嘉兴区各县（市）五三年分类型人口统计表》（湖州市档案馆藏，档案号：97/5/13，第 19、24 页）整理。

原武康县城；而三桥镇又称三桥埠镇，道光《武康县志》已有记载，民国时期为阜溪镇，1950 年为阜溪乡，现称三桥乡。[1] 这种情况亦出现在嘉兴县与海宁县中，当时的嘉兴县乡镇区划中并没有城镇人口资料中的嘉兴县城和新丰镇，海宁县无斜桥镇，新丰镇与斜桥镇对应的是人口普查资料中的新丰乡与斜桥乡。而嘉兴县城则需做一番考证：在嘉兴市成立以后，新塍镇曾作为嘉兴县县政府驻地，但在城镇人口资料中新塍镇的人口为 9657 人（见表 4 - 2 - 2），而嘉兴县城仅 1947 人，此处嘉兴县城显然不是指新塍镇。查《嘉兴市志》，嘉兴县政府曾短时间以东栅乡为驻地，[2] 而民国时期，东栅镇

---

[1]　德清县志编纂委员会编《德清县志》，浙江人民出版社，1992，第 19 页、24～25 页。

[2]　《嘉兴市志》编纂委员会编《嘉兴市志》上册，第 409 页。

为嘉兴县城（即嘉兴市成立后的市区）城郊的一个小市镇，故此嘉兴县城当指东栅镇，与人口普查资料中的东栅乡对应。

表4-2-3为城镇人口资料与人口普查资料不一致的19个城镇的非农业人口及其比例。对于这些乡镇，笔者将分别计算两种非农业人口比例，若两种非农业人口比例（表4-2-3中的"比例1"和"比例2"）一致，即或者都大于50%，或者都小于50%，则此问题可以忽略，如若不一致，则必须进行具体考察。按照这一判断方法，如表4-2-3所示，在比例1与比例2一致的12个镇中，昌化县武隆镇与孝丰县城关镇均在50%以下，为非城镇，其他10个镇为城镇。而前述普查资料中为乡，城镇人口资料中为镇的嘉兴、海宁、武康3县的5个乡及海宁县许村镇、崇德县石门镇共7个乡镇，均为比例2大于50%，比例1小于50%，即其总人口与普查人口的差距较大，已经不能用误差来解释了，对此必须进行进一步考察：如前文所提到的，1950年代初期浙江省建镇的人口规模标准为3000人以上，如表4-2-3所示，在城镇人口资料中，这7个乡镇的总人口均在3000人以下（石门镇3067人），而其对应的乡或镇的普查人口数均远多于3000人（石门镇5618人）。另外，在人口普查资料中，笔者发现平湖县既有新埭镇、新仓镇，又有新埭乡、新仓乡，嘉善县既有干窑镇又有干窑乡，桐乡县既有屠甸镇又有屠甸乡，吴兴县既有练市镇又有练市乡。这其中除新埭镇与干窑镇的人口数在3000人以上外，其余3个镇的人口数均为2000多，并不符合浙江省的设镇标准，然而各县均将其从相应的乡独立出来。据此可以推断，对以上7个乡镇，城镇人口资料的记载为相应镇的人口数，而普查资料中则为包括农村地区在内的相应乡镇的人口数，只不过许村和石门设为镇，而东栅、斜桥等5个设为乡。因此，这7个乡镇可作为城镇，但其人口数为城镇人口资料中的数字，其普查人口数包括了周围农村地区的人口。据此，孝丰县城关镇亦可作为城镇，人口数为非农业人口的3357人，其普查人口数则包括周边农村人口。

表 4 - 2 - 3　嘉兴专区各县市 1953 年城镇非农业人口及其比例（二）

县名	乡镇名	普查人口	总人口	非农业人口	比例 1	比例 2
嘉兴	东栅乡	6975	1947	1929	0.277	0.991
	新丰乡	6597	2422	2290	0.347	0.945
嘉善	魏塘镇	18446	18565	18099	0.981	0.975
吴兴	菱湖镇	12144	11950	11867	0.977	0.993
	南浔镇	12451	12446	11730	0.942	0.942
	双林镇	8525	8509	7790	0.914	0.916
	埭溪镇	3386	3260	1988	0.587	0.610
	练市镇	2697	2633	2080	0.771	0.790
平湖	城关镇	23071	23236	23215	1.006	0.999
	乍浦镇	5721	5762	4549	0.795	0.789
	新仓镇	2633	2652	2320	0.881	0.875
	新埭镇	3728	3755	3596	0.965	0.958
海宁	许村镇	4311	2600	1750	0.406	0.673
	斜桥乡	5463	2816	1836	0.336	0.652
崇德	石门镇	5618	3067	2614	0.465	0.852
武康	千秋乡	3733	2255	1181	0.316	0.524
	阜溪乡	3266	2589	1420	0.435	0.548
昌化	武隆镇	3059	1925	779	0.255	0.405
孝丰	城关镇	7023	7025	3357	0.478	0.478

注："比例 1" 为 "非农业人口" 与 "普查人口" 之比；"比例 2" 为 "非农业人口" 与 "总人口" 之比。

资料来源："乡镇名" 与 "普查人口" 两项，根据嘉兴专区 1953 年人口普查资料（湖州市档案馆藏，档案号：42/2/2、42/2/5、42/2/6）整理；"总人口" 与 "非农业人口" 两项，根据《嘉兴区各县（市）五三年分类型人口统计表》（湖州市档案馆藏，档案号：97/5/13，第 19、24 页）整理。

表 4 - 2 - 4 为城镇人口资料中杭县、新登、富阳 3 个省辖县的非农业人口及其比例，据此，其 7 个镇的非农业人口比例均达到 50%，可以判断为城镇。然而由于缺少这 7 个镇的普查人口数据，我们无法得知其确切人口数。根据上文对嘉兴专区各镇的分析，这 7 个镇的普查人口数与城镇人口资料的总人口数可能存在三种不同的情况：第一，普查人口数与总人口数一致；第二，普查人口数与总人口数不同，但差距不大；第三，两者差距较大，已经影响到对其

是否属于城镇的判断。第一种情况自不需多言；第二种情况由于差距较小，亦可忽略；第三种情况，则仍将其视作城镇，由于普查人口数包含周围农村地区人口，故以城镇人口资料为准，以城镇人口资料的总人口数作为其城镇人口数，这实际上对最后计算城镇化水平没有影响。因此，以上7个镇均为城镇，各镇人口数量即表4-2-4中"总人口"一项的数据。

表4-2-4　杭县等省辖县1953年城镇非农业人口及其比例

名称	普查人口	总人口	非农业人口	非农业人口比例
杭　县	393957	398411		
县　城		15021	13627	0.907
塘栖镇		13250	12928	0.976
留下镇		2778	1389	0.500
瓶窑镇		3732	2552	0.684
三灯镇		3695	2384	0.645
新登县	74562	74851		
县　城		4214	2526	0.599
富阳县	217683	217685		
县　城		8195	5903	0.720

资料来源：杭县、新登县、富阳县"普查人口"一项根据《中华人民共和国一九五三年人口调查统计汇编》（北京大学社会学研究所图书资料室藏，第51页）整理；"名称"、"总人口"与"非农业人口"三项根据《浙江省1953年城乡人口牲畜基本情况统计表》（浙江省档案馆藏，档案号：J132/5/28）整理。

至此，利用城镇人口资料对人口普查资料中各县属镇、区属镇是否属于城镇的判断就完成了，然而在人口普查资料中尚有海盐县澉浦镇、海宁县周镇、崇德县洲泉镇、临安县横畈镇、安吉县递铺镇、昌化县和桥镇6个镇未出现在城镇人口资料中，对此，需要利用其他资料逐一分析。

海盐县澉浦镇：在1953年人口普查资料中，海盐县有武原、沈荡2个县属镇及澉浦镇1个区属镇。武原镇普查人口数为10213人，沈荡镇为3336人（见表4-2-2），澉浦镇则为5955人。此处笔者怀疑人口普查资料中将沈荡镇和澉浦镇的县属镇与区属镇类别弄错了，[①] 理由如下。首先，按照上一节所述，苏南地区县属镇的人口规模标准为 5000 人以上，浙江省虽未见到相关规定，然而细考嘉兴专区人口普查资料中全部 29 个县属镇，除沈荡镇外，仅于潜县城关镇人口为 4178 人，其余 27 个县属镇人口均在 5000 人以上，而沈荡镇人口仅 3336 人，明显不符合这一标准；其次，1952 年初海盐县上报1951 年底该县 3000 人以上城镇户口等 6 种统计表显示，至 1951 年底，该县 3000 人以上城镇为上述 3 镇，其中武原镇、澉浦镇为县属镇，人口分别为 9502 人与 7707 人，沈荡镇为 3565 人；[②] 最后，资料四《嘉兴区各县（市）1953 年城镇人口分析表》中海盐县有 1 万到 2 万人的城镇 1 个，人口数为 10580，当为武原镇无误，3000 到5000 人的城镇 1 个，人口数为 3472，为沈荡镇亦无误，另外尚有5000 到 10000 人的城镇 1 个，人口数为 7801，非农业人口数为 5293人，由此看来当为澉浦镇。因此，澉浦镇为城镇无疑义，其人口数当为普查时的 5955 人，至于前述 7707 人及 7801 人，当包括了周边农村地区人口，其非农业人口当比前述 5293 人少一些，在已经确定其为城镇及其总人口数量的情况下，非农业人口数字多一些或少一些，并不会产生实质性影响，兹以 5293 人计。

海宁县周镇：人口普查资料中该镇人口数量为 6485 人，然而在嘉兴专区粮食局另一份关于各县小城镇的人口资料中，该镇仅有1210 人，[③] 在 1954 年海宁县调查上报数字与人口普查数字不符的原

---

① 根据海盐县志编纂委员会编《海盐县志》（浙江人民出版社，1992，第 26 页）与沈荡镇志编纂组编《沈荡镇志》（上海人民出版社，1991，第 37 页），沈荡镇确实为区属镇，但无法确定澉浦镇为县属镇。

② 海盐县人民政府：《为报送 1951 年底本县三千以上人口城镇户口数字暨六种统计表由》（1952 年 1 月 18 日），湖州市档案馆藏，档案号：43/3/33，第 29～32 页。

③ 嘉兴专区粮食局：《嘉兴专区各县小城镇人口资料》（1954 年 2 月 23 日），湖州市档案馆藏，档案号：97/8/18，第 1 页。该份档案日期为 1954 年 2 月 23 日，但其资料来源并非 1953 年的人口普查资料，各县部分城镇的人口资料来自嘉兴地委秘书处 1951 年对嘉兴专区城镇概况的调查资料（1951 年 7 月，湖州市档案馆藏，档案号：8/1/11，第 2～16 页），因此其所反映的应是 1953 年之前的情况。

因时，1953 年海宁县统计科上报的周镇人口数为 6934 人，比普查数字多 400 多人，但其非农业人口仅 796 人。[1] 据此，作为区属镇的周镇显然不是城镇，其镇区最多只能算下文将要讨论的城镇人口资料中未载的小城镇，其人口数兹以 1000 人计，非农业人口以 700 人计。

崇德县洲泉镇：在崇德县的人口普查资料中，崇福镇为县属镇，石门镇与洲泉镇为区属镇，1951 年嘉兴专区城镇概况调查时两镇的情况如表 4 - 2 - 5 所示，其调查人口数均与普查人口数有较大的差距，在表 4 - 2 - 3 中，1953 年石门镇的城镇人口为 3067 人，与 1951 年调查时石门镇的人口数差距并不大，因此可以认为 1951 年的调查是对镇区本身的调查，虽不甚精确，却也大体不错。1953 年石门镇镇区非农业人口比例达 85%，根据表 4 - 2 - 5，两镇在职工人数、厂矿数量、手工业工场数量及商行数量等几项指标上大体相当，可以认为洲泉镇镇区的非农业人口比例亦与石门镇相当。因此，与石门镇一样，洲泉镇的普查人口数也包括了周围农村地区的人口，洲泉镇镇区可以视作城镇，人口数量以 2000 人计，非农业人口以 1600 人计。

表 4 - 2 - 5　洲泉镇与石门镇的比较

镇名	普查人口	调查人口	职工人数	厂矿	手工业工场	商行
石门镇	5618	3432	447	1	3	348
洲泉镇	6384	2564	332	1	5	324

资料来源：根据《嘉兴专区崇德县市镇概况调查表》（1951 年 6 月 3 日，湖州市档案馆藏，档案号：8/1/11，第 15 页）整理。

临安横畈镇：在临安县的人口普查资料中，有城关镇及横畈镇 2 个区属镇，横畈镇人口数量为 3146 人，符合区属镇的条件。由于找不到该镇的其他相关信息，无法判断其是否属于城镇，故只能据此

---

[1] 海宁县选举委员会：《海宁县全县普选人口综合数与县统计科全县人口数缺少原因情况》（1954 年 5 月 3 日），湖州市档案馆藏，档案号：42/2/3，第 14、15 页。

将其作为城镇处理。

安吉县递铺镇：安吉县市镇经济并不发达，据嘉靖《安吉州志》记载，境内仅马家渎、递铺市、梅溪滩、铅干 4 个市镇，后作为市镇名称沿用下来的仅递铺、梅溪，1949 年安吉县人民政府在关于本县的调查报告中称，递铺镇因水陆交通便利，向来为安吉县第一大市镇，其四周拥有广阔的肥田沃土，孝丰东乡所产之米全部集散于本镇，因此其商业发达为全县之冠。而梅溪镇商业发达程度几乎超过递铺镇，为安吉第二大市镇，晓墅镇则为安吉第三大市镇。[①] 在1953 年的人口普查资料中，递铺镇人口数量为 5206 人，少于梅溪镇的 7294 人，而多于晓墅镇的 4296 人，似与此说不符。然而这里必须注意安吉县县城的变化，在 1951 年以前，安吉县县政府驻地一直在桃城镇（安城镇），1951 年 3 月移治梅溪镇，到 1958 年 11 月又移治递铺镇。[②] 梅溪镇的商业发达程度本就与递铺镇不相上下，在成为安吉县县城以后，其人口规模超过递铺镇自不难理解。因此，递铺镇为城镇并无疑义，其未出现在嘉兴专区城镇人口资料中当为遗漏所致，其人口数量当为人口普查时的 5206 人，非农业人口比例与梅溪镇相当，以 80% 计。

昌化县河桥镇：该镇普查人口数为 3458 人，在《嘉兴专区各县小城镇人口资料》中为 1620 人。1953 年昌化县有武隆、河桥两个区属镇，武隆镇为昌化县县城，根据表 4 - 2 - 3，该镇普查人口数为3059 人，城镇人口资料中为 1925 人，与《嘉兴专区各县小城镇人口资料》中武隆镇 2117 人的人口数量差距不算大，[③] 非农业人口比例不到 41%，同为区属镇的河桥镇当与此相当，故与武隆镇一样，河桥镇亦不能算是城镇。

---

① 安吉县人民政府：《安吉县各项材料调查汇报》（1949 年），浙江省档案馆藏，档案号：J103/1/12，第 1～10 页。

② 安吉县地方志编纂委员会编《安吉县志》，第 15、17、19 页。

③ 嘉兴专区粮食局：《嘉兴专区各县小城镇人口资料》（1954 年 2 月 23 日），湖州市档案馆藏，档案号：97/8/18，第 1 页。

三　嘉兴专区的城镇：其他小镇

前文根据资料一和资料二对嘉兴专区各县的县属镇与区属镇进行了讨论，虽然有个别镇的人口在 3000 人以下，但绝大多数镇的人口在 3000 人以上。许多县应该或多或少有一些 3000 人以下的小镇失载于这两种资料中，以下将根据资料三与资料四对各县 3000 人以下的小镇进行考订，因资料所限，考订的范围大多集中于 1000 人以上的小镇。

资料四《嘉兴区各县（市）1953 年城镇人口分析表》中，记载有 1000～3000 人城镇的县一共有嘉兴、嘉善等 8 个，而平湖等 9 个县则没有这一人口规模的城镇。将嘉兴等 8 县中 1000～3000 人城镇数据整理成表 4－2－6。可以明显看出，昌化县的小城镇总人口为2381 人，但非农业人口仅 221 人，无论 2381 人为 1 个小镇或 2 个小镇的人口，其小镇均为非城镇；余杭县的小城镇总人口为 7938 人，最少有 3 个小镇，最多 7 个，然而非农业人口仅 1663 人，说明这些小镇被确定为城镇的可能性微乎其微；桐乡县的小城镇人口为 2288人，完全归屠甸镇所有。至于其他 5 个县，则还需要依赖资料三的三份档案进行逐一分析。

表 4－2－6　1953 年嘉兴专区各县 1000～3000 人城镇汇总

名称	总人口	农业人口	非农业人口	非农业人口比例
嘉兴县	14909	2766	12143	0.814
嘉善县	5449	2116	3333	0.612
海宁县	8265	1216	7049	0.853
桐乡县	2288	147	2141	0.936
吴兴县	11518	5655	5863	0.509
武康县	2985	1430	1555	0.521
余杭县	7938	6275	1663	0.209
昌化县	2381	2160	221	0.093

资料来源：根据嘉兴专区粮食局《嘉兴区各县（市）1953 年城镇人口分析表》（1954年 4 月 9 日，湖州市档案馆藏，档案号：97/5/13，第 1 页）整理。

根据表 4 - 2 - 6，嘉兴县 1953 年 1000～3000 人城镇共有人口 14909 人，非农业人口比例达 81%，基本上可以判定这些小镇均为城镇，则城镇数量最少为 5 个，最多 14 个，除上文讨论过的东栅镇与新丰镇外，还有城镇 3～12 个。根据 1951 年嘉兴地委秘书处汇总的各县市镇概况，嘉兴县除王店、新塍 2 镇外，尚有 9 个 1000 人以上市镇以及 1 个 1000 人以下但有工厂的市镇，9 个 1000 人以上市镇的总人口为 16231 人（见表 4 - 2 - 7），尚多出 1322 人。考虑到其间相隔 2 年，以及可能存在统计口径不同等其他原因，嘉兴县的小城镇人口 14909 人完全可能为这 9 个市镇所有。1951 年嘉兴县人民政府在一份报告中对这 9 个镇的一般性描述亦与此相符合："（这 9 个镇）工商业比较发达，镇上人口 10% 是工商业，10% 是手工业工人，10% 是小贩，其他都是居民，个别的种很少的田地。"[①]

表 4 - 2 - 7　1951 年嘉兴县 3000 人以下城镇概况

镇名	人口	职工人数	厂矿数	手工业工场数	商行数
新篁镇	2646	255	0	20	275
钟埭镇	2343	187	2	30	175
凤桥镇	2032	197	0	0	201
塘汇镇	1746	142	1	8	112
东栅镇	1709	180	2	1	0
王江泾	1646	175	2	9	160
新丰镇	1506	127	2	0	168
油车港	1444	168	3	1	130
南汇镇	1159	137	4	0	123
总　计	16231	1568	16	69	1344
西真镇	628	34	1	0	22

资料来源：根据《嘉兴专区嘉兴县市镇概况调查表》（1951 年 7 月 6 日，湖州市档案馆藏，档案号：8/1/11，第 6～7 页）整理。

①　嘉兴县人民政府：《关于划区乡计划草案》（1951 年 9 月 30 日），湖州市档案馆藏，档案号：43/3/5，第 8 页。

　　嘉善县 1953 年 1000～3000 人城镇共有人口 5449 人，最多有城镇 5 个，然而由于其非农业人口比例仅 61%（见表 4－2－6），并无法直接判断这些小镇是否全部属于城镇。根据 1951 年嘉兴地委秘书处汇总的各县市镇概况，嘉善县除魏塘镇、西塘镇、干窑镇外，尚有虹溪等 5 个镇，此份资料中，这 5 个镇的人口数均包括周边农村人口，故无法得知其镇区人口数（见表 4－2－8）。1951 年底，浙江省曾计划要进行划小乡区划，并要求各县上报本县的计划，嘉善县人民政府将计划绘制成地图，并于地图旁边将原 41 乡镇分村标明人口、田地等数据，[①] 据此可以根据每村的人均田地面积判断此村是否属于市镇地区，考察表 4－2－8 中 5 个镇各自所辖村的人口、田地情况，可以发现每镇均有一村的人均田地面积明显小于其他村，将之整理成表 4－2－9。可以看到，这 5 个村镇的人口合计 5460 人，与表 4－2－6 的数字极其吻合，嘉善县的小城镇人口 5449 人为这 5 个镇的总人口应该无误。但其总的非农业人口比例并无法支持我们将这 5 个镇全部定为城镇，根据表 4－2－8，杨庙镇的职工人数、厂矿数明显少于其他 4 镇，根据表 4－2－9，杨庙镇所辖各村中人均田地面积最小的是麟溪村，为 1.38 亩，这一数字明显大于其他 4 镇。故此判断杨庙镇为非城镇，其人口为 1006 人，兹以 1000 人计，其非农业人口则以最大的 500 人计，故其他 4 个为城镇的镇的人口数为 4449 人，非农业人口总数为 2833 人。

表 4－2－8　1951 年嘉善县 3000 人以下城镇概况

镇名	人口	职工人数	厂矿数	手工业工场数	商行数	备注
洪溪镇	5819	845	56	0	82	包括 8 个村
下甸庙	5811	1532	36	0	85	包括 5 个村
杨庙镇	5759	28	0	3	109	包括 5 个村
陶庄镇	5646	181	1	0	163	包括 4 个村
天凝镇	5208	923	98	0	152	包括 4 个村

　　资料来源：根据《嘉兴专区嘉善县市镇概况调查表》（1951 年 7 月 6 日，湖州市档案馆藏，档案号：8/1/11，第 8～9 页）整理。

---

　　① 不知何故，最终并未实行。

表 4 - 2 - 9　1951 年嘉善县各村镇人口、田地情况

名称	户数	人口	田地（亩）	人均田地（亩）
天凝（第一）	306	1072	485.426	0.452823
陶庄	303	1018	589.204	0.578786
下甸庙	397	1446	1078.277	0.745696
杨庙（麟溪）	291	1006	1389.979	1.381689
洪溪	224	918	516.214	0.562325
合　计	1521	5460	4059.100	0.743425

资料来源：根据《嘉善县全图》（1951 年，湖州市档案馆藏，档案号：43/3/5，第 44 页）整理。该地图是嘉善县人民政府关于划小乡区划（38 乡划为 74 乡，3 镇不变）的计划，地图旁边附有原 4 区 38 乡 3 直属镇各乡镇内每村的户数、人口、田地。

《嘉兴区各县（市）1953 年城镇人口分析表》对海宁县城镇人口的记载有较大偏差，其记载海宁县所有城镇人口仅 45185 人（包括 1000~3000 人城镇总人口 8265 人），而前文根据人口普查资料所能确定的海宁 3000 人以上城镇有硖石镇、长安镇、盐官镇、袁花镇，4 镇人口总数即已达 45443 人（见表 4 - 2 - 3），可见这份资料中关于海宁县的数据不可用。那么除了上文已经确定为 3000 人以下城镇的许村、斜桥、周镇外，海宁是否还有其他小镇可以确定为城镇呢？以下试综合几份档案资料对此进行分析。从表 4 - 2 - 10 可以明显看出，虽然"非农业人口比例"一项并非表示该镇的非农业人口比例，但其大小还是能够说明某一镇为城镇的可能性大小，据此，郭店镇为非城镇无疑义，在另外 3 个镇中，丰墅镇为城镇的可能性最大，庆云镇次之，路仲镇再次之，考虑到此处即使误判，误差亦不会对结果造成实质性影响，故以丰墅、庆云 2 镇为城镇，人口各以 1000 人计，非农业人口则丰墅镇计为 800 人，庆云镇计为 600 人。

《嘉兴区各县（市）1953 年城镇人口分析表》记载武康县有 3000~5000 人城镇 1 个，人口为 3664 人，1000~3000 人城镇总人口为 2985 人，从上文对武康县 3 个城镇的分析来看，这份资料所记城镇人口应该对应武康县城及上柏镇，而上文的分析中还将三桥镇定为城镇，故在此处无须继续分析，武康县并没有其他能确定为城镇的小镇。

表 4 - 2 - 10　1951 年海宁县 4 个小市镇的概况

镇名	人口	职工人数	非农业人口	非农业人口比例
丰墅镇	1289	198	1379	1.07
庆云镇	894	170	647	0.72
路仲镇	1648	160	959	0.58
郭店镇	2000	256	600	0.30

　　资料来源："人口"与"职工人数"根据浙江省总工会嘉兴专区办事处《嘉兴专区中小城镇人口统计表》（1951 年 3 月，湖州市档案馆藏，档案号：27/1/8，第 52 页）整理；"非农业人口"根据海宁县选举委员会《海宁县全县普选人口综合数与县统计科全县人口数缺少原因情况》（1954 年 5 月 3 日，湖州市档案馆藏，档案号：42/2/3，第 14、15 页）整理，该数据并不是指该镇的非农业人口，而是该镇所对应的乡的非农业人口，其肯定大于该镇的非农业人口数，此处列出作为参考。

　　吴兴县 1953 年 1000～3000 人城镇总人口为 11518 人，非农业人口 5863 人，除去上文确定为城镇的练市镇的总人口 2697 人和非农业人口 2080 人，则吴兴县尚有小城镇人口 8821 人，非农业人口 3783 人，非农业人口比例为 43%，对应的小镇数量有 3～8 个，其中既有城镇，亦有非城镇。根据浙江省总工会嘉兴专区办事处的档案，1951 年吴兴县除上文已经确定为城镇的南浔镇、菱湖镇、双林镇、埭溪镇及练市镇外，拥有职工的市镇尚有和孚镇（99 个职工）、善琏镇（254 个职工）、织里镇（100 个职工）、庙西镇（30 个职工），该份档案记录练市镇的职工人数为 239 人，[①] 比善琏镇略少，可以认为善琏镇为城镇，其人口数量及非农业人口数量与练市镇相当，兹分别以 2500 人及 2000 人计，则在剩余的总人口中，非农业人口比例仅 28%，由此看来其余 3 镇为城镇的可能性极小。

　　在《嘉兴区各县（市）1953 年城镇人口分析表》中，平湖等 9 个没有 1000～3000 人城镇的县也需要进行具体考察。在上文对这几个县的县属镇和区属镇的分析中，临安、于潜、孝丰以及余杭、武康、昌化等 6 个县，其县属镇与区属镇均较少，且非农业人口比例

---

　　① 浙江省总工会嘉兴专区办事处：《嘉兴专区中小城镇人口统计表》（1951 年 3 月），湖州市档案馆藏，档案号：27/1/8，第 53 页。

均较低，有些县只有县城为区属镇，但其非农业人口比例甚至不足 50%，不能说这些县没有其他市镇，但这些市镇没有能够被确定为城镇，这一点应该可以肯定，余杭、武康、昌化等 3 县在《嘉兴区各县（市）1953 年城镇人口分析表》中记载有 1000～3000 人城镇，但以上的分析已经表明，这些小镇均不能被确定为城镇。接下来，尚有平湖、海盐、崇德、德清、长兴、安吉 6 县需要具体分析。

平湖县：据浙江省总工会嘉兴专区办事处档案的记载，1951 年平湖县除了县城、乍浦镇、新仓镇、新埭镇外，尚有虎啸桥（1000 多人，132 名职工）、周家圩（300 多人，15 名职工）、广陈（500 多人，44 名职工）、泗里桥（100 多人，5 名职工）、赵家桥（200 多人，10 名职工）、三义河（100 多人，10 名职工）、衙前（500 多人，30 名职工）、新庙（200 多人，10 名职工）、山塘（100 多人，13 名职工）、全公亭（1000 多人，100 名职工）、秀平桥（200 多人，15 名职工）、大通桥（100 多人，8 名职工）、鱼坪塘（50 多人，2 名职工）、林家埭（500 多人，39 名职工）、徐家埭（300 多人，18 名职工）15 个小市镇，[①] 然而从以上的数据可以看出，除虎啸桥和全公亭人口达到 1000 人外，其余大多仅一两百人，而且职工人数很少，即使是虎啸桥和全公亭也仅 100 多名职工，很难将其称作城镇。

海盐县、崇德县、德清县：同样的资料中记载海盐县除县属镇与区属镇外尚有西塘镇（924 人，102 名职工）、石泉镇（463 人，42 名职工）、通元镇（1110 人，45 名职工）3 个小市镇，同样其数据亦不支持其为城镇。在嘉兴地委秘书处关于嘉兴专区城镇概况的调查报告中，海盐、崇德、德清 3 县各有 1 个小城镇，现据相关资料整理成表 4 - 2 - 11，这些数据基本上能够支持这 3 个小镇成为城镇，[②] 其人口数取整，大麻镇人口为 1000 人、非农业人口 600 人，

---

① 浙江省总工会嘉兴专区办事处：《嘉兴专区中小城镇人口统计表》（1951 年 3 月），湖州市档案馆藏，档案号：27/1/8，第 54 页。
② 甪里镇虽然职工人数较少，但其商店数量及手工业工场数量较多，亦可作为城镇。

洛舍镇人口为 2000 人、非农业人口 1200 人，甬里镇人口为 1000 人、非农业人口 600 人。

表 4 - 2 - 11　海盐、崇德、德清 3 县的小城镇概况

县名	镇名	人口	职工人数	厂矿数	手工业工场数	商行数
崇德	大麻镇	911	199	1	1	180
德清	洛舍镇	1750	198	0	2	167
海盐	甬里镇	1042	38	0	24	115

资料来源：根据《嘉兴专区城镇概况调查表》（1951 年 7 月，湖州市档案馆藏，档案号：8/1/11，第 11、14、15 页）整理。

长兴县：据浙江省总工会嘉兴专区办事处档案记载，长兴县除雉城镇与泗安镇外，尚有陈湾、李家巷、和平、虹溪、合溪、水口、煤山 7 个小镇。这几个小镇的职工人数较多，其非农业人口比例极可能达到或超过 50%，但是关于这几个镇，在档案资料中并未找到更详细的记载，结合各镇所对应乡的普查人口及 1932 ~ 1933 年建设委员会经济调查所对长兴县的调查资料，除陈湾无法找到对应的乡，从而无法进一步分析外，将其余 6 镇概况整理成表 4 - 2 - 12，以下试对此表进行分析。

表 4 - 2 - 12　长兴县小城镇概况

镇名	普查人口	调查人口	职工人数	商店数量	职员人数
虹　溪	6412	1211	263	83	350
煤　山	1659		946	43	178
合　溪	4409	2389	688	43	180
和　平	5253	3917	446	105	408
水　口	5031	1155	269	71	230
李家巷	7603	2844	344	47	140

资料来源："普查人口"指各镇所对应的乡的人口数量，根据长兴县 1953 年人口普查资料（湖州市档案馆藏，档案号：42/2/6，第 49 ~ 53 页）整理；"调查人口"与"职工人数"根据浙江省总工会嘉兴专区办事处《嘉兴专区中小城镇人口统计表》（1951 年 3 月，湖州市档案馆藏，档案号：27/1/8，第 56 页）；"商店数量"与"职员人数"根据建设委员会经济调查所统计课编《中国经济志·浙江省·吴兴、长兴》，载殷梦霞、李强选编《民国经济志八种》第 1 册，第 667 ~ 669 页。

从职工人数上看，这 6 个镇均拥有较多的职工，应与长兴县矿场较多有关，如煤山镇，民国初期即开矿挖煤，人员骤增，逐渐形成市镇，合溪镇亦因民国初期长兴煤矿的开采而成为各类产品的集散地。[①] 同时从民国时期商店数量及职员人数来看，这些镇大多规模不大。这里我们必须明确的是，1950 年代初期的长兴县仅有雉城镇和泗安镇 2 个县属镇，无区属镇，在嘉兴专区粮食局的小城镇人口资料中，仅多出现 1 个和平镇，人口 1897 人，[②] 在其他的城镇人口资料中，长兴县均只有雉城镇和泗安镇，这至少说明，假如长兴县还有其他城镇的话，其人口数量应在 1000～2000 人，不可能达到或超过 3000 人，否则遗漏的可能性不大。根据以上的分析，这 6 个镇可以作为城镇处理，其人口数取整，则虹溪镇为 1000 人、合溪镇为 2000 人、水口镇为 1000 人、李家巷镇为 2000 人，煤山镇则取普查人口数 1659 人，从以上数据看，和平镇的规模可能会稍微大些，但应不至于达到 3000 人，兹以 2500 人计，非农业人口比例则均以60% 计。

安吉县：前文提到，安吉县在 1951 年 3 月移治梅溪镇之前，安吉县城一直在桃城镇，只是桃城镇在抗战中遭到的破坏过于严重，以致商业萧条，经济落后，至 1949 年仅有人口 1146 人。[③] 但无论怎么说，曾经为县城所在的桃城镇，其非农业人口比例居多应该没有问题，可作为小城镇处理。其人口兹以 1000 人计，非农业人口比例以 60% 计。

四 嘉兴专区各县的城镇化水平

在完成对浙北各县的县属及区属城镇及其他小城镇的界定以

① 长兴县志编纂委员会编《长兴县志》，上海人民出版社，1992，第 40、467 页。
② 浙江省嘉兴专员公署粮食局：《嘉兴专区各县小城镇人口资料》（1954 年 2 月 23 日），湖州市档案馆藏，档案号：97/8/18，第 1 页。
③ 安吉县人民政府：《安吉县各项材料调查汇报》（1949 年），浙江省档案馆藏，档案号：J103/1/12，第 1～10 页。

后，即可对各县的城镇化水平进行讨论。将上文的界定结果汇总整理成表 4 - 2 - 13，其所反映的即江南地区浙北各县的城镇化水平情况。

表 4 - 2 - 13　浙北各县的城镇及城镇化水平

专区	名称	总人口	县、区属镇		县、区属城镇			小城镇		城镇人口	比例
---	---	---	数量	人口	数量	人口	比例	数量	人口		
浙江省辖	杭　县	393957	5	38476	5	38476	0.0977	0	0	38476	0.0977
	新登县	74562	1	4214	1	4214	0.0565	0	0	4214	0.0565
	富阳县	217683	1	8195	1	8195	0.0376	0	0	8195	0.0376
嘉兴专区	临安县	104664	2	9944	2	9944	0.0950	0	0	9944	0.0950
	孝丰县	108360	1	7023	1	3357	0.0310	0	0	3357	0.0310
	于潜县	73236	1	4178	1	4178	0.0570	0	0	4178	0.0570
	武康县	63082	0	0	0	0	0	3	7598	7598	0.1204
	余杭县	128828	1	11832	1	11832	0.0918	0	0	11832	0.0918
	安吉县	104686	3	16796	3	16796	0.1604	1	1000	17796	0.1700
	昌化县	82205	2	6517	0	0	0	0	0	0	0
	嘉兴县	392108	2	19054	2	19054	0.0486	9	14909	33963	0.0866
	嘉善县	241876	3	40660	3	40660	0.1681	4	4449	45109	0.1865
	平湖县	261465	4	35153	4	35153	0.1344	0	0	35153	0.1344
	海盐县	202546	3	19504	3	19504	0.0963	1	1000	20504	0.1012
	海宁县	356232	6	56239	6	50859	0.1428	2	2000	52859	0.1484
	崇德县	214464	3	22751	3	15816	0.0737	1	1000	16816	0.0784
	德清县	155526	2	15904	2	15904	0.1023	1	2000	17904	0.1151
	桐乡县	159255	4	27906	4	27906	0.1752	0	0	27906	0.1752
	吴兴县	627953	5	39203	5	39203	0.0624	1	2500	41703	0.0664
	长兴县	269536	2	15531	2	15531	0.0576	6	7659	23190	0.0860
合计	20	4232224	51	399080	49	376582	0.0890	29	44115	420697	0.0994

注：由于本书所使用的1953年人口普查资料为"乡镇"级别的最原始档案，在普查结束后，各省均要进行复查、核对数据，从而形成不同版本的普查数据，目前常见的普查资料为国家统计局公布的县级数据，为各省统计局上报给国家统计局的最终数据，故存在某些现代人口总数与档案不完全相符的情况，本书的处理方法为县级及以上的数据采用公布数据，而乡镇级等更详细的数据则以档案为准。

资料来源：根据上文对相关各县城镇的界定及表 4 - 2 - 2、表 4 - 2 - 3、表 4 - 2 - 4 汇总整理；"总人口"根据《中华人民共和国一九五三年人口调查统计汇编》（北京大学社会学研究所图书资料室藏，第51页）整理。

由于嘉兴专区所具有的资料与苏南有所差异，上表无法像上一节一样，分别将各县的小城镇按照 4 种人口规模进行整理，从上文对各县城镇的界定可以看出，嘉兴专区各县的小城镇人口均在 1000人以上，达到 2000 人的仅少数几个，故表 4 - 2 - 13 中县、区属城镇人口比例可视为 2000 人标准下的城镇化水平，而所有城镇人口比例则可视为 500 人及 1000 人标准下的城镇化水平。可以看到，在同样不考虑大城市的情况下，总体而言，浙北各县的城镇化水平与苏南各县相差不大，最高为嘉善县，500 人标准下城镇化水平为18.65%，2000 人标准下则为 16.81%，桐乡县则均为 17.52%；最低为昌化县，该县没有任何城镇，其县城仍是以农业人口为主，此外最低的则为孝丰县。武康县虽然没有县属镇与区属镇，但其拥有的 3 个城镇人口均在 2000 人以上，故其 12.04% 的城镇化水平为2000 人标准下的数字。综合浙北 20 县，则 500 人标准下有城镇 78个，城镇人口 420697 人，城镇化水平 9.94%；2000 人标准下有城镇 54 个，城镇人口 388680 人，城镇化水平 9.18%。[①]

第三节　1950 年代初期江南的大城市及其城市人口

以往学界对江南市镇经济的研究结论，给我们形成这样一种江南经济发展图景，即作为中国传统社会经济重心的江南地区，发达的市镇经济为其显著特征：在作为政治、经济、文化中心的府州县城与广大的农村地区之间存在规模不一、数量庞大的商业市镇，既有发达程度超过大多数县城、"烟火万家"的商业巨镇，又有为数不少的中等商业市镇，更有数量难以统计的小型农村集镇遍布江南水乡的各个角落。虽然苏州、杭州等大城市的繁荣毋庸置疑，然而其数量毕竟无法与商业市镇相提并论，在对传统社会江南的城镇化水

---

① 将武康、德清、吴兴 3 县 5 个人口在 2000 人以上的小城镇计入。

平进行研究时，这一事实极易使研究者将精力集中于商业市镇上而忽视对确定无疑的大城市进行相应的探讨。

与商业市镇在晚清以来的政区实体化过程一样，大城市也经历了这样一种过程，根据吴松弟的研究，行政区划意义的市制肇始于 1921 年《广州市暂行条例》的颁布，南京国民政府成立后，市分特别市与普通市，随后演变为院辖市和省辖市，1949 年以后，省、专区、县三级制确立，市也就演变为中央辖市、省辖市和专区辖市 3 种。从 1927 年到 1949 年 9 月底，国民政府先后设置了 151 个市，其中江南地区设置有上海、南京、杭州、苏州、镇江、无锡、常州、嘉兴、湖州 9 个市。[①] 在成为一级行政区划以后，与镇一样，市也往往会将周边的部分农村地区并入使之成为其郊区，而由于市区本身的范围较大，拥有更多的人口，其郊区农村人口的数量虽然不少，但并不能改变其城市的本质，在这种情况下，不加分辨地将一个市的总人口全部计入城镇人口中，如果其郊区农村人口的绝对数量过大，那么我们所得出来的城镇化水平的结论显然会虚高，这与当代撤县建市、撤区建市等行政区划调整而造成的虚假城市化现象是一样的。为了避免这种过高估计江南城镇化水平的情况出现，对大城市及其郊区的情况进行仔细甄别显然十分有必要。

1953 年人口普查时，江南地区共有上海 1 个中央辖市，杭州、南京、无锡、苏州、常州 5 个省辖市以及嘉兴、湖州、镇江、常熟 4 个专区辖市，其中除嘉兴市与湖州市由于城市总人口较少，其郊区农村人口可以忽略外，[②] 其余 8 个市的郊区农村人口均在 2 万人以上，尤其是上海市郊区的农村人口超过 85 万，相当于江南的一个大县或若干个小县，因此必须对郊区的城镇进行进一步的考察。

---

① 吴松弟：《市的兴起与近代中国区域经济的不平衡发展》，《云南大学学报》（社会科学版）2006 年第 5 期。

② 嘉兴市总人口为 78309 人，其中农业人口仅 967 人；湖州市总人口为 62791 人，农业人口为 3060 人。

一 上海市郊区的城市性区域

1953 年人口普查时，上海市总人口为 6204417 人，其中市区人口 5258210 人，郊区人口 852830 人，水上人口 77543 人，在押犯人 15834 人。[①] 水上人口与在押犯人均可算作非农业人口，而郊区人口规模超过 85 万，已相当于一个江南大县或两三个一般县，且其情况十分复杂：

> 郊区是兼有农村、工厂、学校、市镇的综合性地区，解放以来随着国家经济与市政建设之发展，在近郊扩建与新添了若干工厂、大学与工人住宅，因而还随之出现了不少建筑工地及驻有基本建设工人的组训机关，农业生产在近郊多以蔬菜为主，远郊仍以棉、粮等为主。根据上述特点共划分了区直属选区 110 个，计工厂选区 37 个，工厂与居民地区合并的选区 2 个，学校选区（高等学校、干部学校、大型中学）15 个，建筑工地选区 22 个，居民选区（包括工人住宅）19 个，其他 15 个（包括机关、医院、救济团体、车站等）。农村乡镇 128 个共划分了 1310 个选区。[②]

由此可以看出，针对郊区这种兼有农村、工厂、学校、市镇以及工地的综合性地区，在 1953 年为普选而进行的人口普查和选民登记中，郊区的普查单位分为乡镇选区和直属选区。直属选区为上海市郊区特有，主要是针对工厂、学校、工地、工人住宅等设置，这些直属选区的人口为非农业人口并无疑义；而乡镇选区主要指农村与市镇地区，与江南普通县的情况没有太大的区别，其中既有纯粹的农村农业人口，如近郊农村主要从事供应市区的蔬菜种植业，远郊农村则仍为传统的棉、粮种植业，也有可以界定为城镇的市镇区

[①] 上海市统计局：《1953 年上海市人口按民族分类统计（1953 年 6 月 30 日标准时间）》，上海市档案馆藏，档案号：B25/2/6，第 37 页。

[②] 上海市选举委员会郊区办公室：《郊区普选工作总结（初稿）》（1954 年 2 月 20 日），上海市档案馆藏，档案号：B46/1/34，第 118 页。

域，对此，其人口显然不能简单地全部当作非农业人口或农业人口处理，而应进行具体分析。

上文所引上海市总人口、市区人口、郊区人口等数据为1953年上海市人口普查的最终数字，是在普查结束后经过复查，剔除重复登记人口、补登漏记人口后所形成的数字，也即我们在各类统计资料中所看到的1953年人口普查数字，但是在档案中我们所看到的大多为最初登记时的资料，且在最初登记完成以后，普选委员会都会进行初步统计，因而在档案中会形成普查的初步统计资料，其数字与最终公布的数字并不完全相符，但一般差距都不大，因此基本可以忽略。笔者的处理方法是，对于各市县的总数字，以公布数据为准，而具体的乡镇人口数据，则以档案资料为准。根据这些初步统计资料，将上海市郊区的乡镇选区和直属选区人口情况整理成表4－3－1，据此，下文将要讨论的郊区乡镇地区仍有超过56万人，讨论的重点是普选单位中的15个镇是否全部为城镇。这15个镇分别为江湾镇、大场镇、真如镇、北新泾镇、龙华镇、七宝镇、漕河泾镇、莘庄镇、杨思镇、周莲镇、塘桥镇、南码头镇、洋泾镇、高桥镇、高行镇。

表4－3－1　上海市郊区乡镇选区及直属选区人口初步统计

区别	乡数	镇数	选区	直属选区	乡镇人口	直属选区人口	合计
江湾	10	1	133	42	56940	145892	202832
吴淞	5	0	58	15	17368	28135	45503
大场	11	1	123	8	58839	15992	74831
真如	13	1	151	13	54722	54405	109127
新泾	15	1	167	9	76249	14560	90809
龙华	15	4	188	9	79655	7789	87444
杨思	12	4	158	9	77850	4573	82423
洋泾	16	1	170	2	67757	1389	69146
高桥	16	2	162	3	72215	3117	75332
合计	113	15	1310	110	561595	275852	837447

注：此份资料的人口数并非最终数字，而是初步统计，故与上文所述的最终数字有一定的出入。

资料来源：根据上海市人民政府郊区工作办事处《市郊人口情况表》（1954年3月31日，上海市档案馆藏，档案号：B46/1/95，第67、68页）整理。

如上文所述，上海市郊区是兼有市镇、农村、工厂、学校、工地等的综合性地区，城市性区域、半城市性区域与纯粹农村性区域夹杂在一起，相对于市区，其情况更为复杂，管理工作亦无法一概而论，故新中国建立伊始，上海市人民政府就专设中共上海市郊区工作委员会，统一领导郊区的各项工作。在管理工作中，若对郊区的城市性区域与农村性区域不加区分，势必会造成极大的不便，因此，从当时上海市人民政府对郊区城市性区域的划分中，可以确定普选单位的15个镇是否为城镇。

这种城市、农村相互夹杂的情况首先就使得郊区的土改工作难以顺利进行，为改变这种情况，1950年10月10日，上海市人民政府向郊区土地改革委员会发出关于划定郊区城市性地区范围的指示。① 接到指示后，可能由于当时的工作重心尚未放到城市性区域，郊区土地改革委员会并未马上做出反应，直到第二年10月份，土改工作进行到处理地主多余房屋时，由于城市性区域与非城市性区域所采取的处理办法不同，郊区土地改革委员会才将这项工作提上日程。

> 关于区别市镇的标准：（一）要有一定的市镇规模，要有一些的工商业；（二）所处的位置将来有无发展前途？它对周围群众生活生产影响为何？两者缺一都不能作为市镇论。也就是说，构成一个市镇的条件，它要像个市镇的样子，要有一些的工商业，要有发展前途，它的存在与否对周围群众生活影响很大。如果不具备这些条件，则不能作为市镇论。②

由上可知，其确定的市镇标准既看当时是否已经具有市镇规模，

---

① 上海市人民政府指示：《希根据情况具体划定本市郊区城市性地区范围报府》（1950年10月10日），上海市档案馆藏，档案号：B14/1/8，第7页。

② 上海市人民政府郊区土地改革委员会：《区别市镇的标准及初步名单》（1950年10月9日），上海市档案馆藏，档案号：B14/1/8，第3、4页。

也重视将来的发展前途。按照这两条标准，郊区土地改革委员会初步拟定了市镇名单，并将此标准与名单发往郊区各区土地改革委员会，希望各区如果有符合标准但又不在名单上的市镇尽快上报。[①] 接到通知后，各区先后补充上报了本区符合标准的市镇。最终，郊区土地改革委员会确定了各区的市镇名单，并于 10 月 22 日报上海市人民政府批复：龙华区的龙华镇、七宝镇、莘庄镇、漕河泾镇、梅陇镇，新泾区的北新泾镇、诸翟镇，真如区的真如镇，大场区的大场镇，江湾区的江湾镇，吴淞区的吴淞镇，高桥区的高桥镇、高行镇，洋泾区的洋泾镇、陆家嘴、北护塘、其昌栈、凌家木桥、十八间、居家桥、高庙、陆行镇、金桥镇，杨思区的六里桥、周渡、塘桥镇、杨思镇、白莲泾、南码头。[②] 人口普查时的 15 个镇均在此名单内，[③] 现在的问题是，上述市镇名单中的 29 个镇是否全部为城市性区域？具体则还需要看上海市人民政府的批复。

上海市人民政府接到报告后，在 10 月 25 日将之转给相关单位征求意见，上海市人民政府区政指导处在派员分赴各郊区了解情况，并对龙华、杨思、洋泾 3 区进行调查研究后，从划乡建政的角度出发，就市镇与非市镇区划提出若干意见，归纳起来主要为以下两点。[④]

第一，龙华区的龙华、七宝、莘庄、漕河泾 4 镇，杨思区的周渡、塘桥、杨思、白莲泾、南码头 5 镇，洋泾区的洋泾镇和第一至第六办事处，[⑤] 以及新泾区的北新泾镇、真如区的真如镇、大场区的

---

① 上海市人民政府郊区土地改革委员会：《区别市镇的标准及初步名单》（1950 年 10 月 9 日），上海市档案馆藏，档案号：B14/1/8，第 4 页。

② 上海市人民政府郊区土地改革委员会：《本市郊区市镇与非市镇的区别与市镇名单》（1950 年 10 月 22 日），上海市档案馆藏，档案号：B14/1/8，第 8、9 页。

③ 杨思区的周莲镇即周渡镇与白莲泾镇。

④ 上海市人民政府区政指导处：《关于郊区市镇与非市镇区划问题初步方案的报告》（1950 年 11 月 24 日），上海市档案馆藏，档案号：B1/1/1137，第 17～24 页。

⑤ 上报市镇名单中洋泾区的陆家嘴、北护塘、其昌栈、凌家木桥、十八间等 5 镇均已包括在第一至第六办事处中。

大场镇、江湾区的江湾镇、吴淞区的吴淞镇、高桥区的高桥镇和高行镇，目前已具有市镇条件，工商业较多，且发展前途亦较好，可划为市镇。

第二，龙华区的梅陇镇、杨思区的六里桥纯粹是农村地区，工商业户较少，且多以种田为主，经商为副，目前交通也不方便，发展前途不大，应为非市镇；洋泾区的金桥镇、张桥镇、陆行镇纯粹是农村地区，目前工商业户较少，但也有一部分半工半商的农业户，目前电力亦达到，并且都已划为将来市政建设区域，发展上也较容易，因此可以考虑划为市镇区。

从以上两点来看，在区政指导处确定为城市性区域的市镇中，除吴淞镇以及洋泾区的第一至第六办事处外，其余即为人口普查时郊区的15个镇。在人口普查时，吴淞的15个直属选区当为吴淞镇所划；1952上海市析洋泾区浦东大道—浦东南路以西城市化地区置东昌区，即为洋泾区的第一至第六办事处所处区域。[①] 虽然上海市人民政府区政指导处的着眼点为划乡建政，与土改中处理市镇性房屋、土地的要求不同，未接纳上述意见，但仍然同意了郊区土地改革委员会所报方案。[②] 从人口普查时郊区的乡镇区划来看，这些意见在郊区后来的划乡建政工作中还是被大部分采纳了，梅陇、六里桥等并未建镇，当然，区政指导处认为洋泾区的金桥、张桥、陆行等镇虽然是农村地区，但从发展前途来看可以建镇的意见并未被采纳。

因此，上海市郊区普选单位中的15个镇均为城镇，人口数为126295人，直属选区亦为城市性区域，人口数为275852人，故上海市郊区共有城镇人口402147人，郊区总人口为852830人，对应的城镇化水平为 47%。另外，需要说明的是，上海市郊区虽然没有县属镇与区属镇的划分，但这 15 个镇从规模上来说，绝大多数相当于县属镇，少数几个相当于区属镇，这说明郊区应该还具有一些规模较小的集镇，从 1950 年代初期郊区各区的市镇工作档案来看，也确实如此。然而由于上文所述上海市郊区的复杂情况，加上没有系统的关于这些小集镇的资料，人口普查资料中也没有相关数据，市镇工作档案中大多数只是略微提及，所以很难判断这些小集镇是否属于城镇，或者无法确定其是否已经被包括进划为 110 个直属选区的城市性区域中。由于上述实际困难，笔者无法做到像讨论苏南各专区及嘉兴专区的城镇一样，对其他的小集镇进行集中探讨。而且，从苏南及嘉兴专区小集镇的情况来看，即使这里将所有小集镇均作为非城镇处理，误差也在可以接受的范围内。

二 杭州市郊区的城市性区域

1953 年人口普查时，杭州市总人口为 643242 人，其中非农业人口 539194 人，农业人口 104048 人，[①] 辖上城、中城、下城 3 个城区及西湖、拱墅、江干、笕桥、艮山、上塘、古荡 7 个郊区。[②] 虽然没有找到人口普查时杭州市各区详细的人口资料，然而从人口普查前杭州市各区的区划调整情况亦可看出端倪。

1949 年 5 月杭州市人民政府成立后，仍采用民国时期 8 个区的区划，仅将其分别命名，1950 年 6 月取消上城、中城、下城 3 区，由杭州市直辖，取消保甲以后，全市共建立 507 个居民委员会，市郊同时建 29 个乡 166 个行政村。[③] 其情况如表 4 - 3 - 2 所示，从中

---

① 浙江省粮食厅：《浙江省人口基本情况统计表》（1954 年 10 月），浙江省档案馆藏，档案号：J132/5/28。
② 杭州市地方志编纂委员会编《杭州市志》第 1 卷，中华书局，1995，第 130 页。
③ 杭州市地方志编纂委员会编《杭州市志》第 1 卷，第 161 页。原文为 571 个居民委员会，29 个乡 162 个行政村，《杭州市志》中居民委员会数据对应的时间为 1950 年 2 月，乡与行政村数据对应的时间为 1950 年底。由于这段时间区划变动比较频繁，此处采用表 4 - 3 - 2 所依据的 1951 年 1 月的档案资料。

可以看到，此时杭州市 5 个郊区的情况与上海市郊区类似，亦是城市性区域与农村性区域的混合地区，5 个郊区均同时拥有居民委员会和乡、行政村。

表 4 - 3 - 2 1951 年杭州市 8 个区人口情况

区别	行政乡	居委会	行政村	人口
上城区	0	123	0	114421
中城区	0	100	0	93088
下城区	0	137	0	119528
西湖区	6	20	29	23686
江干区	5	69	11	59140
艮山区	8	11	56	55269
笕桥区	5	4	34	17024
拱墅区	5	43	36	41977
合　计	29	507	166	524133

资料来源：根据《杭州市区乡村组户口统计表》（1951 年 1 月，浙江省档案馆藏，档案号：J103/3/44，第 79 页）整理。

为了便于行政管理，1951 年 8 月，杭州市人民政府计划按照功能的不同将原来的 8 个区调整为 10 个区，其计划为：上城区 81921人，商业区；中城区 94001 人，商业区，一部分工业；下城区110963 人，工商业区；江干区 91680 人，商业与码头搬运业；西湖区 19895 人，风景区；艮山区 28244 人，蔬菜与络麻生产；七堡区25078 人，棉麻生产；笕桥区 18865 人，络麻生产；皋亭区 21183人，水稻生产；拱墅区 42359 人，湖墅、拱辰桥街道为商业区，其余为水稻区。① 在这一计划中，上城、中城、下城、江干 4 区为纯粹城市性的工商业区域，人口规模有 378565 人；艮山、七堡、笕桥、皋亭 4 区则为农村性的农业生产区域，人口规模有 93370 人；西湖

---

① 杭州市人民政府：《杭州市区政计划草案》（1951 年 8 月 10 日），浙江省档案馆藏，档案号：J103/3/116，第 165 页。

区为风景区，拱墅区为半城市性区域，人口规模有 62254 人。这一计划最终是否落实，笔者并未在档案资料中找到记载，但 1952 年杭州市确实进行了区划调整，恢复 1950 年取消的上城、中城、下城 3 区，新建上塘、古荡 2 区，其他 5 区名称未变，从而形成了 10 个区，其调整如下：

> 将江干区六和塔以南地区（包括云栖乡）划归西湖区，望江、甘王、乌龙 3 乡划给艮山区；将上城区鼓楼以南地区（含十五奎巷、六部桥派出所管辖地区）划给江干区；将艮山区艮山门以北的流水桥、河浒上地区划归下城区，将七堡、新和丰乡划归笕桥区；将拱墅区的塘河乡，西湖区的古荡、花园亭乡划归古荡区；将笕桥区的横塘乡，艮山区的草庵乡，拱墅区的潮王、石桥、皋亭、瓜山乡划归上塘区。①

我们看到，虽然将原来 8 区调整为 10 区符合《杭州市区政计划草案》，但新增加的 2 区的命名并未采用计划中七堡和皋亭的名称，因此，虽然从上述调整中可以看到江干区划入了上城区的部分城市性区域以及划出了大部分农村性区域，艮山区则划入了大部分农村性区域，同时划给下城区的部分也可以推测为城市性区域，拱墅区也划出了大部分农村性区域，但我们还是无法据此确定这一调整是完全按照计划上的功能分区要求进行。

1953 年 10 月与 11 月，在人口普查进行的过程中，艮山区和上塘区人民政府分别向杭州市人民政府报告称：

> 为便利乡的工作领导，有利各种工作的开展，拟在普选前将望江（1777 人）、甘王（1877 人）两乡合并，配备一个乡干编制；又拟将新塘乡的五福（853 人）、三叉（1086 人）两村

---

① 杭州市地方志编纂委员会编《杭州市志》第 1 卷，第 161 ~ 162 页。

划给乌龙乡及将乌龙乡沿公路的七、八两个组（385人）划给
六甲乡领导。[1]

为便利今后工作领导及普选工作之进行，拟将原从艮山区
划来之弄口乡的将军、全阳、锡箔、冯家四个村（1936人）与
本区所辖草庵乡的沈家村（625人）共五个村合并为一个乡，
定名为全冯乡。[2]

对此，杭州市人民政府均予以批复，同时将该两区的上报理由，
各乡的人口、土地及生产情况说明表，调整后的情况及地图等报送
浙江省人民政府。这两个区在前述《杭州市区政计划草案》中均为
农村性的农业生产区域，通过这份档案可以确定情况是否如此，如
果是的话，则说明《杭州市区政计划草案》中的区政调整原则最终
得到落实，否则说明没有得到落实。兹将该两区所附的各乡调整前
人口及生产情况说明表整理成表4-3-3。

从表4-3-3可以看到，在杭州市由8区调整为10区后，艮
山、上塘2区确实如《杭州市区政计划草案》所规划的一样，成为
农村性的农业生产区域，艮山区主要为络麻和蔬菜生产，上塘区主
要为水稻生产，也与《杭州市区政计划草案》的规划相符。故此可
以认为杭州市的这次区政调整，遵照了《杭州市区政计划草案》的
思路，将杭州市的10个区分为城市性区域的上城、中城、下城、江
干4区及农村性区域的艮山、上塘、笕桥、古荡4区，而作为风景
区的西湖区及以工商业为主的拱墅区则成为半城市性区域。在无法
确切得知人口普查时各区的人口分布情况的条件下，只能以人口普
查时杭州市的非农业人口539194人作为其城市总人口，而其农业人
口104048人则作为农村性区域的总人口，虽然在《杭州市区政计划

---

[1]　杭州市人民政府：《为杭市艮山区部分乡、村调整行政区划报请核备由》（1953
年10月23日），浙江省档案馆藏，档案号：J103/5/150，第4、5页。

[2]　杭州市人民政府：《为上塘区成立全冯乡报请核备》（1953年11月2日），浙江
省档案馆藏，档案号：J103/5/150，第15、16页。

表 4 - 3 - 3　1953 年艮山、上塘两区各乡人口及生产情况

艮山区	人口	生产情况	上塘区	人口	生产情况
弄口乡	4416	络麻、萝卜,部分蔬菜、小麦	皋亭乡	3402	水稻、络麻、次小麦、蔬菜、豆类
彭埠乡	6733	络麻、萝卜,部分蔬菜、小麦	石桥乡	3430	水稻、络麻、次小麦、蔬菜、豆类
下菩萨	6956	络麻、小麦,部分蔬菜	瓜山乡	2566	水稻、次小麦、蔬菜、豆类
甘王乡	1877	蔬菜为主,部分络麻	横塘乡	2254	水稻、络麻、蔬菜、次小麦、豆类
望江乡	1777	蔬菜为主,部分络麻	潮王乡	3029	水稻、络麻、次小麦、蔬菜、豆类
六甲乡	6004	络麻、小麦,部分蔬菜	弄口乡	1936	水稻、络麻、蔬菜、次小麦、豆类
新塘乡	9508	络麻、小麦,部分蔬菜	草庵乡	2957	水稻、络麻、次小麦、蔬菜、豆类
乌龙乡	5374	蔬菜为主,部分络麻			
合计	42645	络麻、蔬菜产区	合计	19574	水稻、络麻产区

资料来源：根据《为杭市艮山区部分乡、村调整行政区划报请核备由》（1953 年 10 月 23 日，浙江省档案馆藏，档案号：J103/5/150，第 6 页）及《为上塘区成立各冯乡报请核备》（1953 年 11 月 2 日，浙江省档案馆藏，档案号：J103/5/150，第 17 页）整理。

草案》中，其规划的 4 个农村性农业生产区的人口规模已达 93370 人，再加上半城市性的西湖区和拱墅区的农业人口，农村性区域的总人口当不止 10 万人，然而考虑到这些农村性区域中，尚存在一些从事非农业的市镇人口能够部分平衡误差，因此，以 539194 人作为杭州市的城市总人口，当不至于高估太多，误差应该在可以接受的范围内。

三　南京市郊区的城市性区域

1953 年人口普查时，南京市总人口为 1006575 人，区划为 11 区 1 市属镇，分别为第一区至第十区、中山陵园区及大厂镇。[①] 由于人口普查资料中只有 11 区及 1 市属镇的人口数据，而没有各郊区乡镇的详细资料，无法直接根据人口普查资料判断哪些区是城区，哪些区是郊区，因此，以下的首要工作是对南京市这 11 个区进行城区与

---

① 江苏省人口调查登记办公室：《江苏省人口统计》（1954 年 6 月），内部资料，江苏省档案馆藏，档案号：4024/001/0034/3133。

郊区的判断。

1927 年南京建市后，曾计划将全市划分为 8 个功能区，后由于自治的需要，此计划并未实施；1929 年 12 月又计划划分为 12 个自治区，只是由于当时南京市界尚未最终划定，12 个自治区的方案也没能全部实施；1931 年 3 月，又按照户数将全市划分为 21 个自治区，然而 1932 年即停止了这一工作，1933 年又按照功能、历史、自然界线将城区划分为 8 个区，从而奠定了南京城区的基本格局。[①] 以后随着市界的变动，又逐渐增加区数，最终形成 13 个区的格局，最多曾增加到 15 个区。[②] 可见，民国时期南京市最终形成的 13 个区是按照功能分区的思路划分的。1950 年 6 月，南京市人民政府继承这一划区思路，按照工商业区（包括住宅区）、郊外农业区、风景区 3 种类型，在民国时期 13 个区的基础上进行了相应的调整，划为 12 个区，至 1953 年 6 月因从江宁、句容等县新划进地区又做了一次调整后，形成了人口普查时 11 区 1 市属镇的区划格局。[③] 现将 1950 年的调整整理成表 4 – 3 – 4。

从表 4 – 3 – 4 可以看到，民国时期南京市的第一至七区及第八区的江北浦口为城区，1950 年相应调整为第一至第七区，郊区的第九、第十一、第十二区则将靠近城区的工商业及居民住宅集中区域分别划给新建的第三、第四、第六区，剩余区域则分别建立第八、第十、第十一区，风景、农林区的第十区则将风景区全部剥离建成中山陵园区，其他区域则划给新建的第九、第十区。可见 1950 年调整后的南京市区划中，第一至第七区为城市性区域的城区，第八至第十一区为郊外农业区，中山陵园区为风景区。但这并非人口普查时南京市的区划，1953 年 6 月南京市与江宁、六合、句容三县调整界

---

① 其中第八区并不在城内，而在江北浦口。
② 南京市地方志编纂委员会编纂《南京建置志》，第 237 ~ 240 页。第十四区（原第九区之八卦洲）和第十五区（原第十二区之江心洲）存在时间较短，因此实际上民国时期南京市的最终区划为 13 个区。
③ 南京市地方志编纂委员会编纂《南京建置志》，第 273、274 页。

表 4 - 3 - 4　1950 年南京市区划调整情况

民国时期	功能	1950 年	调整情况
第一区	军政中心区	第一区	局部调整
第二区	商业中心区	第二区	局部调整
第三区	商业区	撤销	划属第二、第三区
第四区	居民区	第三区	局部调整
第五区		第四区	局部调整
第六区	风景、文教、住宅区	第五区	局部调整
第七区	水陆交通中心区	第六区	局部调整
第八区	水陆码头区	第七区	不变
第九区	乡区	第八区	靠近城区的工商业集中区和居民住宅区划给第三区
第十区	风景、农林区	中山陵园区	以中山陵园及周边地区建,其余划给第九、第十区
第十一区	乡区	第十区	靠近城区的工商业集中区和居民住宅区划给第四区
第十二区	乡区	第十一区	靠近城区的工商业集中区和居民住宅区划给第六区
第十三区	乡区	第九区	

资料来源：根据南京市地方志编纂委员会编纂《南京建置志》（第 240～243、273～274 页）整理。

址时，区划又有所变化：

> 同意南京市意见，将该市第十区石门坎乡的后庄村，牌楼乡的胜利村及第八区之仙鹤乡、向水乡、沧波乡的尚庄、余粮庄等两个村划归该市陵园区管辖。第十一区之清江乡划归该市第六区管辖，并将上新河镇及茶亭乡的小北圩、南圩、雷公庙、凤凰西街、茶亭街等五个村与江东乡的积余、下圩、河北后街、河南后街、江东村、电台村、北河口等七个村划归该市第四区管辖。第八区和第十区除划出地区外，仍以现有地区保持区的

建制。第九区及第十一区调整后，其所辖地区均已全部划出，故撤销该两区建制。从江宁县划入南京市的尧辰、石埠等六个乡镇及摄山镇的二村、三村、四村、五村、六村等五个村（行政村）。三阳乡的便民村与龙潭镇，合并新建为该市第九区建制。①

最大的改变是第九和第十一区所辖全部地区划出，撤销区建制，并以新并入的江宁及句容县的地区建为新的第九区，同时城区的第四、第六区及风景区的中山陵园区并入了部分农村区域。这 10 个区即人口普查时南京市的区划。至此，南京市的城市性区域与农村性区域的轮廓已经基本清晰，但是是否存在半城市性的区域则仍需进一步确认。根据 1950 年代初期中国对城市与农村基层管理的不同制度安排，即城市地区建立街道办事处与居民委员会，农村地区建立乡镇人民政府，据此考察南京各区的基层政权建设情况，亦可明确各区的性质。

城市地区：1951 年城内 6 区即建立了 65 个居民委员会，1952 年根据《关于十万人口以上城市建立居民委员会试行方案》建立了 132 个居民委员会，② 虽然未言明第七区是否建立居民委员会，但 1955 年南京市设立街道办事处作为区人民政府的派出机关，领导居民委员会的工作，城内 6 区及浦口区共建立了 58 个街道办事处，其中浦口区设立了 3 个街道办事处。③

农村地区：1949 年南京市人民政府成立后，即废除保甲，郊区农村按行政村建立村公所，10 月开始划乡建镇，全郊区划分 45 乡

---

① 江苏省人民政府：《苏民（民）第 740 号》（1953 年 6 月），南京市档案馆藏，档案号：5012/1/13。转引自南京市地方志编纂委员会编《南京建置志》，第 274 ~ 275 页。

② 南京市地方志编纂委员会编纂《南京建置志》，第 280 页。

③ 南京市地方志编纂委员会编纂《南京建置志》，第 276 ~ 277 页。1955 年南京市各区正式定名，其中第一至第七区分别命名为玄武区、白下区、秦淮区、建邺区、鼓楼区、下关区、浦口区。

11 镇，后经调整，至 1953 年人口普查时郊区形成 30 乡 1 市属镇 11 区属镇。① 同时第七区亦设有乡镇人民政府，《南京建置志》在描述 1953 年南京郊区乡镇调整时写道：

> 1953 年，第七区的东门、南门分设 2 镇，2 镇原辖的农村另建为杨北乡；三河乡一度撤销，不久又恢复建制。②

可见第七区既建有城市地区的街道办事处和居民委员会，又建有农村地区的乡镇人民政府，可以确定其为半城市性区域。至于大厂镇，其因 1934 年号称"远东第一大厂"的永利铔厂的建立而兴起，③ 1952 年，为有利于改名后的永利宁厂的发展，大厂镇划归南京市，为市人民政府直属镇，1953 年 6 月，又将六合县所属的石子岗、林小崖两地划归大厂镇。④ 可见 1952 年划归南京的大厂镇为市镇区域，而 1953 年划入的区域则应该为农村区域，总体来看，大厂镇主要为市镇区域无疑，因此普查时大厂镇的人口数 21977 人可视为城镇人口。

至此，可以确定南京市的城市性区域、半城市性区域及农村性区域：第一至第六区共 6 个城区，虽然 1953 年调整区划时，将部分农村地区并入第四和第六区，但并不足以改变 2 区的城市性区域的性质，因此这 6 个区为城市性区域，其人口总数为 774804 人；第七区为半城市性区域，人口数为 66530 人；第八至第十区为农村性区域，中山陵园区为风景区及农业区，这 4 个区总人口为 143264 人；大厂镇为市镇区域，人口数为 21977 人。那么南

---

① 南京市地方志编纂委员会编《南京民政志》，海天出版社，1994，第 57、58 页。
② 南京市地方志编纂委员会编纂《南京建置志》，第 278 页。
③ 1934 年，爱国实业家范旭东在区境东南长江北岸卸甲甸（当时属六合县，为一片江滩，相传西楚霸王项羽曾兵败至此，卸甲休憩）兴建永利铔厂，当时称"远东第一大厂"，以后邻近永利铔厂市镇兴起，称大厂镇（南京市地方编纂委员会编纂《南京建置志》，第 327 页）。
④ 南京市地方志编纂委员会编纂《南京建置志》，第 316 页。

京市的城市区域应为第一至第六区、第七区的部分地区、大厂镇及郊区农村地区的市镇区域，第七区的城市性区域人口兹以其总人口的一半计，有 33265 人，郊区农村有 11 个区属镇，若以区属镇的最低人口规模 2500 人计算，则有市镇人口 27500 人。考虑到11 个镇的人口总数当不止此数，同时为方便计算，将第七区总人口 66530 人作为第七区城市性区域及 11 个区属镇的总人口，换言之，南京市的城镇人口为第一至第七区及大厂镇的总人口，为863311 人。

四　其他城市的城市人口

浙北嘉兴、湖州 2 市的建置颇有一番周折。1949 年浙江省人民政府成立后，即设嘉兴、湖州 2 市，分别与嘉兴县及吴兴县分治。[①]嘉兴市城区划为 3 个区，另外尚辖有太平乡、马河乡、南堰镇 3 个区属乡镇;[②] 湖州市则辖有 4 区 5 乡镇,[③] 其中爱山、月河 2 区为城区，城南、城北 2 区在城外，5 乡镇即属城外 2 区。1950 年 5 月，2市撤销，辖区分别划归嘉兴县、吴兴县管辖，至 1951 年 9 月，又恢复 2 市的建制,[④] 但此时原属嘉兴市的 3 个乡镇已划归嘉兴县的塘汇区，恢复市建制的嘉兴市仅在城区设立了 5 个镇公所,[⑤] 并未划进新的乡镇。故人口普查时，嘉兴市总人口为 78309 人，其中农业人口仅 967 人。[⑥] 而湖州市虽然无法从新方志资料中确定其原属乡镇是否随着湖州市的恢复而重新划归湖州市，或者是否划入了新的农村性区域，但从 1949 年湖州市的民政调查资料及 1953 年湖州市的人口普查数据中，可以确定与嘉兴市一样，湖州市恢复市建制

① 《嘉兴市志》编纂委员会编《嘉兴市志》上册，第 185 页。
② 《嘉兴市志》编纂委员会编《嘉兴市志》上册，第 206 页。
③ 湖州市地方志编纂委员会编《湖州市志》上卷，第 100 页。
④ 《嘉兴市志》编纂委员会编《嘉兴市志》上册，第 185 页。
⑤ 《嘉兴市志》编纂委员会编《嘉兴市志》上册，第 206 页。
⑥ 嘉兴区专员公署粮食局:《嘉兴区各县（市）1953 年城镇人口分析表》（1954 年 4 月 9 日），湖州市档案馆藏，档案号：97/5/13，第 1 页。

后，其管辖区域仅为城区及城外部分城市性区域：1949 年湖州市的民政调查资料记载，城内爱山、月河 2 区人口为 45488 人，城外的城南区，包括龙溪、道场、鼎新 3 乡，有人口 30963 人；城北区，包括白雀、滨湖 2 乡及龙泉镇，有人口 24377 人，则湖州市总人口超过 10 万人。① 而1953 年人口普查时，湖州市总人口仅62791 人，农业人口 3060 人。② 可见 1951 年湖州市恢复市建制时，其区域仅有城区及城外部分城市性区域。因此，嘉兴市与湖州市的人口普查数据均为其城市人口，并未包括郊区农村性区域人口。

苏南地区的镇江、常州、苏州、无锡、常熟 5 市，人口普查资料中均有郊区详细的乡镇人口数据，只要结合新方志资料确定各个城市郊区的乡镇区划，就可以直接将郊区农村性区域的人口剔除。

镇江市。人口普查资料中，镇江市总人口为 181354 人，其分为迎江、北固、金山、城郊 4 区，其中城郊区辖 8 个乡，人口 31844人，其区划与《镇江市志》的记载一致，③ 故应从镇江市总人口中将郊区的 31844 人剔除，其城市人口为 149510 人。

常州市。人口普查资料中，常州市总人口为 266509 人，其分为东区、南区、西区、北区、戚墅堰区及郊区 6 个区，其中郊区人口为 61646 人，辖 15 乡。这一区划与新方志资料的记载完全一致：1949 年常州市、县分治，其中原武进县县城及近郊的龙城、名山、

---

① 湖州市人民政府：《1949 年嘉兴专区湖州市民政资料概况调查表与工作报告》，浙江省档案馆藏，档案号：J103/1/17，第 33 页。此份档案提到龙溪、道场、鼎新、白雀、滨湖 5 乡及龙泉镇，而在吴兴县详细的乡镇人口普查资料中，可以找到龙溪、道场、白雀、滨湖 4 乡。

② 嘉兴区专员公署粮食局：《嘉兴区各县（市）1953 年城镇人口分析表》（1954 年4 月 9 日），湖州市档案馆藏，档案号：97/5/13，第 1 页。

③ 人口普查资料中城郊区所辖 8 乡与镇江市地方志编纂委员会编《镇江市志》上册（第 109～110 页）的记载相符，但该书同时记载，1950 年 10 月，镇江市郊区划入丹徒县高资区的牌湾乡，则此乡划入后可能并入 8 乡之中，故在人口普查资料中未体现出来。

新民、崇法、荆川、永丰、青山、乐善 8 镇为常州市，常州市以此 8 镇建立了第 1 至第 4 区，1952 年 9 月改称东、南、西、北区；戚墅堰区则在 1953 年 2 月从武进县划入；郊区于 1951 年 3 月建立，辖 5 乡，后又于 1952 年 6 月及 1953 年 2 月分两次新建 10 乡，至人口普查时郊区辖有 15 乡。[①] 另外，此处还必须明确戚墅堰区是否全部为城市性区域。1952 年苏南"建区设镇"时，戚墅堰镇是作为建区的县属镇上报苏南人民行政公署的，其上报的总人口为 19570 人，其中城镇人口 17827 人。[②] 而戚墅堰区的普查人口为 17569 人，与 1952 年武进县上报的戚墅堰镇城镇人口数相符。而戚墅堰区的区划变动情况亦与此相符：1949 年戚墅堰区辖 14 个乡镇；1952 年 9 月 20 日，为加强城镇工作，武进县从戚墅堰区划出 12 个乡镇设立剑湖区，并撤销戚墅堰镇建戚墅堰区，下辖 7 个街和 1 个船民委员会；1953 年 2 月 27 日划归常州市管辖时，又有小部分地区划出。[③] 1951 年末，其 14 乡镇共有人口 73220 人，1952 年 9 月改镇为区时有人口 19570 人，至普查时则有人口 17569 人。[④] 由此可见，戚墅堰区为城市性区域。因此，常州市的城市人口数为除郊区以外的其他 5 个区的人口数，为 204863 人。

苏州市。人口普查资料中，苏州市总人口为 424011 人，其分为东区、南区、西区、北区、中区及郊区 6 区，其中郊区人口数为 36853 人，辖 2 镇（虎丘镇、娄东镇）、9 乡，共 11 个乡镇。这一区划与《苏州郊区志》的记载不完全一致，即 11 乡镇的数量没错，但方志资料中为 1 镇（虎丘镇）、10 乡，娄东为乡。[⑤] 此处以方志资料

① 常州市地方志编纂委员会编《常州市志》第 1 册，第 210、215~216 页。
② 武进县人民政府：《武进县市镇建设计划》（1952 年 12 月 11 日），江苏省档案馆藏，档案号：7014/002/0434/3070。
③ 江苏省常州市戚墅堰区志编纂委员会编《戚墅堰区志》，方志出版社，2006，第 89~90、127、129 页。
④ 江苏省常州市戚墅堰区志编纂委员会编《戚墅堰区志》，第 127、129 页。
⑤ 《苏州郊区志》编纂委员会编《苏州郊区志》，上海社会科学院出版社，2003，第 47 页。

为准，人口普查资料中的娄东镇当为娄东乡之误。另外，《苏州市志》与《苏州郊区志》均记载，1953 年苏州市建南园乡，行政属南区领导，农田由郊区指导，[1] 1954 年 5 月，将南园乡划归郊区领导，但治安管理仍由南区公安局负责。[2] 可见在人口普查资料中，南区的人口数包括南园乡这一农村性区域的人口，在无法确切得知南园乡人口数的情况下，兹以郊区虎丘镇的人口数与之抵消，即苏州市的城市人口数为东、南、西、北、中 5 区的人口总数 387158 人，而郊区的 36853 人全部作为农村性区域人口（包括虎丘镇的 4008人）。

无锡市。人口普查资料中，无锡市总人口为 511466 人，其分为第一至第六区，其中第六区为郊区，人口数为 160682 人，辖 40 乡。这一区划与新方志资料的记载完全一致：1949 年无锡建市，并辖有14 乡镇；1950 年 7 月成立无锡市人民政府郊区办事处，辖市郊各乡；后郊区各乡多有变动，至 1951 年 10 月全市建立 8 个区级政权，其中第一至第五区为城区，辖 22 个派出所区域，第六至第八区为郊区，辖 25 乡 1 镇，共 26 乡镇；1952 年 7 月，郊区的 3 个区合并为第六区，1953 年 2 月郊区所辖惠山镇改划归第四区，1954 年 6 月从无锡县划入 15 个乡，这样，第六区一共辖有 40 个乡。[3] 另外，郊区有钱桥、西漳、丁村、周新 4 个小集镇，人口总数为 3698 人。[4] 因此，无锡市的城市人口总数为城区人口与 4 个小集镇的人口之和，为 354482 人。

常熟市。人口普查资料中，常熟市总人口为 91389 人，其城区登记单位为城中、尚湖、坛南、元和、泰慈、辛峰、水上 7 个派出

① 苏州市地方志编纂委员会编著《苏州市志》第 1 册，第 122 页；《苏州郊区志》编纂委员会编《苏州郊区志》，第 47 页。
② 《苏州郊区志》编纂委员会编《苏州郊区志》，第 47 页。
③ 无锡市地方志编纂委员会编《无锡市志》第一册，江苏人民出版社，1994，第140 页。
④ 江苏省人口调查登记办公室编《江苏省各县小集镇人口统计》（1954 年 5 月 31日），江苏省档案馆藏，档案号：4024/001/0034/3133。

所及郊区，其中郊区人口数为 26197 人，辖 8 个乡。据《常熟市志》记载，1950 年常熟市城区按区域划分为 7 个派出所管辖范围，人口普查资料中的城中与水上 2 个派出所名称与此不一致，方志资料中分别为方塔与寺前，郊区所辖 8 个乡则一致。[①] 因此，常熟市郊区为农村性区域，其人口 26197 人应剔除，故常熟市城市人口为 65192 人。

　　将以上对江南 10 个城市的分析结果整理成表 4 - 3 - 5，可以看到，人口普查时 10 个城市的人口总数为 9788429 人，通过上文的分析将郊区农村区域的人口剔除后，10 个城市的城市人口为 8458544 人，剔除农村人口达 130 多万，这一数字几乎相当于苏南 28 县 580 个 500 人以上城镇的人口总和（1401686 人），以及江南 48 县 218 个 2000 人以上城镇的人口总和（1402631 人）。[②] 由此可见对大城市郊区的城市性区域与农村性区域进行分析的必要性。

表 4 - 3 - 5　江南各大城市郊区的城市性区域及人口

名称	总人口	郊区人口	郊区区划	郊区城市性区域	郊区城市人口	城区人口	城市人口
上海市	6204417	852830	128 乡镇 110 直属选区	15 镇 110 直属选区	402147	5351587	5753734
南京市	1091575	231771	30 乡 1 市属镇 11 区属镇	半区 1 市属镇 11 区属镇	88507	774804	863311
杭州市	696608	不详	7 区	1 区 2 个半区	不详	不详	539194
嘉兴市	78309	0	无	无	0	78309	78309
湖州市	62791	0	无	无	0	62791	62791

---

①　常熟市地方志编纂委员会编《常熟市志》，上海人民出版社，1990，第 94、96 页。
②　见本章第一节与第二节。

续表

名称	总人口	郊区人口	郊区区划	郊区城市性区域	郊区城市人口	城区人口	城市人口
镇江市	201354	31844	8 乡	无	0	149510	149510
常州市	296509	61646	15 乡	无	0	204863	204863
苏州市	474011	36853	1 镇 10 乡	1 镇	4008	383150	387158
无锡市	581466	160682	40 乡	4 小集镇	3698	350784	354482
常熟市	101389	26197	8 乡	无	0	65192	65192
合计	9788429						8458544

注：1. 上海市的"城区人口"包括市区人口、水上人口及在押犯人。

2. 南京市"郊区城市性区域"中的"半区"指位于江北的第七区（即定名后的浦口区）为半城市性区域，由于没有各区详细的普查人口数据，其城市性区域本书以半区处理，即该区总人口的一半作为城市人口，另外，11 个区属镇的人口数则以第七区的另外一半人口计。

3. 杭州市由于没有各区详细的人口普查数据，故"郊区人口"、"郊区城市人口"及"城区人口"无法确切得知，其"城市人口"为杭州市的非农业人口数。

4. 苏州市由于作为城区之一的南区辖有农村性区域南园乡，而该市郊区辖有城市性区域虎丘镇，在无法得知南园乡人口数的情况下，本书直接将南园乡人口与虎丘镇相抵消，故苏州市的城市人口实际上为东、南、西、北、中 5 区的人口总数。

5. 由于本书所使用的 1953 年人口普查资料为"乡镇"级别的最原始档案，在普查结束后，各省均要对数据进行复查、核对，从而形成不同版本的普查数据，目前常见的普查资料为国家统计局公布的县级数据，为各省统计局上报给国家统计局的最终数据，故存在某些现代人口总数与档案不完全相符的情况，本书的处理方法为县级及以上的数据采用公布数据，而乡镇级等更详细的数据则以档案为准。

资料来源："总人口"根据《中华人民共和国一九五三年人口调查统计汇编》（北京大学社会学研究所图书资料室藏，第 26、47、51 页）整理；其他根据上文的分析结果整理。

本章小结

综上所述，结合表 4 - 1 - 16、表 4 - 2 - 13 以及表 4 - 3 - 5，1953 年江南地区 10 市 48 县的人口总数为 25559809 人，其中 10 个市的城市人口为 8458544 人，占总人口的 33.09%；48 个县共有 500 人以上城镇 658 个，城镇人口 1822383 人，占总人口的 7.13%，其中 2000 人以上城镇 218 个，城镇人口 1402631 人，占总人口的 5.49%。若"城镇"的人口规模标准取 500 人，则整个江南地区共有城镇 668 个，城镇化水平为 40.22%；若"城镇"的人口规模标准取 2000 人，则整个江南地区共有城镇 228 个，对应的城镇化水平为 38.58%。

1953 年人口普查没有将职业人口纳入普查项目，使得我们无法直接分析各普查单位的非农业人口比例。然而在实际的研究中可以看到，浙江省粮食厅根据自身工作的需要，在人口普查结束后根据普查结果进行了全省城镇非农业人口的统计，即使这样的统计并不十分完整，但仍然使得非农业人口比例的分析成为可能；江苏省的苏南地区并无类似的统计资料，但实际的研究中仍然发现有替代性资料可供分析非农业人口比例使用，即使需要通过估算等间接处理方式，亦使得分析非农业人口比例具有可行性。

与第三章一样，本章对 1953 年江南城镇化水平的研究也是分为大城市与普通城镇两部分。在大城市人口的分析中，延续第三章的思路，将行政区划的因素纳入重点考察范围，并且由于 1953 年的资料要优于民国时期，本章进一步将大城市区分为城市性区域、半城市性区域与农村性区域，并重点分析半城市性区域的具体情况，力图将其中的农村性区域人口或者农业人口剔除。

在普通城镇人口的分析中，针对苏南与浙北两地资料的不同特点，采取不同的分析方法。浙北地区的档案资料相对简明，只需要按照本书界定的城镇标准进行严格的非农业人口比例分析即可。苏南地区 28 县的档案资料则层次感比较强，并且存在缺失情况，相对要复杂许多，研究起来具有相当的难度。在这部分的分析中，同样以分析市镇的非农业人口比例为中心，根据不同县份资料的缺失情况，在界定城镇时采取两种较为极端的估计手段，对于规模较大的市镇采取尽量低估的方式来估计非农业人口，而规模较小的市镇则以尽量高估的方式来估计，这样对城镇的界定结果更具有说服力，同时因苏州专区 9 县具有完全资料，可以作为平台来检验上述两种方法的误差情况，结果显示误差在可控范围。最后，在将估计人口纳入最终城市人口统计时，则回归正常状态的估计。总体而言，本章普通城镇人口中估计人口所占比例较小，且全部集中于中小城镇，并不会对最终结论产生显著影响。

结　论

　　城镇化或曰城市化一般被认为是伴随着西方工业化浪潮而出现的一种社会发展现象,[1]"城镇""城镇化""城镇化水平"等理论概念正是在这一背景下产生的,采用这一源自西方的概念进行相应的中国研究,只有对该概念的实质及研究对象的实质有明确、清醒的认识,才有可能避免因"生搬硬套"而陷入"欧洲中心主义"的旋涡。基于这个认识,本书在对"城镇"概念进行清晰界定的同时,亦以句容县城为例考察近代江南传统治所城市(中小城市)这一本书主要研究对象的实质,指出拥有近万人口且以非农业人口为绝对主体的句容县城,由于受到现代化因素的影响较小,直到民国时期仍是一座传统中小城市,其城墙以内拥有接近 40% 的农田与水体,居民区与商业区无法截然分开,未见有十分明显的现代严格意义的功能分区。(第一章)仅从城市形态角度看,这一城市与现代意义上的"城市"显然有不小的差距,而本书以及以往研究的对象正是以这样规模稍大或稍小,但并无本质区别的"城市"为主,从这个意

---

[1]　亦有学者认为城市化是都市文明发展演变的伴生物,是一个不断演进的历史过程,是一种"古已有之"的现象。见陈国灿《中国城市化道路的历史透视和现实思考》,《江汉大学学报》(社会科学版)2012 年第 2 期,第 5~10 页。

义上讲，本书以及以往研究所获得的"城镇化水平"与西方的城镇
化水平是有差别的，换言之，虽然我们可以使用源自西方的"城镇
化"等相关概念进行中国的相关研究，但我们必须在此意义上认识
我们所获得的"城镇化水平"的研究结论。

　　关于明清时期文献中所记载的江南市镇及其空间范围，已经有
不少研究或直接或间接指出，明清时期的江南市镇与其周边乡村地
区在界线上是模糊的，文献的描述往往并不明确，大多数的记载
（尤其是人口方面）往往将市镇周边的乡村包括在内，或者仅仅是一
种不甚确切的一般性描述，这样的情况使得晚清至民国时期江南商
业市镇向正式行政区划的转变变得水到渠成。这一"政区实体化"
过程势必对江南的县域城镇化水平研究产生较大影响，这一点是以
往研究没有注意到的问题，因而也有一些研究间接指出以往结论或
许有高估的嫌疑，但目前尚无确证。在此认识上，本书先对"城镇"
进行了清晰界定，依赖民国时期的 5 份县域人口调查资料，基于
"政区实体化"后的乡镇区划格局对这一问题进行了探讨，指出这种
高估的怀疑基本上能够得到确证。但是事实却远较此复杂，因为从
逻辑而言，商业市镇的"政区实体化"完全可能造成两方面影响：
一方面，我们所认定为城镇的"镇"中，由于大多数是包括镇区与
周围农村地区在内，其人口数量亦是指这一区域的人口数量，但在
计算城镇化水平中，其将全部作为城镇人口计算，从而使得计算出
的城镇化水平有所高估；另一方面，某些未被认定为城镇的乡镇，
亦存在符合城镇标准的可能性，如果存在这样的乡镇，则所得到的
城镇化水平会有所低估。本书的实证研究证明上述逻辑完全成立，
但总体而言是以高估为主。（第二章第二节）同时，由于县域人口调
查资料的调查时间并不一致，而其间又发生了乡镇区划的调整，故
而前后在统计口径上存在差异，这亦会对县域城镇化水平研究造成
影响，对此，本书指出，这种影响并没有统一的模式，因而也就不
可一概而论，必须对具体的县进行具体分析。（第二章第三节）

　　以往关于江南的城镇化水平研究，在区域上或以宏观的江浙两省

或更大的区域为单位，或以微观的县域为单位，直接以"江南"这一区域为单位的城镇化水平研究极少，故从总体而言我们对江南城镇化水平的认识有"只见树木，不见森林"的感觉。虽然微观的县域尺度研究对于细节的把握具有无可比拟的优势，但必须承认，其对于整体的概括力度与解释力度有限，一不小心甚至有以偏概全的危险，因而进行微观与宏观相结合的研究十分有必要。鉴于此，本书在以微观的县域尺度讨论完以上两个基础性问题后，即将眼光转向整体，利用民国十万分之一地形图及相应的调查统计资料对 1930 年代江南的城镇化水平进行研究（第三章），利用 1953 年的人口普查资料等对 1950 年代初期江南的城镇化水平进行探讨（第四章），以此揭示近代江南的城镇化水平。在这两章中，均分别对大城市与普通城镇进行单独研究：在充分重视行政区划因素的前提下，以城市性区域、半城市性区域和农村性区域对大城市的区域及其人口进行区分，将其中的农村性区域人口直接剔除。在普通城镇方面，第三章以 GIS 技术和民国十万分之一地形图为支撑，直接以地形图中的实态标注聚落为城镇，以人口密度来估算其人口数量；第四章则根据具体档案资料的差别，以不同的分析方法对苏南和浙北各县乡镇的非农业人口比例进行重点考察，以此确定江南地区的城镇和城镇人口。

本书的研究结果显示，民国时期（1935 年）整个江南地区的城镇化水平为 33.38%，其中上海等 10 个大城市的人口即占江南地区总人口的 25.46%，起决定性作用。至 1950 年代初期，江南地区的城镇人口与总人口同步增加，总人口由 1935 年的约 2223 万人增长至 1953 年的近 2556 万人，增长幅度近 15%；城镇人口则由 742 万增加至 986 万，增长幅度达 33%；城镇化水平进一步提高，仅计算 2000 人以上城镇的城镇人口城镇化水平亦达 38.58%，其中大城市的决定性作用进一步加强，10 个大城市的人口占到江南地区总人口的 33.09%。

以上是本书各章节间的逻辑关系及主要结论，以下将对各章节所涉及的一些具体问题做进一步的延伸和讨论。

一 城镇化水平研究的基础性问题

关于"城镇"概念的界定问题，本书绪论虽已有详细的讨论，但关于界定城镇的非农业人口比例问题，这里有必要再说几句。有学者虽然认同城镇的界定要考虑非农业人口比例，但由于 1955 年以前的人口调查或者户口登记资料中没有城乡划分，更别提区分农业人口与非农业人口了，因此讨论 1955 年以前中国城镇的非农业人口比例难度太大，基本没有可行性。[①] 此论所言属实，但过于绝对，本书第二章说明，在民国时期的江南，至少存在 5 个县是可以讨论非农业人口比例的；第四章则说明，虽然 1953 年的人口普查资料同样没有区分农业与非农业人口，但是在整个江南地区，结合其他档案资料，同样可以进行非农业人口比例的分析，并以之作为界定城镇的重要标准。其实更关键的问题正如第二章所揭示的，如果不考虑非农业人口比例，所得到的城镇化水平将会有较大程度的高估。

另一个与此相关的是比较的标准问题。在任何学术研究中，凡涉及比较，都必须在相同的标准下进行，这是众人皆知的常识。在城镇化水平研究中，有学者基于中国近代各时期对"城镇"标准界定不同而导致资料中城镇人口统计口径不统一的实际情况，认为城镇化水平的比较研究无法进行。[②] 此论虽过于绝对，却能够提醒我们必须注意是不是在同一标准下进行城镇化水平比较。然而以往研究中的许多比较却忽视了这一点，如李伯重以 450 人的标准来界定 19 世纪华、娄地区（松江县）的城镇，得出该地区城镇化水平为 40% 的结论，[③] 并与

---

① 路伟东：《清末民初西北地区的城市与城市化水平——一项基于 6920 个聚落户口数据的研究》，载《历史地理》第 32 辑，第 155 页。

② 侯杨方：《20 世纪上半期中国的城市人口：定义及估计》，《上海师范大学学报》（哲学社会科学版）2010 年第 1 期，第 28、31 页。

③ 李伯重：《中国的早期近代经济——1820 年代华亭–娄县地区 GDP 研究》，第 271～272 页。

同时期 2500 人标准下尼德兰 35% 的城镇化水平[1]进行比较；刘石吉以吴江、常熟、昭文等县的个案研究结论来反驳饶济凡和施坚雅关于江苏省及长江下游地区的结论；[2] 路伟东的研究存在同样的问题，其对城镇的界定除所有行政治所外，尚包括所有 1000 人以上聚落，[3] 然而其批驳的前人研究却是指 500 人或 2000 人以上的市镇，聚落既包括城市，也包括市镇，更包括乡村这一常识已不需要笔者提醒。这些比较的结果显而易见，已经不需要笔者多做分析。

二　民国普通城镇人口估算的误差

本书关于 1930 年代江南地区城镇化水平的研究，由于资料的限制而不得不另辟蹊径，以十万分之一地形图及部分城镇不同时期的直接人口资料为基础，对为数众多的中小城镇的人口进行估算，这使得上述关于民国时期江南地区城镇化水平的结论面临一定风险。而关于 1950 年代初期江南地区城镇化水平的研究或可说是目前为止资料基础最为坚实的研究，在清晰界定“城镇”概念的前提下，其所得结论亦相当可靠。那么，在此有必要利用 1953 年的研究结论对 1935 年的估算结果做一番误差评估。

首先，从所界定城镇的数量上看，民国时期的城镇是指十万分之一地形图上的实态标注聚落，共有 292 个城镇，从最终的估算结果看，其全部在 500 人以上，2000 人以上的城镇有 247 个；而 1953 年江南地区共有 500 人以上城镇 668 个，2000 人以上城镇 228 个。可以看到，在这两个时期，2000 人以上城镇的数量相当，民国时期比 1953 年多 19 个；但是 500~2000 人城镇的数量，1953 年多达 440 个，几乎是民国时期（45 个）的 10 倍。由此可见，由地形图提取

---

① Jan de Vries, "The Population and Economy of the Preindustrial Netherlands," *Journal of Interdisciplinary History*, Vol. 15, No. 4（Spring 1985）, p. 662.

② 刘石吉：《明清时代江南市镇研究》，第 136~137 页。

③ 路伟东：《清末民初西北地区的城市与城市化水平——一项基于 6920 个聚落户口数据的研究》，载《历史地理》第 32 辑，第 156 页。

的城镇数量远远少于实际情况，且少计城镇的规模全部集中在 500 ~ 2000 人，这一点必须明确。

其次，从关于城镇化水平的最终结论看，单单在城镇数量上，地形图所遗漏的数量可谓巨大，然而实际的影响程度还需要考察最终结论。1953 年江南地区 668 个城镇的人口总数为 1028 万人，对应的城镇化水平为 40.22%，而 228 个 2000 人以上城镇的人口总数为 986 万人，对应的城镇化水平为 38.58%。也即是说，440 个 500 ~ 2000 人城镇的人口仅占江南地区总人口的 1.64%，由此可见，本书对民国时期江南地区实际城镇化水平的低估程度不会超过 2 个百分点。

三　大城市人口的决定性作用

曹树基在关于清以降江南市镇人口的研究中曾经指出中国传统社会存在某种"结构性停滞"，这使得江南地区的传统市镇体系自清代中叶形成以后，历经太平天国战争和抗日战争而未有根本性改变，[①] 而且传统时期城镇化水平的决定性因素在很大程度上是由总人口决定的，即城镇化水平的提高并非由于城镇人口的增加，而是由于总人口的减少。[②] 范毅军亦曾指出明中叶以来江南市镇的这种广泛性成长更甚于其集约性成长，只见许多大大小小的市镇在明中叶以来的江南地区此起彼落，总体数量虽越来越多，却始终不见有质的变化。[③] 以上 1953 年 440 个 500 ~ 2000 人城镇的人口仅占总人口的 1.64% 亦可从另一个层面说明这一问题。可以进一步指出的是，到了近代，江南地区的城镇化水平提高已经摆脱了曹氏所谓的"由总人口决定"的模式，进入由城镇人口增加尤其是大城市人口增加决

[①]　曹树基：《中国人口史》第 5 卷，第 829 页；游欢孙、曹树基：《清中叶以来的江南市镇人口——以吴江县为例》，《中国经济史研究》2006 年第 3 期，第 134 页。

[②]　曹树基：《中国人口史》第 5 卷，第 808、811、829 页。

[③]　范毅军：《明中叶以来江南市镇的成长趋势与扩张性质》，《中央研究院历史语言研究所集刊》第 73 本第 3 分册，第 472 页。

定的模式,这是江南城镇化模式质的转变。毋庸讳言,这种转型由所谓的西方"现代化因素"植入引发;也无须强调,这种转型建立在江南地区以及这些城市几个世纪以来发展的"传统因素"基础之上,而这是微观的县域尺度研究难以看到的。

对于大城市在江南城镇化水平中的这种决定性作用,根据表 I,进一步分析可以发现,在决定江南城镇化水平的 11 个人口 5 万人以上的城市中,[①] 上海市的决定性作用尤为明显。在民国时期,其人口占 11 个大城市总人口的 60.02%(比例 1),占江南地区城镇人口的 46.3%(比例 2),占江南地区总人口的 15.45%(比例 3);到了 1953 年,上海市的决定性作用进一步增强,上述 3 种比例均有增加,其占江南地区总人口比例已达 22.51%。换言之,民国时期江南地区的城镇化水平为 33.37%,11 个大城市的人口即占江南地区总人口的 25.47%,占江南地区城镇人口的 77.14%;1953 年,上海市以及 11 个大城市的决定性作用进一步增强,江南地区的城镇化水平为 38.58%,11 个大城市即占江南地区城镇人口的 86.24%,上海市则达 58.35%。因而,大城市在江南城镇化水平中的决定性作用在很大程度上表现为上海市的决定性作用。

应该看到的是,上海一城独大的现象,虽然在很大程度上决定了江南地区城镇化水平处于比较高的位置,但同时也使得江南地区的城镇化发展处于极不均衡状态,上海市的城市首位度在民国时期已达 4.44,1953 年更是达到 6.66,四城市指数在这两个时期亦分别为 2.17 与 3.21,而按照济弗的城市位序 - 规模法则,城市首位度与四城市指数应该分别为 2 和 1,近代江南地区的这两个指标远高于正常值,很大程度上是由上海市的一城独大所造成的,从某种程度上亦说明这一地区的城镇化发展正处于起步阶段。

[①]　除第三、第四两章所述的 10 个城市外,松江县城在民国时期人口超过 6 万,1953 年人口普查时人口亦接近 5 万,故此处亦将其列入讨论的大城市中。

表 I　江南 5 万人以上城市及其占江南城镇人口及总人口的比例

名称	民国时期				1953 年			
	人口	比例 1	比例 2	比例 3	人口	比例 1	比例 2	比例 3
上海市	3433218	0.6002	0.4630	0.1545	5753734	0.6766	0.5835	0.2251
南京市	772623	0.1351	0.1042	0.0348	863311	0.1015	0.0875	0.0338
杭州市	504888	0.0883	0.0681	0.0227	539194	0.0634	0.0547	0.0211
苏州市	305068	0.0533	0.0411	0.0137	387158	0.0455	0.0393	0.0151
无锡市	218082	0.0381	0.0294	0.0098	354482	0.0417	0.0359	0.0139
常州市	100000	0.0175	0.0135	0.0045	204863	0.0241	0.0208	0.0080
镇江市	159665	0.0279	0.0215	0.0072	149510	0.0176	0.0152	0.0058
嘉兴市	50000	0.0087	0.0067	0.0022	78309	0.0092	0.0079	0.0031
常熟市	65000	0.0114	0.0088	0.0029	65192	0.0077	0.0066	0.0026
湖州市	50000	0.0087	0.0067	0.0022	62791	0.0074	0.0064	0.0025
松江城	62195	0.0109	0.0084	0.0028	45713	0.0054	0.0046	0.0018
合计	5720379	1	0.7714	0.2574	8504257	1	0.8624	0.3327
城镇人口	7415956	—	1	0.3337	9861175	—	1	0.3858
总人口	22225911	—	—	1	25559809	—	—	1

注："比例1"指各城市人口与"合计"之比，"比例2"指各城市人口与"城镇人口"之比，"比例3"指各城市人口与"总人口"之比。

资料来源：根据第三章、第四章相关内容整理。

四　19 世纪中期江南城镇化水平的粗略估计

本书的研究及上述一些结论将有助于对清代鼎盛时期或 19 世纪中期西方因素进入中国之前的城镇化水平进行研究，具体的结论需要专门的研究才能获得，但这并不影响笔者在这里先进行一个粗略的估计。

上述关于大城市人口在江南地区城镇化水平中居于绝对地位的结论是在西方列强到来之后，所谓的现代化因素植入，上海崛起，江南地区由传统城镇体系转变为现代城市与传统市镇的二元城镇体系的背景之下得出的，因此这一结论并不完全适用于传统时期。在传统城镇体系下，江南地区的大城市，无论是在数量还是在规模上均无法与近代相提并论，因而其在江南城镇化水平中并不起决定性作用，而中小城镇所起的作用肯定远比近代大，虽然无法确定大城市与中小城镇各自所处地位，但可以肯定的是，两者所起的作用相当，共同决定江南的城镇化水平。李伯重曾估计19世纪中期苏州、南京、杭州3个大城市的人口约为250万人，占其所确定的江南地区总人口（3600万）的7%左右，其他中小城镇的人口约占15%。[①]为与本书的11个大城市相对应，此处可以进一步估算其他8个城市的人口数量。

李氏在松江府城的人口估算中，援引英国人福钦（Robert Fortune）观察后的叙述，认为1840年松江、常熟、无锡、嘉兴、湖州等城市的人口均与上海差不多，达27万人，并以此认为以往研究（曹树基与张忠民）所估算的松江府城人口偏低，其最终估算结果为15万人，并认为福钦的叙述有所夸大。[②]其实福钦的这一叙述是否可靠只需考察一下无锡市在近代的人口数量即可得出，目前学界公认的江南地区近代崛起城市，除上海以外，典型的就是无锡，根据本书第三章第二节对民国时期无锡城市人口的研究可以看到，1929年无锡市所属的第一区人口数仅为171124人，其中尚包括小部分农村人口，由此可见崛起前的无锡城市人口绝无27万的可能，更别说其提到的其他几个城市，即使李伯重估算的15万，也存在高估危险。此处以15万作为其他8个城市的人口进行毛估，[③]则在西方列强到来之前的19世纪中期，江南地区的11个大城市共有人口370万，约占当时江南地区人口总数的10%，据此，中小城镇人口所占比例亦与此相当，约为12%，这一结果与上述笔者关于这两种城镇所处地位的判断基本相符，但由于8个大城市的人口存在高估风险，故实际上19世纪中期江南地区的城镇化水平为20%左右的结论也存

---

① 李伯重：《江南的早期工业化（1550~1850）》，第391~417页。

② 李伯重：《19世纪初期华亭-娄县地区的城市化水平》，《中国经济史研究》2008年第2期，第28~30页。

③ 镇江与上海的人口可能不止此数，常州、常熟、无锡、松江、嘉兴、湖州则可能低于此数。

在高估风险。

也就是说，在西方列强到来之前的 19 世纪中期，江南地区的城镇化水平最高为 20% 左右，大城市与中小城镇的贡献率相当，没有哪一方能起决定性作用。那么，从清代中期到民国时期再到 1950 年代初期的 100 多年时间里，江南地区城镇化水平的逐步提高，是在大城市与中小城镇沿着两个完全相反方向发展的情况下取得的，一方面以上海、无锡为代表的城市向现代城市发展，使得大城市在江南城镇化水平中渐居绝对主导地位，另一方面以商业市镇为代表的传统中小城镇则逐渐衰落，但从人口角度看，其衰落速度总体而言较为缓慢，相对于大城市的发展速度，或可称为保持稳定。

因此，可以预见，在未涉及大城市的县域尺度的城镇化水平研究中，大多数县的城镇化水平，民国时期及 1953 年应较清代中期略有下降，但幅度应不至于太大；而在涉及某一具体大城市的县域，其城镇化水平则由此大城市决定，若这一城市发生衰落，则其城镇化水平下降的幅度就较大，若这一城市处于向现代城市的转型之中，且有较大发展，则完全可能使得其城镇化水平有不同程度的提高。

但无论县域尺度的城镇化水平如何变化，江南地区的总体城镇化水平有较大提高这一事实无法改变，我们不能因为某些县近代以来的城镇化水平较清代中期有所下降，而得出江南的城镇化水平亦有所下降这一以偏概全的结论。如在李伯重关注的华亭与娄县地区，19 世纪初期的松江府城有人口 15 万，市镇人口 7 万，共有城镇人口 22 万，城镇化水平近 40%。① 而松江府城是近代以来江南衰落大城市的代表，从表 1 可以看到，民国时期其人口仅 6 万多，1953 年人口普查时尚不及 5 万，如果李氏的估算不谬的话，自清代中期至 1953 年，松江府城人口减少约 10 万人，幅度达 60% 以上。中小城镇方面，根据本书第四章第一节的研究，如果以 500 人为城镇的人

---

① 李伯重：《19 世纪初期华亭－娄县地区的城市化水平》，《中国经济史研究》2008 年第 2 期，第 30～31 页。

口规模标准，1953 年松江县有 23 个中小城镇，人口为 44898 人，较李氏估计的 7 万人减少约 2.5 万人，幅度在 35% 左右。即 1953 年松江县的城镇化水平不到 23%，较清代中期确实下降不少。从这一角度出发，如果不考虑具体的估算过程，仅从总体趋势而言，李氏的这一个案研究结论并无太大的问题，然而其以此个案代表江南甚至是中国，却是无论如何都无法成立的。

虽然传统 – 现代二分法的分析框架已经越来越为研究者所诟病，然而从事实层面看，在研究中我们可以不使用这种解释框架，但必须正视这一现象。在近代江南地区现代城市与传统市镇的二元城镇体系下，城镇化水平研究必须同时考虑这两种因素，为强调其中一种因素而无视另外一种因素的做法是不可取的。为正确认识传统因素而回到西方现代因素植入前的传统时期的做法无可厚非，却不必过于强调传统因素所发挥的作用以及曾经达到的高度，尤其是在以西方为参照的情况下，当然，也不必因此而否定现代因素植入之后所产生的积极作用。近代中国的落后是一个事实，但也要看到这种落后是相对于西方的快速发展而言，就中国历史进行纵向比较，近代中国并不比传统鼎盛时期落后，在这一发展过程中，传统因素贯穿始终这一点本不需过多强调，需要强调的应该是哪些传统因素在其中发挥积极的作用，哪些发挥了消极的作用。

参 考 文 献

一 历史文献

1. 明清方志

（清）曹袭先纂修《乾隆句容县志》，光绪二十六年影印本，江苏古籍出版社，1991。

（明）程文纂修《弘志句容县志》，天一阁藏明代方志选刊本，上海古籍书店，1981。

（清）萧穆等纂修《光绪续撰句容县志》，光绪三十年影印本，江苏古籍出版社，1991。

2. 县域人口调查资料

国民党中央政治学校地政学院与平湖县政府编印《平湖之土地经济》，1937。

江宁自治实验县县政府编印《江宁自治实验县二十二年户口调查报告》，1935。

桐乡县政府编印《桐乡年鉴（民国三十五年）》，1947。

吴江县政府：《吴江县政》第2卷第2、3期合刊，1935年7月。

张心一等：《试办句容县人口农业总调查报告》，参谋本部国防设计委员会印行，1934。

3. 档案

安吉县人民政府：《安吉县各项材料调查汇报》（1949 年），浙江省档案馆藏，档案号：J103/1/12。

海宁县选举委员会：《海宁县全县普选人口综合数与县统计科全县人口数缺少原因情况》（1954 年 5 月 3 日），湖州市档案馆藏，档案号：42/2/3。

海盐县人民政府：《为报送 1951 年底本县三千以上人口城镇户口数字暨六种统计表由》（1952 年 1 月 18 日），湖州市档案馆藏，档案号：43/3/33。

杭州市人民政府：《杭州市区政计划草案》（1951 年 8 月 10 日），浙江省档案馆藏，档案号：J103/3/116。

杭州市人民政府：《为杭市艮山区部分乡、村调整行政区划报请核备由》（1953 年 10 月 23 日），浙江省档案馆藏，档案号：J103/5/150。

杭州市人民政府：《为上塘区成立全冯乡报请核备》（1953 年 11 月 2 日），浙江省档案馆藏，档案号：J103/5/150。

湖州市人民政府：《1949 年嘉兴专区湖州市民政资料概况调查表与工作报告》，浙江省档案馆藏，档案号：J103/1/17。

嘉兴区专员公署粮食局：《嘉兴区各县（市）1953 年城镇人口分析表》（1954 年 4 月 9 日），湖州市档案馆藏，档案号：97/5/13。

嘉兴县人民政府：《关于划区乡计划草案》（1951 年 9 月 30 日），湖州市档案馆藏，档案号：43/3/5。

嘉兴专区粮食局：《编制粮计调 1 表说明》（1954 年 11 月 5 日），湖州市档案馆藏，档案号：97/5/13。

嘉兴专区粮食局：《嘉兴专区各县小城镇人口资料》（1954 年 2 月 23 日），湖州市档案馆藏，档案号：97/8/18。

江苏省人口调查登记办公室：《1953 年全省人口统计资料》（1954 年 6 月），江苏省档案馆藏，档案号：4024/001/0034/3133。

江苏省人口调查登记办公室：《江苏省各县小集镇人口统计》

（1954 年 5 月 31 日），江苏省档案馆藏，档案号：4024/001/0034/3133。

江苏选举委员会：《关于水上人口、小集镇人口、城镇及农村人口统计表及调查二级综合统计表》（1954 年），江苏省档案馆藏，档案号：4007/002/0099/3085。

句容县政府民政科：《本县关于成立句容县商会以及同业公会情况报告、章程、名册》（1946 年 2 月），江苏省句容市档案局藏，档案号：1003/2/71。

句容县政府民政科：《本县关于组织粮食业同业公会和平抑粮价的办法、布告、通知、名册》（1945 年 12 月），江苏省句容市档案局藏，档案号：1003/2/124。

句容县政府民政科编《本县关于成立句容县商会以及同业公会情况报告、章程、名册》（1946 年 2 月），江苏省句容市档案局藏，档案号：1003/2/71。

临安专区：《余杭县直属镇城镇工作初步调查》（1951 年 5 月），浙江省档案馆藏，档案号：J030/2/47。

上海市人民政府：《关于郊区市镇与非市镇区划问题初步方案的批复》（1950 年 12 月 21 日），上海市档案馆藏，档案号：B1/1/1137。

上海市人民政府郊区土地改革委员会：《本市郊区市镇与非市镇的区别与市镇名单》（1951 年 10 月 22 日），上海市档案馆藏，档案号：B14/1/8。

上海市人民政府郊区土地改革委员会：《区别市镇的标准及初步名单》（1951 年 10 月 9 日），上海市档案馆藏，档案号：B14/1/8。

上海市人民政府区政指导处：《关于郊区市镇与非市镇区划问题初步方案的报告》（1950 年 11 月 24 日），上海市档案馆藏，档案号：B1/1/1137。

上海市人民政府指示：《希根据情况具体划定本市郊区城市性地区范围报府》（1950 年 10 月 10 日），上海市档案馆藏，档案号：

B14/1/8。

　　上海市统计局：《1953 年上海市人口按民族分类统计（1953 年 6 月 30 日标准时间）》，上海市档案馆藏，档案号：B25/2/6。

　　上海市选举委员会郊区办公室：《郊区普选工作总结（初稿）》（1954 年 2 月 20 日），上海市档案馆藏，档案号：B46/1/34。

　　苏南行政公署：《关于二千五百人口以上城镇建区设镇》（1952 年），江苏省档案馆藏，档案号：7014/002/0434/3070。

　　苏州专区人民政府：《1954 年苏州专区各县农村集镇一览》（1954 年），苏州市档案馆藏，档案号：H44/006/0030。

　　武进县人民政府：《武进县市镇建设计划》（1952 年 12 月 11 日），江苏省档案馆藏，档案号：7014/002/0434/3070。

　　浙江省嘉兴专员公署粮食局：《嘉兴专区各县小城镇人口资料》（1954 年 2 月 23 日），湖州市档案馆藏，档案号：97/8/18。

　　浙江省粮食厅：《浙江省人口基本情况统计表》（1954 年 10 月），浙江省档案馆藏，档案号：J132/5/28。

　　浙江省民政厅：《浙江省 1951 年基层政权建设报告（草案）》，浙江省档案馆藏，档案号：J103/3/37。

　　浙江省总工会嘉兴专区办事处：《嘉兴专区中小城镇人口统计表》（1951 年 3 月），湖州市档案馆藏，档案号：27/1/8。

　　4. 地图

　　（1）地籍图

　　《句容县 1937 年地籍原图》，江苏省句容市档案局藏，档案号：1003/8/2、1003/8/3、1003/8/4、1003/8/5、1003/8/6、1003/8/7、1003/8/8、1003/8/9、1003/8/10、1003/8/11。

　　（2）十万分之一地形图

　　具体见附录表 1。

　　（3）五万分之一地形图

　　《中国大陆五万分の一地图集成》8 卷及索引图 1 卷，日本科学书院，1986～1998。

5. 民国普通文献

（1）著作（含当代整理出版的论著）

参谋本部陆地测量总局编印《一万分一至五万分一地形图图式》，1935。

参谋本部陆地测量总局编印《一万分一至五万分一地形图图式解说》，1935。

常熟市档案馆编译《江苏省常熟县农村实态调查报告书》，中共党史出版社，2006。

冯紫岗编《嘉兴县农村调查》，国立浙江大学、嘉兴县政府印行，1936。

杭州市政府秘书处编印《杭州市政府十周年纪念特刊》，1937。

黄振钺编著《土地政策与土地法》，中国土地经济学社，1949。

建设委员会经济调查所统计课编《中国经济志·浙江省嘉兴、平湖》，载殷梦霞、李强选编《民国经济志八种》第1册，国家图书馆出版社，2009。

建设委员会经济调查所统计课编《中国经济志·浙江省吴兴、长兴》，载殷梦霞、李强选编《民国经济志八种》第1册，国家图书馆出版社，2009。

江宁自治实验县县政府编印《江宁县政概况》，1934。

江苏省长公署第四科编《江苏省实业视察报告书》，商务印书馆，1919。

江苏省民政厅编《江苏省保甲总报告》，江南印书馆，1936。

〔日〕芥川龙之介：《中国游记》，陈生保、张青平译，北京十月文艺出版社，2006。

孟光宇编《地政法规》，大东书局，1947。

南京市政府秘书处统计室编印《南京市政府行政统计报告（二十四年度）》，1937。

南京特别市市政府秘书处编译股编《一年来之首都市政》，南京特别市市政府秘书处出版股，1928。

内政部年鉴编纂委员会编《内政年鉴》，商务印书馆，1936。

钱端升等：《民国政制史》（上下册），上海人民出版社，2008。

钱墨卿编《杭州市政府筹办地方自治经过》，杭州市政府，1930。

乔启明：《中国农村社会经济学》，《民国丛书》第四编（13），上海书店出版社，1992。

乔增祥：《吴县》，吴县县政府社会调查处，1930。

上海市通志馆年鉴委员会编《上海市年鉴》上册，中华书局，1936。

上海市政府秘书处编《上海市政概要》，1934，沈云龙主编《近代中国史料丛刊三编》第75辑第745册，文海出版社。

万国鼎：《万国鼎文集》，中国农业科学技术出版社，2005。

无锡县公安局年鉴编纂处编印《无锡县公安局年鉴》，1933，载《无锡文库》第2辑，凤凰出版社，2011。

无锡县政府编印《无锡概览》，1935，载《无锡文库》第2辑，凤凰出版社，2011。

无锡县政府无锡市政筹备处编印《第一回无锡年鉴》，1930，载《无锡文库》第2辑，凤凰出版社，2011。

武进县建设局编印《武进年鉴》第2回，1928。

萧铮主编《民国二十年代中国大陆土地问题资料》，台北：成文出版社有限公司，1977。

姚佐元：《南京城内农家之分析研究》，载李文海主编《民国时期社会调查丛编·乡村社会卷》，福建教育出版社，2005。

殷梦霞、田奇选编《民国人口户籍史料汇编》，国家图书馆出版社，2009。

诸葛平：《地籍测量》，地政部地政研究委员会，1948。

诸葛平：《地籍整理》，行政院新闻局，1948。

（2）文章（含当代整理出版的论著）

《参谋本部陆地测量总局土地测量报告书》，《地政月刊》第3

卷第 3 期，1935 年。

曹谟等：《航空测量与人工测量问题》，《地政月刊》第 4 卷第 4、5 期合刊，1936 年。

高信等：《湖北省完成土地整理工作四年计划大纲》，《地政月刊》第 4 卷第 10 期，1936 年。

国防部测量局技术室编《国防部测量局各项业务概况》，载《中央各部会测量业务连系审查会专刊》，国防部测量局，1947。

《湖北省一年来土地行政推行概况报告书》，《地政月刊》第 4 卷第 4、5 期合刊，1936 年。

镜怀：《中国舆图制绘史年表》，《清华周刊》第 40 卷第 1 期，1934 年。

《句容县之近岁概况》，《工商半月刊》第 1 卷第 5 号，1929 年。

梅光复：《平湖县之绘制测图》，《地政月刊》第 4 卷第 11 期，1936 年。

苗迪青：《我国之地图》，《政治季刊》第 5 卷第 3～4 期，1948 年。

内政部：《江苏省城市与乡村人口》，《经济统计月志》第 1 卷第 1 期，1934 年 1 月。

内政部统计司编《各省市保甲组织及编查保甲户口办法概要》，《内政统计季刊》第 1 期，1936 年 10 月。

万国鼎：《各省土地测丈评议》，《地政月刊》第 2 卷第 9 期，1934 年。

万国鼎：《抗战前航空测量之回顾与检讨（中）》，《地政通讯》第 3 卷第 2 期，1948 年。

二　现代文献

1. 新方志资料

安吉县地方志编纂委员会编《安吉县志》，浙江人民出版社，1994。

漕河泾镇志编写组编《漕河泾镇志》，1988。

长安镇志编纂委员会编《长安镇志》，当代中国出版社，1994。

长兴县志编纂委员会编《长兴县志》，上海人民出版社，1992。

长兴县志编纂委员会编《长兴县志》，上海人民出版社，1992。

常熟市地方志编纂委员会编《常熟市志》，上海人民出版社，1990。

常熟市浒浦镇志编纂委员会编《浒浦志》，1991。

常熟市梅李镇人民政府编《梅李镇志》，古吴轩出版社，1995。

常熟市人口与计划生育志编纂委员会编《常熟市人口与计划生育志》，上海社会科学院出版社，2004。

常州市地方志编纂委员会编《常州市志》第1册，中国社会科学出版社，1995。

常州市戚墅堰区志编纂委员会编《戚墅堰区志》，方志出版社，2006。

崇福镇志编纂委员会编《崇福镇志》，上海书店出版社，1994。

大团镇志编纂委员会编《大团镇志》，方志出版社，2004。

埭溪镇志编纂委员会编《埭溪镇志》，方志出版社，2004。

丹徒县地方志编纂委员会编《丹徒县志》，江苏科学技术出版社，1993。

丹阳市地方志编纂委员会编《丹阳县志》，江苏人民出版社，1992。

德清县志编纂委员会编《德清县志》，浙江人民出版社，1992。

枫泾镇志编纂室编著《枫泾镇志》，汉语大词典出版社，1993。

富阳县地方志编纂委员会编《富阳县志》，浙江人民出版社，1993。

富阳新登镇志编纂办公室编《富阳新登镇志》，浙江人民出版社，1994。

澉浦镇志编纂委员会编《澉浦镇志》，中华书局，2001。

高淳县地方志编纂委员会编《高淳县志》，江苏古籍出版社，

1998。

官林镇志编纂委员会编《官林镇志》，新华出版社，1998。

光福镇志编纂委员会编《光福镇志》，苏州大学出版社，2005。

《海宁市志》编纂委员会编纂《海宁市志》，汉语大词典出版社，1995。

海宁硖石镇志编纂委员会编《海宁硖石镇志》，浙江人民出版社，1992。

海盐县通元镇志编纂委员会编《通元镇志》，上海人民出版社，1993。

海盐县武原镇志编纂领导小组编《武原镇志》，上海人民出版社，1991。

海盐县志编纂委员会编《海盐县志》，浙江人民出版社，1992。

杭州市地方志编纂委员会编《杭州市志》第 1 卷，中华书局，1995。

横塘镇志编纂委员会编《横塘镇志》，上海社会科学院出版社，2004。

湖州市地方志编纂委员会编《湖州市志》上卷，昆仑出版社，1999。

华士镇志编纂委员会编《华士镇志》，方志出版社，2009。

皇塘镇志编纂委员会编《皇塘镇志》，江苏人民出版社，1993。

惠南镇志编纂委员会编《惠南镇志》，方志出版社，2005。

嘉定镇志编纂委员会编《嘉定镇志》，上海人民出版社，1994。

嘉善县志编纂委员会编《嘉善县志》，上海三联书店，1995。

《嘉兴市志》编纂委员会编《嘉兴市志》上册，中国书籍出版社，1997。

江宁县地方志编纂委员会编纂《江宁县志》，档案出版社，1989。

江苏省地方志编撰委员会编《江苏省志·测绘志》，方志出版社，1999。

江苏省地方志编撰委员会编《江苏省志·地名志》，江苏人民出版社，2003。

江苏省地方志编撰委员会编《江苏省志·土地管理志》，江苏人民出版社，2000。

江苏省地方志编纂委员会编《江苏省志·城乡建设志》，江苏人民出版社，2008。

江阴市长泾镇人民政府：《长泾镇志》，三联书店，1991。

江阴市地方志编纂委员会编《江阴市志》，上海人民出版社，1992。

金坛县地方志编纂委员会编《金坛县志》，江苏人民出版社，1993。

《句容市土地志》编纂委员会编著《句容市土地志》，江苏人民出版社，1990。

句容县地方志编撰委员会编著《句容县志》，江苏人民出版社，1994。

昆山市地方志编纂委员会编《昆山县志》，上海人民出版社，1990。

黎里镇志编纂委员会编《黎里镇志》，江苏教育出版社，1991。

蠡口镇志编纂委员会编《蠡口镇志》，苏州东西出版社，2006。

溧水县地方志编纂委员会编《溧水县志》，江苏人民出版社，1990。

溧阳县志编纂委员会编《溧阳县志》，上海人民出版社，1992。

《溧阳县志》编纂委员会编著《溧阳县志》，江苏人民出版社，1992。

练塘镇志编纂委员会编《练塘镇志》，中共党史出版社，2000。

临安县志编纂委员会编纂《临安县志》，汉语大词典出版社，1992。

菱湖镇志编纂委员会编《菱湖镇志》，昆仑出版社，2009。

芦墟镇志编纂委员会编《芦墟镇志》，上海社会科学院出版社，

2004。

陆墓镇志编纂委员会编《陆墓镇志》，苏州大学出版社，2005。

洛社镇志编纂委员会编《洛社镇志》，江苏科学技术出版社，2003。

木渎镇志编纂委员会编《木渎镇志》，上海社会科学院出版社，1999。

南京市地方志编纂委员会编《南京民政志》，海天出版社，1994。

南京市地方志编纂委员会编《南京人口志》，学林出版社，2001。

南京市地方志编纂委员会编纂《南京建置志》，海天出版社，1994。

平湖县地名委员会编《平湖县地名志》，内部发行，1985。

平湖县志编纂委员会编《平湖县志》，上海人民出版社，1993。

前洲镇志编纂委员会编《前洲镇志》，江苏人民出版社，2002。

《上海旧政权建置志》编纂委员会编《上海旧政权建置志》，上海社会科学院出版社，2001。

上海市川沙县县志编纂委员会编《川沙县志》，上海人民出版社，1990。

上海市地方志办公室编《上海名镇志》，上海社会科学院出版社，2003。

上海市奉贤县县志修编委员会编著《奉贤县志》，上海人民出版社，1987。

上海市嘉定县县志编纂委员会编《嘉定县志》，上海人民出版社，1992。

上海市嘉定县县志编纂委员会编《嘉定县志》，上海人民出版社，1992。

上海市金山县金卫乡人民政府编《金卫志》，上海科学普及出版社，1992。

上海市金山县县志编纂委员会编《金山县志》，上海人民出版社，1990。

上海市南汇县县志编纂委员会编《南汇县志》，上海人民出版社，1992。

上海市青浦县县志编纂委员会编《青浦县志》，上海人民出版社，1990。

上海市松江县地方史志编纂委员会编著《松江县志》，上海人民出版社，1991。

《上海通志》编纂委员会编《上海通志》第 1 册，上海人民出版社、上海社会科学院出版社，2005。

上海县志编纂委员会编《上海县志》，上海人民出版社，1993。

沈荡镇志编纂组编《沈荡镇志》，上海人民出版社，1991。

盛泽镇地方志办公室编《盛泽镇志》，江苏古籍出版社，1991。

石门镇志编纂委员会编《石门镇志》，方志出版社，2002。

泗泾镇志编纂委员会编《泗泾镇志》，上海社会科学院出版社，1989。

苏州高新区浒墅关镇人民政府、江苏省苏州浒墅关经济开发区管理委员会编《浒墅关志》，上海社会科学院出版社，2005。

《苏州郊区志》编纂委员会编《苏州郊区志》，上海社会科学院出版社，2003。

苏州人口与计划生育志编纂委员会编《苏州人口与计划生育志》，江苏人民出版社，2000。

苏州市地方志编纂委员会编著《苏州市志》第 1 册，江苏人民出版社，1995。

太仓市《城厢镇志》编纂委员会编《城厢镇志》，华东理工大学出版社，1997。

太仓市璜泾镇志编纂委员会编《璜泾镇志》，出版者不详，2000。

太仓县县志编纂委员会编《太仓县志》，江苏人民出版社，

1991。

　　汤佩修主编《大港镇志》，上海社会科学院出版社，1994。

　　唐市镇志编纂委员会编《唐市镇志》，内部资料，1997。

　　塘栖镇志编纂办公室编《塘栖镇志》，上海书店出版社，1991。

　　同里镇志编纂委员会编《同里镇志》广陵书社，2007。

　　桐乡市《桐乡县志》编纂委员会编《桐乡县志》，上海书店出版社，1996。

　　王店镇志编纂委员会编《王店镇志》，中国书籍出版社，1996。

　　唯亭镇志编纂委员会编《唯亭镇志》，方志出版社，2001。

　　魏塘镇人民政府编《魏塘镇志》，上海社会科学院出版社，1996。

　　乌镇志编纂委员会编《乌镇志》，上海书店出版社，2001。

　　无锡市地方志编纂委员会编《无锡市志》第 1 册，江苏人民出版社，1994。

　　吴江市北库镇地方志编纂委员会编《北库镇志》，文汇出版社，2003。

　　吴江市地方志编纂委员会编《吴江县志》，江苏科学技术出版社，1994。

　　吴江市梅堰镇地方志编纂委员会编《梅堰镇志》，江苏古籍出版社，2002。

　　吴县地方志编纂委员会编《吴县志》，上海古籍出版社，1994。

　　武进县县志编纂委员会编《武进县志》，上海人民出版社，1988。

　　湘城镇志编纂委员会编《湘城镇志》，上海辞书出版社，2006。

　　新塍镇志编纂委员会编《新塍镇志》，上海社会科学院出版社，1998。

　　徐市镇志编纂委员会编《徐市镇志》，三联书店，2001。

　　衙前镇志编纂委员会编《衙前镇志》，方志出版社，2003。

　　扬中县地方志编纂委员会编《扬中县志》，文物出版社，1991。

宜城镇志编纂委员会编《宜城镇志》，上海人民出版社，1991。

宜兴市地方志编纂委员会编《宜兴县志》，上海人民出版社，1990。

宜兴市丁蜀镇志编纂委员会编《丁蜀镇志》，中国书籍出版社，1992。

余杭临平镇志编纂委员会编《余杭临平镇志》，浙江人民出版社，1991。

余杭县志编纂委员会编《余杭县志》，浙江人民出版社，1990。

余杭镇志编纂委员会编《余杭镇志》，浙江人民出版社，1992。

《虞山镇志》编纂委员会编《虞山镇志》，中央文献出版社，2000。

越溪镇志编纂委员会编《越溪镇志》，苏州大学出版社，2003。

张渚镇志编纂委员会编《张渚镇志》，内部发行。

浙江省测绘志编纂委员会编《浙江省测绘志》，中国书籍出版社，1996。

真如镇人民政府编《真如镇志》，上海社会科学院出版社，1994。

镇江市地方志编纂委员会编《镇江市志》上册，上海社会科学院出版社，1993。

支塘镇志编纂委员会编《支塘镇志》，古吴轩出版社，1994。

中共江阴市周庄镇委员会、江阴市周庄镇人民政府编《周庄镇志》，南京大学出版社，1999。

中共上海市宝山区罗店镇委员会、上海市宝山区罗店镇人民政府编《罗店镇志》，上海大学出版社，2005。

周浦镇志编纂办公室编《周浦镇志》，上海科学技术文献出版社，1995。

朱家角镇地方志编纂委员会编《朱家角镇志》，上海辞书出版社，2006。

朱泾镇志编纂委员会编《朱泾镇志》，上海浦江出版服务社，

1993。

2. 普通文献

（1）著作

蔡孟裔等编著《新编地图学教程》，高等教育出版社，2000。

曹锦清：《如何研究中国》，上海人民出版社，2010。

曹树基：《中国人口史》第5卷，复旦大学出版社，2001。

曹树基：《中国移民史》第6卷，福建人民出版社，1997。

陈正祥：《中国地图学史》，香港商务印书馆，1979。

成一农：《古代城市形态研究方法新探》，社会科学文献出版社，2009。

樊树志：《江南市镇：传统的变革》，复旦大学出版社，2005。

樊树志：《明清江南市镇探微》，复旦大学出版社，1990。

樊志全：《地籍五千年》，中国大百科全书出版社，2003。

范毅军：《传统市镇与区域发展——明清太湖以东地区为例，1551～1861》，台北：联经出版公司，2005。

冯贤亮：《明清江南地区的环境变动与社会控制》，上海人民出版社，2002。

傅林祥、郑宝恒：《中国行政区划通史·中华民国卷》，复旦大学出版社，2007。

〔美〕何炳棣：《明初以降人口及其相关问题：1368～1953》，葛剑雄译，三联书店，2000。

〔美〕何炳棣：《中国古今土地数字的考释和评价》，中国社会科学出版社，1988。

侯杨方：《中国人口史》第6卷，复旦大学出版社，2001。

姬玉华主编《测量学》，哈尔滨工业大学出版社，2004。

姜涛：《中国近代人口史》，浙江人民出版社，1993。

李伯重：《多视角看江南经济史（1250～1850）》，三联书店，2005。

李伯重：《江南的早期工业化（1550～1850）》，社会科学文献出版社，2000。

李伯重：《中国的早期近代经济——1820 年代华亭－娄县地区 GDP 研究》，中华书局，2010。

梁方仲：《中国历代户口、田地、田赋统计》，上海人民出版社，1980。

廖克、喻沧：《中国近现代地图学史》，山东教育出版社，2008。

〔美〕林达·约翰逊主编《帝国晚期的江南城市》，成一农译，上海人民出版社，2005。

刘石吉：《明清时代江南市镇研究》，中国社会科学出版社，1987。

刘一民：《国民政府地籍整理——以抗战时期四川为中心的研究》，上海三联书店，2011。

鲁西奇：《城墙内外：古代汉水流域城市的形态与空间结构》，中华书局，2011。

〔美〕施坚雅：《中国封建社会晚期城市研究——施坚雅模式》，王旭等译，辽宁教育出版社，1991。

〔美〕施坚雅：《中国农村的市场和社会结构》，史建云、徐秀丽译，中国社会科学出版社，1998。

〔美〕施坚雅主编《中华帝国晚期的城市》，叶光庭等译，中华书局，2000。

〔日〕斯波义信：《宋代江南经济史研究》，方健、何忠礼译，江苏人民出版社，2001。

吴松弟：《中国人口史》第 3 卷，复旦大学出版社，2000。

武进：《中国城市形态：结构、特征及其演变》，江苏科学技术出版社，1990。

向传璧主编《地形图应用学》，高等教育出版社，1992。

萧铮：《中华地政史》，台北：台湾商务印书馆，1984。

萧铮主编《地政大辞典》，台北：中国地政研究所，1985。

熊月之、周武主编《海外上海学》，上海古籍出版社，2004。

〔美〕余定国：《中国地图学史》，姜道章译，北京大学出版社，2006。

喻沧、廖克编著《中国地图学史》，测绘出版社，2010。

张善余：《人口地理学概论》，华东师范大学出版社，2004。

赵冈：《中国城市发展史论集》，新星出版社，2006。

中村圭尔、辛德勇主编《中日古代城市研究》，中国社会科学出版社，2004。

《中国测绘史》编辑委员会编《中国测绘史》（3 卷），测绘出版社，2002。

周一星：《城市地理学》，商务印书馆，1995。

邹依仁：《旧上海人口变迁的研究》，上海人民出版社，1980年。

邹振环、黄敬斌主编《明清以来江南城市发展与文化交流》，复旦大学出版社，2011。

Jan de Vries, *European Urbanization*, *1500 – 1800* (London：Routledge, 2007).

Gilbert Rozman, *Urban Networks in Ch'ing China and Tokugawa Japan* (Princeton University Press，1973).

Piper Pae Gaubatz, *Beyond the Great Wall*：*Urban Form and Transformation on the Chinese Frontier* (Stanford：Stanford University Press，1996).

（2）学位论文

傅辉：《明以来河南土地利用变化与人文机制研究.》，博士学位论文，复旦大学历史地理研究中心，2008。

黄云勇：《转型时期的民国土地统计》，硕士学位论文，复旦大学历史地理研究中心，2006。

李学：《虚假城市化现象治理研究》，博士学位论文，中山大学行政管理研究中心，2006。

任伟伟：《南京国民政府社会调查研究》，硕士学位论文，山东师范大学历史系，2008。

谢湜：《高乡与低乡：11～16 世纪太湖以东的区域结构变迁》，博士学位论文，复旦大学历史地理研究中心，2009。

游欢孙：《近代苏州地区市镇经济研究——以吴江县为中心》，博士学位论文，复旦大学历史地理研究中心，2005。

赵金朋：《20世纪30年代中国农村社会调查研究》，硕士学位论文，山东师范大学历史系，2010。

赵赟：《苏皖地区土地利用及其驱动力机制（1500～1937）》，博士学位论文，复旦大学历史地理研究中心，2005。

（3）会议论文

侯杨方、车群：《民国江苏省青浦县两个村镇地籍图及其土地利用》，江南生态环境史研讨会会议论文，上海，2008年12月。

（4）期刊论文

蔡云辉：《近十年来关于"近代中国衰落城市"研究综述》，《史学理论研究》2003年第2期。

曹幸穗：《民国时期农业调查资料的评价与利用》，《古今农业》1999年第3期。

陈国栋：《清中叶民食札记二条》，（台北）《食货月刊》第13卷第3、4期合刊，1983年7月。

陈晓燕：《近代江南市镇人口与城市化水平变迁》，《浙江学刊》1996年第3期。

陈学文：《论明代江浙地区市镇经济的发展》，《温州师专学报》1981年第1期。

成一农：《中国古代地方城市形态研究方法新探》，《上海师范大学学报》（哲学社会科学版）2010年第1期。

成一农：《中国古代地方城市形态研究现状评述》，《中国史研究》2010年第1期。

褚绍唐：《上海建县以来的人口变迁》，《学术月刊》1985年第9期。

樊卫国：《论开埠后上海人口的变动（1843～1911）》，《档案与史学》1995年第6期。

范毅军：《明清江南市场聚落史研究的回顾与展望》，（台北）

《新史学》第 9 卷第 3 期，1998 年 9 月。

范毅军：《明中叶以来江南市镇的成长趋势与扩张性质》，《中央研究院历史语言研究所集刊》第 73 本第 3 分册，2002 年 9 月。

冯健：《西方城市内部空间结构研究及其启示》，《城市规划》2005 年第 8 期。

冯健、周一星：《中国城市内部空间结构研究进展与展望》，《地理科学进展》2003 年第 3 期。

冯贤亮：《史料与史学：明清江南研究的几个面向》，《学术月刊》2008 年第 1 期。

傅衣凌：《明清时代江南市镇经济分析》，《历史教学》1964 年第 5 期。

〔美〕何炳棣：《南宋至今土地数字的考释和评价》，《中国社会科学》1985 年第 2、3 期。

何一民：《中国近代城市史研究述评》，《中华文化论坛》2000 年第 1 期。

侯建新：《二十世纪二三十年代中国农村经济调查与研究评述》，《史学月刊》2000 年第 4 期。

侯杨方：《上海历史上的人口总量估计》，《学术月刊》1995 年第 7 期。

李伯重：《19 世纪初期华亭－娄县地区的城市化水平》，《中国经济史研究》2008 年第 2 期。

李伯重：《从 1820 年代华亭－娄县地区 GDP 看中国的早期近代经济》，《清华大学学报》（哲学社会科学版）2009 年第 3 期。

李伯重：《简论"江南地区"的界定》，《中国社会经济史研究》1991 年第 1 期。

李伯重：《"江南经济奇迹"的历史基础——新视野中的近代早期江南经济》，《清华大学学报》（哲学社会科学版）2011 年第 2 期。

李开宇、魏清泉：《我国城市行政区划调整的问题与发展趋势》，《规划师》2007 年第 7 期。

梁庚尧：《南宋城市的发展（上）》，（台北）《食货月刊》第 10 卷第 10 期，1981 年 1 月。

梁庚尧：《〈中国历史上的城市人口〉读后》，（台北）《食货月刊》第 13 卷 3、4 期合刊，1983 年 7 月。

梁普明：《第一次全国人口普查》，《浙江统计》2000 年第 3 期。

梁元生：《城市史研究的三条进路——以上海、香港、新加坡为例》，《史林》2007 年第 2 期。

刘石吉：《明清时代江南市镇之数量分析》，（台北）《思与言》第 16 卷第 2 期，1978 年 7 月。

刘石吉：《明清市镇发展与资本主义萌芽——综合讨论与相关著作之评介》，《社会科学家》1988 年第 4 期。

〔美〕卢汉超：《美国的中国城市史研究》，《清华大学学报》（哲学社会科学版）2008 年第 1 期。

鲁西奇、马剑，《城墙内的城市？——中国古代治所城市形态的再认识》，《中国社会经济史研究》2009 年第 2 期。

鲁西奇、马剑：《空间与权力：中国古代城市形态与空间结构的政治文化内涵》，《江汉论坛》2009 年第 4 期。

路伟东：《清末民初西北地区的城市与城市化水平——一项基于 6920 个聚落户口数据的研究》，载《历史地理》第 32 辑，上海人民出版社，2015，第 147～162 页。

路伟东、王新刚：《晚清甘肃城市人口与北方城市人口等级模式——一项基于宣统"地理调查表"的研究》，《复旦学报》（社会科学版）2015 年第 4 期。

马宁：《馆藏抗日战争时期的军用地图整理与研究》，《湖南省博物馆馆刊》2004 年第 1 期。

满志敏：《光绪三年北方大旱的气候背景》，《复旦学报》（社会科学版）2000 年第 6 期。

毛曦：《城市史学与中国古代城市研究》，《史学理论研究》2006 年第 2 期。

米红、蒋正华：《民国人口统计调查和资料的研究与评价》，《人口研究》1996 年第 2 期。

潘威、满志敏：《大河三角洲历史河网密度格网化重建方法——以上海市青浦区 1918～1978 年为研究范围》，《中国历史地理论丛》2010 年第 2 期。

潘威、孙涛、满志敏：《GIS 进入历史地理学研究 10 年回顾》，《中国历史地理论丛》2012 年第 1 期。

乔晓春：《建国前中国人口性别结构分析》，《南方人口》1995 年第 2 期。

任放：《二十世纪明清市镇经济研究》，《历史研究》2001 年第 5 期。

〔日〕水羽信男：《日本的中国近代城市史研究》，《历史研究》2004 年第 6 期。

孙兢新：《第一次全国人口普查简介》，《中国统计》1981 年第 4 期。

孙宅巍：《南京大屠杀与南京人口》，《南京社会科学》1990 年第 3 期。

〔美〕王笛：《大众文化研究与近代中国社会——对近年每个有关研究的述评》，《历史研究》1999 年第 5 期。

〔美〕王笛：《新文化史、微观史和大众文化史——西方有关成果及其对中国史研究的影响》，《近代史研究》2009 年第 1 期。

王家范：《明清江南研究的期待与检讨》，《学术月刊》2006 年第 6 期。

吴承明：《中国近代农业生产力的考察》，《中国经济史研究》1989 年第 2 期。

吴承明：《中国近代资本集成和工农业及交通运输业产值的估计》，《中国经济史研究》1991 年第 4 期。

吴承明：《中国经济史研究的方法论问题》，《中国经济史研究》1992 年第 1 期。

吴松弟：《二十世纪之初的中国城市革命及其性质》，（澳门）《南国学术》2014 年第 3 期。

吴松弟：《市的兴起与近代中国区域经济的不平衡发展》，《云南大学学报》（社会科学版）2006 年第 5 期。

吴滔：《赋役、水利与"专业市镇"的兴起——以安亭、陆家浜为例》，《中山大学学报》（社会科学版）2009 年第 5 期。

吴滔：《明清江南基层区划的传统与市镇变迁——以苏州地区为中心的考察》，《历史研究》2006 年第 5 期。

吴滔：《明清江南市镇与农村关系史的发展脉络》，《社会史研究通讯》，2004 年 6 月。

吴滔：《明清江南市镇与农村关系史研究概说》，《中国农史》2005 年第 2 期。

夏明方：《老问题与新方法：与时俱进的明清江南经济研究》，《天津社会科学》2005 年第 5 期。

夏明方：《十八世纪中国的"现代性建构"——"中国中心观"主导下的清史研究反思》，《史林》2006 年第 6 期。

夏明方：《一部没有"近代"的中国近代史——从"柯文三论"看"中国中心观"的内在逻辑及其困境》，《近代史研究》2007 年第 1 期。

夏明方：《真假亚当·斯密——从"没有分工的市场"看近世中国乡村经济的变迁》，《近代史研究》2012 年第 5 期。

熊月之、张生：《中国城市史研究综述（1986～2006）》，《史林》2008 年第 1 期。

徐建平：《民国时期江苏城市人口研究》，载《历史地理》第 20 辑，上海人民出版社，2004。

徐建平：《民国时期南京特别市行政区域划界研究》，《中国历史地理论丛》2013 年第 2 期。

徐茂明：《江南的历史内涵与区域变迁》，《史林》2002 年第 3 期。

徐明德：《论清代中国的东方明珠——浙江乍浦港》，《清史研究》1997 年第 3 期。

严艳、吴宏岐：《历史城市地理学的理论体系与研究内容》，《陕西师范大学学报》（哲学社会科学版）2003 年第 2 期。

游欢孙、曹树基：《清中叶以来的江南市镇人口——以吴江县为例》，《中国经济史研究》2006 年第 3 期。

游欢孙：《地方志叙事"小传统"与明清以来江南市镇数量的增长——兼论 1929 年与 1934 年的"商业镇"与"自治镇"》，《学术月刊》2009 年第 10 期。

游欢孙：《地方自治与近代江南县以下行政区划的演变——兼论商业市镇的政区实体化》，《中国历史地理论丛》2011 年第 2 期。

游欢孙：《近代江南的市镇人口——以吴兴县为例》，《中国农史》2007 年第 4 期。

游欢孙：《近代吴江自治区域的划分——兼论"区域江南"与"江南区域研究"》，《学术月刊》2008 年第 2 期。

游欢孙：《民国吴江县市镇的工商业结构——兼论"专业市镇"与"非专业市镇"的差别》，《中国农史》2005 年第 3 期。

张连红：《南京大屠杀前夕南京人口的变化》，《民国档案》2004 年第 3 期。

章英华：《明清以迄民国中国城市的扩张模式——以北京、南京、上海、天津为例》，（台北）《汉学研究》第 3 卷第 2 期，1985 年 12 月。

章有义：《近代中国人口和耕地的再估计》，《中国经济史研究》1991 年第 1 期。

赵冈：《中国历史上的城市人口》，（台北）《食货月刊》第 13 卷 3、4 期合刊，1983 年 7 月。

赵洪宝：《"南京大屠杀"前后的南京人口问题》，《民国档案》1991 年第 3 期。

郑生勇：《清代、民国时期杭州人口发展探略》，《中共杭州市委党校学报》2003 年第 3 期。

郑莘、林琳，《1990 年以来国内城市形态研究述评》，《城市规划》2002 年第 7 期。

钟华邦：《南京发现侵华日军军用地图》，《南京史志》1997 年第 1 期。

〔美〕周锡瑞：《华北城市的近代化——对近年来国外研究的思考》，孟宪科译，载天津社会科学院历史研究所、天津市城市科学研究会编《城市史研究》第 21 辑，天津社会科学院出版社，2002。

周振鹤：《释江南》，载《中华文史论丛》第 49 辑，上海古籍出版社，1992。

邹怡：《民国市镇的区位条件与空间结构——以浙江海宁硖石镇为例》（上、下），载《历史地理》第 21、22 辑，上海人民出版社，2006、2007。

Jan de Vries, "The Population and Economy of the Preindustrial Netherlands," *Journal of Interdisciplinary History* 15 (1985).

Liu Haiyan and Kristin Stapleton, "Chinese Urban History: State of the Field," *China Information* 20 (2006).

（5）其他

江苏省统计局：《江苏统计年鉴－2009（电子版）》，http://www. jssb. gov. cn/jstj/jsnj/2009/nj22/nj2211jr. htm。

《全国土地分类（过渡期间适用）》。

《全国土地分类（试行）》，国土资发〔2001〕255 号。

《土地利用现状分类》（GB/T21010—2007）。

谢国兴：《中央研究院近代史研究所档案馆收藏地图简介》，http://archives. sinica. edu. tw/? page_ id =1161。

徐云：《二十年代末苏州设市之始末》，http://www. dfzb. suzhou. gov. cn/zsbl/1705327. htm。

徐云：《二十年代末苏州市与吴县界线之划分》，http://www. dfzb. suzhou. gov. cn/zsbl/1666727. htm。

《中华人民共和国国家统计局关于第一次全国人口调查登记结果的公报》（1954 年 11 月 1 日），http：//www. stats. gov. cn/tjsj/tjgb/rkpcgb/qgrkpcgb/200204/t20020404_ 30316. html。

《中华人民共和国土地管理法》，1986 年通过，1988 年第一次修正，1998 年修订，2004 年第二次修正。

附 录

表 1 台湾 "内政部" 图书馆与中研院近史所档案馆藏江南地区十万分之一地形图基本信息

图名	编号	制版时间	印刷时间	高程	图式	单位	备注	选用
镇江县	311.221－742－1205v77	1930 年 5 月	1930 年 5 月	29 米起算	1917 年	总局		Y
	310.221－742－1531v61	1930 年 5 月	1930 年 5 月	29 米起算	1917 年	总局		
	P－11－C－54	1930 年 5 月	1933 年 3 月	海面起算	1930 年	总局		
句容县	311.221－742－1205v85	1930 年 5 月	1930 年 5 月	29 米起算	1917 年	总局		Y
	310.221－742－1531v62	1930 年 5 月	1930 年 5 月	海面起算	1930 年	总局		
	P－11－C－55	1930 年 5 月	1933 年 8 月	海面起算	1930 年	总局		
	P－11－C1－54	复制	1941 年 7 月	29 米起算	无信息	总局		
溧水县	311.221－742－1205v92	1930 年	1930 年	29 米起算	1930 年	总局		Y
	310.221－742－1531v63	1930 年 5 月	1930 年 5 月	海面起算	1930 年	总局		
	P－11－C－56	1930 年	1932 年 3 月	29 米起算	1930 年	总局		
	P－11－C1－55	1941 年 2 月	1941 年 2 月	29 米起算	无信息	筹备处		

续表

图名	编号	制版时间	印刷时间	高程	图式	单位	备注	选用
泰　县	311.221－742－1205v71	1930年	1930年	29米起算	1917年	总局	A	
	310.221－742－1531v43	1930年	1930年	29米起算	1917年	总局		Y
	P－11－C－68	复制	1948年6月	29米起算	1917年	总局		
	P－11－C1－69	1941年2月	1941年2月	29米起算	无信息	筹备处		
扬中县	311.221－742－1205v78	1930年5月	1930年5月	29米起算	1917年	总局		Y
	310.221－742－1531v44	1930年5月	1930年5月	29米起算	1917年	总局		
	P－11－C－69	1935年10月	1935年10月	29米起算	1917年	总局		
	P－11－C1－70	1941年2月	1941年2月	29米起算	无信息	筹备处		
武进县	311.221－742－1205v86	1930年5月	1930年5月	海面起算	1930年	总局		Y
	310.221－742－1531v45	1930年5月	1930年5月	海面起算	1930年	总局		
	P－11－C－70	复制	1948年8月	29米起算	1917年	总局		
	P－11－C1－71	1941年2月	1941年2月	29米起算	无信息	筹备处		
金坛县	311.221－742－1205v97	1930年5月	1930年5月	29米起算	1917年	总局		Y
	310.221－742－1531v45	1930年5月	1930年5月	海面起算	1930年	总局		
	P－11－C－71	1930年5月	1930年5月	海面起算	1930年	总局		
宜兴县	311.221－742－1205v108	1930年4月	1930年4月	海面起算	1930年	总局		Y
	310.221－742－1531v147	1930年5月	1930年5月	29米起算	1917年	总局		
	P－11－C－72	1930年3月	1933年3月	海面起算	1930年	总局		
	P－11－C1－73	复制	1942年6月	海面起算	无信息	筹备处		
泰兴县	311.221－742－1205v79	1930年5月	1930年5月	29米起算	1917年	总局		Y
	310.221－742－1531v29	1930年5月	1930年5月	29米起算	1917年	总局		
	P－11－C－83	1930年2月	1933年3月	海面起算	1930年	总局		

续表

图名	编号	制版时间	印刷时间	高程	图式	单位	备注	选用
江阴县	310.221-742-1531v30	1930年5月	1930年5月	海面起算	1930年	总局		Y
	P-11-C-84	1930年5月	1930年5月	29米起算	1917年	总局		
	P-11-C1-85	1941年3月	1941年3月	29米起算	无信息	筹备处		
无锡县	311.221-742-1205v94	1930年5月	1930年5月	29米起算	1917年	总局		Y
	P-11-C-85	1930年	1947年复制	29米起算	1917年	总局		
	P-11-C1-86	1941年3月	1941年3月	29米起算	无信息	筹备处		
光福镇	311.221-742-1205v107	1930年5月	1930年5月	海面起算	1930年	总局		Y
	310.221-742-1531v32	1930年5月	1930年5月	海面起算	1930年	总局		
	P-11-C-86	1931年8月	1931年8月	29米起算	1917年	广东		
	P-11-C1-87	1941年3月	1941年3月	29米起算	无信息	筹备处		
前山镇	311.221-742-1205v108	1932年5月	1933年12月	海面起算	1930年	总局		
	310.221-742-1531v33	1932年5月	1932年5月	海面起算	1930年	总局		Y
	311.223-732-1184v2	1932年5月	1932年5月	海面起算	1930年	总局		
	311.223-742-1182v189	1932年5月	1933年12月	海面起算	1930年	总局		
	P-11-C-87	1930年3月	1932年3月	29米起算	1917年	总局		
	P-13-C-49	1930年5月	1932年4月	50米起算	1930年	总局		
福山镇	310.221-742-1531v17	1930年5月	1930年5月	海面起算	1930年	总局		Y
	P-11-C-97	1930年5月	1932年4月	29米起算	1917年	总局		
常熟县	311.221-742-1205v95	1930年5月	1930年5月	29米起算	1917年	总局		Y
	310.221-742-1531v33	1930年5月	1930年5月	海面起算	1930年	总局		
	P-11-C-98	1930年5月	1933年3月	海面起算	1930年	总局		
	P-11-C1-97	1941年3月	1941年3月	29米起算	无信息	筹备处		

续表

图名	编号	制版时间	印刷时间	高程	图式	单位	备注	选用
吴县	311.221-742-1205v102	1930年5月	1930年5月	海面起算	1930年	总局		Y
	P-11-C-99	1931年8月	1931年8月	29米起算	1917年	广东		
吴江县	311.221-742-1205v109	1930年5月	1930年5月	海面起算	1930年	总局		Y
	P-11-C-100	1930年5月	1930年5月	海面起算	1930年	总局		
	P-11-C1-99	1941年3月	1941年3月	29米起算	无信息	筹备处		
海门县	311.221-742-1205v89	1930年5月	1930年5月	29米起算	1917年	总局		Y
	310.221-742-1531v6	1930年4月		29米起算	1917年	总局		
	P-11-C-105	1930年4月	1931年10月	29米起算	1917年	总局		
	P-11-C1-104	1941年3月	1941年3月	29米起算	无信息	筹备处		
崇明县	311.221-742-1205v96	1930年3月	1930年3月	29米起算	1917年	总局		Y
	P-11-C-106	1930年	1932年4月	29米起算	1917年	总局		
	P-11-C1-105	1941年3月	1941年3月	29米起算	无信息	筹备处		
嘉定县	311.221-742-1205v103	1930年		29米起算	1930年	总局		Y
	310.221-742-1531v7	1930年		29米起算	1930年	总局		
	P-11-C-107	1930年	1932年4月	29米起算	1930年	总局		
	P-11-C1-106	1941年3月	1941年3月	29米起算	无信息	筹备处		
上海市	311.221-742-1205v110	1932年7月		海面起算	1930年	总局		Y
	P-11-C-108	1930年	1932年4月	29米起算	1917年	总局		
堡镇	311.221-742-1205v97	1932年5月	1932年5月	海面起算	1930年	总局		Y
	P-11-C-113	1930年5月	1932年3月	29米起算	1917年	总局		

续表

图名	编号	制版时间	印刷时间	高程	图式	单位	备注	选用
高桥镇	311.221-742-1205v104	1932年5月	1932年5月	海面起算	1930年	总局		Y
	P-11-C-114	1930年	1932年3月	29米起算	1917年	总局		
	P-11-C1-114	1941年3月	1941年3月	29米起算	无信息	筹备处		
南汇县	311.221-742-1205v104	1932年6月		海面起算	1930年	总局		Y
	P-11-C-115	1930年5月	1932年3月	29米起算	1917年	总局		
	P-11-C1-115	1941年3月	1941年3月	29米起算	无信息	筹备处		
奉贤县	311.221-742-1205v115	1932年5月	1932年5月	海面起算	1930年	总局		Y
	P-11-C-116	1930年5月	1932年4月	29米起算	1917年	总局		
	P-11-C1-116	1941年3月	1941年3月	29米起算	无信息	筹备处		
金山县	311.221-742-1205v114	1930年5月	1930年5月	29米起算	1917年	总局		Y
	311.223-732-1184v6	1930年5月	1930年5月	29米起算	1917年	总局		
	311.223-742-1182v157	1930年5月	1930年5月	29米起算	1917年	总局		
	P-11-C-109	1930年5月	1932年3月	29米起算	1917年	总局		
	P-11-C1-116	1941年3月	1941年3月	29米起算	无信息	筹备处		
千秋关	311.222-732-1195v49	1930年4月	1939年5月	海面起算	1930年	总局	B	
	311.222-742-1331v122	1930年4月		海面起算	1930年	总局	B	
	P-13-C-20	1930年4月	1932年4月	50米起算	1930年	总局	B	Y
	P-12-C-142	1930年5月	1931年12月	无信息	无信息	筹备处		
昌化	311.223-732-1184v25	1930年4月		50米起算	1930年	浙江		
	311.223-742-1182v224	1930年4月		50米起算	1930年	浙江		
	P-13-C-21	1930年4月	1932年4月	50米起算	1930年	总局		Y

续表

图名	编号	制版时间	印刷时间	高程	图式	单位	备注	选用
长兴县	311.221-742-1205v107	1930年5月	1930年5月	无信息	无信息	总局	B	
	310.221-742-1531v48	1930年5月	1930年5月	无信息	无信息	总局	B	
	311.223-732-1184v1-118	1930年5月	1930年5月	无信息	无信息	总局	B	
	311.223-742-1182v87	1930年5月	1935年12月	无信息	无信息	总局	B	
	311.223-742-1182v206	1930年5月	1935年12月	无信息	无信息	总局	B	
	311.222-732-1195v140	1930年3月	1932年9月	无信息	无信息	总局	B	
	P-13-C-33	1930年3月	1932年9月	无信息	无信息	总局	B	Y
	P-11-C-73	1930年5月	1932年3月	无信息	无信息	总局	B	
	P-12-C-143	1930年5月	1932年4月	无信息	无信息	总局	B	
四安镇	311.223-742-1182v86	1932年6月	1932年6月	海面起算	1930年	总局		
	311.223-742-1182v207	1932年6月	1932年6月	海面起算	1930年	总局		
	311.222-732-1195v21	1932年6月	1932年6月	海面起算	1930年	总局		
	311.222-742-1331v106	1932年6月	1932年6月	海面起算	1930年	总局		
	P-13-C-34	1930年4月	1930年4月	50米起算	1930年	总局	B	Y
	P-12-C1-126	1930年4月	1932年4月	50米起算	1930年	总局	B	
	P-12-C-144	1930年4月	1932年4月	50米起算	1930年	总局	B	
安吉县	311.223-732-1184v8		1930年4月	50米起算	1930年	浙江		
	311.223-742-1182v85	1930年4月	1933年12月	50米起算	1930年	总局	B	
	311.223-742-1182v208	1930年4月	1933年12月	50米起算	1930年	总局	B	
	P-13-C-35	1930年4月	1932年4月	50米起算	1930年	总局		Y

续表

图名	编号	制版时间	印刷时间	高程	图式	单位	备注	选用
余杭县	311.223 - 732 - 1184v17	1930 年 4 月	1930 年 4 月	50 米起算	1930 年	浙江		Y
	311.223 - 742 - 1182v84	1930 年 4 月	1930 年 4 月	50 米起算	1930 年	浙江		
	311.223 - 742 - 1182v209	1930 年 4 月	1930 年 4 月	50 米起算	1930 年	浙江		
富阳县	311.223 - 732 - 1184v26		1930 年 4 月	50 米起算	1930 年	总局		
	311.223 - 742 - 1182v81	1930 年 4 月	1933 年 12 月	50 米起算	1930 年	总局		
	311.223 - 742 - 1182v210	1930 年 4 月	1933 年 12 月	50 米起算	1930 年	总局		
	P - 13 - C - 37	1930 年 4 月	1932 年 4 月	50 米起算	1930 年	总局		Y
吴兴县	311.221 - 742 - 1205v112	1930 年 5 月	1930 年 5 月	29 米起算	1917 年	总局		Y
	311.223 - 732 - 1184v4	1932 年 4 月	1932 年 4 月	海面起算	1930 年	总局		
	P - 11 - C - 88		1932 年 3 月	无信息	无信息	总局		
	P - 13 - C - 50	1930 年 5 月	1932 年 4 月	50 米起算	1930 年	总局		
德清县	311.223 - 732 - 1184v9	1930 年 4 月	1930 年 4 月	50 米起算	1930 年	总局		Y
	311.223 - 742 - 1182v121	1930 年 4 月	1933 年 11 月	50 米起算	1930 年	总局		
	311.223 - 742 - 1182v191	1930 年 4 月	1933 年 11 月	50 米起算	1930 年	总局		
杭州市	311.223 - 732 - 1184v18	1930 年 4 月		50 米起算	1930 年	浙江		Y
	311.223 - 742 - 1182v122	1930 年 4 月	1933 年 11 月	50 米起算	1930 年	总局		
	311.223 - 742 - 1182v192	1930 年 4 月	1933 年 11 月	50 米起算	1930 年	总局		
萧山县	311.223 - 732 - 1184v27	1930 年 4 月		50 米起算	1930 年	浙江		Y
	311.223 - 742 - 1182v123	1930 年 4 月	1932 年 3 月	50 米起算	1930 年	总局		
	311.223 - 742 - 1182v193	1930 年 4 月	1932 年 3 月	50 米起算	1930 年	总局		

续表

图名	编号	制版时间	印刷时间	高程	图式	单位	备注	选用
嘉兴县	311.221-742-1205v13	1930年5月	1930年5月	29米起算	1917年	总局		Y
	311.223-732-1184v5	1930年4月		29米起算	1917年	浙江		
	311.223-742-1182v173	1930年4月	1930年4月	29米起算	1917年	总局		
	P-13-C-66	1930年5月	1932年4月	50米起算	1930年	总局		
海盐县	311.223-732-1184v10	1930年4月	1930年4月	50米起算	1930年	浙江		
	311.223-742-1182v61	1930年4月	1930年4月	50米起算	1930年	总局		Y
	311.223-742-1182v174	1930年4月	1930年4月	50米起算	1930年	总局		
海宁县	311.223-732-1184v19	1930年4月	1930年4月	50米起算	1930年	浙江		Y
	311.223-742-1182v62	1930年4月	1930年4月	50米起算	1930年	总局		
	311.221-742-1205v116	无信息	无信息	无信息	无信息	总局		
	311.223-732-1184v11	1930年4月		50米起算	1930年	浙江		
平湖县	311.223-742-1182v4	1930年5月	1932年4月	50米起算	1930年	总局		
	311.223-742-1182v158	1930年5月	1932年4月	50米起算	1930年	总局		Y
	P-11-C-110		1932年3月	无信息	无信息	总局		
	P-13-C-83	1930年5月	1932年4月	50米起算	1930年	总局		
桐庐	311.223-732-1184v35	1930年4月	1932年4月	50米起算	1930年	浙江		
	311.223-742-1182v80	1930年4月	1932年4月	50米起算	1930年	总局		
	311.223-742-1182v211	1930年4月	1932年4月	50米起算	1930年	总局		
	P-13-C-38	1930年4月	1932年4月	50米起算	1930年	浙江		Y

续表

图名	编号	制版时间	印刷时间	高程	图式	单位	备注	选用
杭圩镇	311.223－732－1184v7	1935年4月		50米起算	1930年	总局	B	Y
	311.223－742－1182v103		1933年12月	无信息	无信息	总局		
	311.223－742－1182v222		1933年12月	无信息	无信息	总局		
	311.222－732－1195v50	1930年3月	1932年10月	无信息	无信息	总局		
	311.222－732－1195v226	1917年测	1937年1月	无信息	1914年	总局		
	P－12－C－141	1930年4月	1932年4月	无信息	无信息	总局		
枫桥镇	311.223－732－1184v36	1930年4月		50米起算	1930年	浙江		
	311.223－742－1182v124	1930年4月	1932年4月	50米起算	1930年	总局		
	P－13－C－54	1930年4月	1932年4月	50米起算	1930年	总局		Y
分水	311.223－732－1184v34	1930年4月		50米起算	1930年	浙江		
	311.223－742－1182v100	1930年4月	1932年4月	50米起算	1930年	总局		
	P－13－C－22	1930年4月	1932年4月	50米起算	1930年	总局		Y
建德县	311.223－732－1184v15	1930年5月	1930年5月	无信息	无信息	总局	B	
	311.223－742－1182v14	1930年5月	1930年5月	无信息	无信息	总局	B	
	311.223－742－1182v116	1930年5月	1930年5月	无信息	无信息	总局	B	
	311.222－732－1195v120	1930年5月	1933年12月	海面起算	1930年	总局	B	
	311.222－742－1331v121	1930年4月	1932年4月	50米起算	1930年	总局	B	
	P－13－C－6	1930年4月	1932年4月	50米起算	1930年	总局	B	
	P－12－C－131	1930年4月	1932年4月	50米起算	1930年	总局	B	Y

续表

图名	编号	制版时间	印刷时间	高程	图式	单位	备注	选用
绩溪	311.223-732-1184v24	1930年5月	1930年5月	无信息	无信息	总局	B	
	311.223-742-1182v15	1930年5月	1933年12月	无信息	无信息	总局	B	
	311.223-742-1182v115	1930年5月	1933年12月	无信息	无信息	总局	B	
	311.222-732-1195v121	1930年5月	1933年10月	无信息	无信息	总局	B	
	P-13-C-7	1930年4月	1932年4月	50米起算	1930年	总局	B	Y
	P-12-C-132	1930年4月	1932年4月	50米起算	1930年	总局	B	
南京	311.221-742-1205v76	1930年5月	1930年5月	无信息	无信息	总局	C	Y
	310.221-742-1531v77	1930年5月	1930年5月	无信息	无信息	总局	C	
	311.222-742-1331v66	1930年5月	1930年5月	无信息	无信息	总局	C	
秣陵关	311.221-742-1205v84	1934年5月	1934年	无信息	无信息	总局	C	Y
	310.221-742-1531v78	1934年5月	1934年	无信息	无信息	总局	C	
	311.222-742-1331v73	1934年5月	1934年	无信息	无信息	总局	C	
	311.222-732-1195v113	1935年10月	1935年10月	29米起算	1917年	总局	C	
	P-12-C-125	1930年5月	1932年7月	无信息	无信息	总局	C	
	P-11-C1-38	复制	1942年3月	29米起算	无信息	测量处	D	
小丹阳	311.221-742-1205v91	1930年4月	1932年9月	无信息	无信息	总局	C	
	310.221-742-1531v79	1930年4月	1930年4月	无信息	无信息	总局	C	
	311.222-742-1331v80	1930年4月	1930年4月	无信息	无信息	总局	C	
	311.222-732-1195v115	1930年4月	1930年4月	无信息	无信息	总局	C	
	P-12-C-126	1930年4月	1932年9月	无信息	无信息	总局	C	

续表

图名	编号	制版时间	印刷时间	高程	图式	单位	备注	选用
高淳县	311.221－742－1205v98	1930年5月	1934年11月	无信息	无信息	总局	C	
	310.221－742－1531v80	1930年5月	1934年11月	无信息	无信息	总局	C	
	311.222－742－1331v87	1930年5月	1932年9月	无信息	无信息	总局	C	
	311.222－732－1195v116	1930年5月	1930年5月	无信息	无信息	总局	C	Y
	P－12－C－127	1930年5月	1932年5月	无信息	无信息	总局	C	
	P－11－C1－40	1941年3月	1941年3月	29米起算	无信息	筹备处	C	
东坝镇	311.221－742－1205v99	1930年4月	1930年4月	无信息	无信息	总局	C	Y
	311.222－742－1331v88	1930年4月	1930年4月	无信息	无信息	总局	C	
	311.222－732－1195v62	1930年4月	1930年4月	无信息	无信息	总局	C	
	P－11－C－57	1930年4月	1932年3月	无信息	无信息	总局	C	
	P－12－C－138	1930年4月	1932年5月	无信息	无信息	总局	C	

注：1.“编号”一列，以数字“3”开头的图幅藏于“内政部”图书馆，著录号、登录号系统分类号，著录号三种连用，此处为便于制表，以“－”分隔，即“311.222－732－1195v62”代表分类号为311.222，著录号为732，登录号为1195v62的图幅；以英文字母“P”开头的图幅藏于中研院近史所档案馆，其编号系统为总、分目，其编号连用，此处做相同处理。

2.“制版时间”一列，“复制”指其制印时间仅写“某年某月复制”，做印刷时间处理，“某年某月”提取信息时，另外尚有少数图幅的制版时间标注为“某年某月”上；另外尚有两种提法可知，十万分之一地形图确实是由五万分之一地形图缩制而成，但从这两种标注“速制”字样，但应该是“速制”而成，“制版时间”与“印刷时间”此幅图并非印刷时即重新制版，而是复制之前的图版，故将“复制”标注于“制版时间”上；由于表达的意思一致，故将“缩制”与“速制”的意思，故留空以急需，而当制版印刷时追求速度，许多图幅虽未标注“速制”字样，但当该图因为急需，故制版印刷时因无急需，故留一个空白，“无信息”则表示图幅没有标注印刷时间。中的空白表示该图示图幅仅注明其中一个时间，另外一个则留空白，“无信息”则表示该图示图幅没有标注印刷时间。

3.“高程”与“图式”两列中，“29米起算”指“自本局假定高点29米起算”指“由气压计测定自海面以公尺起算”；“50米起算”指“假定本局假定高点29米起算”，此处为制表需要以代替公尺；1917年、1930年分别指该年颁布的十万分之一地形图图略图式，米起算”指“自本局旧潘署紫徽园50公尺”，此处为制表需要以代替公尺；1917年、1930年分别指该年颁布的十万分之一地形图图略图式，另外江苏省的 1930 年图式均为"改正"图式，浙江省的 1930 年图式未标明"改正"字样，由于尚未找到这两种图式的相关资料，不清楚两者有无实质区别，故此处未标示"改正"字样，一律为 1930 年图式；"无信息"指该图幅未标注高程或图式信息。

4. "单位"一列，"总局"指参谋本部陆地测量总局，"浙江"指浙江省陆地测量局，"广东"指广东陆地测量局，此外标注为"测量处""筹备处"等图幅的印刷时间均为在抗战期间，估计为参谋本部陆地测量总局的改称或别称；另外单位为广东陆地测量局的两幅地图，笔者怀疑为印刷错误。

5. "备注"一列，A 指"附记：本图存版过久，注记模糊太甚，因需急用，不及修整，特此声明"。B 指"附记：（查）本图安徽境内系暂就二十万分一图放大拼接，方向与距离或实地不相符，俟该省实地勘测后再行改正"。C 指"备注：查苏院二省十万分一图，其文界之区不相符之处，惟方向与距离恐有与实地不相符合之处，一俟会测后告成，本图即作修废。D 指"备注：本幅系参考江苏，安徽两省边界，特由本局将底版三十万分一图修正以便接合，除由本局通知各该省测局速派员会测外，特由本局将底版迅速省会测员会测时，兹因急待需用，安徽两省参考江苏，本图即行作废。

资料来源：根据"中研院近史所典藏地图数位化影像制作专案计划"（网址为 http://webgis.sinica.edu.tw/map_imh/）查询整理。

表 2　61 个有人口资料城镇的人口情况

名称	人口	时间	名称	人口	时间	名称	人口	时间
松江县城	62195	1932 年	嘉定县城	9220	1911 年	金坛县城	22383	1932 年
	39559	建国初期		9185	1947 年	川沙县城	7572	1932 年
句容县城	7469	1933 年	金山县城	6500	1937 年	丹阳县城	28989	1932 年
平湖县城	11757	1936 年		6294	1949 年	桐乡县城	5353	1946 年
昆山县城	15977	1932 年	宜兴县城	15270	1947 年	青浦县城	10271	1932 年
	26515	1942 年		22990	1931 年	江阴县城	13332	1932 年
	9687	1932 年	吴江县城	4990	1934 年	宝山县城	4729	1932 年
	9388	1941 年	溧阳县城	27858	1932 年	南汇县城	5414	1932 年
太仓县城	9978	1949 年	溧水县城	6837	1932 年	嘉善县城	3832 户	1937 年

续表

名称	人口	时间	名称	人口	时间	名称	人口	时间
嘉善县城	14218	1939年	同里镇	9128	1929年	新塍镇	10138	1948年
	15377	1940年		6651	1934年		9807	1949年
	14002	1941年		4882	1946年	张溪镇	19340	1937年
	16670	1943年		13064	1947年		19200	1947年7月
	19793	1944年		19563	1948年	罗店镇	8218	1944年
	17682	1945年		26000	万历年间	上河镇	3817	1933年
	18495	1946年		5000多户	乾隆年间	陶吴镇	1974	1933年
	20549	1948年		4000余户	太平天国战争后	枫泾镇	7000	明代
	20804	1949年		6656	1876年		万余	光绪年间
崇德县城	8168	1946年	菱湖镇	12420	1908年	西塘镇	万人左右	清末民国
	11565	1947年		9924	1940年		20297	1946年
	11615	1949年		11139	1946年	屠甸镇	2753	1946年
扬中县城	2171	1931年	乌镇	10045	1947年6月	硖石镇	18400	1931年
高淳县城	8255	1931年		10304	1947年12月		23715	1948年
海盐县城	13113	抗战前	青镇	8461	1933年	塘栖镇	23133	1950年
	7642	1945年		11259	1947年		9012	1946年
盛泽镇	四五万	明末清初		7764	1950年	干窑镇	7913	1946年
	16682	1744年		10762	1933年	华墅镇	6051	1940年
	25796	1934年		9907	1947年		5980	1942年
	23600	1947年	新塍镇	4732	1950年		12120	1947年
	23186	建国前夕		7713	1947年	真如镇	5068	1928年

续表

名称	人口	时间	名称	人口	时间	名称	人口	时间
新堤镇	3491	1936年	朱家角镇	15401	1946年	南浔镇	19389	1929年
湖熟镇	6101	1933年		13000	1949年前		20110	1933年
江宁关	2981	1933年	泗泾镇	6000余	抗战前		约35000	抗战前
秣陵关	2209	1933年		5000余	抗战时		13030	1948年
支塘镇	约5000	民初	临平镇	7849	1949年	震泽镇	8767	1934年
浒墅关镇	8096	1948年		8222	1945年	平望镇	5262	1934年
	9029	1949年		9254	1948年	北坼镇	1881	1934年
木渎镇	5000	抗战前	王店镇	9151	1945年	黎里镇	8123	1934年
	6000	建国前夕		9731	1947年	濮院镇	5728	1946年
周浦镇	7443	1929年	长安镇	5116	1933年			
	12668	1946年		5566	1934年			

注：在平湖县1936年的调查资料中，除县城与新堤镇外，其余均为行政区划意义上的乡镇人口数，在第二章的分析中，已经尽量将合并农村地区人口剔除，从而获得镇区人口的估计数，此处为避免二次估算带来的风险，仅选用县城与新堤镇的数据。

资料来源：根据《江苏省城市乡村人口志》（《经济统计计划》第1卷第1期，1934年1月，第7~8页）、《乡镇户口总表》（载《试办句容县人口农业总调查》，第105页）、《平湖农家户口与总户口之比较》（载国民党中央政治学校地政学院与平湖县政府编印《平湖之土地经济》，第24页）、《江苏省吴江县改划乡镇区域调查表》（《吴江县政》第2卷第2、3期合刊，1935年7月，"调查"第5~26页）、《乡镇户口性别》（载《民国三十五年桐乡年鉴》，第140、141页）、县县政府编印《江宁自治实验县二十二年户口调查报告》，第三章第20~29页）、《现住人口性别》（载《民国三十四年桐乡年鉴》，第98~99页）、《盛泽镇志》（江苏古籍出版社，1991，第21页）、《同里镇志》（广陵书社，2007，第75~77页）、《新塍镇志》（上海社会科学院出版社，1998，第124页）、《菱湖镇志》（昆仑出版社，2009，第25页）、《魏塘镇志》（上海社会科学院出版社，1990，第98~99页）、《金山县志》（上海人民出版社，1998，第75页）、《海宁市志》、《海宁硖石镇志》（浙江人民出版社，1992，第21页）、《塘栖镇志》（上海人民出版社，1991，第75页）、《乌镇志》（上海书店出版社，1996，第48页）、《枫泾镇志》（上海人民出版社，1995，第109页）、《武原镇志》（上海人民出版社，1991，第165页）、《嘉善县志》（上海三联书店，1995，第155页）、《宜城镇志》（方志出版社，2009，第204页）等资料整理。

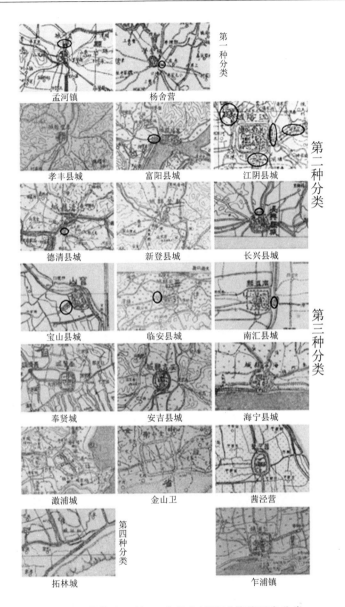

图 1　需估算人口的 19 个筑有城墙城镇的形态分类

说明：分类方法参照正文第三章第三节对 23 个有人口数据的筑有城墙城镇的分类，主要考虑城内建筑的密集程度、空地的多寡，同时以城外街区的情况作为参考。

索　引

后　记

本书是在我博士学位论文的基础上修改而成。

2010 年上半年完成硕士学位论文并决定继续跟随满志敏师攻读博士学位时，我开始思考接下来三年博士学位论文的选题。按照诸多前辈的经验，沿着硕士论文的选题继续深挖显然是最具可行性的选择。我的硕士论文《江南的城镇化水平与城市土地利用——基于民国调查资料、地籍图的句容个案考察》分为句容县城镇化水平、民国地籍测量与句容县城城市形态三个议题，由三篇可独立成篇的文章组成，拼凑的痕迹较为明显。如此一来，我就面临三个选择，我个人虽然比较倾向于继续就江南城镇化水平进行深入研究，但与前辈学者一样受制于资料问题，该如何深入下去我心里没有一点儿底。至于后两个议题，单独的地籍测量研究，最后极有可能会做成一项制度史的研究，而这并不符合史地所历史地理中心的专业培养要求，可能在开题阶段就无法通过。要加入历史地理的因素，就必须进行地籍图的分析研究，按照我硕士论文的思路就是以土地利用作为切入点来研究城市形态，如果运气好能够找到配套的地籍册，就有可能进行地权等相关问题的探讨。然而即使是在资料完整的情况下，由于地籍图的特点，此项研究的工作量过大，并不适合作为博士学位论文选题。

9 月份开学后，我询问满师的意见，满师将他手头掌握的一批民

国时期江南地区十万分之一地形图资料交给我，建议我继续就城镇
化水平的议题进行深入研究，可将研究区域扩展至整个江南地区，
并嘱我好好琢磨该如何利用这批资料。

博士研究生第一年的时间基本集中于课业，课余则是搜集相关
的电子资源，零星阅读相关论著，构思框架并寻找资料线索。最初
的思路比较简单，计划以点面结合的方式展开研究，点即若干个案
研究，主要目的在方法论意义上的破题，兼而解决城镇化水平研究
中统计口径不一致的问题（即本书所强调的县以下行政区划的变
动）。面即整体研究，大致想以两种方式来估算民国时期江南的城镇
化水平：一种是将十万分之一地形图配准后提取出市镇数据，以某
种指标界定其中的城镇，按照施坚雅的"中心地理论"进行城镇体
系划分，并以此来估算各等级城镇人口；另一种是对整个江南地区
以县为单位进行等级划分，然后把有资料支撑的县按城镇化水平对
应到某个等级中，以该县的城镇化水平来代表这一等级内所有县的
城镇化水平，并进而估算出整个江南地区的城镇化水平。

结束修课后，我开始了实际的资料查找工作。按照原先在网络上
的资料摸底，两种估算方式所依据的资料并不缺乏，关键在于如何构
建出一套科学合理的评价指标体系来进行江南城镇及县域经济水平的
等级划分，因此查找的重心在于支持个案研究的资料。根据前人研究
所提供的资料线索，我首先跑了南京、苏州、吴江三地，结果除了在
吴江档案馆找到计划中的资料外，其余两地均一无所获。当然，意料
之外的惊喜是在原先未纳入查找计划的江苏省档案馆及苏州市档案馆
找到一批能够支持研究的 1953 年人口普查资料及 1952 年苏南"建区
设镇"时所留下的市镇调查档案资料。这批资料经过一定处理后，亦
能进行非农业人口比例的分析，从而也就可以直接进行 1950 年代初期
江南地区的城镇化水平研究。这一发现直接将我原先的估算思路推翻：
若是能够构建起 1950 年代初期整个江南地区的城镇体系，则对于民国
时期江南地区城镇化水平的估算只需要对比城镇体系即可进行，可操
作性大大高于对整个江南地区各县的等级划分。

　　将思路调整完毕后，接下来的工作就显得按部就班了：将上海及浙北地区的相应档案资料补齐、整理搜集到的相关资料、进行论文写作。直到 2012 年 10 月份在一个学术会议上听到路伟东教授关于利用宣统普查资料对西北地区城镇体系进行研究的报告，他提出在传统时期，也许根本就不存在一个全国性甚至是区域性的城镇体系。这使我意识到，利用城镇体系来估算城镇化水平可能存在较大风险。经过一段时间的思考，我最终决定再次调整思路，暂时放弃城镇体系的分析，转而以人口密度这一更为直接的方式来估算城镇人口。至此，我博士论文的最终思路得以形成。

　　毕业后，论文的部分章节陆续修改成单篇论文发表，我也以此为契机断断续续对博士论文进行了增补修订。在上海交通大学跟随曹树基教授进行博士后研究期间，我参与了"中国历史地图地理信息系统"的工作，接触了更多的民国大比例尺地形图，对江南二万五千分之一、五万分之一及十万分之一地形图进行了系统整理及配准，并利用到台湾访学的机会补充了原来遗漏的几幅图。

　　本书得以出版，首先要感谢我的导师满志敏教授，满师六年来的谆谆教诲，使愚钝如我者最终能够入得学术殿堂之门；曹树基教授是我博士后研究期间的合作导师，然而早在研究生阶段，曹师的人口史及经济史课程就对我产生极为深远的影响。我的治学方法与态度很大程度上受到两位恩师的影响，从本书的方法论上也或多或少能够看到两位恩师的影子。张伟然教授与张晓虹教授堪称我的第二导师，两位老师的指导风格迥异，与满师亦完全不同，同一篇文章，同一个问题与三位老师分别交流，所产生的效果绝对是"1＋1＋1＞3"。感谢杨煜达教授，每次与杨老师讨论论文，我论文中尚无把握的"软肋"均会无处遁形，讨论结束后我心里也就有了修正补偿之法。感谢同门师兄潘威博士，在我初入门尚不知历史地理、GIS为何物时，在我尚无法完全理解满师的想法时，潘师兄给了我很大的帮助。感谢四川师范大学的王川教授与李小波教授，两位老师是我的学术启蒙导师，尤其是王老师，在我离开成都多年后仍不时关心我的成长。

感谢复旦史地所六年来对我的培养，这里有名副其实的浓厚学术氛围，听各位老师互相争论，甚至是听各位老师对学生的批评，往往让人感到酣畅淋漓，大呼过瘾，同时也会在心里默默提醒自己不可犯同样的错误。在这里，我所感受到，所学习到，也将会受用一生的是对学术的敬畏，唯有此方能将学术作为一项事业，而不至于玷污"学术"这个圣洁的名词，这一点在参加工作后感受尤其明显。

感谢范毅军研究员、陈文豪副教授、刘石吉研究员、巫仁恕研究员、廖泫洺博士、白璧玲博士、吴修安博士、顾雅文博士、彭逸凡、陈仙祝等师友在我访台期间所提供的帮助。

感谢北京大学李孝聪教授、陕西师范大学侯甬坚教授、暨南大学郭声波教授担任我博士论文的明审专家并提出宝贵意见；感谢两位盲审专家对我论文的肯定并提出中肯的修改意见；感谢华东师范大学刘敏教授担任我博士论文的答辩主席；感谢上海社科院郑祖安研究员、复旦大学历史系戴鞍钢教授，以及复旦大学历史地理中心安介生教授、张伟然教授担任我的答辩委员，并提出许多修改建议；感谢在预答辩中为我出谋划策的张伟然教授、张晓虹教授和韩昭庆教授。

感谢孙涛老师、好友张鑫敏及吴恒在 GIS 方面所提供的技术支持，感谢在不同场合对我论文提出批评或肯定意见的诸位师友，感谢作为"史地所07硕残部"诸位好友，感谢2010级博士班的所有同学。

感谢上海市档案馆、上海市图书馆、江苏省档案馆、南京市图书馆、句容市档案馆、苏州市档案馆、吴江市档案馆、浙江省图书馆、浙江省档案馆、杭州市档案馆、湖州市档案馆等公藏机构在我查找资料时提供的帮助。

本书的出版得到东方历史研究基金及广东省社会科学院出版基金的资助，感谢两位匿名审稿专家提出的中肯修改意见。

江伟涛

2017 年 3 月

《东方历史学术文库》书目

1994 年度

《魏忠贤专权研究》，苗棣著

《十八世纪中国的经济发展和政府政策》，高王凌著

《二十世纪三四十年代河南冀东保甲制度研究》，朱德新著

《江户时代日本儒学研究》，王中田著

《新经济政策与苏联农业社会化道路》，沈志华著

《太平洋战争时期的中英关系》，李世安著

1995 年度

《中国古代私学发展诸问题研究》，吴霓著

《官府、幕友与书生——"绍兴师爷"研究》，郭润涛著

《1895～1936 年中国国际收支研究》，陈争平著

《1949～1952 年中国经济分析》，董志凯主编

《苏联文化体制沿革史》，马龙闪著

《利玛窦与中国》，林金水著

《英属印度与中国西南边疆（1774～1911 年)》，吕昭义著

1996 年度

《明清时期山东商品经济的发展》，许檀著

《清代地方政府的司法职能研究》，吴吉远著

《近代诸子学与文化思潮》，罗检秋著

《南通现代化：1895～1938》，常宗虎著

《张东荪文化思想研究》，左玉河著

1997 年度

《〈尚书〉周初八诰研究》，杜勇著

《五、六世纪北方民众佛教信仰——以造像记为中心的考察》，
　　侯旭东著

《世家大族与北朝政治》，陈爽著

《西域和卓家族研究》，刘正寅、魏良弢著

《清代赋税政策研究：1644～1840 年》，何平著

《边界与民族——清代勘分中俄西北边界大臣的察哈台、满、汉
　　五件文书研究》，何星亮著

《中东和谈史（1913～1995 年)》，徐向群、宫少朋主编

1998 年度

《古典书学浅探》，郑晓华著

《辽金农业地理》，韩茂莉著

《元代书院研究》，徐勇著

《明代高利贷资本研究》，刘秋根著

《学人游幕与清代学术》，尚小明著

《晚清保守思想原型——倭仁研究》，李细珠著

1999 年度

《唐代翰林学士》，毛雷著

《唐宋茶叶经济》，孙洪升著

《七七事变前的日本对华政策》，臧运祜著

《改良的命运——俄国地方自治改革史》，邵丽英著

2000 年度

　　《黄河中下游地区东周墓葬制度研究》，印群著

　　《中国地名学史考论》，华林甫著

　　《宋代海外贸易》，黄纯艳著

　　《元代史学思想研究》，周少川著

　　《清代前期海防：思想与制度》，王宏斌著

　　《清代私盐问题研究》，张小也著

　　《清代中期婚姻冲突透析》，王跃生著

　　《农民经济的历史变迁——中英乡村社会区域发展比较》，徐浩著

　　《农民、市场与社会变迁——冀中 11 村透视并与英国农村之比
　　　　较》，侯建新著

　　《儒学近代之境——章太炎儒学思想研究》，张昭君著

　　《一个半世纪以来的上海犹太人——犹太民族史上的东方一页》，
　　　　潘光、王健著

　　《俄国东正教会改革（1861～1917）》，戴桂菊著

　　《伊朗危机与冷战的起源（1941～1947 年）》，李春放著

2001 年度

　　《〈礼仪·丧服〉考论》，丁鼎著

　　《南北朝时期淮汉迤北的边境豪族》，韩树峰著

　　《两宋货币史》，汪圣铎著

　　《明代充军研究》，吴艳红著

　　《明代史学的历程》，钱茂伟著

　　《清代台湾的海防》，许毓良著

　　《清代科举家族》，张杰著

　　《清末民初无政府派的文化思想》，曹世铉著

2002 年度

　　《唐代玄宗肃宗之际的中枢政局》，任士英著

《王学与晚明师道复兴运动》，邓志峰著

《混合与发展——江南地区传统社会经济的现代演变（1900—
　　1950）》，马俊亚著

《敌对与危机的年代——1954～1958 年的中美关系》，戴超武著

2003 年度

《西周封国考疑》，任伟著

《〈四库全书总目〉研究》，司马朝军著

《部落联盟与酋邦》，易建平著

《1500～1700 年英国商业与商人研究》，赵秀荣著

2004 年度

《后稷传说与祭祀文化》，曹书杰著

《明代南直隶方志研究》，张英聘著

《西方历史叙述学》，陈新著

2005 年度

《汉代城市社会》，张继海著

《唐代武官选任制度》，刘琴丽著

《北宋西北战区粮食补给地理》，程龙著

《明代海外贸易制度》，李庆新著

《明朝嘉靖时期国家祭礼改制》，赵克生著

《明清之际藏传佛教在蒙古地区的传播》，金成修著

2006 年度

《出土文献与文子公案》，张丰乾著

《"大礼议"与明廷人事变局》，胡吉勋著

《清代的死刑监候》，孙家红著

《〈独立评论〉与 20 世纪 30 年代的政治思潮》，张太原著

《德国 1920 年〈企业代表会法〉发生史》，孟钟捷著

2007 年度

《中原地区文明化进程的考古学研究》，高江涛著

《秦代政区地理》，后晓荣著

《北京城图史探》，朱竞梅著

《中山陵：一个现代政治符号的诞生》，李恭忠著

《古希腊节制思想》，祝宏俊著

《第一次世界大战后美国对德国的政策（1918～1929）》，王宠
　　波著

2008 年度

《古代城市形态研究方法新探》，成一农著

《政治决策与明代海运》，樊铧著

《〈四库全书〉与十八世纪的中国知识分子》，陈晓华著

《魏晋南北朝考课制度研究》，王东洋著

《初进大城市》，李国芳著

2009 年度

《知识分子的救亡努力——〈今日评论〉与抗战时期中国政策的
　　抉择》，谢慧著

2010 年度

《冷战与"民族国家建构"——韩国政治经济发展中的美国因素
　　（1945～1987）》，梁志著

《清末考察政治大臣出洋研究》，陈丹著

2011 年度

《周道：封建时代的官道》，雷晋豪著

《民族主义政治口号史研究（1921～1928）》，王建伟著

2012 年度

《现代中国的公共舆论——以〈大公报〉"星期论文"和〈申
报〉"自由谈"为例》，唐小兵著

《卜子夏考论》，高培华著

2013 年度

《时间的社会文化史——近代中国时间制度与观念变迁研究》，
湛晓白著

《占领时期美国对日文化改革与民主输出》，张晓莉著

《宾礼到礼宾：外使觐见与晚清涉外体制的变化》，尤淑君著

2014 年度

《清代人丁研究》，薛理禹著

《走向统一：西南与中央关系研究（1931～1936）》，罗敏著

2015 年度

《信心行传：中国内地会在华差传探析（1865～1926）》，林美
玫著

2016 年度

《清代法律的常规化：族群与等级》，胡祥雨著

《历史书写与认同建构：清末民国时期中国历史教科书研究》，刘超
著

《刻画战勋：清朝帝国武功的文化建构》，马雅贞著

《东方历史学术文库》稿约

一、东方历史学术文库初设于 1994 年，已出版百余种历史学专著，现由广东省东方历史研究基金会资助出版，该基金会系由企业家和学者自愿捐助、在广东省民政部门注册成立的非营利社会团体。

二、凡向本文库提出申请，经评审通过入选的史学专著（30 万字以内为宜），将由社会科学文献出版社出版。近五年内出版的外文专著之中译稿本、港澳台学者专著之简体字稿本均可申请。博士论文经过至少一年的修改后可申请。

二、收入本文库的史学专著，研究方向以中国近现代史（1840～）、世界近现代史为主，兼及历史学其他学科。

三、文库的学术追求是出精品。入选文库的专著，为有较高水平，或解决重大课题，或确立新观点，或使用新史料，或开拓新领域的专题研究成果。

四、入选专著，必须遵守学术著作规范，须有学术史的内容和基本参考书目，引文、数据准确，注释规范，一律采取页下注。请勿一稿两投。

六、申请书稿应为已达到出版要求的齐、清、定作品，申请人须提供两份作品纸文本。申请书稿、申请表均不退还。

七、每年 3 月 1 日至 4 月 30 日为该年度申请受理时间。9 月评审结果通知申请者本人。

八、欲申请者，可函索申请表，并提供作品题目、作者简介及联系办法。

联系地址：北京市西城区北三环中路甲 29 号院 3 号楼华龙大厦A 座 1407#

邮编：100029

电话：010 - 59367256

电子信箱：jxd@ ssap. cn

联系人：王珏

图书在版编目（CIP）数据

近代江南城镇化水平新探：史料、方法与视角/江
伟涛著 . -- 北京：社会科学文献出版社，2017.8
　（东方历史学术文库）
　ISBN 978 - 7 - 5201 - 1391 - 5

　Ⅰ.①近…　Ⅱ.①江…　Ⅲ.①城市化 - 城市史 - 华东
地区 - 近代　Ⅳ.①F299.275

　中国版本图书馆 CIP 数据核字（2017）第 226069 号

· 东方历史学术文库 ·
近代江南城镇化水平新探
——史料、方法与视角

著　　者／江伟涛

出 版 人／谢寿光
项目统筹／宋荣欣
责任编辑／宋　超　楚洋洋

出　　版／社会科学文献出版社 · 近代史编辑室（010）59367256
　　　　　地址：北京市北三环中路甲 29 号院华龙大厦　邮编：100029
　　　　　网址：www. ssap. com. cn
发　　行／市场营销中心（010）59367081　59367018
印　　装／北京季蜂印刷有限公司

规　　格／开　本：787mm × 1092mm　1/16
　　　　　印　张：26.25　字　数：361 千字
版　　次／2017 年 8 月第 1 版　2017 年 8 月第 1 次印刷
书　　号／ISBN 978 - 7 - 5201 - 1391 - 5
定　　价／89.00 元